Warten auf die Psychotherapie?

Achim Schubert

Warten auf die Psychotherapie?

Informieren – Entscheiden – Selbsthilfe
aktivieren

 Springer

Achim Schubert
Ebersberg, Deutschland

ISBN 978-3-662-65245-9   ISBN 978-3-662-65246-6   (eBook)
https://doi.org/10.1007/978-3-662-65246-6

Die Deutsche Nationalbibliothek verzeichnet diese Publikation in der Deutschen Nationalbibliografie; detaillierte bibliografische Daten sind im Internet über http://dnb.d-nb.de abrufbar.

Einbandabbildung: © [M] nadia_snopek/stock.adobe.com

Planung/Lektorat: Heiko Sawczuk
Springer ist ein Imprint der eingetragenen Gesellschaft Springer-Verlag GmbH, DE und ist ein Teil von Springer Nature.
Die Anschrift der Gesellschaft ist: Heidelberger Platz 3, 14197 Berlin, Germany

Geleitwort

Liebe Leser:innen, liebe Kolleg:innen,
jeder Zweite erleidet mindestens einmal in seinem Leben eine psychische Erkrankung. Der wahrgenommene Verlust an Lebensqualität fällt dabei verglichen mit der Mehrzahl körperlich bedingter Krankheiten deutlich intensiver aus. Psychische Erkrankungen sind mittlerweile die häufigste Ursache für Erwerbsminderungen. Die Psychotherapie hat sich als eine zentrale Behandlungsform psychischer Erkrankungen in den einschlägigen Behandlungsleitlinien etabliert. Dennoch bestehen leider in vielen Regionen Deutschlands Wartezeiten auf einen Psychotherapieplatz – mit hohem Aufwand für die Betroffenen und einer oft leidigen Suche nach passenden Hilfestellungen.

Unter Beteiligung der psychotherapeutischen Berufsverbände, Psychotherapeutenkammern und Patienteninitiativen werden in einem offenen Miteinander heute psychische Beschwerden besser verstanden, professionelle Hilfen ausgebaut und stärker in der Öffentlichkeit und Politik wahrgenommen. Dazu leistet auch die von mir vertretene Deutsche Psychotherapeutenvereinigung (DPtV) mit über 20.000 engagierten Mitgliedern einen wichtigen Beitrag. Allerdings fällt insbesondere in Krisenzeiten auf, dass leider immer noch zu wenig Psychotherapiepraxen zugelassen werden.

Der Autor des vorliegenden Buches widmet sich lösungsorientiert diesem zentralen Dilemma zwischen effektiven psychotherapeutischen Behandlungsmöglichkeiten und dem nicht ausreichenden Angebot an Behandlungsplätzen. Sowohl in der Forschung als auch in der verfügbaren Sachliteratur wird dieser Zeitraum zwischen dem Bewusstwerden von professionellem Unterstützungsbedarf und dem Beginn einer effektiven

Psychotherapie bisher nicht ausreichend thematisiert. Warten auf Psychotherapie? Ein leidvolles Thema für Patient:innen und Psychotherapeut:innen gleichermaßen. Frei nach Mark Twain *„Die Zeit mag Wunden heilen, aber sie ist eine schlechte Kosmetikerin"* sollte auch diese Zeit im besten Fall nicht nur mit Warten verbracht werden. So zeigt das Buch auf bemerkenswert anschauliche Art und Weise die Möglichkeiten, die sich für Hilfesuchende und Behandelnde auch in der meist schwierigen Wartezeit auf einen Therapieplatz bieten können: Informieren – Entscheiden – Selbsthilfe aktivieren! Eine Möglichkeit zur wohlbemerkt notgedrungenen, aber nicht minder die Not wendenden Soforthilfe.

Ich möchte an dieser Stelle das intensive Engagement des Autors hervorheben, so viele wichtige Informationen über die Psychotherapie und deren ambulante Versorgung den Leser:innen nahebringen zu wollen – ein wichtiger Beitrag auch zur Entstigmatisierung psychischer Erkrankungen. Die Anschaulichkeit der Beispiele und die Selbsthilfeanweisungen finden sicher Interesse bei Hilfesuchenden und Psychotherapeut:innen. Statt Anfragende nur auf die Wartezeiten hinzuweisen und auf eine Warteliste vertrösten zu müssen, sollen sie hier angeregt werden, die Wartezeit zur effektiven Vorbereitung zu nutzen. Es werden die typischen Fragen zu Therapiebeginn beleuchtet, den Lesenden möglichst realistische Erwartungen zur Psychotherapie vermittelt sowie die Selbsthilfe-Ressourcen angeregt.

Der Autor macht sich zudem mit diesem Werk verdient, die verschiedenen Therapierichtungen zu würdigen und dennoch therapieschulenübergreifende Hilfestellungen vorzustellen – quasi als Vorspann und Hinführung zu den jeweiligen speziellen therapeutischen Methoden unter Betonung von wichtigen Gemeinsamkeiten. Mit seinem „narrativen Ansatz", der Untersuchung von Erzählungen zur bisherigen Lebensgeschichte greift er einen gemeinsamen Nenner der meisten Therapieschulen auf: Biografiearbeit und -verständnis.

Kollege Schubert versucht seine Lesenden anzuregen, bisherige Automatismen zu überprüfen, um die Regie über ihr Leben wieder in die Hand zu nehmen. Hierzu vermittelt er den *Sinnbezug* zum Selbstverständnis sowie zur Motivation von Selbsthilfe. In verständlicher Sprache und Beispielen aus dem Leben von Betroffenen werden Möglichkeiten zu ersten Veränderungen dargestellt.

Wenn Sie mögen, lesen Sie selbst – ob als Hilfesuchender, der vielleicht eine erste Stabilisierung erreicht – oder als Lesender, der gar ausreichend von den Selbsthilfe-Angeboten profitieren kann.

Abschließend noch ein Wort an die Kolleg:innen:
Der gut informierte, bereits in der Vorbereitungsphase aktive Patient, hat die Chance, intensiver von einer nachfolgenden Behandlung zu profitieren. Krankheitsverständnis, Selbstverständnis, Therapiemotivation und -vorbereitung können durch strukturierte Angebote gesteigert werden. Dies kann sich von Beginn an günstig auf den Therapieerfolg auswirken und den Erfolg Ihrer aufbauenden gemeinsamen Arbeit fördern.

In diesem Sinne mögen Sie vielleicht erproben, ob dieses Buch Ihr Management von Wartezeiten unterstützt.

Dipl.-Psych. Dr. Enno E. Maaß

Anmerkung des Editors

Dr. Enno E. Maaß ist Stellvertreter des Bundesvorsitzenden der Deutschen Psychotherapeutenvereinigung (DPtV).

Seine speziellen Aufgaben beinhalten u. a. Aktivitäten für den DPtV-Campus, die Kinder- und Jugendlichenpsychotherapie oder zur Betrieblichen Psychotherapie.

Er ist Delegierter des Deutschen Psychotherapeutentages der Bundespsychotherapeutenkammer, stellvertretendes Mitglied des beratenden Fachausschusses Psychotherapie der Kassenärztlichen Bundesvereinigung und zudem als Inhaber seiner Praxis klinisch tätig.

Anmerkung zur „gendergerechten" Schreibweise

Psychotherapie entwickelte sich zu einem Frauenberuf. Zu Beginn meiner Ausbildung, Mitte der 1980er-Jahre, war das Zahlenverhältnis der Geschlechter in etwa ausgewogen. Heute finden Therapiesuchende in den Praxen mit gegen 80 % Wahrscheinlichkeit Psychotherapeutinnen vor. Deshalb nutze ich bei der *Beschreibung der Berufsrolle des Psychotherapie-Ausübenden die weibliche Form im Singular*. Ansonsten verwende ich – statt der Konstruktionen aus Doppelpunkten, Unterstrichen, Sternen – aus ästhetischen und traditionellen Gründen unsere Sprache ohne besondere Geschlechtsbetonungen.

Danksagung

Wie jedes Buch ist auch dieses ein Ergebnis kollektiven Wissens und vielfältiger Zusammenarbeit. Rückmeldungen der Patienten und Klienten bestärkten und trainierten mich bezüglich der Anwendung von Methoden des Veränderns von problemerhaltenden zu problemlösenden Narrativen.

Ich bedanke mich herzlich bei allen Beteiligten für Ihre Anregungen und dafür, den vorliegenden Beitrag in lesbare Form gebracht haben.

Besonderer Dank gilt dem Editor des Verlages, Herrn Heiko Sawcuk, der als medizinischer und psychologischer Experte den Nutzen des Textes sofort erkannte und mich jederzeit unterstützte.

Herzlich bedanke ich mich bei meiner Familie: Ilona, meine Ehefrau, förderte das Projekt in jeder Hinsicht. Unsere Kinder, Bert und Clara, berieten aus studentischer Perspektive und brachten Gestaltungsideen ein. Wichtige Beiträge, sowohl Motivation als auch Textverständlichkeit betreffend, danke ich meinen Schwestern Jutta und Petra, die auch beim Korrigieren sehr half.

Danke für die kritischen Sichtungen erfahrener Kolleginnen und Kollegen, besonders Armin und Andreas.

Den Druck verdanke ich dem Springer-Produktionsteam, Frau Disha Gupta, Frau Katrin Petermann und Frau Saranya Pabhakaran.

Achim Schubert, Ebersberg, den 19.08.22

Inhaltsverzeichnis

Liebe Leserin, lieber Leser,

interessieren Sie sich für Psychotherapie oder haben Sie schon einen Platz auf einer Warteliste?
Dieses Buch informiert Sie und regt an, was Sie inzwischen vorbereitend tun können.

Einführung

Die Kapazitäten für kompetente Psychotherapien sind knapp. Selbst in Regionen, in denen viele Therapeutinnen tätig sind, enden orientierende Gespräche mit der Aufnahme auf eine Warteliste. In jeder gesundheitlichen oder gesellschaftlichen Krise kommt es in den Praxen zu verstärktem Andrang Therapie-Suchender. Nach einer Umfrage des Berufsverbandes (Deutsche Psychotherapeuten-Vereinigung, 2. Ausgabe 2021, S. 3) wartet bei steigender Tendenz ein Drittel der Therapie-Bedürftigen länger als ein halbes Jahr.

Der Bedarf an qualifizierter psychotherapeutischer Versorgung übersteigt selbst die enormen Kapazitäten unseres Gesundheitssystems:

In Deutschland sind jedes Jahr etwa 27,8 % der erwachsenen Bevölkerung von einer psychischen Erkrankung betroffen. Das entspricht rund 17,8 Millionen betroffenen Personen, von denen pro Jahr 18,9 % Kontakt zu Leistungsanbietern aufnehmen, d.h. 3.56 Millionen. (https://www.dgppn.de/_Resources/Persistent/154e18a8cebe41667ae226 65162be21ad726e8b8/Factsheet_Psychiatrie.pdf; s. a. Honorarstatistik der KVB 2019)

Nach Angaben der Deutschen Gesellschaft für Psychiatrie und Psychotherapie, Psychosomatik und Nervenheilkunde e. V. nehmen pro Quartal allein in Deutschland etwa 1,5 Millionen gesetzlich Versicherte psychotherapeutische Leistungen in insgesamt 27.103 Praxen niedergelassener Psychotherapeuten in Anspruch. (https://www.dgppn.de/_Resources/Persistent/154e18a8cebe41667ae22665162be21ad726e8b8/Factsheet_Psychiatrie.pdf). Dem Autor, der seit drei Jahrzehnten im Rahmen kassenärztlicher Versorgung als Psychotherapeut tätig ist, geht es ebenso wie seinen Kolleginnen und Kollegen. Auch er muss selbst bei dringender Nachfrage auf lange Wartezeiten verweisen.

Therapie-Suchende sind zumeist durch unser noch leistungsfähiges Gesundheits- und Sozialwesen an baldige Versorgung gewohnt. Wenn sie dann Monate auf einen Therapiebeginn warten sollen, reagieren sie oft frustriert oder gar entmutigt. Viele fassen die Zumutung des Wartens als persönliche Zurückweisung auf. Im Hintergrund besteht oft die Erwartung wie etwa gegenüber organmedizinischen Therapien, zeitnah und prompt behandelt sowie effektiv versorgt zu werden. Oftmals werden Erwartungen aus operativen Fächern der Medizin auf die Psychotherapie übertragen. So wird vom Chirurgen die prompte Anwendung seiner ärztlichen Kunst zur Wiederherstellung der Gesundheit erwartet. Beim Chirurgen hoffen die Patienten auf dessen Erfolg, unterschreiben aber, dass sie Operationsrisiken auf sich nehmen. Würde jedoch der Operateur von Beginn der Arbeit an sich als Außenstehender betrachten, der sich auf Beratung beschränkt und die Verantwortung für die Umsetzung seiner Empfehlungen seinen Patienten überträgt, würden diese zu Recht protestieren. Die Rollenverteilung nach diesem Muster gehört jedoch zu den Besonderheiten einer Psychotherapie. Sie honorieren die Bemühungen der Beratenden, aber sie selbst leisten die eigentliche Arbeit, die Veränderung ihrer Lebensgewohnheiten.

Nur ein Teil der Behandlung-Suchenden ist sich vor Beginn der Therapie der Tatsache bewusst, dass überwiegend gewohnheitsmäßige Fehleinstellungen der eigenen Lebensgestaltung oder Fehlanpassungen zum Leidensdruck führten. Diese Fehlanpassungen kann Psychotherapie nicht „reparieren". Sie kann aber Bewusstseinsveränderungen anregen. Sie stellt einen besonderen personalen Raum und Methoden zur Veränderung solcher Verhaltensgewohnheiten bereit, die gesundheitliche Probleme verursachen. Therapie-Suchende werden durch die Therapeutinnen also nicht versorgt, sondern erhalten Hilfe zur Selbsthilfe nach dem Motto:

„Gib dem Hungernden einen Fisch und er wird für einen Tag satt. Gib ihm eine Angel und er wird nie mehr hungern."

Eine realistische Einstimmung in Besonderheiten einer Psychotherapie und die Grenzen ihrer Möglichkeiten, wie sie Ihnen dieses Buch anbieten möchte, wird Ihnen helfen, die unvermeidliche Wartezeit auf eine Psychotherapie zu nutzen: Die wichtigste Vorarbeit besteht meist darin, sich für einen oft emotional herausfordernden Veränderungsprozess zu stärken, indem Selbsthilfe-Potentiale (wieder) entdeckt und erprobt werden. Sie können angemessene Erwartungen aufbauen, sich realistische Ziele setzen und sich so motivieren, diejenigen Probleme genauer zu untersuchen, die Ihren Zielen bisher noch im Wege stehen.

Der einführende **erste Teil** beschreibt, was Sie in der Psychotherapie erwartet und skizziert, wie Psychotherapie funktioniert. Er beantwortet Ihre wichtigsten Fragen nach der passenden Behandlung. Auch vermittelt er einen Überblick über die Besonderheiten der psychologischen Behandlung im klinischen Rahmen (zur Versorgung von Gesundheitsstörungen), im Unterschied zu Anwendungen psychologischer Methoden zu Zwecken der Selbstentwicklung.

Der **zweite Teil** hilft Ihnen, problematische Regieanweisungen in Form von Lebensgeschichten oder Narrativen aufzudecken, um aus dem Material dieser Vorlagen hilfreiche Narrative zu gestalten. Dabei werden Veränderungen von biografischen Erzählungen durch Therapieprozesse an typischen, in der Praxis oft vorkommenden Beispielen aufgezeigt. Therapeutinnen können und dürfen nicht in das Leben ihrer Patientinnen und Patienten bzw. Klientinnen und Klienten eingreifen. Sie sollten aber dabei unterstützen, Probleme zu lösen und individuelle Geschichten sowie ihre Interpretationen zu verändern. Möglichkeiten der Veränderungen von biografischen Erzählungen, handlungsleitenden oder selbsterklärenden Narrativen wurden als Schwerpunkt ausgewählt, weil dieser Ansatz sich (direkt oder indirekt über Behandlungstechniken vermittelt) übergreifend über alle Therapie-Formen und -Schulen als wirksame Vorgehensweise erwies. Mit dem Auffinden von Erklärungen, mit denen Sie (oft unbewusst) Ihre Schwierigkeiten relativieren oder sogar aufrechterhalten, eröffnen Sie sich bereits den Weg zu einem effektiven Behandlungsvorgehen.

Weiterhin lädt dieser praktische Teil des Buches Sie ein, beobachtend an Therapiegesprächen teilzuhaben. Er vermittelt lebendige Einblicke in Therapieprozesse und zeigt konkretisiert, wie neue Erklärungsmodelle, Verhaltens- und Vorgehensweisen zur Überwindung von Schwierigkeiten und Symptomen entwickelt werden können.

Im Rahmen dieses zweiten Teils wird das therapeutische Vorgehen anhand von Fallbeispielen veranschaulicht. Diesen Beispielen liegen jeweils für bestimmte Probleme typische Narrative – Selbsterklärungen oder Regieanweisungen zugrunde. (Diese Begriffe zur Beschreibung verinnerlichter Erklärungen werden zunächst bedeutungsgleich verwendet, auf Differenzierungen wird später eingegangen).

Der Schwerpunkt der Darstellung wird auf die Art und Weise des Behandlungsvorgehens gelegt.

Wer anrührende Schilderungen von Patientenschicksalen in literarischer Qualität erwartet, sei auf andere Autoren verwiesen (beispielsweise YALOM, 1990; SACKS, 2017).

Im Gegensatz zum Buch meines Kollegen Hans Hopf (2020), der „Abgründe: spektakuläre Fälle aus dem Leben eines Psychotherapeuten" beschrieb, geht es hier nicht darum, den Voyeurismus der Leserschaft durch außergewöhnlich Erschütterndes zu befriedigen und die eignen seelischen Belastungen als Therapeut darzustellen.

Stattdessen soll das vorliegende Buch entscheidungswichtige Stellen im Behandlungsverlauf aufzeigen. Es soll seine Leser anregen, ihre eigenen Lebens-Narrative einer Bilanz zu unterziehen, um die Spreu vom Weizen zu trennen.

Daher wurden solche Fallgeschichten ausgewählt, die mit häufig vorkommenden, typischen Erzählungen verbunden sind, wie sie Patientinnen und Patienten zu Beginn ihrer Behandlung zur Erklärung ihrer Probleme und Schlussfolgerungen zu Behandlungsbeginn einbringen.

Einige Leser werden sich auf die Auswahl der sie betreffende Fallbeispiele aus dem Inhaltsverzeichnis beschränken. Daher sind bei ähnlichen gelagerten Fällen inhaltliche Überschneidungen in den Kommentaren und Erörterungen aus der therapeutischen Perspektive beabsichtigt, denn Sie können darin Gemeinsamkeiten der Entstehungsbedingungen von Erklärungsmodellen erkennen.

Die ausgewählten Fälle sind bezüglich der jeweiligen Auseinandersetzungen authentisch. Zur Anonymisierung wurden sie in unwesentlichen Aspekten verfremdet. Die Darstellungen zielen auf die jeweiligen Anstöße zur Veränderung biografischer Erzählungen ab. Die den Sitzungen zugrundeliegenden Aufzeichnungen wurden daher erheblich verdichtet. Sie wurden in eigener Sprache formuliert, da eine Wiedergabe der individuellen Sprechweise, Denkpausen und Dialekte von Patientinnen und Patienten die Lesbarkeit der Falleispiele erheblich erschweren würde.

Sie mögen sich zunächst wundern, dass in diesem Teil die Form des Dialoges überwiegt. Bei einem Theaterstück wäre das in der Natur der Sache – aber bei einem Sachbuch?

Psychotherapie ist in ihrem Wesen ein dialogischer Prozess, der zudem immer wieder einen Perspektivenwechsel anregt. Daher vermitteln Dialoge lebensnah Einblicke in die therapeutische Praxis. Sie, verehrte Leserinnen und Leser, können abwechselnd die Perspektive der Patienten und die der Therapeutinnen einnehmen. Am Ende der Fall-Skizzen sind Sie jeweils eingeladen, das Fazit der Therapeutin mit Ihren eigenen Überlegungen während des Lesens zu vergleichen.

Sie werden erkennen, dass therapeutische Dialoge seitens der Therapeutinnen oft nach dem Prinzip von Versuch und Irrtum geführt werden. Wenn ein Zugang zum Problem nicht funktioniert, lässt sich gemeinsam oft ein anderer Weg zur Intuition finden. Emotionen entwickeln sich sehr viel langsamer als Einsichten. Daher werden in einigen Gesprächen auch typische Wiederholungsschleifen aufgezeigt. Eine Patientin prägte dafür das Gleichnis:

> „Wir sind wie Wiederkäuer, wir brauchen viel Zeit und wiederholte Durchgänge, um unsere Emotionen zu verarbeiten."

In jedem Therapieprozess sind sehr viele Wiederholungen des scheinbar Gleichen erforderlich, bis sich aus kaum merklichen Änderungen neue Qualitäten von Bewusstseins- und Verhaltensmustern herausbilden. Der **dritte Teil** enthält Anregungen und Materialien zur individuellen Vorbereitung auf eine Verhaltenstherapie oder auf einen Coaching-Prozess.

Vorgestellt werden Anleitungen und Übungen zu folgenden Bereichen:

- Selbstreflexion
- Problem-Analyse
- Selbstkontrolle
- Entspannung
- Bewältigung von depressiven Verstimmungen
- Bewältigung von Angststörungen
- Literaturempfehlungen und
- Hinweise auf neuere Angebote digitaler Gesundheitsanwendungen oder Web-basierter Übungsprogramme

schließen das Kapitel ab.

1

Grundsätzliche Fragen der Vorbereitung einer Psychotherapie

Zu Beginn der meisten Behandlungen zeigt sich seitens der Behandlungssuchenden, die noch keine Vorerfahrungen mit Psychotherapie haben, ein Orientierungsbedarf bezüglich dieser Fragen:

- Was kommt auf mich zu?
- Wie funktioniert eine Psychotherapie?
- Worin bestehen die Unterschiede zu organmedizinischen Behandlungen?
- Was unterscheidet eine Psychotherapie von anderen Möglichkeiten und Methoden der Selbstentwicklung, etwa Coaching oder Selbsthilfegruppen?
- Welche Risiken gehe ich ein?
- Wie finde ich „meine" Therapeutin?
- Woran kann ich anknüpfen?
- Wie kann ich die Therapie vorbereiten?
- Wie kann ich die Kostenerstattung bei der Krankenversicherung beantragen?
- Angehörige von Patienten/Klienten fragen zudem:
  Auf welche Weise können wir die Behandlung unterstützen?

© Der/die Autor(en), exklusiv lizenziert an Springer-Verlag GmbH, DE, ein Teil von Springer Nature 2022
A. Schubert, *Warten auf die Psychotherapie?*, https://doi.org/10.1007/978-3-662-65246-6_1

Hier die Antworten auf häufig gestellte Fragen:

1.1   Was ist Psychotherapie?

Mein Alltagsverständnis von Psychotherapie fasse ich so zusammen: Es handelt sich um die Anwendung erfahrungsgemäß sich als nützlich erweisender Methoden der Veränderung von Wahrnehmung, Bewertung, Sinngebung und Beziehungsgestaltung zum Zwecke der Überwindung krankheitswertiger Störungen, welche auf Fehlverarbeitungen emotionaler Belastungen beruhen. Letztere drücken sich meist auch in körperlichen Funktionsstörungen aus.

Angeregt wird damit ein aktiver Prozess der Auseinandersetzung der Betroffenen mit sich selbst und ihren Möglichkeiten im Rahmen einer geschützten und daher therapeutischen Arbeitsbeziehung. Die Patienten verfügen für die Dauer einer Therapiesitzung über die Aufmerksamkeit der Behandelnden ohne Verpflichtungen diesen gegenüber (mit Ausnahme der Honorierung). Sie nutzen deren Erfahrungen und Anregungen bei voller Verschwiegenheit gegenüber Dritten.

Entsteht dabei eine Vertrauensbeziehung, wird der Behandlungsraum zum heilsamen Ort: Was lebensgeschichtlich durch Beziehungen verstört oder gar zerstört wurde, kann am ehesten gelindert werden innerhalb einer Beziehung, die Halt und Verständnis gibt.

Während der Corona-Krise war auffällig, dass die meisten Patienten zunächst widerstrebend vom Angebot der Videobesprechungen Gebrauch machten. Sie bevorzugten, trotz Ansteckungsrisiko, die besondere Atmosphäre der persönlichen Begegnung im Sprechzimmer.

Mit dem Entschluss, eine Therapie zu beginnen, ist für die meisten Betroffenen schon eine wichtige Veränderung eingeleitet: Der erste Schritt besteht darin, sich Auswege aus dem Leiden vorzustellen. Der zweite Schritt besteht in der Bereitschaft, dafür Zeit und Kraft einzusetzen. Daraus ergibt sich als dritter Schritt, sich als wohlwollender, realitätsorientierter und zielbewusster Beobachter seiner selbst zu positionieren. Diese eigenen Vorleistungen, die sich Therapiesuchende zu Behandlungsbeginn selbst ermöglichen, erklären häufige Bemerkungen wie: „Seit ich bei Ihnen bin (meint sinngemäß: ‚Seit ich das Zutrauen in die therapeutische Arbeitsbeziehung gewonnen habe‘), … fühle ich mich schon etwas stärker, gehe weniger vorwurfsvoll mit mir um … habe ich mehr Hoffnung.“

Hier die exaktere Beschreibung, vermittelt als klassische Lehrbuch-definition (Strozka, 1955):

„**Psychotherapie** (von Altgriechisch ψυχή *psyche* „Seele", und *therapeia* „Behandlung", von θεραπεύειν *therapeuein* „heilen, dienen") beschreibt einen „bewusste(n) und geplante(n) interaktionale(n) Prozess zur Beeinflussung von Verhaltensstörungen und Leidenszuständen, die in einem Konsensus (möglichst zwischen Patient, Therapeut und Bezugsgruppe) für behandlungsbedürftig gehalten werden, mit psychologischen Mitteln (durch Kommunikation) meist verbal, aber auch averbal, in Richtung auf ein definiertes, nach Möglichkeit gemeinsam erarbeitetes Ziel (Symptomminimalisierung und/oder Strukturänderung der Persönlichkeit) mittels lehrbarer Techniken auf der Basis einer Theorie des normalen und pathologischen Verhaltens. In der Regel ist dazu eine tragfähige emotionale Bindung notwendig."

1.2 Worin bestehen die Ziele einer Psychotherapie?

Therapien sind durch hilfreiche Beziehungen vermittelte Methoden der Veränderung der Einstellungen der Therapiesuchenden zu sich selbst, zu ihrer Zukunftsperspektive und zu ihren Bezugspersonen. Die Veränderungsziele betreffen körperliche Reaktionsbereitschaften, Erwartungen (besonders Ansprüche an Andere und Selbstansprüche), emotionale sowie kognitive Bewertungs- und Interpretationsschemata sowie Handlungsweisen.

Bezüglich des **Körpers:**

Unterziele bilden die Verminderung von körperlichen Symptomen und Leidenszuständen (Desomatisierung) durch Entspannung, Achtsamkeit und effektivere Stressverarbeitung. Hierbei geht es um die Verbesserung der Selbstregulation, die Selbstversorgung von Schmerz- oder Problemzonen und Förderung leiblichen Wohlbefindens, insbesondere der Erholungsfähigkeit, der Freude an der Bewegung und der Steigerung vitaler Genussfähigkeit (beispielsweise achtsames Essen, Gestalten erfüllender Zärtlichkeit und Sexualität).

Oft sind Erwartungen in Bezug auf die Vorstellungen vom eigenen Körper und seiner Funktionalität zu untersuchen (Körper-Selbst-Bild, s. Schubert, 2009) mit den Zielen der Akzeptanz der leiblichen

Gegebenheiten. Voraussetzung hierzu ist zumeist die Abgrenzung von belastenden Idealen, die individuell unerreichbar sind, aber in der Ursprungsfamilie bzw. kulturell eingeprägt wurden.

Nach schweren Erkrankungen ist zudem auch der Wiederaufbau von Vertrauen in den Körper erforderlich.

Bezüglich des **Selbst** bzw. der eigenen Person gegenüber beinhalten Ziele:

Das Fördern von Selbstregulation (konstruktiver Umgang mit Bedürfnissen, Kontrolle von schädigenden Impulsen); die Ausbildung von Selbstreflexivität (als stimmige Selbstwahrnehmung von eigenen Bedürfnissen und Handlungsweisen aus einer Beobachterperspektive sowie Selbstbewusstsein; Selbstakzeptanz und Selbstwertschätzung im Sinne wohlwollender Begleitung der eigenen Person unter Würdigung der Ressourcen und Aktiva sowie angemessener Einschätzung des Rahmens eigener Möglichkeiten als Voraussetzung realistischer Selbstansprüche und Erwartungen).

Auf dieser Grundlage können handlungsbegleitende Selbstkommentare (Selbstinstruktionen) oder übergreifende Lebenspläne entwickelt werden, welche die Weiterentwicklung von Selbstakzeptanz, Selbstfürsorge, Selbstvertrauen bzw. Handlungsfähigkeit fördern.

Bezüglich des **Sozialverhaltens:**

Hilfreiche Teilziele bestehen oftmals in der Ablösung von überfordernden oder unangemessenen Erwartungen, die Anderen zugeschrieben werden (Abbau sensitiver bzw. selbstbezüglich fixierter Gedanken oder einschränkender Verallgemeinerungen, z. B. „Der Nachbar, der mich gestern nicht grüßte, lehnt mich ab.") durch Überprüfung des Nutzens eigener Bewertungen und Training von Perspektivenwechsel und Rollenflexibilität. Einige Klienten profitieren durch Ablösung von idealisierten Vorbildern, die unerreichbare Zielstellungen beinhalten, vermittelt beispielsweise durch Schönheitsideale oder Filmhelden. Bestimmte Personen brauchen mehr Einfühlungsvermögen in Bezugspersonen, andere im Gegenteil mehr Abgrenzung von ihnen.

Bezüglich **sozialer Kompetenzen:**

Hier geht es meist darum, sozialen Rückzug zu überwinden; Fähigkeiten der angemessenen Selbstbehauptung (statt Unterwürfigkeit oder Selbstüberhebung) zu stärken und die Flexibilität von Rollen zu entwickeln (statt

Anderen „helfen oder die Welt retten müssen" auch für sich selbst konkrete Hilfestellungen annehmen zu können).

Bezüglich **störungsspezifischer Teilziele:**
Für häufig vorkommende Störungsformen werden spezielle Behandlungspläne entwickelt. Therapeutinnen informieren mittels der Webseiten ihrer Praxen über die unterschiedlichen Teilziele bei ihren Behandlungen von Depressivität, Ängsten, Essstörungen oder „Burn-out").
Beispielsweise: https://www.psychotherapie-neumuenster.de/therapieziele/.
Im Unterschied zu Techniken der Informationsvermittlung (Belehrung, Didaktik) besteht die Besonderheit der psychotherapeutischen Methoden darin, dass die Informationsvermittlung im *Medium einer besonderen therapeutischen Arbeitsbeziehung eingeübt wird und innerhalb der gesamten Person des Patienten stattfindet, was deren Einstellungen, Gefühle, Bestrebungen und Handlungsfähigkeiten umfasst.*

1.3   Was kennzeichnet die therapeutische Arbeitsbeziehung?

Die therapeutische Beziehung findet in einer *geschützten Umgebung* statt. Sie verbürgt die Vertraulichkeit (im Rahmen gesetzlicher Schweigepflicht) und die Einhaltung beruflicher Ethikstandards.
Ritualisierung und Zuverlässigkeit sind ebenfalls wichtige Bedingungen der Entwicklung einer therapeutischen Vertrauensbeziehung. Die Therapie wird nach terminlicher Vereinbarung aktiv aufgesucht. Klienten/ Patienten können sich darauf einstellen, dass zu festgesetzten Zeitpunkten in regelmäßigen (anfangs meist wöchentlichen Abständen) zeitlich klar definierte (meist auf 50 Minuten limitierte) Besuche im vertrauten Behandlungsraum stattfinden. Jeder Termin hebt sich vom Alltäglichen als besondere Einladung ab, sich selbst in den Mittelpunkt der Aufmerksamkeit zu begeben und die Stunde nach eigenem Schwerpunkt, ohne Zensur und Bewertung zu gestalten. Mit dem Gang zur Therapie ist die Anregung zur mentalen Zwischenbilanz und Vorbereitung des kommenden Gespräches verbunden sowie die Erwartung eines vertrauten, verlässlichen Beziehungsangebotes. Dieses beinhaltet auch wohlwollende Konfrontationen, beispielsweise das Spiegeln des „blinden Flecks", gleichnishaft für wichtige Aspekte, die noch nicht wahrgenommen werden konnten. Ein wichtiger Aspekt ist die *Modellfunktion der Therapeutin.* Behandelnde dienen metaphorisch „als emotionaler Behälter und Spiegel des Patienten". Bion (1997) prägte

hierfür den Begriff „Containing". Er schildert, wie Psychotherapeuten die Emotionen des Gegenübers achtsam und einfühlend, dabei aber nicht identifizierend aufnehmen und so einen konstruktiven Umgang in einer Weise spiegeln, die den Klienten/Patienten erlaubt, neue Umgangsweisen mit ihren Problemen oder Gefühlen zu verinnerlichen.

Kanfer (2012) fordert von Verhaltenstherapeuten gegenüber ihren Patienten:

1. Verlange niemals von Klienten, gegen ihre eigenen Interessen zu handeln.
2. Arbeite zukunftsorientiert, suche nach konkreten Lösungen und richte die Aufmerksamkeit auf die Stärken von Klienten.
3. Spiele nicht den „lieben Gott", indem du Verantwortung für das Leben von Klienten übernimmst.
4. Säge nicht den Ast ab, auf dem die Klienten sitzen, bevor du ihnen geholfen hast, eine Leiter zu bauen, auf der sie herabsteigen können.
5. Klienten haben immer recht.
6. Bevor du ein problematisches Verhalten nicht konkret vor Augen hast, weißt du nicht, worum es eigentlich geht.
7. Du kannst nur mit Klienten arbeiten, die anwesend sind.
8. Peile kleine, machbare Fortschritte von Woche zu Woche an und hüte dich vor utopischen Fernzielen.
9. Bedenke, dass die Informationsverarbeitungskapazität von Menschen begrenzt ist.
10. Wenn du in der Beratungs-/Therapiestunde härter arbeitest als deine Klienten, machst du etwas falsch.
11. Spare nicht mit Anerkennung für die Fortschritte von Klienten.

1.4   Wie läuft eine Therapie ab?

Inhaltliche Abläufe:
Jede Therapie entwickelt sich in aufeinander aufbauenden Teilprozessen, die je nach Therapieform und zugrunde liegender Theorie unterschiedlich konzeptualisiert sind.

Für den Fall der Verhaltenstherapie stellen Kanfer et al. (2012) den Therapieprozess als 7-Phasen-Modell dar:

1. Eingangsphase: Schaffung günstiger Arbeitsbedingungen.

- Rollenstrukturierung
- therapeutische Allianz schaffen
- problembezogene Informationssammlung
- Therapiegestaltung

2. Aufbau von Änderungsmotivation und Änderungsbereichen.

- Reduktion von Resignation
- Motivationsstrategien
- Ziele und Werte klären, sachliche und motivationale Auswahl der Änderungsbereiche

3. Verhaltensanalyse und funktionales Bedingungsmodell.

- situative Verhaltensanalyse
- kontextuelle Variablen
- Erstellung eines Bedingungsmodells

4. Vereinbarung therapeutischer Ziele.

- Klären von Therapiezielen
- gemeinsame Zielanalyse
- Konsens über therapeutische Zielperspektiven

5. Planung, Auswahl und Durchführung spezieller Methoden.

- Entscheidung über Interventionen
- Durchführung von Interventionen

6. Evaluation der Fortschritte.

- kontinuierliche Diagnostik
- Prä-Post-Vergleich

7. Endphase (Abschluss der Therapie).

- Stabilisierung
- Bearbeiten neuer Ziele
- Selbstmanagement erlernen
- Feedback

Nachbereitung (Katamnese): Überprüfen der Nachhaltigkeit der Behandlungsergebnisse

(zit. nach https://www.repetico.de/card-16604494).

1.5   Wie wirksam sind Psychotherapien?

Die Psychotherapieforschung etablierte sich wissenschaftlich seit etwa 50 Jahren an zahlreichen Universitäten und fand übereinstimmend Wirksamkeitsbelege.

Psychotherapieforschung ist ein kompliziertes Unterfangen, aufgrund der Fülle von Variablen und deren komplexer Wechselwirkungen. Auch ist die Vergleichbarkeit von Ergebnissen schwierig. Das liegt an der Verwendung unterschiedlicher Erfolgs- und Zielkriterien (wie Lebensqualität, Symptomreduktion, Zeitstabilität der Besserung). Zudem vervielfachen schwer kontrollierbare Interaktionen zwischen Patienten/Klienten und Therapeutinnen die Einflussgrößen. Patienten unterscheiden sich (in Stärke und Dauer der Symptome, Funktionsniveaus, Therapieerwartungen, Motivation, Resilienz, d. h. Widerstands- und Genesungsfähigkeit bezüglich psychischer Vorbelastungen, Erregungstypus, Stressresistenz, Frustrationsschwellen, bevorzugter Wahrnehmungsmodalität, Reaktionstyp, Kompensationsmöglichkeiten sowie lebensgeschichtlichen Besonderheiten und Ressourcen).

Auf der Seite der Behandelnden wirken sich ebenfalls zahlreiche, nicht vollständig zu erfassende Einflussfaktoren auf Therapieverläufe aus: Alter, Geschlecht, Berufserfahrung, Lehrmeinungen bzw. Schulen- und Ausbildungseinflüsse, individuelle Stärken und Schwächen sowie methodische Bevorzugung und hintergründige Einflüsse eigener Lebenserfahrungen, Identifikationstendenzen, Werthaltungen und Menschenbilder.

Letztlich sind Therapien Mittel zum Zweck, möglichst heilsame Wirkungen zu vermitteln. Um hierzu methodisch akzeptable Studien vergleichen zu können, werden diese in Metaanalysen zusammengefasst, um Effektstärken abzuschätzen. Repräsentative Metaanalysen des Teams um Lambert (2013) ergaben Effektstärken zwischen 0,4 und 0,6 in einer Skala von 0–1 (gegen Warte-Kontrollgruppen). Zum Vergleich: Effektstärken neuer Antidepressiva werden in Metaanalysen mit 0,25–0,48 (gegen Placebo) veranschlagt (Lieb, 2020). Daher ist gemäß Leitlinie zur Behandlung bei schweren Depressionen die Kombination von Psychotherapie und medikamentöser Behandlung angezeigt. Dass die Kosten für

Psychotherapie von den Krankenkassen (in Deutschland in noch vorbildlicher Weise) erstattet werden, beruht auf dem erwiesenen wirtschaftlichen Nutzen der Psychotherapie. Beispielsweise belegt eine im Jahre 2001 durchgeführte Sekundäranalyse von 124 Kosten-Nutzen-Studien zur Psychotherapie, dass (bei psychisch Kranken) „Psychotherapie im Vergleich zu routinemäßig eingesetzten medizinischen Behandlungsmaßnahmen nicht nur wirksamer, sondern auch kostengünstiger ist" (Margraf, 2009). Das lässt sich an der Anzahl von Tagen der Arbeitsunfähigkeit objektivieren. Exakte Daten über die Erhaltung der Teilhabe am sozialen und beruflichen Leben *alternativ* zu frühzeitigen Berentungen oder *abgewendete Folgeschäden* durch angemessene Unterstützung der eigenen Kinder sind mangels Daten kaum verfügbar, obwohl diese Effekte zweifellos praktisch eintreten.

Die Sinnhaftigkeit seiner Berufstätigkeit als Psychotherapeut bestätigen dem Autor seine von Klienten/Patienten und zuweilen auch deren Angehörigen erhaltenen Rückmeldungen (darunter einige persönliche Bilanzberichte ehemaliger Klienten im Rückblick von mehreren Jahren). Daraus wird deutlich, dass nicht nur die von der Forschung betrachteten Therapieergebnisse bedeutsam sind, sondern auch die nicht erfassten „Kollateralnutzen" der Behandlung eines Patienten für seine jeweiligen Bezugspersonen. Mütter oder Väter, die in ihren Therapien lernten, ihre Kinder anzunehmen sowie sie rollengemäß zu versorgen und zu fördern, ersparen ihren Kindern meist, sich später selbst in Therapie begeben zu müssen.

1.6 Psychotherapien: Methoden und Schulen

Entsprechend dem Menschenbild und der Ausbildungstradition sowie methodischer Schwerpunkte gibt es eine Vielzahl von Psychotherapien, auf die in diesem Rahmen nicht vertiefend eingegangen werden kann.

(Siehe hierzu die instruktive Übersicht in Wikipediahttps://de.wikipedia.org/wiki/Psychotherapie oder https://en.wikipedia.org/wiki/List_of_psychotherapies).

Für diese Behandlungsverfahren, die als hinreichend wissenschaftlich fundiert gelten, erstatten die gesetzlichen Krankenkassen die Kosten:

* systemische Verfahren,
* psychodynamische bzw. tiefenpsychologische Verfahren,
* Verhaltenstherapie.

Systemische Therapien

Systemische Therapien wurden erst 2021 in den Leistungskatalog der Krankenkassen aufgenommen. Sie tragen bei zur Veränderung der Interaktionsgewohnheiten oder Rollenstrukturen in Familien oder funktionellen Körperschaften (z. B. in Teams oder Belegschaften). Systemische Therapien vermitteln Begegnungen und wechselseitiges Verstehen von Gruppenmitgliedern, die miteinander oft strukturelle Konflikte austragen. Typische Methoden sind beispielsweise zirkuläre Fragetechniken oder psychodramatische Techniken (z. B. Aufstellungen), die einen Wechsel von Rollenperspektiven vermitteln.

„Hinter dem systemischen Ansatz steht eine bestimmte Art, die Wirklichkeit zu sehen und daraus therapeutische und beraterische Herangehensweisen abzuleiten. … Systemisches Arbeiten nimmt nicht das Individuum als defizitär in den Blick, sondern geht davon aus, dass Menschen stets versuchen, sich so an ihre Umwelt anzupassen, dass diese in ein Gleichgewicht kommt, selbst wenn dies oft ein Leiden zum Preis hat. Im systemischen Denken kann therapeutisches oder beraterisches Handeln nicht darauf zielen, von außen gesteuerte Veränderungen herbeizuführen, sondern es ist nur möglich, Impulse in ein System zu geben, das dadurch in Bewegung kommt und möglicherweise neue, für alle Beteiligten dienlichere Konstellationen findet" (zitiert aus der Webseite der Systemischen Gesellschaft, https://systemische-gesellschaft.de/systemischer-ansatz/).

Systemische „Kurzzeittherapie" umfasst ca. 10 Doppelsitzungen oder 20 Einzelsitzungen, verteilt über etwa 6 bis 9 Monate, *systemische „Langzeittherapie"* bei schweren und/oder chronischen Störungen ca. 20 bis 30 Doppelsitzungen oder 40 bis 60 Einzelsitzungen, verteilt über mehrere Jahre. Dabei können Therapiepausen von bis zu 2 Jahren eingeräumt werden (Zitat aus: https://www.dgsf.org/presse/essentials-systemischer-therapie#:~:text=Systemische%20„Kurzzeittherapie"%2C%20 ca.,Einzelsitzungen%20verteilt%20über%20mehrere%20Jahre).

Psychodynamische oder sinnentsprechend „tiefenpsychologische" Verfahren (TP)

Diese Verfahren entwickelten sich aus der Tradition der Psychoanalyse, bezogen auf deren Grundannahmen über Funktionsweisen des Unbewussten. Danach besteht das Wesen des Heilungsprozesses im Auflösen unbewusster Konflikte.

„Tiefe" verweist sprachmalerisch auf zwei Bedeutungsebenen: die Verdrängung schmerzlicher Erfahrungen in die *„Tiefen des Unbewussten"* und bezüglich der *Entstehungszeit,* verweisend auf die Bedeutung des „Fundaments, auf denen unsere Lebensgeschichte ruht", lebensgeschichtlich geprägt überwiegend durch Erfahrungen in der frühen Kindheit und Jugend.

Die Schwerpunkte des therapeutischen Handelns liegen auf der Entwicklung von Introspektion, Selbstreflexivität und Konfliktklärung.

Das Hauptanliegen von *Langzeitbehandlungen* besteht in der Bewusstwerdung kritischer Aspekte des Unbewussten. Angestrebt wird die Auflösung solcher Konflikte und Triebspannungen, welche vom Bewusstsein bisher aus Selbstschutz verdrängt wurden: Freud (1924) formulierte „Wo ES war, soll ICH werden". Auf der Grundlage der Durcharbeitung der Lebensgeschichte zielen psychoanalytische Verfahren auf die Veränderung von Charakterstruktur bzw. Persönlichkeit ab.

Neuere tiefenpsychologische Fokaltherapien werden im Rahmen von *Kurzzeitbehandlungen* zur erfolgreichen Linderung aktueller Beschwerden eingesetzt.

Verhaltenstherapie
Verhaltenstherapeutinnen konzentrieren sich auf die Modifikation belastender Verhaltensgewohnheiten durch Übung bzw. systematisches Training. „Verhaltenstherapie" fasst als Oberbegriff alle Strategien zur Verhaltensänderung zusammen, die sich auf lerntheoretische Grundlagen beziehen. Diese Verfahren konzentrieren sich mit unterschiedlicher Schwerpunktsetzung auf die Veränderung von Automatismen neurobiologischer, emotionaler, kognitiver und sozial interaktiver Verhaltensmuster. In einem früheren Lebensabschnitt zur Anpassung an besondere Umgebungsbedingungen entwickelte Verhaltensgewohnheiten, die gegenwärtig belastend bzw. gesundheitsschädlich wirken, umfassen individuelle körperliche Reaktionsweisen, emotionale Einstellungen, Erwartungen oder innere Überzeugungen mit abgeleiteten handlungsbegleitenden Kommentaren. Die kritischen Reaktionsmuster werden im Rahmen einer Bedingungsanalyse bezüglich der Faktoren ihrer Entstehung, Aufrechterhaltung und Auslösung untersucht. Aufbauend erarbeiten Patienten (die ihre Veränderungsziele definieren) mit ihren Therapeutinnen individuelle Behandlungspläne. Deren Wirksamkeit wird etappenweise gemeinsam ausgewertet und bezüglich des weiteren Vorgehens verbessert. Der Therapieumfang, bzw. ob *Kurz- oder Langzeittherapie* angezeigt sind, richtet sich nach dem Umfang der zur Genesung erforderlichen zielführenden Veränderungen, dem individuellen Lerntempo unter Berücksichtigung lebensgeschichtlich erworbener Belastungen und den aktuellen Lebensumständen der Patienten.

*

Ein Spruch aus dem Talmud bestätigt alle Ansatzpunkte, indem er auf die wechselseitige Bedingtheit von Verhaltensaspekten in unterschiedlicher Komplexität hinweist:

> *„Achte auf Deine Gedanken, denn sie werden Worte.*
>
> *Achte auf Deine Worte, denn sie werden Handlungen.*
>
> *Achte auf Deine Handlungen, denn sie werden Gewohnheiten*
>
> *Achte auf Deine Gewohnheiten, denn sie werden Dein Charakter.*
>
> *Achte auf Deinen Charakter, denn er wird Dein Schicksal."*

*

Gibt es eine Rangordnung der Verfahren bezüglich Wirksamkeit?
Ähnlich wie in der Pharmakaforschung, wenn auch in materiell abgeschwächter Intensität, sind auch die wirtschaftlichen Interessen und Prestige-Ansprüche von (Lehr-)Betrieben zu berücksichtigen. Bezüglich der Therapieverfahren bildete sich ein Konsens („Dodo Bird Verdict") heraus, wonach sich wissenschaftlich fundierte Therapieverfahren unterschiedlicher Schulen und damit verschiedener Behandlungsschwerpunkte bezüglich ihrer Effekte – je nach gewählten Kriterien – summarisch nicht unterscheiden (Budd & Hughes, 2009). Aus der Sicht des Praktikers erscheint dies gerechtfertigt: Im Laufe meiner Berufspraxis wechselten wiederholt Patienten, die zuvor eine mitunter mehrjährige psychodynamische Therapie absolvierten oder diese vorzeitig abbrachen, mit Gewinn zur Verhaltenstherapie. Umgekehrt berichten die psychodynamisch arbeitenden Kollegen, dass Abbrecher einer Verhaltenstherapie nachfolgend von tiefenpsychologischen Behandlungsmethoden nachhaltig profitierten.

1.7 Hinweise zur Wahl des Behandlungsverfahrens

Nach derzeitigem Stand der Psychotherapieforschung gibt es Empfehlungen, jedoch keine verbindliche Leitlinie zur differenziellen Indikation (d. h. der Zuordnung besonderer Störungs- oder Patiententypen zu einer einzig angemessenen Psychotherapieform).

Dennoch wird von den zuweisenden Ärzten oft (zumeist von deren persönlichen Erfahrungen oder Bevorzugungen geprägt) eine methodenspezifische Indikation praktiziert, entsprechend ergeben sich:

Verhaltenstherapie, basierend auf lerntheoretischen Grundlagen und Methoden, wird eher Patienten empfohlen, die von einem partnerschaftlichen, transparenten, strukturierten Vorgehen profitieren und auf die Lösung ihrer lebens- bzw. familiengeschichtlich entstandenen Probleme in der Gegenwart orientiert sind.

Psychodynamische Verfahren entwickelten sich aus der Tradition der Psychoanalyse und fokussieren stärker auf lebensgeschichtlichem Selbstverständnis und Bewusstwerdung unbewusster Vorgänge.

Systemische bzw. familientherapeutische Verfahren untersuchen (oftmals auch über Generationsfolgen übertragene) Regelhaftigkeiten der Interaktionen im sozialen Bezugssystem. Sie bewähren sich schwerpunktmäßig bei der Überwindung von strukturellen Partnerschaftsproblemen und familiären Konflikten, sofern diese psychische Störungen verursachen und aufrechterhalten.

Nach einer Phase einer wirtschaftlichen Konkurrenz zwischen den Therapieschulen um Anteile an der kassenärztlichen Versorgung, die im Deutschland der 1970er-Jahre ausgeprägt war, entwickelte sich inzwischen ein eher kooperatives Verhältnis; denn die Vertreter unterschiedlicher Therapierichtungen übernehmen voneinander in Fortbildungen und im kollegialen Austausch bewährte Vorgehensweisen. Damit verfährt man unter Psychotherapeuten ähnlich wie bei Ingenieuren des Maschinenbaus, die unter vergleichbaren Zielstellungen zu weitgehend übereinstimmenden Problemlösungen gelangen und bewährte Patente mit der Zeit voneinander übernehmen.

Schaut man von einem Aussichtsturm auf einen Parkplatz, scheinen sich alle Autos zu gleichen, obwohl sie aus der Nähe unterschiedliche Symbole, z. B. Stern, Propeller oder Raute als eigene Marken ausweisen. Die Details verlieren sich gegenüber den Ähnlichkeiten. Die Anforderungen hinsichtlich der Wirtschaftlichkeit von Produktion und Betrieb sowie Design führen zur Dominanz der Gemeinsamkeiten über die Unterschiede.

1.8 Nebenwirkungen

Therapien konfrontieren mit aktuell fehlangepassten, aber in bestimmten Phasen der Lebensgeschichte sinnvollen (parafunktionalen) Verhaltensweisen. Diesen stellen sie zielführende Veränderungen von Erwartungen bzw. Ansprüchen und Handlungskompetenzen gegenüber. Bereits das anfänglich erforderliche Eingeständnis von Änderungserfordernissen ist für manche kränkend. Das gilt besonders dann, wenn problematische oder nicht zum Selbstbild passende Verhaltensweisen noch nicht reflektiert werden können. Dem zugrunde liegende Verdrängungsprozesse beschreibt Friedrich W. Nietzsche (1886) einprägsam:

„Das habe ich getan, sagt mein Gedächtnis. Das kann ich nicht getan haben – sagt mein Stolz und bleibt unerbittlich. Endlich – gibt das Gedächtnis nach."

In Therapiegesprächen sind Konfrontationen mit bisher verdrängten schmerzlichen Erinnerungen, sehr belastenden Gefühlen, beispielsweise Schuld, Scham oder praktizierten Verhaltensweisen, die im Gegensatz zu Selbstansprüchen stehen, unvermeidbar. Hinzu kommen unterdrückte Erinnerungen an traumatische Episoden mit Bezugspersonen und Irritationen durch unerwartete Verletzlichkeit bei der vertieften Auseinandersetzung mit Intimität oder familiären Loyalitäten. Daher können Selbstwertprobleme, stellvertretende oder bisher vermiedene Auseinandersetzungen sich von den in der Vergangenheit prägenden Personen stellvertretend auf gegenwärtig „passende" Bezugspersonen übertragen und eskalieren. Wird nach Konfrontationen zunächst die Verdrängung intensiviert, dann können psychosomatische Symptome verstärkt auftreten. Nach außen oder innen gerichtete Frustrationen können daher vorübergehend zu einer emotionalen Instabilität führen. <u>Daher wird zu Beginn einer Behandlung angeraten, wichtige Lebensentscheidungen noch bis zum Ende der Therapie reifen zu lassen.</u>

Beispiel *Schuldzuweisungen:*
Nach Beginn von Gerds Therapie erleben ihn seine Eltern als „zunehmend vorwurfsvoll, aggressiv und distanziert". Gerd wurde nach jahrelanger Verdrängung bewusst, welche Verletzungen seines Selbstwerterlebens das tyrannische Verhalten seines Vaters und dessen Duldung durch seine Mutter bei ihm anrichteten. Erst in einem weiteren Abschnitt der Psychotherapie konnte sich Gerd von den Aggressionen gegen seine Eltern wieder lösen, da er lernte, seine eigenen Lebensleistungen wertzuschätzen. Er prägte den ihn befreienden Satz: „Ich habe viel in meinem Leben erreicht, *trotz der Einengungen durch meine Eltern.*" Insbesondere verhalf ihm die Lösung vom Gegenmodell seines Vaters („Ich darf nie werden wie mein Vater!") zum Finden eigener Maßstäbe. Erst auf dieser Grundlage konnte er eigene Vor-

stellungen von Partnerschaft und Familie entwickeln. Er widerstand den verinnerlichten Impulsen, besonders in Situationen vermeintlicher Bedrängnis nahe liegenden Automatismen, seine Kinder zu schlagen. Jedoch neigte er im Gegensatz zum Vater dazu, sie zu verwöhnen und zu unterfordern. Anders als sein despotischer Vater stimmte er sich in allen wichtigen Erziehungsfragen mit seiner Frau ab, um gemeinsam befriedigende Lösungen zu finden. Aufgrund seiner Nachforschungen zur Familiengeschichte fand er heraus, unter welchen Schwierigkeiten beide Eltern herangewachsen waren, und konnte ihnen schießlich verzeihen.

Beispiel *Ausschluss aus der Familie:*
Die Studentin Doris wurde beim Joggen von einem Mann verfolgt und bedrängt. Dieses Ereignis löste in ihrer Therapie eine Kette von bisher verdrängten Erinnerungen aus, nämlich an die in ihrer Kindheit vom Stiefvater an ihr begangenen und von der Mutter begünstigten sexuellen Übergriffe. Ihr spontaner Versuch, sich von damit verbundenen Schamgefühlen und Schuldvorstellungen durch Auseinandersetzung mit Mutter und Stiefvater in Form eines Briefes zu entlasten, führte (statt zur erwarteten Entschuldigung des Täters und erhofften Wiedergutmachungsangeboten) zu erneuter schmerzlicher Enttäuschung von Doris: Die Mutter und deren Lebensgefährte bezichtigten sie nun der Lüge, drohten mit gerichtlichen Konsequenzen wegen Rufbildschädigung und erteilten ihr Hausverbot. Eine ähnliche Geschichte, die zum Selbstmord eines Opfers führt, schildert auch der dänische Film „Das Fest". https://de.wikipedia.org/wiki/John_Wiley_%26_Sons

Beispiel *Behandlungsfehler:*
Problematisch sind Situationen der *Über-Identifikation,* in denen Therapeuten sich mit den Lebenskrisen ihrer Klienten übermäßig identifizieren. Dabei können sie ihre Neutralität verlieren und sich dann unbewusst selbst zum Maßstab ihres Gegenübers erheben.
In seltenen Fällen kann es dabei zur *Rollenumkehr* zwischen Patientin und Therapeutin kommen:
Ursula war wegen Krankheitsbefürchtungen in Psychotherapie. Nach einer längeren Behandlungspause thematisierte die Therapeutin ihre eigenen Besorgnisse wegen ihrer inzwischen diagnostizierten Krebserkrankung. Ursula fühlte sich wieder in die Zeit ihrer Kindheit versetzt, in der sie ihre vermeintlich nicht belastbare Mutter trösten und ermutigen musste.

Komplikationen:

Patienten, die als Kinder schwer misshandelt wurden, entwickeln zum psychischen Überleben und zur Aufrechterhaltung einer Verbindung mit den „guten Anteilen" der Eltern, eine Fähigkeit, die entwertenden, „bösen Anteile" der Bezugspersonen aus ihrem Empfinden, Erinnern und Erleben auszublenden (Fiedler, 2013, s. a. Wöller, 2019).

Dieser Schutzmechanismus wird durch das Wieder-Erinnern traumatischer Begebenheiten in Therapieprozessen brüchig. Vor diesem Hintergrund können heftige *Übertragungen* von Problemen mit einer Bezugsperson der Lebensgeschichte auf die Person der Therapeutin vorkommen.

Beispiel Eric hatte früh seinen Vater verloren. Seine Mutter, die ihn als Kind in Situationen der Wut oft geschüttelt und gewürgt hatte, überbürdete ihn als Heranwachsenden mit Verantwortung. War sie ratlos, dann griff sie stereotyp auf die Forderung zurück: „Lass dir endlich etwas einfallen." In einer Therapiesitzung reagierte Eric extrem gekränkt, enttäuscht und wütend darauf, dass seine Therapeutin versuchte, ihn aufzumuntern mit der (inhaltlich ähnlichen, aber situativ ganz anders gemeinten) Formulierung: „Sie haben schon aus noch viel schwierigeren Situationen als dieser Auswege gefunden."

Besonders bei Patienten, die in ihrer Kindheit über Jahre hinweg traumatisiert wurden, können sich Fehler des therapeutischen Vorgehens (Übersehen von Zuständen der Erstarrung oder Abspaltung von Wahrnehmungsvorgängen sowie überfordernde Erwartungen) retraumatisierend auswirken (als Wieder-Erleben in der Lebensgeschichte erlittener psychischer Verletzungen).

Um solche Nebenwirkungen bzw. Irritationen und Störungen der Rollenverteilung zu vermindern, sind die passende Wahl einer geeigneten Therapeutin und das <u>rechtzeitige sowie das vorrangige Besprechen unvermeidlich auftretender emotionaler Schwierigkeiten</u> in der therapeutischen Arbeitsbeziehung hilfreich.

1.9 Therapeutenwahl

Die Wahl der passenden Therapeutin erfolgt (s. beispielsweise https://www.dptv.de/psychotherapie/psychotherapeutensuche/ oder über die Vermittlungsstellen der Kassenärztichen Vereinigung) – wie auch die Wahl einer Lebenspartnerschaft – im Wesentlichen durch Intuition, ergänzt vom Lernen durch Versuch und Irrtum.

In Deutschland stehen gesetzlich Versicherten mehrere probatorische Sitzungen zur Verfügung, die quartalsweise auch unter jeweils verschiedene Therapieanbietende aufgeteilt werden können.

Empfehlenswert ist es für Therapiesuchende, zu reflektieren, ob im ersten Gespräch deutliche, aus der Lebensgeschichte übertragene, Reaktionen auftraten: Idealisierung und Herausforderungen, sich gegen vermeintliche oder tatsächliche Zurückweisung durchsetzen, sollten ebenso wie spontane eigene Abneigung als *Ausschlusskriterien* für eine effektive Zusammenarbeit anerkannt werden. Wenn die Therapeutin in ersten Gesprächen schon Parallelen vom geschilderten Problem des Patienten zu ihren ähnlich gelagerten eigenen, persönlichen Problemen schildert, ist die Gestaltung eines Raumes unabhängiger Suche in Frage gestellt.

Des Weiteren ist ein Grundgefühl von *Sicherheit* in der therapeutischen Beziehung wichtig. Ähnlich wie man einen Chirurgen fragen sollte, wie viele Erfahrungen er mit einer anstehenden Operation hat, ist die Frage legitim, ob sich die Psychotherapeutin mit dem geschilderten Problem auskennt.

Für einige Therapiesuchende ist das **Geschlecht** des Behandelnden besonders wichtig. Zu Beginn meiner Ausbildung, Ende der achtziger Jahre, war das Geschlechterverhältnis noch ausgewogen. Heute dominieren Frauen mit fast 80 % im Beruf. Therapiesuchende erwarten von Therapeutinnen eher Einfühlung und emotionale Unterstützung. Therapeuten wird eher zugetraut, eine systematische Problemanalyse aus einer emotional distanzierteren Außenperspektive anzubieten.

Jedoch ist im jeweils konkreten Einzelfall durchaus eine Umkehrung dieser Verhältnisse möglich (Bonelli, 2018). Statistisch zeichnet sich (nach Rückmeldungen der Kassenärztlichen Vereinigungen über Behandlungsprofile zu schließen) ein Trend zur Therapeutenwahl nach Ähnlichkeit ab: So suchen sich ältere und männliche Patienten eher ältere Therapeuten.

Therapiesuchende, die auf beste Freundinnen/Freunde oder gleichgeschlechtliche Bezugspersonen in ihren Ursprungsfamilien geprägt sind oder Scheu haben, Intimes mit gegengeschlechtlichen Partnern zu teilen, neigen eher dazu, sich zunächst bei Vertretern ihres eigenen Geschlechts in Therapie zu begeben.

Frauen, die in der Kindheit eine bessere Beziehung zum Vater hatten, suchen zumeist auch männliche Therapeuten. Männer, die mehr Nähe zur Mutter als zum Vater entwickeln konnten, bevorzugen Therapeutinnen.

Auch Patientinnen, die Probleme in ihren Beziehungen zu Männern haben, wählen höchstens dann männliche Therapeuten, wenn sie sich für korrigierende Erfahrungen genügend gestärkt und bereit fühlen.

Nach Scheidungen suchen oftmals Mütter für ihre minderjährigen Söhne Therapeuten, mit der hintergründigen Hoffnung, diese mögen eine positive väterliche Bezugsperson „ersetzen".

1.10 Worin unterscheidet sich Psychotherapie von anderen klinischen Behandlungen?

Die Organmedizin betrachtet die Patienten (aus lateinisch ‚*patiens*', deutsch ‚geduldig', ‚aushaltend', ‚ertragend') überwiegend als Objekte der ärztlichen Kunst. Bei Eingriffen verlässt der Patient sich mehr oder weniger vertrauensvoll auf das Können des Arztes. Er beschränkt seine Beteiligung an der Verantwortung für das Gelingen des jeweiligen Eingriffes auf seine Einwilligung in die verbundenen Risiken.

Da die kassenärztliche Psychotherapie sich aus der medizinischen Tradition entwickelte, wurde die Bezeichnung des Patienten für die Kommunikation mit Ärzten anderer Fachgebiete, Abrechnungen und juristische Angelegenheiten, z. B. Gutachten, übernommen.

Inhaltlich sollte statt vom „Patienten" zutreffender vom „Auftraggeber" (gesundheitsberatender Dienstleistung) gesprochen werden. Dem entspricht eher der Begriff des „Klienten", der von professionellen Beratungen profitiert.

Der Klient wird in der Psychotherapie zum *Forscher in eigener Sache.* Er findet heraus, welche Faktoren seiner Lebens- bzw. Beziehungsgestaltung ihn traumatisiert, gekränkt oder überlastet haben, und durch welche seiner Ressourcen er die Krankheitsfolgen lindern oder bestenfalls sogar heilen kann.

Hierzu geht der Klient vom Erstkontakt an mit seiner Therapeutin ein Arbeitsbündnis ein, indem sich beide über hilfreiche Teilziele und die Reihenfolge geeigneter Vorgehensweisen zu deren Erreichung einigen.

Gelingt eine Psychotherapie, dann wurde im Prozessverlauf der vormals schicksalhaft Leidende (oder das bisherige *Opfer* seines Schicksals bzw. der sozialen Dominanz Anderer) nun zum *Regisseur seines Lebens,* welcher sich als ein konstruktiver *Gestalter* zum Erreichen eigener realistischer und konstruktiver Ziele ausbildet. Das kann nur gelingen, wenn er im Prozess der Therapie den *Rahmen seiner Möglichkeiten* erforschen konnte.

Die Beschränkung auf den „Rahmen der Möglichkeiten des Gestaltbaren" ist hier nicht als Floskel zu verstehen, sondern als Ergebnis eines Entwicklungsvorgangs seiner Selbstreflexion, die den jeweils gegebenen

Entscheidungs- und Handlungsspielraum vor den Hintergründen von Selbstansprüchen und sozialen Erwartungen auslotet, nach dem Motto jenes bekannten Gebetes, dessen Urheberschaft umstritten ist:

*„Gib mir die **Gelassenheit**, Dinge hinzunehmen,*
die ich nicht ändern kann,
*den **Mut**, Dinge zu ändern, die ich ändern kann,*
*und die **Weisheit**, das eine vom anderen zu unterscheiden. "*

<u>Regieführung</u> als übergeordnetes psychotherapeutisches Ziel und <u>Demut</u> vor der Macht des Schicksals bedingen einander. Bewertungen der aktuellen biografischen Situation eines Menschen sollten diese Dialektik berücksichtigen. Erst aufgrund der Anerkennung schicksalhafter Entwicklungshemmnisse oder gegenwärtiger Blockaden lässt sich eine Lebensleistung mit den geschilderten Schwierigkeiten zu Beginn einer Therapie würdigen. Behandlungssuchende schämen sich oftmals zu Beginn einer Therapie ihrer Probleme, die ihren jeweiligen Symptomen zugrunde liegen. Sie unterstellen sich (Regie-)Versagen, zumeist vor dem Maßstab überhöhter Selbstansprüche.

Im Sport käme niemand auf die Idee, Marathonläufer mit Sprintern aufgrund ihrer in 60 Sekunden zurückgelegten Strecken zu vergleichen.

In meiner Berufsrolle als Therapeut kommt mir in Anbetracht der Schilderung meines jeweiligen Gegenübers oft die Vorstellung, dass wir uns mit verteilten Rollen würden begegnen können, wenn die schicksalhaften Entwicklungsbedingungen (z. B. Elternpaare in unseren Herkunftsfamilien oder Unfallfolgen bzw. körperliche Einschränkungen) vertauscht worden wären.

Psychotherapeutinnen werden daher zu Beginn jeder Behandlung die lebensgeschichtlichen Gegebenheiten einer Person (bezüglich Resilienz, Konstitution, Herkunftsfamilie, Traditionsbindungen, gesellschaftlicher Umstände und Schutzfaktoren) genau erfragen (explorieren), um sie zu würdigen, d. h. sie als Rahmenbedingungen angemessener Erwartungen einer weiteren individuellen Entwicklung anzuerkennen.

Ebenso gehört zur Anamnese (Erhebung der Vorgeschichte und Auffinden der Zusammenhänge zur Erkrankung), wichtige bisherige Verhaltensentscheidungen, deren Wirkungen und Bewertungen zu untersuchen. Erst auf der Grundlage dieser Informationen können Ressourcen und effektiv fördernde Therapieziele entwickelt werden.

Psychotherapie ist eine Dienstleistung, bei der Behandelnde aus den Aufträgen ihrer jeweiligen Klienten konkretisierte Zielvorstellungen ableiten und geeignete Methoden zu deren Erreichung anbieten.

Zu Beginn einer Therapie sind die Aufträge an die Behandelnden oft diffus, nicht selten sogar widersprüchlich, unrealistisch bzw. konsumtiv.

Hier einige *Beispiele:*

Aufträge in dem Sinne von:

- „Reparieren Sie mein angeschlagenes Selbstvertrauen."
- „Verhelfen Sie mir zu mehr Respekt meines Vaters und Herzenswärme meiner Mutter."
- „Helfen Sie mir, dass mich die Sturheit meiner Frau, ihre unverzeihlichen Boshaftigkeiten und Charaktermängel nicht mehr zum Ausrasten bringen."
- „Geben Sie mir Mittel in die Hand, mein Burnout zu überwinden, damit ich noch mehr Leistung abrufen kann als vor der Depression – damit ich endlich Abteilungsleiter werde."
- „Verbünden Sie sich mit mir und bestätigen Sie meine Sichtweise als Opfer widriger Umstände, damit mich meinen Eltern gegenüber keine Gewissensbisse mehr plagen, die ich seit 2 Jahren im Glauben lasse, dass ich noch studieren würde."

Sind Aufträge aus der Sicht der Therapeutin unrealistisch oder diffus, beginnt die Phase der *Auftragsklärung.*

Diese gestaltet sich zumeist als *Verhandlungsprozess um den Preis erstrebter Veränderung.* Diesen symbolisiert die Idee des *Zauberladens,* welche aus Übungen der Psychodramatherapie entwickelt wurden (http://www.wiki.inscenario.de/doku.php?id=psychodrama:spezielle_arrangements:zauberladen).

Vorgestellt wird ein Zauberwald, in dem eine Fee den dort lebenden Tieren ihre sehnlichen Wünsche erfüllt. Sie ist nicht kraft einer Magie erfolgreich, sondern als clevere Maklerin. Von ihren Diensten kann nur profitieren, wer zu realistischen Zugeständnissen an Aufwand im Verhältnis zum Nutzen einer angezielten Veränderung bereit ist: Will zum Beispiel der Hase nicht bei jeder mutmaßlichen Gefahr fliehen, sondern mehr Tapferkeit und Wehrhaftigkeit erlangen, muss er den gewünschten Mut als Gegenwert durch Verkauf seiner bisher in Fülle gegebenen Vorteile erwerben (in diesem Falle seiner besonderen Fähigkeit, unvermittelt und rasant zu fliehen). So gibt er beispielsweise dem Eber gerade so viel von seiner Laufgeschwindigkeit ab, dass er im Gegenzug etwas von dessen Stärke und Schutz erhält. So gewinnt er die Option, im Falle von überraschenden Geräuschen zu prüfen, ob es sich überhaupt lohnt, davonzulaufen. Er kann dann, statt wie früher reflexartig loszurasen, erst einmal kurz stehen bleiben, um das Ausmaß der befürchteten Bedrohung in der Realität zu überprüfen. Er kann mit dem Eber auch aushandeln, dass ihn das starke Tier künftig beschützt, wenn er in Not geraten sollte. Vorausgesetzt wird, dass er dem Eber ausgleichend etwas anbietet, was für diesen von Nutzen ist (Petzold, 1982).

Auf diese Weise wird veranschaulicht, dass eine Veränderung niemals in allen Dimensionen zur Verbesserung führen kann, sondern oftmals erst um den Preis auch nachteiliger Konsequenzen (in der Pharmazie spricht man von Nebenwirkungen) möglich wird. In der Psychotherapie vermittelte Veränderungen müssen nicht selten erkämpft werden nach der Devise von Hermann Hesse (1919):

> *„Der Vogel kämpft sich aus dem Ei. Das Ei ist die Welt.*
> *Wer geboren werden will, muss eine Welt zerstören. "*
>
>   *

Mit dem Thema der Kosten-Nutzen-Relation setzen sich zu Beginn einer Behandlung nur wenige Therapiebedürftige auseinander. Ob eine Behandlung aussichtsreich ist, hängt in entscheidendem Maße davon ab, ob die Therapiebedürftigen ausdauernd eine aktive Mitarbeit entwickeln können.

Mein geschätzter Kollege Steve (De Shazer, 1985) unterscheidet am Beginn einer Therapie drei Typen der Suche nach Unterstützung:
Typen der Suche nach Unterstützung:

- *Besucher,* die (noch) nicht wissen, ob oder was sie verändern wollen. Diese möchten sich zunächst nur unverbindlich orientieren, einen „Schnupper-Exkurs" unternehmen. *Besucher* können sich nach orientierenden Informationen entscheiden, ob ihnen eine Psychotherapie nutzt bzw. die damit verbundenen Belastungen verhältnismäßig sind.
- *Klagende* bleiben das Opfer ihrer Kränkungen und suchen, statt Veränderung ihrer Lebensgestaltung, Trost, menschliche Wärme und Anerkennung ihres Leidens sowie ein Bündnis gegen den mutmaßlichen Täter. Klagende können dabei kurzfristig im Rahmen „psychotherapeutisch stützender und Halt gebender Gespräche" emotionale Entlastung gewinnen. Sie schießen jedoch (zunächst) noch Veränderungen der

beklagten Situation aus. Kollegin Bärbel Wardetzki nennt diese Beharrungs-
tendenz treffend „ein sich Einrichten im gemütlichen Unglück"
(https://www.youtube.com/watch?v=PbswbyQBsRs&list=PLJoJPZsIpV
RBhyOXxtaTXIUWkf8JRaV0&index=3).

Ein Spezialfall dieser Gruppierung sind *Koryphäenkiller*, die für ihr
Anliegen ungeeignete Therapeutinnen suchen oder überhöhte Ansprüche
an ihre Behandler und deren Möglichkeiten stellen, um letztlich deren
Scheitern an ihrer Messlatte festzustellen. Solche „Doctor-Hopper" auf
der Suche nach einer Psychotherapie ersparen sich die Mühen eigener
Veränderungen. Sie bewahren ihren beklagenswerten Ausgangszustand
und die damit oft verbundene Erwartung sozialer Unterstützung. Zudem
beruhigt dieses Vorgehen ihr Gewissen durch Selbstmitleid: „Ich habe
alles unternommen, dass es mir besser geht, aber mir kann doch niemand
helfen, denn sogar Experten sind ratlos."

- *Klienten* (bzw. selbstverantwortliche und gestaltungswillige Patienten)
  sind sich darüber im Klaren, dass nur sie selbst ihre Situation und damit
  ihr Befinden verändern können. Sie sind in der Lage, realistische Ziele
  zu entwickeln, und motiviert, emotionale sowie zeitliche Anstrengungen
  auf sich zu nehmen. Diese Einstellungen sind erforderlich, damit eine
  Psychotherapie im Sinne zielführender und nachhaltiger Veränderung
  erfolgreich werden kann.

1.11 Worin bestehen Gemeinsamkeiten/ Unterschiede von Coaching und Psychotherapie?

Therapien und Coaching-Prozessen ist gemeinsam, dass sich ihre jeweiligen
Klienten professionelle Unterstützung ihrer Selbstentwicklungsprozesse
suchen. Sie beanspruchen dazu den Rahmen einer geschützten, oft sehr
persönlichen und vertrauensvollen Beziehung zur Ergänzung der eigenen
Sichtweise durch ein kundiges Gegenüber.

Die wesentlichen Unterschiede bestehen im Anlass und der Motivation,
diesen Prozess zu beginnen:

Der *Coachee* strebt nach Optimierung. Der Coachee ist gesund. Er hat
bereits eine komfortable Situation bezüglich Gesundheit oder Karriere
erreicht, empfindet aber noch „Luft nach oben". Er möchte noch besser

oder weiter vorwärtskommen. Daher will er seine Möglichkeiten effektiver nutzen.

Beim *Patienten* ist „Gefahr im Verzug". Der Patient sieht sich von gesundheitlicher Bedrohung oder einer schweren persönlichen Krise zur Veränderung genötigt oder gedrängt, sein Verhalten oder seine Einstellungen zu verändern, um zerstörerische Folgen von sich abzuwenden.

Das deutsche Kassensystem erstattet Leistungen nur, wenn eine krankheitswertige Störung vorliegt, die entsprechend dem Krankheitsregister (ICD) diagnostiziert wurde. Kosten für Leistungen, die der Verbesserung der beruflichen Entwicklung oder persönlichen Lebensqualität dienen, können nicht übernommen werden.

Übereinstimmung von Bedürfnissen und Handlungserfolgen sind für die Gesunderhaltung und die Lebensqualität wichtig. Hierzu tragen bei Gesunden psychologische Methoden zur Verbesserung bedürfniserfüllender sowie gesunderhaltender Verhaltensregulation bei, bezüglich folgender Aspekte:

- emotionale Selbstkontrolle,
- Interpretation von Wahrnehmungen oder Bewertungen von Handlungen und Handlungsergebnissen,
- realistische Selbsteinschätzung,
- Erhaltung von Gesundheit und Motivation (Schaffensfreude) zum Erreichen selbstbestimmter Ziele, z. B. Work-Life-Balance oder Förderung von Kreativität, Selbstverständnis, Fertigkeiten und sozialen Kompetenzen (zu Ausdauer und Auseinandersetzungsbereitschaft),
- Training bzw. Weiterentwicklung von realistischer Selbsterkenntnis, kognitiven und sozialen Fertigkeiten,
- (beispielsweise zur Förderung beruflicher Entwicklung oder konstruktiven Konfliktlösungen in Partnerschaften).

Sein individuelles Bestreben zur eigenen Weiterentwicklung oder Selbstverwirklichung kennzeichnet einen psychisch gesunden Menschen, der in der Lage ist, sich zunächst voraussetzende Bedürfnisse zu erfüllen. Die Bedürfnishierarchie, deren obere Ebene (unterhalb des Gipfels der Lebenshöhepunkte bzw. „Pick Experiences") die Selbstentwicklungsbedürfnisse bilden, veranschaulicht Maslow (1981) als Pyramide:

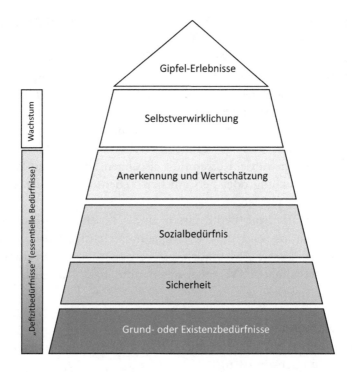

Werden auf der Ebene von Motiven der Selbstentwicklung professionelle Angebote der Anwendung psychologischer Techniken und Methoden zur Unterstützung als ein individuelles Dienstleistungsangebot einer anleitenden Person genutzt, bezeichnet man diesen Prozess der Förderung als „Coaching".

Coaching zielt auf *Selbstentwicklung* ab, wobei bereits auf einer verlässlichen Fähigkeit zur Erfüllung körperlicher und sozialer Grundbedürfnisse aufgebaut werden kann. Coaching beinhaltet Anleitungen zur Optimierung der Selbstregulation mit dem leitenden Ziel der Weiterentwicklung eigener Möglichkeiten.

Die Aufgabe der *Psychotherapie* besteht darin, Defizite (von denen angenommen wird, dass sie körperliche oder psychische Funktionsstörungen bedingen) auf den grundlegenden Ebenen der Bedürfnispyramide zu erkennen und zu versorgen, um die Gesundheit wiederherzustellen.

Psychotherapie ist Hilfe zur Selbsthilfe.

Psychotherapie unterscheidet sich vom Coaching auch bezüglich der Ausgangsposition des Veränderungsstrebens:

1. Patienten kommen nicht aus freiem Entschluss zur Behandlung, sie werden „angetrieben" durch „krankheitswertige Störungen", die einen erheblichen Leidensdruck und gesundheitliche Bedrohung bedeuten,

beispielsweise Beeinträchtigungen durch chronischen Schmerz, das Fortschreiten einer Depression, die Generalisierung (meint Ausweitung und Verallgemeinerung) einer Angststörung oder durch Trennungsdrohungen ihrer Lebenspartner.

2. In ihren lebensgeschichtlichen Ausgangsbedingungen oder bezüglich der aktuellen Auswirkungen ihrer Symptome wurde und wird die Entwicklung der Bedürfnisbefriedigung auf fundamentalen Stufen der Bedürfnispyramide, zumeist auf den Ebenen „Existenz", „Sicherheit" und „Geborgenheit", schwer beeinträchtigt:

Betroffen sind besonders sensible Menschen oder solche, die Störungen der Mutter-Kind-Beziehung in frühen Lebensjahren überlebten. Im schlimmsten Fall waren sie als Kinder einer komplex traumatisierenden Umgebung ausgeliefert und sind deshalb als Erwachsene extrem verwundbar. Bei ihnen können existenzielle Bedrohungen durch unverhältnismäßige aktuelle Belastungen ausgelöst werden. Die Betreffenden können kein stabiles Selbstkonzept oder Selbstwerterleben entwickeln, soziale Beziehungen entsprechend ihren Bedürfnissen regulieren oder erfüllende soziale Zugehörigkeit und Anerkennung erfahren.

Die Aufgabe der Psychotherapie besteht in diesen Fällen vorrangig darin, den Betroffenen ihre Stärken in ihrem Bewusstsein zu fokussieren und diese Fähigkeiten und Kraftquellen zur Überwindung der Probleme besser zu nutzen.

In der Psychotherapie werden diejenigen psychologischen Methoden eingesetzt, die sich zur gezielten und effektiven Behandlung „krankheitswertiger" psychischer Störungen bewährten. Hierzu ist neben einem Überblick über prägende Ereignisse der Lebensgeschichte auch eine Psychodiagnostik erforderlich, auf deren Grundlage die vorliegenden Störungen nach der international verbindlichen Krankheitsklassifikation, dem ICD (International Classification of Diseases), definiert werden.

Aufbauend auf dem Verständnis der Lebensgeschichte ist eine Verhaltens- und Bedingungsanalyse zu erarbeiten, die Bedingungen der Aktualisierung, Aufrechterhaltung sowie Auslösung der Störung klärt. Ebenso wichtig ist dabei, einen Überblick über die „gesunden Anteile", Potenziale, Schutzfaktoren und Kraftquellen zu erstellen, die zur Überwindung der Defizite genutzt werden können.

Dieses Vorgehen erfordert wesentliche Aktivitäten seitens der Behandlungsbedürftigen.

Hierzu geht der Klient vom Erstkontakt an mit dem Behandelnden ein Arbeitsbündnis ein, indem sich beide über hilfreiche Teilziele und geeigneten Vorgehensweisen zur Erreichung einigen.

Das Endziel von Therapie ist „Gesundung". In bestimmten Fällen ist dieses Ziel nicht realistisch und sollte durch „Linderung des Leidens" ersetzt werden.

Ein gesunder Mensch strebt nach weiterer Selbstentwicklung in Richtung der Spitze von Maslows Pyramide.

1.12 Wie funktioniert eine Therapie?

Fünf Wirkfaktoren zur Problemlösung oder „Die guten Fünf plus Eins"
Therapieforscher unterscheiden zwischen *methodenspezifischen* Wirkfaktoren (s. a. Therapieverfahren und -schulen, s. 1.6), auf die einzugehen den gegebenen Rahmen sprengen würde, und *allgemeinen, methoden-unabhängigen* Faktoren:

Fünf Wirkfaktoren, Grawes „Big Five", sind bis heute von allen Therapie-schulen anerkannt. Diese postulierten Forscher der Universität Bern unter Leitung von Klaus Grawe und Mitarbeiterinnen vor mehr als einem Viertel-jahrhundert im Ergebnis von Metaanalysen:

Therapeutische Beziehung:
Die Qualität der Beziehung zwischen dem Psychotherapeuten und dem Patienten/Klienten trägt bedeutend zu einem besseren oder schlechteren Therapieergebnis bei.

Bewährte Eigenschaften und Fähigkeiten, welche die Patienten in die Therapie mitbringen, werden als positive Ressourcen für das therapeutische Vorgehen genutzt. Das betrifft vorhandene motivationale Bereitschaft, Gestaltungsfähigkeiten und Interessen der Patienten.

Problemaktualisierung:
Die Probleme, die in der Therapie verändert werden sollen, werden unmittelbar erfahrbar. Das kann z. B. dadurch geschehen, dass Therapeutin und Klient reale Situationen aufsuchen, in denen die Probleme auftreten, oder dass sie durch besondere therapeutische Techniken, wie intensives Erzählen, Imaginationsübungen, Gedankenexperimente, Rollenspiele, Körperwahrnehmungsübungen, die Probleme in Bezug auf Lösungs-möglichkeiten erlebnismäßig aktualisieren.

Motivationale Klärung:
Die Therapie fördert mit geeigneten Maßnahmen, dass der Patient ein klareres Bewusstsein der Determinanten (Ursprünge, Hintergründe, auf-

rechterhaltende Faktoren und Folgen) seines problematischen Erlebens und Verhaltens gewinnt und auf dieser Grundlage eine nachhaltige Motivation entwickelt.

Problembewältigung:
Wir lernen am Erfolg. Erfolge werden gewürdigt. Rückblickend wird der geeignete Weg zum Ziel im Bewusstsein verankert. Die Behandlung unterstützt zudem Patienten mit bewährten problemspezifischen Maßnahmen (direkt über Verhaltensexperimente oder indirekt über emotional verankerte Einstellungsveränderungen) darin, positive Bewältigungserfahrungen im Umgang mit seinen Problemen zu machen.

Mit *„Schaffung problemlösender Narrative"* wird von uns ergänzend zum Grawe-Team ein sechster Faktor vorgeschlagen.
Dieser wird zu Beginn des 2. Kapitels dieses Buches ausführlich erläutert.
Mittels dieser Wirkfaktoren können schrittweise, aufsteigend über das Erreichen von Teilzielen, übergreifende Therapieziele wie Förderung von Selbstwerterleben, Selbstkontrolle und Handlungsfähigkeit sowie Zuversicht vermittelnde Erfahrungen realisiert werden.

Fünf Wirkfaktoren der Lösungsblockaden oder
„Die schlechten Fünf", die Symptome erzeugen und aufrechterhalten

Von Klaus Grawe angeregt, fragte sich Michel Bohne (2010), welche Faktoren den Therapiezielen hinderlich sind. Er fasste die „parafunktionalen" (in einem früheren Lebensabschnitt einmal zweckmäßig bzw. angepasst gewesenen Verhaltensmuster, die jedoch unter aktuellen Bedingungen selbst blockierend wirken) zusammen als die „Big Five" der zumeist unbewussten Faktoren, welche Probleme hervorbringen und stabilisieren.
Zu jedem dieser 5 Verhaltensautomatismen der Selbstblockierung oder Selbstschädigung *wird der Leser in seinem eigenen Erfahrungsschatz unschwer eigene Beispiele erkennen:*

- **Unrealistische Erwartungshaltung**
  Unrealistische Erwartungshaltung an andere, etwas tun zu müssen, was ich brauche und mir wünsche.
  Auf diese Weise werden Passivität und Opferhaltung gepflegt. Von den eigenen Gestaltungsbeiträgen wird abgelenkt, indem anderen die Verantwortung für die Wunscherfüllung übertragen wird.

Das Spektrum dieser Variante reicht vom Wunsch, der andere müsse Gedanken lesen und situative Wünsche in die Tat umsetzen (siehe das legendäre Beispiel von Watzlawicks Hammer in seiner „Anleitung zum Unglücklichsein") bis hin zu dem Extrem, von einer Bezugsperson zu erwarten, dass diese grundsätzlich für das eigene Lebensglück verantwortlich sei.

Eine weitere Spielart ist das Aufrechterhalten von Erwartungen entgegen aller bisherigen Erfahrungen: Welches Wunder müsste denn wirken, damit ein bisher zurückweisender Elternteil plötzlich einfühlsam und unterstützend reagieren sollte?

Weshalb sollten jahrelang Alkoholabhängige oder Spielsüchtige sich diesmal überzeugen lassen, ihre Sucht aufzugeben?

Warum sollte ein Partner, der wiederholt Partnerschaftskonflikte mit Gewalttätigkeiten „regelte", sich durch den Verzicht auf eine Strafanzeige bessern?

- **Vorwürfe und Schuldzuweisungen an andere**

Aus blockierenden Erwartungen resultieren meist Beschuldigungen für belastende Gefühle oder vertane Möglichkeiten. Die oft „moralisch gerechtfertigte" Selbstdarstellung als Opfer fremden Fehlverhaltens entlastet zunächst. Erreicht wird jedoch die Aufrechterhaltung des beklagten Zustandes bzw. die Verschlechterung der Beziehung, indem man den anderen unter Druck setzt.

Beispielsweise: „So lange du dich nicht bei mir entschuldigst, werde ich dich ignorieren."

„Wegen dir bin ich depressiv geworden … an Krebs… erkrankt … habe ich mein Lebensglück verfehlt!"

„Du hast mit … (z. B. deiner Unterstützung für deine Mutter oder deinen Seitensprung etc.) unsere Ehe ruiniert!"

- **Selbstvorwürfe**

Selbstvorwürfe kanalisieren Vorwürfe auf autoaggressive Weise. Auf diese Weise kann kurzfristig eigenes Missgeschick oder mangelnde Auseinandersetzungsbereitschaft in einen Begründungszusammenhang gepackt, beschwichtigt oder an andere delegiert werden, ganz im Sinne des bereits zitierten „gemütlichen Elends" (S. 22).

„Ich habe eben zwei linke Hände."

„Weil ich zu vergesslich geworden bin und den Überblick über meine Tätigkeit verloren habe, muss ich eben das Mobbing ertragen."

„Ich habe die Prügel ja verdient, denn ich war nicht diplomatisch genug".

Strukturell blockieren derartige Selbstbestrafungen eigene Entwicklungs-
möglichkeiten. Sie ermöglichen, sonst unerträgliche Beziehungen zu
ertragen und damit aufrecht zu halten.

- **Altersregression**

Unter erheblichen emotionalen Belastungen und Schlüsselreizen, die intensive
Erinnerungen auslösen, neigen wir zu kindlichen Verhaltensmustern,
infantilen Bewertungen, irrationaler Unterwerfung oder Aggressivität.

Beispiel: Peter möchte übermüdet nach seiner Teilnahme an einem Ärzte-
kongress auf der nächtlich leeren Autobahn sein neues Auto ausprobieren
und dessen Höchstgeschwindigkeit testen. Dabei wird er unerwartet
von einem vor ihm auf der sonst freien Lkw-Spur fahrenden Pkw durch
willkürlichen Spurwechsel ausgebremst und nachfolgend am Überholen
gehindert.

Zur *Müdigkeit bzw. uneingestandenen Erschöpfung* kommt bei Peter als
Nachwirkung des unerwartet erzwungenen Notbremsens noch *vitale
Angst* hinzu, denn es war keineswegs sicher, ob sich ein Aufprall ver-
meiden lassen würde.

Der Schwellenwert zur Auslösung einer Regression ist damit erreicht:
Plötzlich, so beschreibt Peter, „fühlte ich mich wie ein Dreijähriger, dem
man sein Lieblingsspielzeug weggenommen hat. Entsprechend über-
kamen mich eine wahnsinnige, blinde Wut und die absurde Vorstellung,
wie ein Größenwahn, ich müsse dem nun vor mir Fahrenden in sein Auto
hineinfahren und ihn so von der Autobahn fegen."

Er schildert auch, wie er aus der Regression wieder in die Gegenwart
zurückkehrte: „Als der Zorn verebbte, setzte mein Denkvermögen wieder
ein. Um weiter zur Besinnung zu kommen, nahm ich die nächste Rast-
stätte und versuchte zu verstehen, was geschehen war.

Während ich einen Kaffee trank, erinnerte ich mich 25 Jahre zurück, an
die Zeit, da meine temperamentvolle Mutter als Inhaberin ihres frisch
erworbenen Führerscheins meinen Vater als Beifahrer und mich als Fünf-
jährigen auf der Rückbank chauffierte. An einer Autobahnauffahrt blieb
sie stehen, statt sich in den fließenden Verkehr einzufädeln. Sie wurde
zornig, schimpfte wie ein Rohrspatz über die anderen Autofahrer auf der
Autobahn, die ihr angeblich bösartig zu wenig Platz zum Auffahren auf
die Autobahn eingeräumt hätten.

Autos stauten sich hinter ihr. Der unmittelbare Hintermann, sicher ein
Mensch mit hitzigem Temperament, veranstaltete ein Hupkonzert. Meine
Mutter begann zu zittern.

Mein Vater entgegnete ruhig: ‚Martha, die haben ihre Gründe: Wenn du dich so zögerlich näherst, nehmen sie an, du wartest, bis alle Autobahnbenutzer an dir vorübergezogen sind.'

Genau diese Idee – ‚Der andere wird schon seine Gründe haben' – in Bezug auf den Autofahrer, der mich am Überholen hinderte, war auch der erste vernünftige Gedanke, mit dem ich mich aus der wütenden Trance herausholte. Obwohl ich bis heute nicht weiß, welche Gründe (im denkbaren Spektrum vom militanten Kampf gegen Umweltsünder bis zum aggressiven Sozialneid) zutrafen, fand ich nach emotionaler Beruhigung durch eine hilfreiche Erinnerung aus der Kindheit, aus einem wütenden kindlichen Zustand heraus, in den ich mich durch Erschöpfung und erhebliche Emotionalisierung von einem unberechenbaren Autobahnmitbenutzer hatte einladen lassen."

- **Falsche Loyalitäten**

Diese unbewussten Verhaltensmuster bewirken meist Selbstverleugnung bis zur Aufopferung oder vergebliches Bemühen. Sie dienen der Wiederherstellung von gewohnten Rangordnungen oder dem Ausgleich für Schuldgefühle, die zumeist in der Ursprungsfamilie geprägt wurden.

Beispiele:

Benedikt schildert sich als Junge, der es sich im Kindergartenalter zur Aufgabe machte, seine depressive Mutter als ihr „Sonnenschein" über ihr Leid hinwegzutrösten, um für sich selbst ihre Zuwendung zu erhalten.

Als Erwachsener wählte er eine Ehepartnerin, welcher er es, trotz aller Bemühungen, letztlich nicht recht machen konnte. Diese sei sehr „unkörperlich" gewesen, habe ihm aber in etwa monatlichen Abständen Sex angeboten. Das habe sich wie eine Bezahlung für Wohlverhalten in ihrem Sinne angefühlt. Benedikt litt erhebliche Gewissensnöte wegen seiner geheimen Fantasien, spontan Sex mit anderen Frauen auszuleben, und „bestrafte" sich dafür mit noch mehr Unterwürfigkeit.

Elvira hatte eine eigenartige Gangstörung, für die keine physiologische Ursache zu finden war. Sie fand erst in einem Therapieprozess heraus, dass sie unbewusst ihren Großvater imitierte, der eine Beinprothese hatte. Dieser sei die wichtigste, einzig liebe- und verständnisvolle Bezugsperson in ihrer Herkunftsfamilie gewesen.

Jens betrieb als sein einziges Hobby das Apnoetauchen auf zunehmend riskantere Weise. Als Kind verlor er seine jüngere Schwester bei einem Badeunfall, für dessen Ausgang er sich die Schuld gab.

Die Wirkfaktoren, sowohl der Begünstigung als auch Verhinderung von Therapiezielen, können der Anschaulichkeit halber begrifflich geordnet werden. Nur ausnahmsweise bewirkt ein einzelner Faktor eine Störung. Zumeist wirken mehrere der hier beschriebenen Einflussgrößen zusammen und verstärken einander in gegenseitiger Bedingtheit.

Ein Patient hat diese Komplexität und ihre Bewältigung metaphorisch dargestellt:

„Zu Anfang der Behandlung kam es mir vor, als müsse ich ein riesiges, verfitztes Knäuel abwickeln, um vorwärts zu kommen. Jedoch in der besonderen Atmosphäre des Therapieraumes und mit verständnisvoller Begleitung reichte es, zunächst an den äußeren Enden des Knäuels die erreichbaren Fäden zu lockern, um die Erleichterung zu verspüren, die notwendig war, die Geduld für das weitere Entwirren des Fadens aufzubringen.

Nun sehe ich den Faden meiner Vergangenheit als Linie hinter mir. Vor mir kann ich nun daraus eine Richtschnur für meine Zukunft ausrollen."

1.13 Formales Vorgehen zur Vorbereitung einer Psychotherapie

Kostenerstattung durch Versicherungsträger

Ihr Anspruch als Versicherter auf Kostenerstattung gründet sich auf folgende Voraussetzungen:

- Es liegt eine diagnostizierte (gemäß ICD-10 klassifizierte) Gesundheitsstörung vor.
- Im Ergebnis orientierender Gespräche (bei gesetzlich Versicherten nach mindestens 2 Probesitzungen) wurde eine Therapie vereinbart.
- Zusätzlich gilt für gesetzlich Versicherte:

  – Ein Konsiliarbericht eines Arztes, welcher über die körperliche Verfassung, erforderliche Mitbehandlungen und Medikamenteneinnahmen informiert, ist psychologischen Psychotherapeutinnen vorzulegen.
  – In den letzten 2 Jahren wurden Behandlungen im jetzt zu beantragenden Therapieverfahren nicht über den Kostenträger abgerechnet.

Je nach Art der Versicherung sind formale Anträge auf Kostenerstattung erforderlich. Daher sollten privat Versicherte vor dem Behandlungsbeginn ihren Kostenträger in Kenntnis setzen und sich über die Bedingungen der Beantragung und Erstattung von Leistungen informieren.

Praktisches Vorgehen
1. *Auswahl* der Therapeutin.
2. Wenn Sie sich im Ergebnis von Probesitzungen entschlossen haben, die Therapie mit Ihrer Therapeutin zu beginnen, wird Ihnen in der Regel das Angebot eines *Therapievertrages* vorgelegt, den Sie unterschreiben (s. Kap. 1.14).
3. Den *Konsiliarbericht* einholen und der Therapeutin vorlegen: Sie können wählen, ob Sie den entsprechenden Formularsatz (mit Kopien jeweils für die beteiligten *Behandler,* anonymisiert für die *Krankenkasse* und im Falle einer Langzeitbehandlung für den *Gutachter*) sich von Ihrer behandelnden Ärztin oder Ihrem Arzt aushändigen lassen, oder ob Sie Ihre Therapeutin beauftragen, den Konsiliarbericht beim organmedizinisch behandelnden Arzt anzufordern. Letzteres geschähe dann im Austausch „psychologischen Befund gegen körperlichen Befund"
4. Sie stellen den *Antrag auf Kostenerstattung* (Formular PTV 1). Dieser wird Ihnen von der Psychotherapeutin zur Unterschrift vorgelegt und zusammen mit dem Antrag der Psychotherapeutin und dem Konsiliarbericht der Kasse zur Prüfung der Kostenerstattung vorgelegt.
5. Die Kasse teilt Ihnen die Bewilligung der Kostenerstattung schriftlich mit, sofern innerhalb von 2 Jahren für das beantragte Psychotherapieverfahren noch keine Leistungen beansprucht wurden.
   Anderenfalls kann bei dringendem Bedarf zur Entscheidung über die Kostenerstattung ein Gutachter hinzugezogen werden.

Vereinfachungen:
Die Anforderung des Konsiliarberichtes entfällt, wenn die/der psychotherapeutisch Behandelnde sowohl psychologisch als auch medizinisch approbiert ist.
Folgende *Therapieumfänge* können gesetzlich Versicherten gewährt werden:
Kurzzeittherapie 1: Umfang 12 Sitzungen à 50 min,
Kurzzeittherapie 2: Umfang zusätzliche 12 Sitzungen à 50 min,
Langzeittherapie: unter Anrechnung bisheriger Kurzzeitbehandlungen bis insgesamt 60,
in besonderen Fällen 80 Sitzungen.

Diese Kontingente können je nach Vereinbarung auch in Einheiten von je 25 min pro Sitzung eingeteilt werden.

Vereinbarte Gruppensitzungen werden im Verhältnis 2:1 auf das Kontingent angerechnet.

Diese Kontingente sind wie ein eingeräumtes Guthaben zu verstehen, d. h. eine vorzeitige Beendigung ist jederzeit möglich, wenn das Therapieziel erreicht ist, oder auf eigenen Wunsch der Patienten.

(Die Therapiekontingentierung bei privat Versicherten richtet sich nach individuellen Verträgen.)

1.14 Behandlungsvertrag

Entsprechend den Empfehlungen des Berufsverbandes schließen Patient und Therapeutin vor Beginn der Behandlung eine Behandlungsvereinbarung ab.

Diese kann sich in verschiedenen Praxen inhaltlich unterscheiden. Als Beispiel folgt die Variante der Vereinbarung, die sich in der Praxis des Autors bewährte:

Sehr geehrte Patientin, sehr geehrter Patient,

eine Psychotherapie verlangt Ihnen aktive Mitarbeit ab. Wie jede Behandlung kann sie mit unerwünschten Nebenwirkungen verbunden sein, beispielsweise können sich Symptome nach Konfrontationen mit belastenden Erinnerungen verstärken. Auch können emotionale Instabilität oder veränderte Reaktionen von Bezugspersonen auftreten. Wägen Sie daher diese Risiken im Vergleich zum erwarteten Nutzen und entscheiden Sie sich nur dann für eine Therapie, wenn Ihre Motivation hierzu deutlich überwiegt. Nicht alle Therapiesuchenden profitieren von der angebotenen Behandlung. Bis zu 10 % beschreiben anfangs sogar eine Verschlechterung des Ausgangszustandes.

Sollten Sie sich nach Abwägen der Verhältnismäßigkeit von Einsatz und Ertrag für eine Therapie entscheiden, bitte ich Sie, folgende Bedingungen für Psychotherapie durchzulesen und, wenn Sie damit einverstanden sind, zu unterschreiben.

1. Psychotherapie im Rahmen der gesetzlichen Krankenversicherung ist unter strikter Wahrung der Schweigepflicht dokumentationspflichtig (bezüglich Behandlungsterminen und therapeutischen Vorgehens). Eine Weitergabe von Befunden und Berichten an andere ärztliche Stellen bedarf Ihrer ausdrücklichen Genehmigung: Im Interesse einer effektiven Kooperation mit Ihrem behandelnden Arzt und der Prüfung der Kostenerstattungspflicht

durch den ärztlichen Gutachter der Krankenkasse (an diesen erfolgt der Bericht anonymisiert) wird Ihre Einwilligung in die Berichterstattung durch Ihre Unterschrift unter dieser Vereinbarung vorausgesetzt, sofern Sie dem nicht widersprechen bzw. bei Einwänden gegen das Gutachterverfahren bei Langzeitbehandlung auf Kostenerstattung verzichten.

Vorausgesetzt werden Ihre Einwilligung in notwendige diagnostische Untersuchungen und Videoaufzeichnungen zum Zwecke der Supervision, sofern Sie keine Einwände erheben. Sie können ebenfalls Behandlungssitzungen für Ihren persönlichen Bedarf auf eigenen Speichermedien aufzeichnen. Empfehlenswert ist die Führung eines therapiebegleitenden Tagebuches oder von Selbstbeobachtungsprotokollen.

2. Ich arbeite nach dem Bestellsystem, d. h., dass ich für Sie immer eine Therapiestunde von 50 Minuten Dauer reserviere. Da freie Termine von anderen benötigt werden, und die Krankenkasse nur durchgeführte Sitzungen bezahlt, ist es notwendig, dass Sie die vereinbarten Termine einhalten. Sollten Sie einmal verhindert sein, bitte ich Sie, dies mir so früh wie möglich mitzuteilen. Bei Absagen später als 2 Tage vor dem Termin, gleich aus welchen Gründen, berechne ich Ihnen für die entfallene Sitzung eine Ausfallpauschale, wenn ich diese Stunde kurzfristig nicht neu besetzten kann. Mein Honorar beträgt in diesem Fall € 60,– (kann der Termin aber noch anders besetzt werden, entfällt diese Ausfallspauschale).

3. Krankenversicherungen übernehmen die Kosten, wenn krankheitswertige Störungen vorliegen. Die Inanspruchnahme therapeutischer Methoden darüber hinaus zur Verbesserung von Selbsterkenntnis oder persönlichen Kompetenzen in Beruf und Partnerschaft ist Privatangelegenheit. Bei Therapien, deren Kosten von den Krankenkassen übernommen werden, sind bestimmte Formalitäten, die in der „Patienteninformation" näher erklärt werden (z. B. Probesitzungen, Konsiliarbericht, Therapieantrag, Erstattungsmodalitäten), einzuhalten. Bitte halten Sie sich im Interesse der Kostenübernahme durch Ihre Kasse an diese Bestimmungen.

Bei gesetzlich Versicherten ist die Krankenversicherungskarte quartalsweise einzulesen.

4. Wenn sich während einer Therapie die Krankenkasse ändert, sorgen Sie bitte selbst dafür, dass die neue Kasse die Kosten übernimmt, indem Sie nachfragen oder dies beantragen. Ich kann keine Gewähr dafür übernehmen, dass die neue Kasse die Kosten automatisch übernimmt.

Hiermit erkläre ich mein Einverständnis mit den o. a. Behandlungsbedingungen.

Ort,   Datum   ....,   (Unterschrift: Patientin/Patient)
....

1.15 Weitere Informationen und Beschwerdestellen

Bei welchen Stellen kann ich mich über aktuelle Behandlungsbedingungen im Rahmen kassenärztlicher oder beamtenrechtlicher Versorgung, einschließlich Datenschutz und Beschwerdemöglichkeiten, informieren?
Hierzu seien folgende Links empfohlen:

- https://www.deutschepsychotherapeutenvereinigung.de/index.php?eID=dumpFile&t=f&f=1082&token=ebf60504f8360cfd3f5ac79c7e21d2fc64cadb25
- https://www.beihilferatgeber.de/was-wird-bezahlt/beihilfe-fuer-psychotherapie
- https://www.therapie.de/psyche/info/fragen/beschwerden-in-der-psychotherapie/anlaufstellen/

2

Geschichten in der Therapie: narrative Behandlungszugänge und Anwendungsbeispiele

„Alle Geschichten sind erfunden, Spiele der Einbildung, Entwürfe der Erfahrung, Bilder, wahr nur als Bilder. Jeder Mensch, nicht nur der Dichter, erfindet seine Geschichten – nur dass er sie, im Gegensatz zum Dichter, für sein Leben hält – anders bekommen wir unsere Erlebnismuster, unsere Ich-Erfahrung nicht zu Gesicht."

Max Frisch

Dieses Kapitel erklärt, weshalb Narrationen als individuelle Erklärungen für Störungen bedeutsam sind. Es zeigt auf, welche Eingriffspunkte sich für die Therapie zu zielführenden Veränderungen ergeben.

(Leser, die *mehr an Fallbeispielen* der Veränderungen von Leidenserzählungen interessiert sind, mögen diesen einführenden Abschnitt überspringen.)

Erzählungen können mentale Probleme und Regieanweisungen des Zusammenlebens sowohl verankern als auch lösen.

Siefer (2015) beschreibt die anthropologische, evolutionsbiologische und soziale Bedeutung von Erzählungen und Mythen. Er schildert sie als Alleinstellungsmerkmal unserer Art: Nur der Mensch als einziges, Geschichten erzählendes, Tier wird durch seinen „Erzählinstinkt" zum „Homo narrans".

Die Bedeutung der Mythenbildung in der Menschheitsgeschichte schildert auf eindrückliche Weise Harari (2015).

Pennabaker & Seagul (1999) belegten, dass spontanes Schreiben von bedeutenden Lebensereignissen allein als sprachlicher Ausdruck tiefer, mit den Ereignissen verbundener Gefühle (über die Dauer von 5 Schreibeinheiten über je 20 min Dauer) sich auf Gesundheit und Wohlbefinden positiv auswirkt. Frattaroli (2006) fand entsprechende Übereinstimmungen

A. Schubert, *Warten auf die Psychotherapie?*, https://doi.org/10.1007/978-3-662-65246-6_2

in einer Metaanalyse von Studien. Erfolgskriterien waren z. B. günstigere Immunreaktionen nach Impfungen, schnellere Wundheilung, Verminderung der Schmerzintensität bei chronischen Erkrankungen, Symptomentlastung bei Asthma und Besserung des Allgemeinbefindens. (s. Punkt 3.1).

Ganz persönliche Mythen oder Erklärungsgeschichten, die Patienten in die Praxis mitbringen, erweisen sich oft als wesentliche Zugänge zur Orientierung in Beziehungen, zum Selbstverständnis von Rollen und Zugehörigkeit (s. a. Maercker & Forstmeier, 2013).

In der Gestalt solcher Erzählungen begegnen uns Verarbeitungen prägender Aspekte der Biografie, oder sogar einer Familiensaga, die sich über Generationen hinweg erstrecken kann. Mit der Bestimmung des Platzes eines Individuums in seinem sozialen Gefüge und seiner Bestimmung leisten Narrationen wesentliche Beiträge zu Sinnschöpfung. Weshalb in aktuellen Publikationen die Begriffe „Geschichte" und „Erzählungen" durch den des „Narrativ" verdrängt werden, scheint den Bemühungen der Abgrenzung vom alltäglichen Gebrauch des Wortes geschuldet. Es soll offenbar besonders auf die vermittelte Bedeutsamkeit im Gegensatz zur Trivialität hingewiesen werden, auf die Komplexität, der durch einen Erzählungsstrang vermittelten, beziehungsbezogenen Subtexte und deren emotionale Konnotationen. Der Erzählende erfindet (oder „konstruiert") mit seiner Geschichte sein Leitbild.

Der eingangs zitierte Satz von *Max Frisch* wurde mir mit zunehmender Berufserfahrung gewichtiger Ansatzpunkt für längerfristige Therapieziele und die Abschätzung von möglichen Behandlungsergebnissen. Die Herausforderung besteht darin, bisher verinnerlichte biografische Selbsterzählungen so umzugestalten, dass sie zur Erreichung einzelner, bisher unerreichbar geglaubter Handlungs- und Verwirklichungsmöglichkeiten hinführen.

Bei der Betrachtung von persönlichen Erzählungen ist Objektivität völlig irrelevant: Zunächst geht es darum, Selbsterklärungen von Symptom-, Lebens- und Familiengeschichten zu verstehen. Hierbei befindet sich eine Therapeutin in einer Lage, wie sie *Plato* nach Rehn (2005) in seinem Höhlengleichnis beschreibt: Die Menschen in der Höhle können nur die Schatten der Vorübergehenden an den Wänden sehen, nicht die Betreffenden selbst.

Wir wissen nicht, auf welchen Fakten die uns erzählten Episoden und Geschichten beruhen. In der Psychotherapie können und wollen wir nicht beurteilen, was sich in welcher Weise real, „in Wirklichkeit", zugetragen hat. Stattdessen interessiert Therapeutinnen, welche subjektive Realitätskonstruktion mit welchem Nutzen oder Schaden für die Erzählenden verinnerlicht wurde. Geschichten beziehen sich zunächst auf Vergangenes. Sie vermitteln die persönliche Perspektive von Ermöglichung und Einschränkungen des Entscheidens und des Handelns. Aus einem bestimmten Erklärungsmodell der Vergangenheit leiten sich zumeist auch in die Zukunft gerichtete Schlussfolgerungen oder Erwartungen ab. Diese können Potenziale erheblich einengen oder erweitern (Hammel, 2009).

Therapieprozesse können die Vergangenheit keinesfalls verändern. Verändern können wir jedoch ihre Interpretation und damit die daraus abgeleiteten Zukunftsbezüge.

Narrative können sowohl Störungen „programmieren" als auch deren Auflösung unterstützen. Daher erscheint es mir legitim, den Big Five von Grawe (s. Punkt. 1.12) noch diesen weiteren Wirkfaktor hinzuzufügen, etwa als Prozess der *Schaffung problemlösender Geschichten*.

Narrative, die Störungen aufrechterhalten, wären dann Bohnes Aufzählung der krankmachenden Faktoren unter Nummer 6 hinzuzufügen.

Im nachfolgenden Abschnitt werden die Leser eingeladen, diesen Aspekt einer Therapie näher zu untersuchen:

6. Faktor: „Modifikation parafunktionaler Geschichten"

In jeder Therapie bzw. Therapieform werden Geschichten erzählt und umgestaltet, unabhängig davon, ob Therapien *explizit* ihren Schwerpunkt auf biografische Narrative (Wirkungsfaktor Nummer 6) legen, z. B. die **Narrative Psychotherapie,** (https://en.wikipedia.org/wiki/Michael_White_/psychotherapist), oder ob das *indirekt,* infolge Nebenwirkungen anderer Therapiemethoden, geschieht. Narrative transportieren kognitive Verzerrungen, motivieren Anstrengungen und halten Verhaltensschemata sowie Rollenverhalten aufrecht. Mit diesen Teilaspekten befassen sich jeweils spezifische Therapieansätze und -verfahren, beispielsweise

- die kognitive Verhaltenstherapie (Beck, 1999)
  https://de.wikipedia.org/wiki/Kognitive_Verzerrung_(klinische_Psychologie)
- die Transaktionsanalyse nach Berne (2008) oder
- die Schemaanalyse (Young, 2008; Rödinger, 2010)
  https://schematherapie-roediger.de/down/Tabelle_der_Schemata_und_Bewaeltigungsstile.pdf

- die systemische Therapie (SATYR – Kommunikationshaltungen; Bosch 1977)
https://entwicklung-der-persoenlichkeit.de/die-satir-kategorien-welcher-typ-sind-sie

Alle verbalen Therapien gehen davon aus, einengende Narrationen oder Erklärungsgeschichten zu verändern. Dazu regen auch die meisten Körpertherapien an. Oftmals sind dazu implizite Erzählungen über die Körperlichkeit aus dem Körpergedächtnis zu „entpacken" (Schubert, 2009). Klienten bringen zunächst ihre persönlichen Geschichten der Erklärung ihrer Probleme in die Therapie ein, in deren bewusster oder unbewusster Realisierung, sie sich einschränken und leiden. Effektive Therapien verändern diese Narrative, um aufbauend solche Leit-Erzählungen (im Sinne eines Leitfadens übergreifender Orientierung) zu erschaffen, die Denkräume und Handlungsmöglichkeiten erweitern. Auf diese Weise erfüllt Psychotherapie das Motto von Heinz von Förster:
„Handle stets so, dass die Anzahl der Wahlmöglichkeiten größer wird!" Untersuchen wir in seinem Sinne:

2.1 Geschichten aus der Therapie und therapeutische Geschichten

Anschließend (Abschn. 2.2. bis 2.17) werden zunächst Geschichten mit Leitideen dargestellt, die als Überzeugungen unsere Möglichkeiten einschränken.

Die Therapie steht dann jeweils vor der Aufgabe, herauszufinden, auf welche Weise die im jeweiligen Narrativ verankerten Erfahrungsinhalte in andere Verknüpfungen eingeordnet werden können. Aus diesen Bausteinen werden schließlich Problemerzählungen zu Lösungsgeschichten umgestaltet.

Die Probleme aufrechterhaltenden Geschichten wurden als parafunktionale Handlungsanweisungen erworben. Parafunktional bedeutet, dass die den jeweiligen Handlungsfolgen zugrunde liegenden Erzählungen oder Interpretationen in bestimmten Lebensphasen als nützliche Erklärungen gedient haben. Jedoch beschränken sie gegenwärtig die Anpassungsfähigkeit einer Person erheblich. Sie wirken dann im Sinne sich selbst erfüllender Vorhersagen (Rosenthal, 1976).

Beispiele für häufig in Therapien aufscheinende, erfolgreiches Handeln beschränkende/einschränkende *(dysfunktionale)* Leitsätze sind:

a) Mit Bezug auf das *Selbstkonzept*:

„Ich bin unzulänglich, nicht liebenswert und sollte eigentlich nicht auf der Welt sein."

„Ich bin es nicht wert, es mir gut gehen zu lassen oder die Hilfe anderer anzunehmen."

„Für mich hat es ja doch keinen Sinn, denn alles, was mir wichtig war, habe ich verloren oder verfehlt."

„Eigentlich dürfte ich nicht da sein, es sei denn ich werde gebraucht und bestätigt."

Diese Leitsätze erscheinen oft in Varianten von ausgleichenden Zielsätzen:

- „Nur wenn ich Erwartungen erfülle, bin ich liebenswert."
- „Ich muss die/der Beste sein, sonst bin ich nicht gut genug."
- „Erst wenn ich genug geleistet habe, kann ich mit dem Leben beginnen."

Varianten von Vorstellungen vergeblichen Bemühens und Begründungen für Unterlassungen:

- „Lieber dauernd im vertrauten Elend bleiben, als sich von einem unbekannten, aber flüchtigen Glück aus der Bahn bringen zu lassen und dann wieder in noch mehr Elend landen."
- „Ich bin ein Blatt im Wind der Vorsehung" (entsprechend: „Mit des Schicksals Mächten ist kein ew'ger Bund zu flechten").
- „Mal dir nichts aus, denn es wird nichts draus" – „Die Vögel, die am Morgen gesungen haben, holt am Abend die Katz'."
- „Ich kann nicht entscheiden."
- „Warum jetzt sich anstrengen, morgen ist auch noch ein Tag."

Rahmengeschichten, die Lebensabschnitte bewerten, z. B.:

- „Meine besten Jahre liegen hinter mir."
- „Ich habe die einzige wirkliche Liebe meines Lebens verloren."

Geschichten mit Bezug auf den *Körper, seine Erscheinung oder sein Schicksal*:

- „Ich sollte mich von allem zurückhalten, denn ich bin zu verwundbar, viel zu störbar und hyperempfindlich."

- „Meinem Körper ist nicht zu trauen: Aus kleinen Störungen meines Befindens können sich jederzeit ernsthafte Erkrankungen entwickeln, die einst einen qualvollen Sterbeprozess einleiten werden."
- „Ich bin nicht schön genug, um geliebt zu werden und erfolgreich zu sein."

b) Mit *Bezug auf Andere bzw. Aufgabenhaltungen*:

- „Eigentlich sollte ich nicht auf der Welt sein, deshalb muss ich mein Dasein mühevoll oder sogar qualvoll verdienen."
- „Es darf mir nicht besser gehen, als meinen Eltern oder Geschwistern."
- „Ich bin verantwortlich für das Glück/die Zufriedenheit anderer."
- „Ich trage die alleinige Verantwortung dafür, meine Beziehung oder die Familie zusammenzuhalten."
- „Ihr müsst meine Schwierigkeiten aus dem Wege räumen. Seid froh, dass ihr mich habt und mir dienen dürft, denn ich bin einfach großartig."
- „Ich bin das Opfer, daher steht mir Entschädigung zu."
- „Ich bin dein/euer Retter – ohne mich geht nichts." So spricht der Spitz am Teich zu den Gänsen: „Wenn ich nicht wär' herzu gelaufen, ihr müsstet jämmerlich ersaufen."
  Zitat aus „Was geh'n den Spitz die Gänse an?" (Reinick, 1948)

c) *Weibliche vs. männliche Rollenfestschreibungen*:

- Drama-Queen/Schaumschläger (Bühnenhengst, Rampensau)
- Mimose/Memme
- graue Maus/grauer Mäuserich, Schatten-Mann
- Besserwisserin/Primus
- alte Jungfer/Altlediger (Hagestolz)
- Ernährer/in und Versorger/in
- Tyrannin/Tyrann
- Matriarchin vs. Aschenputtel/Patriarch vs. Duckmäuser
- Märtyrerin/Märtyrer

Die therapeutisch belangvollen Narrative wirken als übergreifende Handlungsanweisungen über den gesamten Lebenslauf zur Stiftung von Identität oder Sinnfindung.

Psychotherapeuten können die oft traumatischen Erlebnisse ihrer Patienten nicht aus deren Gedächtnis tilgen. Sie können aber anregen, die Akzente der auf dem Leidensweg verinnerlichten Geschichten so zu ver-

ändern, dass sie in einem veränderten Narrativ lebenswertere Zukunftsperspektiven eröffnen.

Hierzu wird das „Narrativ" des Patienten (sei es seine Symptom-,
Familien-, Beziehungs- oder Lebensgeschichte) bezüglich des Nutzens und
der Sinnhaftigkeit für ihn untersucht. Es geht dabei darum, Spielräume
für Varianten von abweichenden Bewertungen oder Handlungsmöglichkeiten aufzufinden, hilfreiche Variationen seiner gewohnten Erfahrungen
durchzuspielen, um die gewohnte Erzählung anzureichern sowie Alternativen anzuregen. Die bestimmenden, Modellvorstellungen tragenden,
Bestandteile von Narrativen können in den meisten Fällen durch schrittweise Konfrontationen mit Widersprüchen relativiert werden. Auf diese
Weise werden hilfreiche Veränderungen bezüglich der Einstellungen zu sich
selbst oder Bezugspersonen angebahnt.

Prägende Geschichten erscheinen zu Behandlungsbeginn meist als unver-
änderlich, da sie bisher unwidersprochen wiederholt wurden. Bei jeder
Wiederholung wurden die beteiligten Emotionen tiefer verankert. Die
damit bildhaft assoziierten Vorstellungen brennen sich im Gedächtnis ein.
Auf diese Weise kann schon der Anfang oder ein Stichwort einer Erzählung
ein Bild hervorrufen, das mental den quasi filmischen Ablauf der ganzen
Erzählung vorwegnehmen lässt. Dieses Prinzip ist vom Theater bekannt: Ein
Stichwort des Souffleurs genügt, um einem Schauspieler den restlichen Text
wieder in Erinnerung zu bringen.

In der Therapie sollen die Weichen für Alternativen der Fortsetzung von
Erzählungen gestellt werden, die aus den vorgegebenen Handlungssträngen
neue Bedeutungsbezüge und Handlungsoptionen eröffnen. (s. Beispiel: Ein
Verbrechen kann nur der Tod sühnen – Abschn. 2.2).

Erzählungen zur Bestimmung von Rollen und Zugehörigkeit im Drama-
dreieck oder Modifikationen von Rollen tragenden Geschichten und
ihren Konsequenzen.

In der Dramatik prägender Lebensgeschichten ist meist eine Rollen-
findung in Relation zu wichtigen Bezugspersonen enthalten. Diese ist
unter therapeutischen Bedingungen veränderbar, sodass eine Einordnung
(Framing) der eigenen Position im Geschehen vermittelt werden kann.

In der Transaktionsanalyse hat sich das von Karpman (1968) beschriebene
Dramadreieck zur Vereinfachung der Konstruktion von Beziehungsepisoden
in Familien und Ehen bewährt.

Nach dem Interaktionsmuster dieser Rollentypen sind auch die meisten
Beziehungsdramen in Literatur und Filmgeschichte inszeniert.

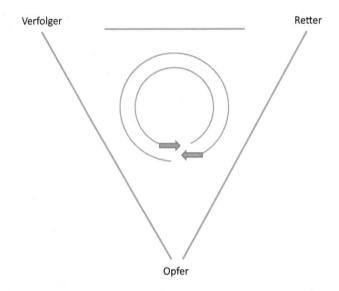

In Therapien begegnen uns die Positionen des Dramadreiecks in unterschiedlichen Prägungszusammenhängen. So unterscheiden wir je nach Zielrichtung

- Identität vermittelnde Familien- oder Beziehungsgeschichten,
- Erklärungen von Entwicklungen und ihren Resultaten (Episodenerzählungen, Lebensgeschichten bzw. biografische Erzählungen),
- Leitbildgeschichten und
- Symbolgeschichten (s. Abschn. 2.19).

Aus therapeutischer Sicht erweist sich diese Unterscheidung als nützlicher Filter, um die jeweiligen Erzählungen auf ihrer jeweiligen Funktionsebene zu verändern. Dies wird in den folgenden Beispielfällen immer wieder gezeigt.

Am folgenden *Beispiel aus der Praxis* soll aufgezeigt werden:

- wie in Beziehungssystemen die Positionen des Dramadreiecks variieren können,
- wie Rollenidentitäten individuelle Narrative entwerfen,
- welche Bedeutung Narrative für Handlungspläne und Therapieziele haben können.

Rotierendes Dramadreieck in Ulrikes Biografie
Ulrike ist 42 Jahre alt, Mutter zweier Söhne im Grundschulalter. Sie ist als Berufsschullehrerin in Teilzeit beschäftigt. Zudem bewältigt sie über-

wiegend den Haushalt sowie die Kinderbetreuung. Ihr Ehemann stammt aus Schottland. In der IT- Branche tätig, sei er häufig zu Hause anwesend. Als „Bedenkenträger" von vorgeblicher Besorgnis getragen, übe er gern Kontrolle über seine Familienmitglieder aus.

Ulrike sucht die Behandlung wegen „Burn-out" auf.

Grübelzwänge und Schlafstörungen hätten ihre Gesundheit so zermürbt, dass sie um den Erhalt ihrer beruflichen Leistungsfähigkeit fürchten müsse. In der Familie könne sie sich nicht durchsetzen. Sie bemühe sich, es jedem recht zu machen. Jedoch enttäusche sie letztlich doch leider alle wichtigen Menschen in jeder Hinsicht (als Erzieherin, Mutter, Partnerin und Tochter). Auch seien ihre betagten Eltern zunehmend auf ihre Hilfe angewiesen. Diese könnte sie aber wegen eigener Verpflichtungen nicht im erforderlichen Maße leisten. Deshalb habe sie ein permanent schlechtes Gewissen.

Ulrike wuchs als Älteste von vier Kindern auf. Sie erzählt aus ihrer Kindheit: Ihre Mutter habe ihr anvertraut, sie hätte von der Schwangerschaft zu einem Zeitpunkt erfahren, an dem sie sich eigentlich vom Vater trennen wollte. Der Verlauf der ungewollten Schwangerschaft sei kompliziert gewesen. Deshalb habe Ulrikes Ankunft auf dieser Welt ihre Mutter beinahe das Leben gekostet. Sie habe auf die Entbindung mit einer postpartalen Depression reagiert und sei stationär behandelt worden. 4 Jahre später habe die Mutter Zwillinge zur Welt gebracht. Da sie von den beiden völlig in Anspruch genommen worden sei, habe sie Ulrike zur Entlastung bei der Tante in Obhut gegeben. Nach der Einschulung Ulrikes, welche inzwischen bei der Tante herangewachsen war, habe die Mutter bemerkt, dass sie „so ein vernünftiges Kind zur Unterstützung brauchen" könnte.

Zurück in der Ursprungsfamilie, habe sich Ulrike nicht unbeschwert fühlen können. Es sei erwartet worden, dass sie ihre Probleme und Aufgaben selbstständig bewältige. Da ihr als der Ältesten in der Geschwisterreihe die Verantwortung für die Zwillinge übertragen worden sei, habe sie kaum Kontakte zu Gleichaltrigen entwickeln können. Stattdessen habe sie sich als „kleine Erwachsene" gefühlt, die immer funktionieren müsste; anderenfalls erwartete sie Bestrafungen wegen Unterlassung oder Unachtsamkeit. Sie stellte sich vor, dass selbst ihre kleinsten Versäumnisse katastrophale Folgen haben würden. Im Elternhaus hätten streng moralische Maximen befolgt werden müssen. Egoismus sei als „Selbstsucht" verpönt gewesen. Sich möglichst leidvoll aufzuopfern, sei zum Ideal stilisiert worden.

Leitsätze, übernommen aus den Erzählungen der Mutter

Unter diesen Umständen verinnerlichte Ulrike die Leitsätze einer bedingten Erlaubnis zum Dasein: *„Besser, ich wäre nicht geboren, dann wäre*

meine Mutter nicht in Todesnähe geraten und nicht in tiefe Erschöpfung ver-
fallen. Eigentlich bin ich nicht erwünscht. Ich bin wohl nicht nützlich genug
und störe offenbar; denn ich kann andere nicht zufriedenstellen.

Aber, wenn ich meine Bedürfnisse als unwichtig zurückstelle und mich
anstrenge, kann ich durch besondere Anpassung an die Erwartungen anderer,
Gedanken lesend und im vorauseilenden Gehorsam, doch Anerkennung ver-
dienen. Jedenfalls bin ich nicht selbstsüchtig. Bestenfalls kann ich so die Position
der moralischen Überlegenheit erringen und mich dann gut fühlen."

Rollenaspekte aus der Perspektive der Mutter
Ulrikes Mutter betrachtet sich als Opfer des Vaters (und diesen als Täter),
der ihr die erste Schwangerschaft „aufgezwungen" habe. Auch der Geburt
ihrer ersten Tochter schreibt sie Täterinneneigenschaften zu. So erzählt sie
sich, später auch ihrer Tochter Ulrike: „Deine komplizierte, lang dauernde
Geburt hätte mich beinahe umgebracht. Deine Geburt stürzte mich in tiefe
Verzweiflung; denn alle Alternativen bezüglich Karriere oder die Möglichkeit, einen anderen Partner, als deinen lieblosen, wenn auch gutver-
dienenden, Vater zu suchen, wurden mir damit genommen." Aus diesem
Mythos konstruiert sie einen Wiedergutmachungsanspruch bzw. eine
Rettungsverpflichtung für ihre Erstgeborene:

„Wenn Ulrikes Existenz mein Leben trist und schwer gemacht hat, dann ist es
nur recht und billig, wenn meine Erstgeborene sich jetzt besonders engagiert, um
mich zu entlasten."
Die mütterliche Leiterzählung weist Ulrike zu, ihre Bedürfnisse hinter
denen ihrer Mutter einzureihen. Die Mutter erzählt sich, dass ihre älteste
Tochter nichts fordern oder beanspruchen sollte, sondern zur Aufgabe
bestimmt sei, ihre Mutter „zu retten" bzw. zu entlasten und die Geschwister
zu versorgen. Wenn dies unter Aufopferung eigener Bedürfnisse gelänge,
dürfe sie sich den moralisch guten Menschen zuordnen, anderenfalls sei sie
egoistisch und verwerflich.

Ulrikes Rollenperspektive
Das bedürftige Kind Ulrike empfindet sich als Opfer ihrer, sie überfordernden bzw. mit Strafe bedrohenden Mutter. Sie fühlt sich dem „bösen",
sie zurückweisenden Anteil der Mutter (als „Verfolgerin" oder „Täterin")
ausgeliefert. Als angepasstes, bestens funktionierendes Kind sieht Ulrike
sich als „Retterin" ihrer Mutter. Nur wenn sie diese genug entlastet, wird sie
emotional unterstützt von ihrer sie dann lobenden, „guten Mutter". Dieser
kann sie nun ebenfalls eine Position auf der Retterseite zuschreiben.

Das „Retten der Mutter" (und Bemuttern der jüngeren Geschwister) war eine permanent kraftraubende Aufgabe, die sie von Gleichaltrigen entfernte. Als Jugendliche beschreibt Ulrike sich als „Spätentwicklerin". Während die meisten Freundinnen schon einen Freund hatten, blieb sie noch allein. Sie fühlte sich ausgeschlossen, zumal sie sich sozial introvertiert verhielt und oft Gruppen Gleichaltriger vermied, weil deren Themen ihr fremd erschienen.

Als Ulrike in die Abiturstufe kam, umwarb sie ein verheirateter Lehrer. Dieser erschien ihr als „Retter", der ihr vermeintlich Halt und Wärme spendete. Aus Dankbarkeit dafür sah sie sich verpflichtet, ihm für seine besondere Zuwendung eine angemessene Gegenleistung zu geben. Sie wurde zu seiner Geliebten. Dabei fühlte sie sich bald im „Opfermodus", sich dauernd als Besitzobjekt ausnutzen zu lassen. (Später erkannte sie die Analogie zur Situation als Erstklässlerin, nach der Heimholung durch die Mutter zurück in die Familie, die sie als Verpflichtung interpretierte, sich die Aufnahme in die Familie tagtäglich verdienen zu müssen.) Die geheime Beziehung, in deren Verlauf der Lehrer zum anklammernden und fordernden Täter wurde, schottete sie noch mehr von Gleichaltrigen ab. Aus ihrer „Opfersituation" konnte sich Ulrike erst während eines Auslandsaufenthaltes nach dem ersten Studienjahr lösen, indem sie sich einem Kommilitonen zuwandte.

Blickwinkel des „Geliebten"
Aus der Sicht des Lehrers war Ulrike die „Retterin" aus dessen unbefriedigender Ehe. In seiner Erzählung erscheint die sich ihm sexuell verweigernde Ehefrau als Verursacherin bzw. „Täterin". Aus seiner Perspektive wurde Ulrike, nachdem sie sich von ihm getrennt und einem gleichaltrigen Studenten zugewandt hatte, zur Verräterin ihres vorgeblichen Auftrages, sein Leben zu bereichern. Dieser Anspruch schien ihm bisher als sein Gewohnheitsrecht bestätigt. Als selbst inszeniertes „Opfer" der Trennung sieht er in ihr eine ebensolche Täterin wie vormals in seiner Ehefrau. Aufgrund dieser Erzählvariante konnte er sich nun als „Opfer" beider Frauen dramatisieren.

Ulrikes Rollen in Bezug auf den Ehepartner
Ulrike ließ sich von dem Kommilitonen zur Hochzeit drängen, wie sich auch ihre Mutter von ihrem Vater überwiegend bedrängt fühlte. Letztlich ratifizierte sie erneut eine unausgesprochene Vereinbarung: Aufopferung von Liebesbedürfnissen im Tausch gegen Versorgung. Anfänglich überwogen noch die emotional nährenden Beiträge des Partners. Mit der Dauer der Beziehung verkehrten sie sich in ihr Gegenteil infolge fortwährender Kritik

und Entwertung. Sein Versorgungsbeitrag jedoch, im Sinne wirtschaftlicher Sicherheit während der Mutterschaft mit Kleinkindern, wurde bedeutsamer für die Aufrechterhaltung der Ehe. Ihre Lebensstrategie, durch Aufopferung ihrer Bedürfnisse die Wünsche des Partners zu erfüllen, führte jedoch immer seltener zu Lob und Anerkennung.

Indem sie sich mühte, „ihm das Leben schön zu machen", unterstützte sie die anspruchliche Konsumhaltung des Partners. Dafür durfte sie sich „moralisch gut", in Übereinstimmung mit ihrem Altruismus fühlen. Der Ehemann vernachlässigte zunehmend eigene soziale Aktivitäten außerhalb der Familie und dehnte seine Gewohnheitsrechte weiter aus durch weitere besitzergreifende Forderungen. Sie litt (und leidet zur Zeit des Therapiebeginns) darunter, dass er sie vor den Kindern herabsetzt und anschreit. Es schmerzt sie, dass er ihre Eltern verabscheut, die beiden Söhne mit Leistungserwartungen überfordert und sie auf feindselige Weise gegen die religiöse Tradition des mütterlichen Elternhauses einnehmen möchte. Zudem leidet sie unter Schuldgefühlen, da sie seine Vorhaltungen, ihretwegen in das ungeliebte Deutschland gezogen und hier isoliert zu sein („Ich habe nichts als dich und die Kinder.") sowie seine wirtschaftlichen Beiträge („Alles, was ihr einkauft, habe ich zum Löwenanteil erarbeitet!") als Ausgleichsansprüche interpretiert, denen sie nicht zu genügen meint.

Auf die Frage, weshalb Ulrike seine Demütigungen ihrer Würde und die Herabsetzung ihrer Eltern erträgt, schildert sie, dass sie ihrem Partner gegenüber Mitleid empfinde. Sie schildert nun seine Geschichte zur Begründung seiner Anspruchshaltung, als trage sie für seine Probleme die Verantwortung: ‚Jeremy ist von seiner Familie in Schottland getrennt. Er hat sich nur auf den Beruf konzentriert, um mir und den Kindern Wohlstand zu ermöglichen. Deshalb hat er keine eigenen Freundschaften aufbauen oder Freizeitinteressen entwickeln können. Die geselligen und traditionellen Seiten der bayerischen Lebensform müssen daher verständlicherweise seinen Neid auslösen. Unter der Auffassung des Katholizismus seiner Mutter musste er leiden. Deshalb will er nicht, dass seine Söhne sich über kirchliche Freizeitaktivitäten und als Ministranten ‚einfangen lassen'. Er hat nichts anderes als seine Söhne und die Familie.

Er ist eben ein Familienmensch, deshalb muss er Frau und Söhne zusammenhalten.

Die Not, sich ausgeschlossen zu fühlen, macht ihn manchmal eben wütend. Ich habe gelernt, dass diese Attacken am schnellsten vorübergehen, wenn ich mich zurückziehe. Wiederholt habe ich ihm eine Paartherapie vorgeschlagen. Er meint, ich sei doch die ‚Verrückte'. Er wolle sich mit mir nicht blamieren.

Auf die Frage, weshalb sie in Anbetracht dieser Diskrepanz von Werthaltungen und fruchtlosen Auseinandersetzungen nicht über Trennung
nachdachte, zumal sie wirtschaftlich nicht abhängig sei, erwidert Ulrike:
„Ich und die Kinder sind alles, was er hat. Er hat eben ein cholerisches
Temperament und kann in seiner Wut schon mal einen neuen Fernseher
zertrümmern. Aber bisher hat er uns noch nicht geschlagen. Wenn ich mich
trennte, glaube ich, dass er das nicht ertragen könnte. Dadurch würde ich
mich und die Kinder in eine ganz gefährliche Situation bringen. Wenn ich
von erweiterten Suiziden lese oder in den Nachrichten höre, dann stellt sich
mir jedes Mal eine Gänsehaut auf, so nah kommt mir das. Ich befürchte
ernsthaft, dass Jeremy mich und die Kinder eher umbringen würde als
die Trennung und seinen Verlust der Familie zu ertragen, wenn das auch
vielleicht zu pessimistisch gedacht ist. Selbst wenn es nicht zum Äußersten
käme, würde Jeremy zumindest einen so zerstörerischen Rosenkrieg um die
Kinder führen, dass ich es dazu nie kommen lassen möchte."

Anschließend wird ein Dialog zwischen Ulrike (**U**) und ihrer Therapeutin
(**T**) wiedergegeben:

T: „Wenn Sie die realen Machtverhältnisse in ihrer gegenwärtigen
Beziehung betrachten, sitzen Sie am längeren Hebel. Ihr Mann ist der
Abhängige. Sie verfügen über ein intaktes soziales Netzwerk. Zudem verdienen Sie deutlich mehr, als Sie mit den Zwillingen zum Lebensunterhalt
brauchten. Ihr Mann ist nach Ihrer Beschreibung unfähig, konstruktive
soziale Beziehungen sowohl innerhalb als auch außerhalb der Familie zu
gestalten, und wäre einsam, wenn Sie ihn verließen. Sie schildern, dass er
sich zunehmend frustriert in Emotionen des Neides und der Aggression
steigert, *obwohl* Sie alles für ihn tun. Zunehmend fühlen Sie sich und die
Kinder bedroht, *obwohl* sich seine Gewaltausbrüche bisher „nur gegen
Sachen" richteten.

Sie stellen sich vorauseilend katastrophale Auseinandersetzungen vor,
die auf den Voraussetzungen beruhen, dass Sie allein auf dieser Welt wären
und wesentlich von der Laune Ihres Mannes abhängig seien. Bleiben Sie im
Rahmen dieser Erzählung, sind Sie verpflichtet, Ihren ‚Verfolger' zu ‚retten'.
Dabei ignorieren Sie den Druck auf Ihre Kinder und alle Unterstützungs-
möglichkeiten außerhalb der Familie. Sie erdulden diese Situation, weil
Sie sich im Voraus als faktische Verliererin definieren, die in Ihrer Selbst-
betrachtung allerdings als *moralisch überlegenes, auf edle Weise leidendes
Opfer* erscheint.

Sie vermeiden grundsätzliche Auseinandersetzungen und klare
Abgrenzung in konkreten Fällen. Stattdessen räumen Sie ihm Gewohnheitsrechte zulasten Ihrer selbst und Ihrer Söhne ein. Des Weiteren lassen Sie sich

von der Möglichkeit seiner destruktiven Gewalt erpressen. Sie beschließen daher, gewissermaßen ‚sicherheitshalber‘, die ständige, alltägliche verbale Gewalt und die Vorbildrolle dieses Vaters auf Ihre Söhne sowie den Verlust Ihrer Würde und die Zerstörung der Werte Ihrer Traditionen weiter zu erdulden. Bringen Sie dieses ‚Opfer‘ tatsächlich, um ihm, sich und den Kindern seinen möglichen Amoklauf zu ersparen?

U: „Wenn Sie das so formulieren, hört sich das an, als stecke ich in einer ausweglosen Lage.“

T: Ihre Schilderung legt mir nahe, dass Sie sich selbst einengen: Von den beiden Möglichkeiten, die Sie sehen, ist keine ermutigend. Entweder sind Sie verdammt, Ihr Leben in Demütigung, zunächst durch Ihren Mann, später durch die seinem Vorbild nachfolgenden Söhne zu ertragen – oder sich und die Kinder einem Gewalttäter zu ‚opfern‘.

Was meinen Sie, was Ihre Kinder sich später für Geschichten über Ihre Eltern erzählen werden?“

U: „Ich verstehe, worauf Sie hinauswollen. Ich verliere den Respekt. Meine Werte kommen nicht zu meinen Kindern durch. Sie könnten sich erzählen: ‚Mein Vater war stark und entscheidungsfähig. Er wusste, was er wollte, und bekam es auch. Meine Mutter war eine, die zwar gut für uns sorgte, aber uns wie eine graue Maus erschien, die nichts zu sagen hatte.‘ Tom, der ältere, macht den Stil seines Vaters schon jetzt manchmal nach, schlägt mit der Faust auf den Tisch und kommandiert. Robin spielt manchmal meinen Beschützer, aber wenn er etwas durchsetzen will, verbündet er sich mit seinem Vater.“

T: „Ich verstehe aufgrund Ihrer Lebensgeschichte, dass Sie dieses Dilemma *bisher* noch überforderte, solange Sie Lösungen für sich selbst suchten. Aber aus Ihrer Geschichte ist bekannt, was Sie für die Ihnen jeweils wichtigsten und am meisten schutzbedürftigen Menschen geleistet haben.

Nehmen wir an, Sie wollten *wegen Ihrer Kinder* die Beziehung zu Ihrem Ehemann verändern und ihnen als Mutter ein besseres Vorbild bieten, was würden Sie tun?“

U: „Ich würde beginnen, ruhig und bestimmt zu sagen, was ich denke. Wenn er zu schreien anfängt, würde ich ihm sagen, dass ich so mit mir nicht reden lasse. Ich würde ihm einen Zeitpunkt zur Besprechung vorschlagen, nachdem er sich wieder beruhigt hat.

Ich würde ihm ankündigen: Wenn du dich nicht beruhigen magst, sondern dich weiter in deine Wut hineinsteigerst, kannst du das allein tun; denn dann fahre ich mit den Kindern zu meinen Eltern.“

Kommentar zum therapeutischen Vorgehen:

Oftmals lässt sich aus einer gründlichen Erhebung der Vorgeschichte auf das Vorliegen eines Lebens-Skriptes schließen (hierauf wird in Kap. 3 des Buches ausführlich eingegangen). Daraus lassen sich dann hypothetisch Ansätze zur Veränderung formulieren.

Im Fall Ulrikes:

„Ich bin unerwünscht, aber wenn ich mich als brauchbar erweise, dann kann ich mir mein Dasein verdienen."

Verhaltensmuster entsprechend dieser Regieanweisung finden sich in Form des Wohlverhaltens bei der Tante, deren erwünschtes „artiges und ruhiges Kind" zu sein, über die Entlastung der Mutter bei der Versorgung von Ulrikes Geschwistern, bis hin zur dankbaren Gegenleistung für die Erlösung aus der Position der Geliebten des Lehrers durch ihren heutigen Ehemann.

Bezüglich der Aufrechterhaltung der Ehe scheint diese Regieanweisung wirksam:

„In dem Maße, wie du mich quälst, bin ich dir gegenüber moralisch überlegen."

Im Verlauf der Ehe wurde das Bemühen, den Erwartungen zu entsprechen, nur anfänglich belohnt. Spätestens nach der Geburt der eigenen Kinder wurden Ulrikes Anstrengungen, ihrem Partner „alles recht zu machen", zunehmend entwertet. Statt Anerkennung zu vermitteln, wurden Ulrikes Anstrengungen zu Bestandteilen wechselseitiger Wiederholungen von Handlungsstereotypien in der ehelichen Beziehung. Dabei zeigte sich die Tendenz zu einer Eskalation des Typs „Mehr desselben" (einerseits mehr Bemühen und Ertragen von Frustrationen – andererseits mehr vorwurfsvolle Entwertung und Bemächtigung). Das herabsetzende und rücksichtslos fordernde Verhalten des Ehemannes beantwortete Ulrike ihrerseits mit emotionalem Rückzug. Vor allem auf ihre sexuelle Distanzierung regierte der Ehepartner gekränkt und frustriert. Als Belohnung gewann Ulrike subtiles Machtempfinden sowie die (dem Partner gegenüber verheimlichte) Überzeugung, ihm zunehmend moralisch überlegen zu sein und durch ihre Aufopferung eigentlich den Zusammenhalt zu gewährleisten.

Entsprechend ergaben sich als *Zielsetzungen für eine erfolgreiche Behandlung* zwei alternative Regiesätze:

1. Das Skript von der bedingten Erlaubnis zum Dasein sollte in Richtung grundsätzlicher Erlaubnis und damit selbstverständlich vorauszusetzender Lebensfreude verändert werden.

2. Statt auf sadomasochistische Weise den Partner einzuladen, sie zu quälen und im Ausgleich ein Überlegenheitsempfinden (über einen potenziell ruchlosen Gewalttäter) zu gewinnen, könnte Ulrike die Idee einer partnerschaftlichen Kommunikation auf Augenhöhe anstreben. Um sich dies zu ermöglichen, müsste Ulrike zuerst Selbstakzeptanz ihrer Bedürfnisse und Selbstfürsorge trainieren. Darauf aufbauend könnte sie sich konsequent dem Partner gegenüber behaupten lernen.

Wegen der tief eingeprägten Aufopferungshaltung mit auffälliger Vermeidung von Auseinandersetzungen und der dadurch intensivierten Verstrickung in Abhängigkeiten und Loyalitäten konnten diese Ziele zunächst nicht direkt in Angriff genommen werden.

Zunächst fand ein motivationales *Re-Framing:* „Für meine Kinder scheue ich keinen Einsatz. Ich schulde ihnen, alles dafür zu tun, um ihnen eine kompetente Mutter zu werden." anstatt „Ich muss mich aufopfern."

Die motivationale Wende zur neuen Regieführung konnte im vorangehenden Dialog über die Sicherheitsbedürfnisse der Söhne und Ulrikes Vorbildwirkung für sie angestoßen werden. Daraus konnte sie die positiven Konsequenzen für das eigene Leben und die Gestaltung ihrer Partnerschaft ableiten.

Über Etappen zum Ziel.
Zunächst stellte sich heraus, dass Ulrike außerhalb ihrer Familie über alle erforderlichen sozialen Kompetenzen von Abgrenzung und Selbstbehauptung verfügte, sie aber im Rahmen ihrer Familie nicht anwenden konnte. Als wesentlicher Hinderungsgrund erwies sich ihre körperliche Erschöpfung infolge der Schlafstörungen. Die Änderung des parafunktionalen Regie-Skripts führte über folgende Etappen zum neuen Narrativ:
Ich kann für mich sorgen und mich auf diese Weise wertvoller fühlen.

Auch kleine Schritte, wie die Erlaubnis, mir genügend Schlafenszeit zu gönnen, verbessern mein Wohlbefinden und meine Handlungsfähigkeit.

- *Ich freue mich meiner (Teil-)Erfolge. Ich bin handlungsfähig, das fühlt sich gut an.*
- *Wenn ich gut für mich sorge, bin ich für meine Kinder ein Vorbild und werde vom Partner respektiert.*

Auf dem Wege zum neuen Narrativ wurden zahlreiche Zwischenschritte und Hilfestellungen erforderlich:

- Tagebuchführung zur Bewertung von Aktivitäten und deren Erfolg,
- Schaffung einer Balance von Anstrengung und Erholung,
- Ändern der Tagesplanung von perfektionistisch routinierten Forderungen zu Prioritäten,
- Einüben von Entspannung und Meditationsübungen sowie Sport in lustvoller Dosierung,
- konsequente Verlängerung der Schlafzeit von 4 bis 6 auf durchschnittlich 8 Stunden,
- Entdecken des Belohnungswertes von Selbstfürsorge,
- Wiederentdecken musischer Aktivitäten,
- Lösung aus einengenden bzw. symbiotischen Verhaltensweisen in der Partnerschaft durch soziale Aktivierung und damit verstärkte Resonanz und emotionale Unterstützung im Freundeskreis,
- Umsetzung der Vorbildfunktion für die Söhne bei konstruktiven Auseinandersetzungen und Verhandlungen mit dem Partner, was Ulrike die Belohnung durch Gewinn an Wertschätzung ihrer Kinder einbrachte.

Dieser Prozess verlief über einen Zeitraum von fast drei Jahren. Das Beispiel verdeutlicht, wie das therapeutische Arbeiten mit Narrativen zu zielführender Veränderung motivierend wie „strategisch" (im Sinne eines effektiven Therapieplans) beiträgt. Ebenso wird ersichtlich, dass es zur Umsetzung einer strategischen Veränderung von Narrativen weiterhin bewährter therapeutischer Techniken bedarf.

2.2 Nur der Tod kann meine Schuld sühnen

Fallbeispiel Wolfgang
Wolfgang kommt zur Beratung in die Praxis, weil er bei der Entlassung aus der stationären Therapie seiner Bezugstherapeutin versprochen hatte, sich dringend in Behandlung zu begeben, wenn er wieder den Drang verspüre, sich umzubringen.

Vorgeschichte
Wolfgang ist 30 Jahre alt. Der Landwirtschaftsmeister übernahm vor vier Jahren den Bauernhof der Eltern und heiratete. Sein einziger Sohn kam als Dreijähriger vor einem halben Jahr bei einem tragischen Unfall um: Wolfgang rangierte seinen Traktor mit einem Mähwender und überrollte

beim Rückwärtsfahren seinen Sohn. Seine Annäherung im toten Winkel des Rückspiegels hatte er übersehen.

Er glaubte das Kind auf der anderen Seite des Hofes im Sandkasten mit seiner Mutter spielend.

Die Ehefrau Wolfgangs und Mutter des gemeinsamen Sohnes war zu dieser Zeit nur kurz im Haus.

Während dieser Abwesenheit der Mutter ging der Sohn auf die andere Seite des Hofes, wahrscheinlich um den Traktor zu beobachten.

Nach seinem Tod habe die Mutter des Jungen Wolfgang alle Schuld zugewiesen und die Scheidung eingereicht. Wolfgangs Geschwister und sein Vater hätten trostvoll unterstützend reagiert. Wolfgang lässt es nicht mehr los, dass seine Mutter im ersten Schmerz ausgerufen habe: „Jetzt hat der Bua' meinen Enkel totgefahren."

Zum Zeitpunkt von Wolfgangs Vorstellung in der Praxis war vor Gericht ein Verfahren wegen Körperverletzung mit Todesfolge Fall anhängig. Wolfgangs Anwalt sichert ihm zu, dass es wegen der besonderen persönlichen Härte auf eine Freiheitsstrafe hinausliefe, die zur Bewährung ausgesetzt würde.

Im Folgenden wird ein Ausschnitt des Gespräches mit Wolfgang in der Praxis wieder gegeben:

T: „Sie betonen, dass Sie zu mir kommen, wegen des Versprechens, dass Sie meiner Kollegin gegeben haben. Klar, meine Kollegin ist sich ganz sicher, dass es sich für Sie lohnt, weiterzuleben.

Welche eigenen Beweggründe haben Sie, Ihr Leben trotz des tragischen Todes Ihres Sohnes weiter zu gestalten?"

W (schüttelt mit einem Ausdruck von Verbitterung seinen Kopf).

Da gibt es nichts mehr zu gestalten. Es war kein tragischer Unfall, sondern ich allein bin schuld am Tode meines einzigen Sohnes. Ich werde mich umbringen, sobald das Gerichtsurteil verkündet ist."

T: „Weshalb ist Ihnen wichtig, das gerichtliche Urteil abzuwarten?"

W: „Damit mir niemand nachsagen kann, dass ich mich vor den Konsequenzen meiner Schuld feige gedrückt hätte."

T: „Wenn das Gericht über Ihre Schuld entscheidet, wird Ihnen ganz bestimmt viel mehr Verständnis und Entlastung entgegengebracht, als Sie von Ihrer Frau erfahren haben."

W: „Das ist mir egal. Ich habe mich selbst zum Tode verurteilt, weil ich mit dieser Schuld nicht leben kann und nicht mehr leben will."

T: „Sie möchten also trotz der zu erwartenden Milde des Gerichtes ein Todesurteil über sich verhängen?

Wollen Sie damit zeigen, dass Sie selbst unverzeihlicher sind als die staatliche Gerichtsbarkeit?"

W (schaut schweigend zu Boden).

T: „Wen wollen Sie damit beeindrucken? Soll Ihre Frau dann in sich gehen und bereuen, was Sie Ihnen angetan hat? Wollen Sie Ihre Mutter für den Satz bestrafen, mit dem Sie Ihr Todesurteil begründen?"

W: „Ich will niemand beeindrucken. Ich bin allein schuld. Mit dieser Schuld kann ich mich keinen Moment mehr des Lebens freuen. Ich bringe mich lieber um, statt als Zombie weiterzuleben und mich vielleicht noch dem Suff zu ergeben."

T: „Worin sehen Sie Ihre Schuld?"

W: „Ich habe meinen Sohn totgefahren."

T: „Jeder andere, wie sicher auch die Justiz, wird Ihre Schuld darin sehen, dass Sie beim Rückwärtsfahren mit dem Traktor nicht auch den toten Sichtwinkel geprüft haben.

Gerade routinierte Fahrzeugführer lassen es beim Rückwärtsfahren, wenn die Rückfahrkamera verdeckt ist, oft mit dem Blick in den Spiegel bewenden, wenn sie in der Nähe ihres Fahrzeugs keine Person bemerkt haben. Der einzige Unterschied zu Ihrem Fall besteht darin, dass diese Unterlassung millionenfach folgenlos blieb. Bei Ihnen wurde die Rückfahrkamera durch das Arbeitsgerät blockiert. Sie sind also einer Unterlassung schuldig. Die Todesfolge ist schicksalhaft."

W: „Solche Gespräche hatte ich schon genug in der Klinik. Ich kann mir für Beschwichtigungen und Mitleid nichts kaufen. Ich weiß auch, dass Sie mir gleich erzählen, dass meine Frau einen Anteil am Geschehen hatte. Aber auch das entlastet mich nicht. Es bringt mir meinen Sohn nicht zurück. Ich und kein anderer habe ihn mit dem Traktor überrollt. Dafür habe ich den Tod verdient."

T: „Wem nützt denn Ihr Tod?"

W: „Mir allein, ich kann endlich für immer meine Ruhe finden."

T: „Sie wollen sich bestrafen, weil Sie Ihren Sohn verloren haben. Sie wollen also durch Selbstbestrafung Ihre ewige Ruhe finden. Das erscheint Ihnen die einzige Alternative zum anderenfalls von Ihnen beschlossenen zombiehaften Weiterleben als Säufer?

Ist Selbstmord mit Ihrem Glauben vereinbar?"

W (wütend): „Kommen Sie mir jetzt nicht mit dieser priesterlichen Leier! Ein Gott, der einen Dreijährigen plattwalzen lässt! An den kann ich ebenso wenig noch glauben, wie an die Mär vom Fegefeuer oder ans Wiedersehen, dereinst auf Wolke Sieben."

T: „Sie wollen nicht mehr leben, weil Sie sich mit Ihrer Interpretation von Schuld nur vor der Wahl zwischen physischem Tod und untotem Dahinvegetieren sehen. Sie treffen dann die für Sie bequemere Entscheidung?"

W (schaut irritiert): „Wenn's denn bequem ist, sich aufzuhängen…"

T: „Nehmen wir an, Ihr Sohn wäre auf andere Weise zu Tode gekommen. Würden Sie sich dann auch umbringen?"

W: „Darüber denke ich nicht nach, denn es ist nicht so."

T: „Gut, Ihr Strafbedürfnis ist das Ausschlaggebende? Ist Ihnen denn bewusst, wen Sie wirklich bestrafen, nachdem Sie sich in Ihre ewige Ruhe geflüchtet haben?"

W: „*Ich* bringe *mich* um, *ich* häng' *mich* auf. Keine Angst, ich laufe nicht Amok!"

T: „Bitte schildern Sie mir als intimer Kenner Ihrer Familie, wie Ihre Mutter, Ihr Vater, Ihre Geschwister und auch Ihre ehemalige Lebenspartnerin und Noch-Ehefrau reagieren werden, nachdem Sie sich umbracht haben?"

W: „Luise (die Mutter des gemeinsamen Sohnes) wird durchdrehen, sich ein bisschen schuldig fühlen und sich dann noch mehr leidtun. Mein Vater ist jetzt schon ein gebrochener Mann. Er wird das nicht überstehen. Meine Mutter wird sich in Schuldgefühlen auflösen, wie ein Würfelzucker im Tee. Meine Brüder werden zugleich traurig, sich Vorwürfe machen und wütend auf mich sein."

T: „Wollen Sie denn diese Schuld auf sich nehmen, eine solche Kettenreaktion auszulösen?"

Aus der Statistik wäre noch zu ergänzen, dass sich in der Generation der Enkel, also der Kinder Ihrer Brüder, die Suizidgefährdung erhöhen würde. Sie hinterlassen ihnen nämlich ein destruktives Vorbild, das so missverstanden wird, bei extremen Schwierigkeiten in den Tod auszuweichen, um Ruhe zu haben. Damit bringen Sie sich um die Chance, Ihrem Leben trotz aller Prüfungen einen Sinn zu geben."

W: „Sie meinen, ich richte mehr Schaden an, wenn ich mich umbringe?"

T: „Genau: Sie haben Ihre Ruhe und hinterlassen den anderen Ihr Paket. Wenn Sie sich schon besonders hart bestrafen wollen, dann ist doch „lebenslänglich" sehr viel effektiver. Sie können ein Leben lang daran denken, was aus Ihrem Sohn geworden wäre, wenn Ihnen ein Junge, ein Jugendlicher oder ein junger Mann und später ein Familienvater begegnet.

Nun haben sie die Wahl zwischen zwei Geschichten."

W: „Welchen Geschichten?"

T: „Die *erste Erzählung* geht so:
‚Wolfgang hat seinen Jungen totgefahren. Seine Frau hat ihn verlassen, seine Familie ihn nicht halten können. Er wollte vor seiner Schuld in die endgültige Ruhe flüchten und hängte sich auf. So zeigte er der Welt, dass er grausamer zu sich und seiner Sippe sein konnte als alle Richter, und überbot so das Strafmaß der Justiz. Tod statt Bewährung.‘

Die zweite Geschichte:
Wolfgang übernahm die alleinige Schuld für den Tod seines Sohnes. Er bestrafte sich härter als jedes Gericht, nämlich mit lebenslänglicher Sühneleistung. Er widmete sein Leben solchen Eltern, deren Kinder früh sterben mussten, oder er kümmerte sich um Menschen, die an schwerer Schuld zu tragen hatten. Er beschritt einen leidvollen Weg, sein Leben in den Dienst einer nützlichen Sache zu stellen, um seines Sohnes und seiner Lieben willen.

Nachschau:
Vier Jahre nach diesem Gespräch berichtete Wolfgang von seiner Hospizarbeit für Kinder und seiner Tätigkeit als Gründer einer Selbsthilfegruppe für trauernde Eltern. Dabei lernte er seine heutige Partnerin kennen.

2.3   Ich bin allen nur eine Last, alles ist meine Schuld

Fallbeispiel Ute
Ute, 58 Jahre, kinderlos, alleinlebend, als IT-Spezialistin berufstätig, erzählt von ihrer Angst vor Zahnärzten:
„Vorige Woche hatte ich sehr starke Schmerzen in meinem rechten Unterkiefer und ging deshalb zum Zahnarzt meines Vertrauens. Doch statt des Senior-Zahnarztes, der mich sonst immer geduldig und einfühlsam behandelte, der mir alles erklärte, was er tat, war nur sein Sohn in der Praxis. Ich schilderte also dem Junior meine Schmerzen. Er besah sich meinen rechten Unterkiefer, fand keine Schmerzursache und entdeckte dann beim linken Unterkiefer einen Problemzahn, bei dem er meinte, dringend eine Wurzelbehandlung vornehmen zu müssen. Verwirrt willigte ich ein. Dann verließ ich die Praxis mit Schmerzen auf beiden Kieferseiten.

Das Schlimmste war aber nicht der körperliche Schmerz, sondern so ein abgründiges, ganz furchtbares Gefühl völliger Hoffnungslosigkeit. Mir war plötzlich, als hätte ich alles falsch gemacht, als wäre ich auf ewig zur Einsamkeit verdammt. Dazu kam mir der Satz in den Sinn: „Es wird nie, gar nie wieder gut".

T: „Nun hätte ich jetzt eher erwartet, dass Sie auf den Arzt wütend gewesen wären, der nicht auf Ihre Beschwerden einging und Sie stattdessen zu einem Eingriff überredete, der Sie gar nicht überzeugte. Auch könnte ich mir vorstellen, dass Sie sich selbst Vorwürfe machten, weil Sie sich Ihre Empfindungen gewissermaßen aberkennen ließen und nicht weiter auf einer Abklärung Ihres Problems bestanden haben."

U: „Nein, ich war ganz schwer niedergeschlagen, empfand so, als hätte alles seinen Sinn für mich verloren, als würde ich in einen Strudel gespült, würde von einem endlosen Loch verschlungen werden und nie wieder herauskommen können. Aber dabei hatte ich weniger Angst, sondern mehr eine Art von Todessehnsucht. Die Hoffnung, nicht mehr da sein zu müssen und vor allem meine Ruhe zu haben."

T: „Während Sie mir jetzt davon berichten, können Sie das Gefühl wieder spüren und noch 1–2 Minuten mit diesem Gefühl im Kontakt bleiben… um mir dann zu sagen, ob Ihnen das Gefühl bekannt vorkommt?"

U: (nach einer Weile, mit kindlicher Stimme) „Ich sehe mich als Neunjährige. Ich war mit den Nachbarsmädchen beim Wettkampf im Hochspringen. Dann traf ich mit dem Knie meinen Unterkiefer. Ich war wie benommen vom Aufprall und hatte plötzlich Blut im Mund. Mein Schneidezahn (kein Milchzahn, sondern einer meiner ersten Zähne, die eigentlich bleiben sollten) stand über der Lippe ab. Ich war geschockt….

Dann kam meine Mutter hinzu und schrie vor mir dramatisch gestikulierend auf. Ich verstand nur: „Du schon wieder! Was soll das mit diesem Mädchen noch werden. Wegen deiner Blödheit muss ich jetzt auch noch zum Arzt."

(Mit festerer Stimme fortfahrend) Dann chauffierte sie mich in die Kreisstadt zur Zahnarztpraxis und murmelte dabei, mit verkniffenen Lippen fluchend, vor sich hin. Obwohl ich ihr Lamento nicht richtig verstand, erfasste ich doch, dass ich ihr den Tag verdorben und sie abgehalten hatte, noch viel Wichtigeres zu tun. Dann hat mir der Arzt, ohne ein Wort zu sagen, den Zahn 'rausgerissen. Das habe ich dann hingenommen wie eine gerechte Strafe.

Mit dieser Begebenheit begann dann eine 5 Jahre lange Leidens-geschichte. Die Milchzähne im Backenbereich wurden entfernt, damit die nachwachsenden Zähne von einer Spangenkonstruktion in die ‚richtige Form gebracht' werden sollten. Ich hasste die Spange, die so schmerzhaft drückte und mich so entstellte. Vor allem hasste ich diese Fahrten zum Kieferorthopäden mit meiner Mutter, die stumm und vorwurfsvoll vor sich hinsah und sich immer anmerken ließ, wie sehr sie diese Fahrten an ihren eigentlichen Vorhaben hinderten.

Dann habe ich heimlich oft diese verdammte Spange, wenn sie zu sehr drückte, einfach herausgenommen, wenn ich sicher war, dass es niemand aus der Familie sehen konnte. So kam zur der von der Mutter zugewiesenen Schuld noch das eigene schlechte Gewissen hinzu, undankbar zu sein und die Mühen der Mutter und des Zahnarztes zu vergeuden. Auch für die Folgen, dass ich mich schämte zu lachen und mir angewöhnte, mit mög-lichst geschlossenem Mund zu reden, fühlte ich mich selber schuld."

T: „Sie haben mir die Geschichte erzählt, die Ihre Abneigung gegen zahnärztliche Behandlungen verständlich macht. Indem Sie jedoch zum Zahnarzt-Senior Vertrauen aufbauten und sich immer wieder in seiner Behandlung sicher fühlen konnten, können Sie heute, trotz der Leidens-geschichte, zahnärztliche Versorgung in Anspruch nehmen."

U: „Ja, ich rief am nächsten Tag nach der Behandlung nochmals bei der Praxis an und vereinbarte mit dem Senior einen Termin. Der erklärte mir dann, dass die Zähne rechts unten intakt seien, aber eine Zyste im Zahn-fleisch einen Gesichtsnerv gereizt hatte, der meine Schmerzen verursachte."

T: „Somit wurde Ihnen ein weiteres Mal bestätigt, dass Sie sich auf Ihre Körperwahrnehmungen verlassen können. Nicht nur seine ärzt-liche Kunst, sondern auch seine, im Kontrast zum Junior besonders deut-lich zu bemerkende, heilsame Beziehungsgestaltung, haben Ihnen geholfen. Emotionale Sicherheit vermittelt Ihnen sein einfühlsames Eingehen auf Ihre Beschwerden sowie das Vertrauen in sein Fachwissen. Sie sind sich gewiss, dass er das Problem finden und lösen wird. Seine geduldige Erläuterung des erforderlichen Vorgehens ist ihnen besonders wichtig.

Es berührt mich, dass Sie von Ihrem Senior-Zahnarzt ein gefühlvolleres und wohlwollenderes Eingehen gewohnt sind, als Sie das jemals von Ihrer Mutter erwarten konnten."

U: (bewegt, weint): „Das war immer so eine Sehnsucht, dass meine Mutter auf mich eingeht. Zugleich kam dann das Gefühl von Hoffnungslosigkeit, als ob ich zu schuldig bin an ihrer Verbitterung und deshalb kein Recht hätte auf liebevolle Behandlung. Bis heute habe ich das Problem, mir selbst meine Bedürftigkeit zuzugestehen. Ich kann anderen helfen und auf ihre Gefühle eingehen. Aber für mich selbst kann ich nicht um Hilfe bitten. Weil ich tief in meinem Inneren fühle, es nicht wert zu sein. Es nützt dabei gar nicht, wenn ich mir rational einrede, dass meine beste Freundin mir gern hilft. Ich hasse mich, wenn ich bedürftig bin. Ich will weder anderen zur Last fallen noch zurückgewiesen werden."

T: „Als Sie mir vorhin von sich als der Neunjährigen nach dem Unfall berichteten, hatte ich den Eindruck, dass Sie die Neunjährige nochmals ganz deutlich im Film Ihrer Erinnerung vor sich sehen konnten."

U (nickt spontan): „Ich sehe mich jetzt wieder als die Neunjährige. Jetzt kommt das Vorspiel zum Unfall in diesem Film: Ich hatte eine Riesenfreude an dem Spiel, war ganz eins mit meinen Bewegungen und voller Wetteifer, kurz davor zu gewinnen. Dann krachte es…"

T: „Ihr heutiges Selbst beobachtet gerade Ihr neunjähriges Selbst. Stellen Sie sich eine Zeitreise vor und treten Sie als die heutige, lebenserfahrene und warmherzige Frau, die mir auf diesem Sessel gegenübersitzt, in die Szene. Treten Sie nun als die Mutter der Neunjährigen unmittelbar nach dem Unfall in Erscheinung. Wie läuft dann der Film weiter, was hören Sie sich sagen und sehen Sie sich tun?"

U: „Zunächst nehme ich das zitternde, geschockte Mädchen in den Arm, damit sie spürt, dass sie nicht allein ist und Hilfe bekommt. Sie atmet schon ruhiger und zappelt nicht mehr so stark mit ihren Beinen. Dann schicke ich meine Mutter weg: 'He, stopp mal: Hier geht es mal ausnahmsweise nicht um dich. Kapierst du denn gar nicht, was Ute jetzt braucht? Geh und ruf an, ob die Zahnarztpraxis jetzt den Notfall aufnimmt!'

Dann wende ich mich wieder der Kleinen zu. Die ist noch vor Schock ganz stumm. Sie hat noch gar nicht erfassen können, was überhaupt mit ihr los ist. Deshalb muss ich ihr erst helfen, den Filmriss zu kleben: ‚Ute, du hast gerade noch so viel Spaß gehabt und warst knapp vorm Gewinnen. Aber dann ist leider der Unfall passiert. Du hast mit dem Knie das Kinn getroffen. Dabei ist wahrscheinlich ein Zahn ausgeschlagen worden.'

Jetzt schluchzt die Kleine. Ich habe sie weiter im Arm und tröste sie: ‚Ja, das ist so schade und es tut mir so leid, dass du solches Pech hattest.' – Die Kleine schluchzt noch stärker und weint laut auf – ‚Ja, das tut weh. Was brauchst du gerade, um den Schmerz zu lindern? Wird es besser, wenn du das Kinn mit der Hand unterstützt, oder soll ich ein Kühl-Pad holen?' Die Kleine schüttelt den Kopf und drückt die Hand gegen den Unterkiefer.

‚Ja, Ute, mach dich startklar, wir müssen jetzt zum Zahnarzt fahren. Der kennt solche Unfälle und wird auch dir helfen können.' – Die Kleine geht jetzt tapfer zum Auto, ich führe sie mit meiner Hand auf ihrer Schulter und fahre mit, damit die Mutter nicht auf die Idee kommen kann, sich wieder zu bejammern…"

T: „Ich bin beeindruckt, wie gut Sie Ihrer mütterlichen Intuition folgten und die Neunjährige das sofort annehmen konnte. Wie geht es jetzt Ihrer Neunjährigen?"

U: „Sie ist jetzt getröstet und gefasst, so eingestimmt, dass es ihr nach dem Arztbesuch wieder besser gehen wird."

T: „Also das Gegenteil von ‚Es wird nie wieder gut'."

U: „Mir als der heutigen Person geht es auch gleich viel besser. Mir wird klar, dass nicht ich lästig bin, sondern dass meine Mutter mich als lästig empfunden hat. Je mehr ich mich um ihre Zuneigung mühte, desto mehr hat sie mich zurückgewiesen. Das habe ich damals auf mich bezogen und mich ungenügend, störend und schuldig an der Misere gefühlt, in der meine Mutter steckte."

T: „Ich bin von dieser Stunde recht überrascht: Zunächst dachte ich, es geht darum, eine Art von Zahnarztphobie zu lindern. Jetzt, nachdem Sie das Hintergrundgefühl von ‚Es wird nie mehr besser' untersuchten, ist mir bewusst, dass Sie eine Schlüsselepisode gefunden haben. Anhand dieses Beispiels gelang Ihnen, Ihr bisheriges, in Beziehungen sehr hinderliches Lebens-Skript ‚Lieber nicht sein und keinem zur Last fallen' umzugestalten. Welche Überschrift würden Sie Ihrer neuen Erzählung geben, die Sie gerade mit der Neunjährigen entwickelten?"

U (überlegt eine Weile): „Hm, da wären zwei Titel, die mir einfallen. Ein einfacher für mein inneres Kind: ‚Du bist wertvoll, liebenswert. Du verdienst, dass Du beachtet und verstanden wirst. Wenn du etwas brauchst und erst recht, wenn dir etwas zustößt, bist du es selbstverständlich wert, Hilfe zu suchen und anzunehmen, *dann wird alles wieder gut.*'

Für mich als Erwachsene würde ich den letzten Teil etwas relativieren, damit ich auch Verluste überwinden kann: …‚Ich bin es wert, Hilfe der mir nahen Menschen zu suchen und anzunehmen, dann werden alle meine Probleme deutlich leichter und besser zu handhaben.'" (lächelt).

Nachbetrachtung
Ute ist das fünfte Kind ihrer Eltern. Sie kam mit 6 Jahren Abstand zum nächstälteren Bruder zur Welt. Ein halbes Jahr vor der Geburt verunglückte der Vater schwer und wurde zum Pflegefall. Die depressive Reaktion der

Mutter, die später eine bleibende Verbitterung entwickelte, vermittelte Ute schon als Säugling die nonverbalen Botschaften, die das Kind – in Sprache übertragen – etwa so verstanden haben wird: „Dich hätte es nicht auch noch auf dieser Welt gebraucht. Ich bin immer am Limit meiner Kräfte.

Du bist mir im Wege, denn ich habe mit deinen Geschwistern und der Landwirtschaft schon mehr als genug zu tun. Du störst, saugst mir meine Kraft aus dem Leibe, bist lästig und schuld, dass ich ein Leben führen muss, in dem ich selbst mit meinen Bedürfnissen nicht vorkommen kann."

Vor diesem Hintergrund ist das anfangs nach dem ersten, frustrierenden Zahnarztbesuch geschilderte überwältigende Empfinden, in einen lähmenden Strudel gesogen zu werden, als „Gruß aus der Vergangenheit" verständlich (s. Punkt 2.20). Die erwachsene Frau fühlt sich durch die Episode beim Juinior-Zahnarzt unvermittelt in ihre Kindheit zurückversetzt, ohne hierfür aus dem gegenwärtig auslösenden Zusammenhang ein angemessenes Selbstverständnis entwickeln zu können. Das bedingt Hilflosigkeit und Selbstvorwürfe und verstärkt die Wucht der depressiven Reaktion. Diese kann eine existenziell vernichtende Intensität erreichen, die mit dem Wiedererleben von Zurückweisung und Ohnmacht erinnert wird, in derselben Intensität, wie sie in der frühen Mutter-Kind- Interaktion erlebt wurde.

Im Laufe ihrer zweieinhalbjährigen Langzeitbehandlung mit 80 Sitzungen lernte Ulrike, viele Äußerungsformen und Auslöser des früh geprägten Lebens-Skriptes zu verstehen und diese Episoden im Kontakt mit ihrem inneren Kind „umzuschreiben". Dabei erwies sich die von meinem verehrten Mentor Mervyn (Schmucker, 2016) entwickelte Methode der vorstellungsgeleiteten Wiederverarbeitung und Umschreibung traumatischer Episoden (Imagination Reprocessing Rescripting Therapy) als besonders hilfreich.

Ute profitierte zudem von der Erarbeitung situativer Entspannungstechniken, wie Biofeedback, Achtsamkeitsübungen, Führen eines Selbstbeobachtungstagebuchs mit dem Schwerpunkt „innere Selbstkommentierungen" und ihrer Teilnahme an einer Gruppentherapie, in der sie Abgrenzung und Selbstbehauptung trainieren konnte.

Ein Dreivierteljahr nach Beendigung ihrer Therapie fasst Ute die *Ergebnisse ihrer Behandlung* zusammen:

„Ich bin emotional überwiegend stabil. Wenn ich körperlich geschwächt bin, und wenn ich zu viel auf mich einströmen lasse, dann kommen ab und zu noch Stimmungsschwankungen als ‚Grüße aus der Vergangenheit' vor. Es gelingt mir aber fast immer, sie noch bis zum Schlafengehen jeweils aufzuarbeiten (während sie mich zuvor tagelang ‚aus dem Rennen nahmen').

Ich fühle mich frei von Schuld und bessere nach, wenn etwas misslingt, statt mir Vorwürfe zu machen.

Ich habe meinen Freundeskreis aussortiert. Bei den übrig Gebliebenen muss ich mich nicht mehr anstrengen. Ich kann authentisch sein und Hilfe in Anspruch nehmen.

Meiner Mutter habe ich verziehen. Sie ist inzwischen an der Schwelle zur Demenz vergesslich und altersmilde. Für meine Besuche ist sie sehr dankbar. Ich kann ihr jetzt, als einziges meiner Geschwister, die den Kontakt zu ihr auf das Nötigste reduziert haben, das geben, was ich mir als Kind und Jugendliche immer von ihr gewünscht habe. Es ist so, als ob ich etwas vom früher Versäumten dabei nachholen kann.

Beruflich habe ich mich mit meinem Chef auseinandergesetzt. Wir haben uns im Guten getrennt, wobei er noch einer meiner Auftraggeber geblieben ist. Ich bin jetzt freiberufliche Mitarbeiterin. Bei demselben Zeiteinsatz wie zuvor verdiene deutlich mehr. Meine Arbeit habe ich von der Routine zur Freude am Tun verändert. Ich organisiere meine Abläufe und Kooperationen viel effizienter als zuvor im Angestelltenverhältnis. Ich habe auch gelernt, hart zu verhandeln.

Eine Sache werde ich als nächstes in Angriff nehmen: Ich bemerke, wie ich zu viele Dinge ansammle, die mich an Vergangenes erinnern. Dabei ist mir bewusst, dass ich mich in klar strukturierten Räumen wohler fühlen kann. Ich fühle mich eher unbeschwert, wenn es mir gelingt, im Hier und Jetzt zu leben. Ich kann jetzt sogar meine geliebten Alpenwanderungen in Gesellschaft genießen (was ich zuvor nur Solo konnte) und mich abgrenzen, wenn ich Raum für mich brauche.

2.4 Ich bin ungenügend – ich sollte besser nicht sein

Skripte dieser Art entwickeln Kinder, die von wichtigen Bezugspersonen in ihren emotionalen Grundbedürfnissen zurückgewiesen wurden und vergeblich um Aufmerksamkeit kämpfen mussten.

In machen Elternhäusern und Milieus herrschen unter dem Radar der gesellschaftlichen Aufmerksamkeit bzw. der Jugendhilfe unvorstellbare Zustände zerstörerischen Machtmissbrauches von psychopathischen und sadistischen Bezugspersonen gegen Schutzbefohlene mit lebenslangen Auswirkungen. Deren Kindheit ist eine Abfolge von Horrorereignissen. Um zu überleben, interpretieren die Betroffenen die Angriffe gegen sich als berechtigt. Das ermöglicht ihnen die Aufrechterhaltung der Beziehung zu ihren Peinigern, denen sie nicht entrinnen können. Da Hilflosigkeit sie völlig lähmen würde, nehmen sie daher die „Schuld" für die an ihnen begangenen Übergriffe auf sich.

Sie bleiben stets überwach, immer auf der Hut, ja nichts falsch zu machen und damit zu provozieren. Oftmals überleben sie nur, indem Sie die Täter idealisieren, deren Machtwirkung oder Missbrauch sie täglich erfahren und sich damit trösten, dass wenn der Schmerz bald wieder nachlässt und auch gute Momente erlebt werden. Sie ermutigen sich, das Wunschbild einer liebevollen Bezugsperson zu erhalten, indem sie die momentan erlebten Differenzen mit den unberechenbaren Bezugspersonen ihrem eigenen Versagen zuschreiben.

Fallbeispiel Katja

Katja wurde von ihrem dritten Lebensjahr an zusammen ihrem zwei Jahre älteren Bruder von ihrer Mutter auf dem Weg mit dem Auto zum Stall oft ausgesetzt. Dann mussten die Kinder etwa drei Kilometer zu Fuß zurücklegen. Sie schildert: „Dem ging ein jeweils unvorhersehbares ‚Vorspiel' voraus: Wenn die Mutter gute Laune hatte, nahm sie uns Kinder bis nach Hause mit. Hatte sie schlechte Laune, hielt sie das Auto an und schlug meinem Bruder ins Gesicht, oder mir, wenn ich mich nicht rechtzeitig abgeduckt und unsichtbar gemacht hatte. Sie zog uns an den Haaren oder Ohren und *kickte* uns wie eklige Fleischklumpen aus dem Wagen. Da mein Bruder meistens meinte, ich sei besser weggekommen als er, terrorisierte er mich den ganzen Weg mit hinterlistigen Attacken oder brüllte Schimpfworte."

Verbaler und körperlicher Terror wirkten auf Katja und ihren Bruder ein, solange deren Erinnerung zurückreicht. Katja entwickelte Angst, nachts auf die Toilette zu gehen, da die Mutter sie schlug, wenn sie sich gestört fühlte. Manchmal fiel es der Mutter auch erst am nächsten Tag auf, dass ihre Tochter an der vermissten Schlafqualität schuld sein könnte. In jedem Falle „setzte es Prügel" für Katja.

Der leibliche Vater Katjas macht bis heute die Geburt seiner Tochter für sein „Elend" (bzw. Unterhaltsverpflichtungen gegenüber der Mutter) verantwortlich. Auf Katjas Kosten verdrängt er so seine Entscheidung, die Beziehung mit der Mutter noch eine Zeitlang fortgesetzt zu haben, und den auf seine Partnerin angestauten Hass. Stellvertretend reagiert er sich immer wieder verbal an seiner Tochter ab, benutzt sie als Platzhalter und Punchingball für ihre verhasste Mutter. Typische Floskeln, die Katja bis zum – trotz dieser menschenunwürdigen Bedingungen – erfolgreichen Abschluss ihres

Studiums von ihm immer wieder hören muss: „Mit deiner Geburt hast du mein Leben versaut." – „Du bist so übel wie deine Mutter. Aus dir wird nur wieder so eine Pferdenärrin wie deine Mutter." – „Du bist ein Totalausfall."

Weiter berichtet Katja:
Der auf den Vater folgende Lebensgefährte der Mutter war ein sentimentaler Sadist und Trinker. Er sah, wie ich meine Lieblingskatze pflegte, die sich an der Pfote verletzt hatte. Er sagte, dass ich zusehen dürfe, wie er das Tier ‚für immer heilen' würde, holte eine Pistole und erschoss die Katze vor meinen Augen. Dann nahm er einen Schluck aus seinem Flachmann, seufzte, und sagte: „Sag danke, Onkel Richard, denn ich weiß, dass es so schwer für dich ist, ein Tier zu erlösen." Meine Mutter kam vom Knall aufgeschreckt dazu und grinste. Ich fühlte mich schuldig. Hätte ich mich nicht ertappen lassen, wie ich das Tier versorgte, dann könnte es noch leben. Ich wünschte mir dann, auch tot zu sein, wie meine Katze. Dann würde diese Quälerei ein Ende haben und wir wären vielleicht beisammen. Besser wäre, Richard hätte mich statt der Katze erschossen, dann hätte ich meine Ruhe vor ihm."

Kommentar:
In diesen Fällen, in denen Menschen von früher Kindheit an einem lebensfeindlichen, schädigenden Milieu ausgeliefert sind, verinnerlicht sich bei ihnen die Überzeugung (in der Erscheinungsweise immer wiederkehrender parasuizidaler Ideen), „eigentlich keine Berechtigung zum Dasein zu haben" oder „besser erlöst zu sein und auf ewige Zeit Ruhe zu haben".

Katja konnte selbst bei großer Bedürftigkeit keine Hilfe annehmen oder gar einfordern, selbst nicht von engen und bewährten Freundinnen sowie nahen Kollegen und Kolleginnen.

Dabei war ihr rational völlig klar, dass Freundschaften die Inanspruchnahme brauchen, um sich zu festigen. Ihr Empfinden der Bedrohung durch eigene Bedürftigkeit und Nähe zu anderen widersprach dieser Einsicht. Diesen Widerspruch erklärte sie so: „Ich hasse mich, wenn ich nicht funktioniere; dann habe ich nicht verdient, Hilfe anzunehmen. Ich fühle mich wertlos, ungenügend, lästig. Vielleicht habe ich daher Angst davor, dass ich den eben doch noch hilfreichen Freunden „plötzlich zu lästig bin und dann *weggekickt* werde".

Als Kinder sind wir unseren Eltern existenziell ausgeliefert und müssen uns zwangsläufig am Modell ihrer Verhaltensweisen orientieren. Kinder, die gewalttätigen oder sadistischen Eltern ausgeliefert sind, entwickeln daher Täter-Introjektionen, das heißt, eine teilweise Identifikation mit den Tätern. Das verhilft ihnen zum einen dazu, sich aus der realen Situation von Auslieferung und Hilflosigkeit in eine Position der Stärke zu denken. Zum anderen ist es ihnen nur so möglich, das erzwungene Zusammenleben mit dem Täter (oder der Tätergemeinschaft) zu ertragen, indem sie dem Täter darin zustimmen, die Schuld für dessen Verhalten auf sich zu nehmen: „Er/sie hat ja recht, hätte ich mich nicht erwischen lassen, wäre ich früher abgetaucht, wäre ich seinem/ihrem Blick früher ausgewichen, dann hätte ich ihn/sie nicht provoziert, und der Übergriff wäre nicht geschehen."

Todesbedrohungen zu überleben, kann sogar Dankbarkeitsempfindungen auslösen (s. „Stockholm-Syndrom", Abschn. 2.17). Diese Überlebensstrategie, sein eigenes Selbst teilweise in Einklang mit dem Täter zu bringen, kann lebenslänglich Selbstwertstörungen und selbstschädigendes Verhalten aufrechterhalten. Das Reaktionsschema des Täters bleibt im Gedächtnis des Opfers unauslöschlich eingebrannt bzw. verinnerlicht. Das bedeutet, dass die verinnerlichten Tätereinflüsse über alle räumlichen und zeitlichen Distanzen zu der realen Täterperson hinweg ausgelöst werden, wenn allgemeine Stresseinwirkungen, Erschöpfung und frühere emotionale Auslöser (Bedürftigkeit, Unzulänglichkeitsgefühle) als „Trigger" wieder zusammenkommen. Das stellt die Überlebenden eines Traumas vor die Herausforderung, ausgleichende Therapieprozesse ihr Leben lang in Gang zu halten. Was durch destruktive Beziehungen zerstört wurde, ist nur durch heilsame Beziehungen zu mildern.

Damit die Regulationsmodelle einer tragfähigen Beziehung (hinsichtlich Zuverlässigkeit, Inanspruchnahme und unbedingter Annahme, besonders im Konfliktfall) verinnerlicht werden können, bedarf es einer langen Behandlungszeit. Unter diesen Bedingungen können ein neues Selbstverständnis und neue emotionale sowie körperliche Reaktionsbereitschaften langsam ausgeformt werden.

Katjas Täter-Introjektion (Aspekte der Identifikation mit dem Täter) wendet sich selbstbestrafend gegen alle Regungen, die ihr, gewissermaßen „durch die Brille des Täters" betrachtet, als bedürftig und ungenügend erscheinen. Das beherrschende Gefühl ist Angst, die mit ihren Konsequenzen verstärkend einen Teufelskreis bildet.

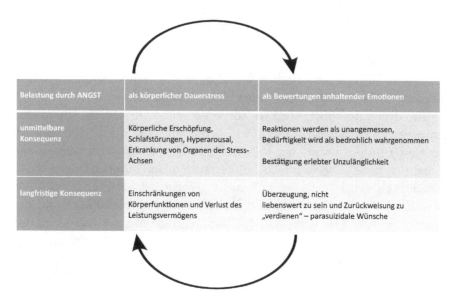

Belastung durch ANGST	als körperlicher Dauerstress	als Bewertungen anhaltender Emotionen
unmittelbare Konsequenz	Körperliche Erschöpfung, Schlafstörungen, Hyperarousal, Erkrankung von Organen der Stress-Achsen	Reaktionen werden als unangemessen, Bedürftigkeit wird als bedrohlich wahrgenommen Bestätigung erlebter Unzulänglichkeit
langfristige Konsequenz	Einschränkungen von Körperfunktionen und Verlust des Leistungsvermögens	Überzeugung, nicht liebenswert zu sein und Zurückweisung zu „verdienen" – parasuizidale Wünsche

Nachbetrachtung

Katja investierte mehrere Jahre in ihre Therapie und erreichte deutliche Besserungen sowohl der körperlichen als auch der emotionalen Traumafolgen. Sie, der eine stabile Partnerschaft zuvor unerreichbar erschien, baut gerade eine Beziehung auf, in der sie sich die Gründung einer Familie vorstellen kann. Jedoch ist eine vollständige Heilung unrealistisch. Sobald mehrere der aufgeführten körperlichen und emotionalen Belastungen zusammenkommen und auf sie einwirken, werden wieder Krisen auftreten. Zu deren Bewältigung hat sich Katja ausgebildet. Sie kann hierzu tragfähige unterstützende Beziehungen aktivieren und ist es sich wert, diese für sich in Anspruch zu nehmen.

Katjas Bruder folgte direkt dem Modellverhalten der Bezugspersonen seiner Kindheit in einem solchen Maße, dass er, verglichen mit seiner Schwester, viel weniger eigene Erlebens- und Selbstregulationsanteile aufbauen konnte. Er entwickelte eine narzisstische Persönlichkeitsstörung. Seine Täter-Identifikation richtet sich nach außen (extrapunitiv) gegen vermeintlich Schwächere, Bedürftige und als ihm unterlegen wahrgenommene Andere. Noch heute quält er, inzwischen ein beruflich erfolgreicher Berater, seine jüngere Schwester bei ihren seltenen Besuchen mit sarkastischen Kommentaren der Entwertung und tyrannisiert sie mit kapriziösen Inszenierungen, für die er raffiniert ihre Schuldempfänglichkeit missbraucht. (Die Auswirkungen solcher Fehlentwicklungen werden unter „giftige Beziehungen" dargestellt; s. Abschn. 2.17.)

2.5   Das Schicksal ist gegen mich

Fallbeispiel Felicitas

Felicitas ist 40 Jahre alt, bei einer Werbeagentur in Teilzeit beschäftigt. Sie ist Mutter einer Grundschülerin. Bisher blieb sie unverheiratet.

Mit dem Vater ihrer Tochter führt sie seit mehr als 10 Jahren einen gemeinsamen Haushalt. Das Paar lebt zurückgezogen. Obwohl die Beziehung unterstützend sei, habe Felicitas sich bisher nicht durchringen können, sich als „angekommen" zu betrachten. Im Leben habe sie „bisher immer Pech gehabt". Es sei ihr „nicht gegeben, richtige Entscheidungen zu treffen". Auch neige sie zur Panik, wenn eine Körperfunktion aus dem Rahmen geriete. Das habe mit der Tumorerkrankung der Mutter zu tun. Vermutlich sei das erblich und drohe auch ihr. Belastend seien auch Verhaltensauffälligkeiten ihrer Tochter in der Schule.

Aber deshalb suche sie keine Therapie, sondern weil ihre Chefin sie „durch Mobbing fertig mache".

Daher leide sie an depressiver Symptomatik, Ein- und Durchschlafstörungen, Konzentrationsproblemen, Kopfschmerz, schmerzhaften Nacken- und Rückenverspannungen, Blähungen, Durchfällen, Reizbarkeit sowie Kontrollzwängen. Letztere hätten sie jedoch schon Jahre vor dem Mobbing belastet. „Doch das Mobbing hat mich in den letzten Wochen in eine so tiefe Depression gestürzt, dass mich die Probleme mit meiner Tochter total überfordern."

Wegen ihrer depressiven Stimmung komme sie immer weniger mit Mia, ihrer Tochter, zurecht. Diese habe in letzter Zeit keine Motivation mehr für die Schule. Sie ziehe sich in sich selbst zurück und verweigere die Hausaufgaben. Die Lehrerin wisse auch nicht mehr weiter und habe die Vermutung, dass sie vielleicht Autistin sei oder an einer Aufmerksamkeitsstörung leide.

T: „Bitte Beschreiben sie genauer: Wie mobbt Sie Ihre Chefin?"

F: „Meine Chefin redet mit mir nur noch das Nötigste, aber dann im Kommandoton, herrisch, von oben herab. Ich fühle mich als Person entwertet und gedemütigt. Ich habe schon eine Aversion, ins Büro zu kommen, weil ich weiß, dass jeder Fehler, der mir unterläuft, ein abschätziges Grinsen oder verächtliches Schnaufen zur Folge hat. Ich bin immer angespannt und auf der Hut, bei Fehlern ertappt zu werden. Deshalb kann ich mich nicht konzentrieren. Seit ich mich mehr kontrolliere, bin ich auch viel langsamer geworden. Ich komme durcheinander, mache häufiger Fehler, werde zunehmend einfallsloser. Ich fühle mich immer hilfloser und angreifbarer. So läuft das also zwischen uns: Sie stellt mir die Fallen und ich tappe hinein."

T: „Gibt es belegbare Benachteiligungen gegenüber anderen Kolleginnen?"

F: „Darin besteht ja gerade die Niedertracht, dass die Chefin meine Würde und mein Selbstbewusstsein quasi ‚unter dem Radar von arbeitsrechtlichen Bestimmungen' auf einer ganz persönlichen Ebene demontiert. Sie ist zu den anderen freundlich und zeigt auch privates Interesse. Mich hingegen grenzt sie davon aus."

T: „Wie entwickelte sich Ihre Beziehung? Wann begann diese besondere Behandlung durch Ihre Chefin?"

F: „Ihr habe ich eigentlich zu verdanken, dass ich die Anstellung in der Firma bekam, denn anfangs lobte sie meine guten Ideen und meine Zähigkeit bei deren konsequenter Umsetzung. Vor einem Dreivierteljahr aber, nachdem ich besondere Arbeitszeitregelungen wegen meiner Tochter durchsetzen wollte, änderte sich ihr Verhalten mir gegenüber, wie beschrieben. Sie will mich wohl bestrafen, weil ich eine gute Mutter sein will. Sie selbst ist eine typische Karrierefrau, kinderlos. Sie wissen ja, da kommt Neid auf!"

T: „Was haben Sie zur Verbesserung der Beziehung unternommen?"

F: „Zunächst habe ich mich mit den Kolleginnen verbünden wollen. Aber keiner hat meine Position verstanden, denn wahrscheinlich haben alle Angst vor der Chefin. Mit den anderen Mitarbeitenden komme ich übrigens gut klar. Dann habe ich mich eben durch Distanz geschützt, Kontakte zur Chefin möglichst vermieden und die Kommunikation auf ein Minimum beschränkt. Vor einem Vierteljahr bin ich in meiner Not zum Betriebsrat gegangen. Der hat mir gesagt, dass er der Chefin kein Fehlverhalten nachweisen könne. Eine Versetzung zu einer anderen Abteilung sei nicht möglich. Ein vermittelndes Gespräch habe ich abgelehnt, weil ich schon weiß, dass es nichts bringen wird. Daraufhin empfahl er mir zu kündigen, falls das Vertrauensverhältnis so zerrüttet sei.

Nun habe ich ‚innerlich gekündigt' und suche eine berufliche Alternative. Das ist nicht so einfach, denn von den Arbeitsbedingungen und finanziell passt die Stelle eigentlich gut. Deshalb fühle ich mich wie ausgeliefert und gefangen."

T: „Bitte erklären Sie mir, in welchen Situationen die beschriebenen Belastungen bei Ihnen körperliche Reaktionen auslösen."

F: „Besonders schlimm ist es morgens. Ich wache wie zerschlagen auf und würde am liebsten im Bett liegen bleiben. Jedes Mal habe ich mich dann doch hoch gequält. Dann spüre ich Kopfschmerzen und gehe mit einem Druckgefühl im Bauch auf Arbeit. Wenn die Chefin mir mit ihrem Offiziersgehabe etwas aufträgt, bekomme ich Schweißausbrüche und Atembeklemmung. Besserung tritt meistens schon vor der Mittagspause ein.

Dann habe ich es ja fast für den jeweiligen Tag geschafft. Sobald ich das Büro verlassen habe, geht es mir besser. Aber irgendwie bin ich ausgezehrt. Zu Hause kann ich dann nur noch im Notlaufprogramm funktionieren und keine Zeit mehr für meine Bedürfnisse finden. Vor Erschöpfung schlafe ich oft sofort ein. Dann wache ich aber mitten in der Nacht wieder auf und grüble, wie ich weniger angreifbar sein könnte, oder stelle mir vor, wie ich die Chefin vor dem Kollegium damit konfrontiere, wie übel sie mir mitspielt.“

T: „Auf welche Weise ist Ihre Chefin an den Verhaltensproblemen Ihrer Tochter beteiligt?“

F: „Seit dem Klassenwechsel brauchte ich mehr Zeit, um meine Tochter bei den Hausaufgaben zu unterstützen, denn unter Druck reagiere ich schnell ungeduldig. Die Chefin hätte mir einfach flexiblere Arbeitszeiten einräumen können. Doch sie verwehrte mir das mit der fadenscheinigen Begründung, dass sonst die arbeitsteiligen Abläufe durcheinanderkämen. Aufgrund der beruflichen Misere habe ich keine Geduld mehr für Mia, die dann auch keine Hausaufgaben mehr machen will und zum Beispiel ihr Hausaufgabenheft in der Schule liegen lässt. Die Lehrerin wies mich darauf hin, dass Mia häufig im Unterricht störe.“

T: „Wann entstanden Ihre Grübelzwänge?“

F: „In der Mitte der Schwangerschaft musste ich immer mehr daran denken, was bei der Geburt eines Kindes alles schief gehen kann und wie die Bindung an ein Kind mein Leben verändern würde. Anderseits freute ich mich auch auf unser Wunschkind. Ich nahm mir vor, eine besonders gute Mutter zu sein. Ich entwickelte dann einen Reinlichkeits- und Ernährungszwang, um alles richtig zu machen und Risiken meinerseits zu auszuschließen. Die Geburt erwartete ich mit großer Vorfreude: Ich spürte, dass ich gewiss doch eine gute Mutter werden würde.

Doch die Geburt in der Uniklinik wurde zum reinsten Horror. Die Ärztin meinte, es dauere viel zu lange. Ich würde erschöpfen und könne nicht mehr mitarbeiten. Die Hebamme und die Ärztin drückten mir schließlich auf den Bauch, so, als wollten sie das Kind aus mir herausquetschen, wie Zahnpasta aus einer Tube. Es war entwürdigend. Mir wurde doch damit vermittelt, dass ich keine vollwertige Mutter sei, ich hätte mich dumm angestellt und nicht geschafft, was jede normale, gesunde Frau schaffen sollte.“

T: „Waren das die Kommentare der Geburtshelferinnen oder sind das Ihre Interpretationen?“

F: „Natürlich wurde es mir nicht so plump und direkt gesagt, aber die Handlungen sprechen doch genau diese Sprache.“

T: „Wieder eine Verletzung Ihrer Würde ‚unter dem Radar', diesmal als Frau und Mutter?"

F nickt spontan, fühlt sich offenbar verstanden.

T: „Sie erwähnten eingangs, dass Ihrem Leben kein Glück vergönnt sei. Sie hätten das Selbstvertrauen verloren, die richtigen Entscheidungen treffen zu können?"

F: „Es fängt schon damit an, dass ich als Mädchen geboren wurde. Meine Mutter stammt aus Rumänien und ist in ärmlichen Verhältnissen groß geworden. In ihrer Familie wurden die Brüder bevorzugt. Sie selbst bevorzugte meinen älteren Bruder. Auf meine Bedürfnisse einzugehen, war ihr lästig. Später vertraute sie mir an, dass meine Geburt der Grund sei, dass mein Vater sie verlassen habe.

Als Kind wollte ich meiner Mutter immer nahe sein, aber ich konnte es ihr nicht recht machen.

Später habe ich mich eigentlich aus Faulheit entschieden, lieber auf die Realschule zu gehen, statt aufs Gymnasium. Auf der Fachoberschule habe ich dann den falschen Zweig gewählt.

Meine erste Liebe hat mich wegen meiner Eifersucht, die ich hätte für mich behalten sollen, letztlich von sich gestoßen. Meine jetzige Beziehung ist auch nur ein Kompromiss, denn geistig und finanziell trägt mein Partner zu wenig bei – aber er ist wenigsten gutmütig und liebt seine Tochter."

T: „Gibt es in Ihrem Leben etwas, worauf Sie stolz sind? Welche Ihrer Entscheidungen haben sich bewährt?"

F: „Meine Mia liebe ich über alles. Mit meinem Job war ich recht zufrieden, bis die Sache mit der Chefin passierte. Die Beziehung zu meinem Partner ist eigentlich gut. Als Vater kümmert er sich gern und liebevoll um Mia. Nur müsste er sich mehr in die Beziehung einbringen, damit wir alle entspannter sein könnten."

(Überlegungspause)

T: „Wenn ich Ihre Mitteilungen auf mich wirken lasse, verstehe ich einerseits Ihren Leidensdruck, sowohl körperlich, als auch im Hinblick auf eine Unzufriedenheit, die Sie als auszehrend schildern. Sie scheinen in einem Teufelskreis gefangen: Als Misserfolge ausgewertete Erfahrungen bestimmen die Erwartungen, die sich dann wie selbst erfüllende Prophezeiungen schicksalhaft einstellen. Die Auswirkungen auf die Lebensqualität, die Gesundheit und die Beziehungen zum Partner und vor allem zu Mia sind äußerst belastend. Bis dahin ist mir Ihr Bericht nachvollziehbar.

Andererseits bin ich aber etwas verwirrt, wenn ich versuche, die Informationen zu einem stimmigen Bild zusammenzufügen: Es entstehen dabei zwei Erzählungen, die sich in wichtigen Aspekten widersprechen. Eine Opfergeschichte und eine Erzählung von einer jungen, taffen und handlungsfähigen Frau."

F: „Wie meinen Sie das?"

T: „Die erste Geschichte handelt von einem anklagenden Opfer des Schicksals. Es ist rückwärtsgewandt, hadert ziemlich stereotyp mit früheren Entscheidungen, als ob es um vergossene Milch wehklagen würde. Wenn das Opfer nach vorn blickt, dann geht es von Erwartungen aus, von denen es sich gewiss ist, wieder vom Schicksal enttäuscht zu werden. Dabei konstruiert dieses Opfer sein Schicksal als eine Regie führende Instanz, welche untaugliche oder feindselige Protagonisten einsetzt, um Felicitas unglücklich und krank zu machen.

Die Heldin der ersten Geschichte sehe ich in Vorwürfen gegen ungünstige Umstände, gegen andere und sich selbst verstrickt, wegen vermeintlich falscher Entscheidungen. Als ob das Schicksal eine Regie führt, indem Täterfiguren immer wieder ihre besten Bemühungen schwer enttäuschen. Hierzu bedient es sich der Rollenbesetzungen mit ihrer missmutigen Mutter, ihrem gerade noch tauglichen Partner, den demütigenden Geburtshelferinnen, der unfähigen Lehrerin und auch der feindseligen Chefin. Wie unsere Heldin auch kämpft, wie sie sich auch anstrengt und was sie auch unternimmt und entscheidet: Rückblickend erweist es sich jedes Mal als vergeblich und enttäuschend.

Dieses Opfer scheint aus der Klemme vergeblichen Bemühens seit seiner Kindheit nicht herauszukommen. Mit einem negativen Selbst-, Fremd- und Zukunftsbild sind alle Voraussetzungen gegeben, als physisch gesunder Mensch eine anhaltende Verbitterungsdepression (Dysthymie) zu entwickeln."

F nickt spontan, fühlt sich offenbar verstanden.

T: „Sie konnten mit Ihrer Geburt Ihren Vater nicht daran hindern, Ihre Mutter zu verlassen. Deshalb wurden Sie von Ihrer Mutter, stellvertretend für den sich seiner Verantwortung entziehenden Vater, mit Zurückweisung und Herabsetzung bestraft. Sie konnten auch deshalb die Zuneigung Ihrer Mutter nicht gewinnen, weil Sie als Mädchen geboren wurden. Trotz aller Bemühungen um liebevolle Aufmerksamkeit beschloss ihre Mutter immer wieder, Ihnen den Bruder vorzuziehen, als attraktiver und erfolgreicher. Aufgrund mangelnder elterlicher Unterstützung und eigener Fehlentscheidungen bezüglich Ihrer Ausbildung konnten Sie Ihre beruflichen und partnerschaftlichen Idealziele nicht erreichen.

Der erste Partner konnte Sie nicht überzeugen und resignierte, trotz aller seiner Anstrengungen, Ihre Eifersucht zu beschwichtigen und Sie seiner Treue zu versichern. Durch das Weitergeben einer unlösbaren Aufgabe haben Sie die wichtigste Liebe Ihres Lebens (oder genauer: die erste intensive Zuneigung zu Beginn Ihres erwachsenen Lebens) verlieren müssen. Der Partner, mit dem sie bis heute leben, blieb zweite Wahl (eine Ihnen wohlbekannte Position, die sie gegenüber dem Bruder bei der Mutter einnahmen). Aber das unerbittliche Schicksal gibt sich nicht damit zufrieden, Sie um die vermeintlich einzig mögliche und wirklich wahre Liebe gebracht zu haben. Nein, es zerstört auch noch Ihre Hoffnungen von erfüllender Mutterschaft. Hierzu bedient es sich der Geburtshelferinnen, die bei Ihnen eine postpartale Depression auslösten. Ihre beruflichen Erwartungen wurden nun von Ihrer Chefin zerstört. Ihre resultierende Erschöpfung und die Unfähigkeit der Lehrerin Ihrer Tochter können nun dazu beitragen, dass Mia Sie künftig als ständiges Problemkind völlig überfordern wird. Ihr Kind wird gemäß pessimistischen Erwartungen zur Schulversagerin und Nesthockerin. Sie werden eine gescheiterte Mutter und noch depressiver."

F (nickt traurig): „Genau das ist es, was ich am meisten befürchte!"

T: „Diese *Erzählung* stellt Sie als *Opfer des Schicksalhaften* dar. Wir könnten ihr die Überschrift geben: ‚Ich bin verdammt, mit dem Schicksal zu hadern, denn es gönnt mir keine Zufriedenheit und verdirbt meine Zukunft.'"

F (lächelt): „Wenn ich Ihnen so zuhöre, sehe ich meine Mutter vor mir. Auf sie passt diese Geschichte nämlich auch. Aber jetzt erzählen Sie mir noch die andere Geschichte, die Sie durcheinandergebracht hat."

T: „Die *andere Geschichte* könnte erzählt werden unter der Überschrift: „Felicitas, die Glückliche, ist eine fähige Frau. Sie lernte, unter ungünstigen Bedingungen ihr Bestmögliches zu gestalten, indem sie ihre Erfahrungen nutzte. Sie entwickelte die Lebensklugheit, jede ihrer bisherigen Entscheidungen als erforderlichen Schritt zur heutigen Zufriedenheit zu akzeptieren. Ihr gelang es, durch angemessene Selbstbewertung und Ansprüche, sich ein freundliches Schicksal einzurichten."

F (schüttelt den Kopf): „Wie kommen Sie denn auf diese Idee?"

T: „Felicitas, die Glückliche, hatte tatsächlich zunächst unglückliche bzw. ungünstige Startbedingungen: Ihre Mutter machte sie ungerechterweise verantwortlich für deren enttäuschende Partnerwahl sowie ihre Abhängigkeit von einem erhofften Erlöser, der ihr Unvermögen zur Selbstständigkeit und Versorgung beider Kinder ausgleichen und sie glücklich machen sollte. Sie opferte ihre Tochter als Erklärung für ihr Elend. Das Bedürfnis ihrer Tochter nach Mutterliebe und Anerkennung wies sie immer wieder schmerzlich zurück. Aber Felicitas war ein starkes, Widrigkeiten trotzendes Kind und ist daran nicht zerbrochen. Bestätigung fand sie bereits in der Kindergarten- und Schulzeit in den guten Beziehungen zu Gleichaltrigen. In der Pubertät hörte sie auf, sich die Liebe ihrer Mutter erkämpfen zu wollen. Sie ermutigte sich mit Vorstellungen einer fantastischen Zukunft mit ihrem Freund. Da sie in jugendlicher Begeisterung alles auf eine Karte setzte und aufgrund der Kindheitserfahrungen und dem Vorbild der Mutter noch zu unsicher war, ob sie wirklich liebenswert genug sei, konnte diese Beziehung noch nicht gelingen. Sie konzentrierte sich dann erfolgreich auf ihre Ausbildung. Sie fand einen verlässlichen, liebesfähigen Partner, der sich inzwischen auch als Vater bewährte. Sie erschloss sich ergänzend geistige Anregungen im Freundeskreis. Von finanziellen Sorgen löste sie sich zunehmend, indem sie lernte, effektiv zu wirtschaften. In ihrer ersten Beziehung entdeckte sie sich als leidenschaftliche und liebesfähige Frau. Als Erstgebärende konnte sie eine Geburtskomplikation mit Unterstützung erfahrener Geburts- helferinnen ohne Kaiserschnitt bewältigten. Es gelang ihr, trotz anfänglicher Erschöpfung, eine liebevolle Beziehung zu ihrer Tochter aufzubauen. Ihre Chefin erkannte schon beim Bewerbungsgespräch die beruflichen Talente von Felicitas und war davon überzeugt, dass sie gut in ihr Team passen würde. Nachdem es wegen Arbeitszeitregelungen zu Meinungsverschieden- heiten kam, entschloss sich Felicitas zunächst, sich hinter dem Rücken der Chefin über diese zu beschweren und durch Rückzug zu protestieren. Sie erkannte, dass diese Vorgehensweise ihr nicht weiterhalf. Daher suchte sie den Rat einer Psychologin, welche die Empfehlung des Personalverantwort- lichen wiederholte. ‚Sprechen Sie sich mit der Chefin aus, fragen Sie diese, ob und was Sie tun können, damit die Beziehung wieder entspannter wird.‘ So gewann sie die Erkenntnis, dass direkte Auseinandersetzungen effektiver sind, als sich bei Bekannten über abwesende Dritte zu beschweren. Sie nutzte die Krise mit ihrer Chefin als Anstoß, sich ihren schon länger gehegten Wunsch nach Veränderung zu erfüllen. Bei dieser Gelegen- heit konnte sie ihre Mutterschaft und ihren Beruf noch besser in Überein- stimmung zu bringen.“

Folgegespräch, einen Monat später

T: „Wie fühlten Sie sich nach dem vorigen Gespräch?“

F: „Ich war tagelang wie aufgewühlt. Ich war zornig auf Sie (T), auf meine Mutter und auf mich. Aber die optimistische Version der Erzählung hat mich nicht mehr losgelassen: Ich habe dann das Gespräch mit der Chefin gesucht. Seitdem arbeiten wir wieder konstruktiv und schätzen einander. Ich sehe ein, dass ich seitens der Firma durch die Teilzeitarbeit schon die Möglichkeiten, Zeit für meine Tochter zu nehmen, ausgeschöpft habe. Daher entwickelte ich die Idee, mich beruflich selbstständig zu machen. Tochter und Partner gegenüber fühle ich mich unbeschwerter. Wir gehen jetzt gelassener miteinander um.

Über meine Beziehungen zur Mutter und zu Mia habe ich intensiv nachgedacht. Mir wurde klar, dass bis zu mir über drei Generationen solche Erzählungen von den Frauen der Familie als Opfer des Schicksals an mich weitergegeben wurden. Diesen Stafettenstab möchte ich nicht an Mia weitergeben.

Wenn meine Mutter frustriert war, beklagte sie das Schicksal. Sie wies entweder mir oder den jeweiligen Umständen die Schuld daran zu und suchte die Unterstützung meines Bruders.

Mia hat eigentlich nach meinem Vorbild gehandelt, indem sie ihrer Lehrerin die Schuld für ihre Schulunlust gab, sich mit mir gegen sie verbündete und sich von ihren Kassenkameraden zurückzog. Auch sie hatte sich auf diese Weise schon im Teufelskreis von Frustration – Wut – Rückzug – Verweigerung – Isolation verfangen."

Bilanz nach einem Jahr seit Therapieende

F: „Ich habe eine neue Sicht auf Probleme als Herausforderungen und Krisen als Entwicklungschancen erarbeitet.

Nachdem ich meine Kündigung eingereicht hatte, bat mich die Chefin in einem Vier-Augen-Gespräch, zu bleiben. Um mir mehr Zeit für meine Tochter einzuräumen, bot sie mir sogar an, mich dauerhaft im Homeoffice einzusetzen. Das ist sonst in der Agentur nur tageweise üblich. Ich empfand das als Ausdruck besonderer Wertschätzung.

Ich hatte mich aber zuvor schon in der Nähe meines Wohnortes nach einer anderen Stelle umgeschaut. Ich wollte mir den Wunsch erfüllen, zu Fuß zur Arbeit gehen zu können, statt täglich 50 km zu pendeln. Ich willigte aber ein, meine Tätigkeit als Freelancerin noch über die Kündigung hinaus zu verlängern, damit ich das Projekt noch fertigstellen konnte und die Firma Zeit gewann, für mich einen passenden Ersatz zu suchen.

Seitdem arbeitete ich völlig entspannt, nahezu freundschaftlich mit meiner Chefin zusammen. Auch fiel mir der Abschied vom Kollegium nicht leicht. Ich tröstete mich aber, dass freundschaftliche Bindungen auch die Firmenzugehörigkeit überdauern würden.

Dabei wurde mir bewusst, dass in der Weise, wie ich mir meine Erwartungen ausmale, sich Beziehungen entwickeln. Gehe ich zuversichtlich und vertrauensvoll auf andere zu, dann bekomme ich die Resonanz, die ich brauche. Umgekehrt verbittern mich meine negativen Befürchtungen.

Andere reagieren darauf, indem sie sich von mir zurückgestoßen fühlen und sich dann ihrerseits distanzieren.

Meine Haltung, Probleme nicht mehr zu dramatisieren, sondern lösungsorientiert anzugehen, konnte ich auch auf meine Tochter übertragen. Obwohl die Testung bestätigte, dass Mia unter einer Art Aufmerksamkeitsstörung leidet, konnte ich ihr vermitteln, dass sie in Ordnung ist. (Früher hätte ich eine solche Diagnose als Schlag des Schicksals interpretiert und erwartet, dass damit mein und ihr Leben zerstört wären.) Ich begleite Mia geduldiger bei ihren Problemen, ohne mich mit ihr gegen vermeintliche oder reale Verursacher verbünden zu müssen. Dieses Loslassen ermöglichte mir mehr Aufmerksamkeit für meine eigenen Bedürfnisse, die ich im vormaligen ‚Kampfmodus‘ oft vernachlässigte. Meine Stärkung trug dazu bei, dass auch meine Tochter gelassener und zuversichtlicher wurde. Das wiederum hat unserer Partnerschaft so gutgetan, dass wir inniger miteinander wurden.

Sie erinnern sich bestimmt, dass ich am Anfang der Therapie dazu neigte, mich in Krankheitssorgen zu verlieren. Mir ist Ihre provokative Bemerkung, ‚vom feindlichen Schicksal über die Lebenszeit als Siechtum bis zum Tode vorverurteilt‘ zu sein, nicht mehr aus dem Kopf gegangen.

Auch mit derartigen Einladungen zum Hadern mit dem Schicksal komme ich jetzt besser klar: Vorigen Monat stellte ich Blut im Urin fest, hatte aber keine Schmerzen. Natürlich musste ich erstmal im Web recherchieren und bekam es mit der Angst vor Blasenkrebs zu tun. Doch konnte ich mich noch am selben Tage beruhigen, nachdem ich den Untersuchungstermin vereinbart hatte. Letztlich stellte sich heraus, dass die Färbung von einem Vitaminpräparat stammte.

Das Empfinden körperlicher Bedrohung nahm ich zum letzten Anstoß, endlich mit dem Rauchen aufzuhören. Meine Mutter war nämlich an Brustkrebs erkrankt und führte dies auf ihr intensives Rauchen zurück. Ich beschloss zu handeln, noch bevor mein Körper bleibenden Schaden erleidet.

Ich bin stolz auf mich, dass ich selbst aus dieser Krise einen bleibenden Gewinn gezogen habe.

Auch achte ich mehr auf meine Bedürfnisse und richte mich nach meiner Intuition. Ja, ich entwickelte sogar Respekt vor meinem ‚Bauchgefühl‘: Rational fand ich meine Kündigung der Festanstellung fragwürdig. Jetzt, nach dem Wechsel, ist das Arbeiten noch interessanter geworden, zumal mir die Tätigkeit in der neuen Branche sinnvoller erscheint als meine vorige Vermarktungshilfe. Durch den Wegfall des Pendelns konnte ich mehr freundschaftliche Kontakte am Ort aufbauen und hier in der Stadt, in der ich lebe, Wurzeln schlagen."

Anmerkung (T):
Felicitas Beispiel zeigt, wie der Wechsel der Narrative zu einem Wechsel des Rahmens der Betrachtung und damit zu einer übergreifenden Strategie der Therapie werden kann. Zur Stabilisierung und Sicherung der Erfolge ist jedoch intensive (Detail-)Arbeit in der weiteren Behandlung erforderlich.

Felicitas arbeitete mit Tagebuchaufzeichnungen zu jeweiligen Problemschwerpunkten und Verhaltensexperimenten zur Überprüfung von Erwartungen intensiv mit. Während sie sich früher als Spielball fremder Willkür erlebte, bildete sie sich während ihrer Therapie zur wohlwollenden Beobachterin ihrer Selbst aus.

Thematisieren Patienten Betrachtungen ihres Schicksals, dann ist die Unterscheidung zwischen selbst herbeigeführten (über Bewertungen, Entscheidungen, Verhaltensstereotype und den Ereignissen vorauseilende Erwartungen) und tatsächlich schicksalhaften Belastungen wichtig.

Zu unterscheiden sind dabei zwei grundsätzliche Arten von Fällen: Diejenigen in denen ein eigentlich günstiges Schicksal zum Narrativ der entlastenden Erklärung von wesentlich selbst inszenierten Problemen wird, wie im Beispiel von Felicitas beschrieben.

Die andere Art von Fällen betrifft Menschen, die tatsächlich von einem ungerechten Schicksal wiederholt geschlagen sind (s. Punkt 2.4).

In langjähriger Praxis sind mir wiederholt Menschen begegnet, in deren Lebensläufen sich ohne eigenes Zutun schädigende Ereignisse häufen.

Beispielsweise Linda: In deren 16. Lebensjahr verstarb die Mutter bei einem Autounfall. Linda gab ihre Ausbildung auf, um den versehrten Vater zu versorgen. Dieser suizidierte sich, als sie 20 Jahre alt wurde. Nach wiederholten Todgeburten brachte sie mit Mitte 30 einen Sohn zur Welt, der als Erstklässler tödlich verunglückte. Die bisher stabile Ehe zerbrach unter der Belastung des Verlustes. Linda pflegte hingebungsvoll über mehrere Jahre ihre Großmutter nach einem schweren Schlaganfall. Kurz nach deren Tod wurde bei Linda ein aggressiver Brustkrebs festgestellt, weshalb sie sich zur Mitbehandlung in Psychotherapie begab.

In derartigen Fällen ist die Gegenüberstellung von Narrativen zum Schicksal nicht hilfreich. Zur Unterstützung bewähren sich Geschichten zur Ressourcenstärkung (s. Abschn. 3.4).

2.6   Mir darf es nicht gut gehen

Fallbeispiel Marion

Marion ist 52 Jahre alt, Mutter dreier erwachsener Kinder. Die gelernte Großhandelskauffrau ist als berufsunfähig berentet. Sie lebt sozialpsychiatrisch betreut.

Die Therapie sucht sie zur Linderung ihrer zahlreichen körperlichen Beschwerden und in der „bescheidenen Hoffnung, ein bisschen normaler leben zu dürfen". Besonders belasten sie Zwänge und (dissoziative) Zustände, in denen sie sich selbst „verliere" und „stundenlang wie gefesselt auf einen Punkt starren" müsse.

Sie unterliege immer wieder dem Drang, sich zu schneiden. (Dieses Verhalten findet sich oft bei Personen mit einer Borderline-Persönlichkeitsstörung). Dem müsse sie trotz aller Vereinbarungen zur Anwendung des Skills-Trainings unbedingt folgen. Dieses Training ist ein Bestandteil der Dialektisch Behavioralen Therapie von Borderline-Störungen (Linehan, 2016), der beinhaltet, automatisierte Muster selbstschädigenden Verhaltens durch eine Kaskade intensiver, aber unschädlicher Sinnesreizungen, z. B. durch genoppte Gymnastikbälle oder intensive Geruchsstimulanzien zu stoppen und durch konstruktive Verhaltensrituale zu ersetzen.

Ihren Alltag könne Marion nur durch strenge Rituale bestehen. So „müsse" sie beispielsweise immer zur selben Zeit nach Hause kommen, den Fernseher anschalten und „dürfe" erst nach dem Ansehen der Tagesschau (deren Inhalte an ihr vorbeizögen), zu Bett gehen, damit ihr das Einschlafen „erlaubt" sei. Sie müsse froh sein, Erwartungen anderer zu erfüllen, könne nicht „nein" sagen, „da ich (Marion) nur ein Lebensrecht habe, wenn ich gebraucht werde".

Biografischer Exkurs:

Marion berichtet: „Ich war in meiner Kindheit und Jugend das ‚schwarze Schaf' der Familie. Meine Mutter erzählte mir immer wieder die Geschichte, ich hätte ihr ‚das Leben versaut'. Der Vater habe sie noch in der Schwangerschaft verlassen. Daher sei es ihr schwergefallen, mit dem ‚Bastard', wie sie mich bezeichnete, noch eine ‚Partie zu machen' (gemeint ist: eine Versorgungsehe einzugehen). Der Stiefvater hat seinen elterlichen Betrieb schnell abgewirtschaftet und sich dem Suff ergeben. Zwischen Mutter und Stiefvater gab es oft Streit. Ihre Gemeinsamkeiten bestanden in der Bevorzugung des Halbbruders und in gemeinsamer Verachtung sowie im Quälen meiner (Marions) Person. Mir wurde, im Gegensatz zum jüngeren Halb-bruder, das Essen rationiert. Aus nichtigen Anlässen bin ich geschlagen und stundenlang in den Keller gesperrt worden. Besonders schlimm war es für mich, wenn die Mutter die angestaute Wut des betrunkenen Stiefvaters mit wüsten Denunziationen auf mich umgelenkte und der Stiefvater sich dann an mir abreagierte.

Oft trafen mich die willkürlichen Übergriffe, erniedrigende Beschimpfungen oder Schläge unvorbereitet. Von der Mutter wurde ich mit Stillsitzen bestraft. Während die Mutter mich in der engen Kammer einsperrte, musste ich meine Hände mit den Innenflächen nach oben auf den Tisch legen. Ich wusste, dass ich nur freigelassen werden würde, wenn die Mutter mich bei Kontrollen in genau dieser Haltung wieder antreffen würde. Die Dauer der Einsperrung blieb mir jeweils ungewiss. Wenn die Mutter meine Mithilfe im Haushalt brauchte, kam ich mitunter nach kurzer Zeit frei. Jedoch gab es auch stundenlange Einsperrungen, einmal sogar über Nacht, da die Mutter mich vergessen hatte.

Als Jugendliche unternahm ich drei Fluchtversuche. Schon bei der Annäherung an die Bushaltestelle stellte ich mir dann vor, wie die Mutter und der Stiefvater, die sehr auf ihr Ansehen bei den Nachbarn achteten, mich vor den Behörden als Lügnerin darstellen würden. Ich habe dann jedes Mal beschlossen, wieder umzukehren, um mir lieber wegen vorgeb-licher Verspätung eine Tracht Prügel abzuholen. Überhaupt erschien es mir erträglicher, wenigstens den Zeitpunkt der Misshandlung zu bestimmen und dann ,wie außerhalb meines Körpers' abzuwarten, bis sich der Sturm wieder gelegt hatte. Auslösend für die Abreaktionen konnte sein, wenn ich für Momente fröhlich war oder ,faul' auf der Couch im Wohnzimmer der Eltern angetroffen wurde, Widerworte gab oder nachmaulte."

Mit der Zeit erlernte Marion ein Warnsystem, sich auf die Gewaltexzesse einzustellen und das Unvorhersehbare in ihrer Vorstellung zu regulieren. Besonders bedrohlich waren folgende Situationen: Wenn der Stiefvater betrunken und wütend nach Hause kam, oder wenn sie, Marion, selbst von außerhalb wieder zur Familie zurückkehrte und sich zurückziehen wollte. Dann bestrafte ihre Mutter sie meist als untätig oder „faul".

Marion verallgemeinerte dann die Situationen, in denen es ihr gut ging, als Warnsignale. Diese schienen erfahrungsgemäß „Vorboten der nächsten Quälerei" zu sein. Ihre Qualen konnte sie mit einer gewissen Erleichterung entgegennehmen, „wie ein Gewitter, eine unvermeidliche Entladung, mit anschließender Aufhellung."

Die folgende Passage gibt die Untersuchung der dissoziativen (von sich selbst entfremdeten) Zustände wieder, bei denen sie stundenlang im Sitzen

erstarrt und mit leerem Blick an die Wand starrt. Marion ist davon überzeugt, dass sie „diese Zustände" nur durch Selbstverletzung beenden kann.

T: „Bitte berichten Sie mir genau, wie dieser Drang, sich zu schneiden,
sich jeweils so aufbauen kann, bis er die Intensität zum Schneiden erreicht
hat, die Sie bisher noch als ‚unwiderstehlich' empfinden?"

M: „Die Sache hat immer das Vorspiel, dass ich mir Gedanken mache
und mit dem Grübeln beginne, was ich falsch gemacht haben könnte, oder
wer sich von mir abwenden würde. Zum Beispiel, warum mein Sohn mich
gestern nicht anrief, oder ob ich gegenüber Frau X. eine zu schnippische
Bemerkung gemacht haben könnte. Nach und nach füllt mich diese
Grübelei zunehmend aus. Ich bekomme irgendwie keine Idee mehr, was
ich eigentlich machen wollte oder sollte. Dann schaltet mich eine geistige
Leere aus, und mein Körper verschwindet in einem diffusen Hintergrund.
Ich fühle mich irgendwie unwirklich, muss mich an den Tisch setzen, meine
Hände mit den Handflächen nach oben auf den Tisch legen, sodass ich in
die Hände sehen kann und muss auf die Wand starren, auf einen Punkt.
Dann kann es schon ein paar Stunden dauern, bis mir in den Sinn kommt,
ich könnte mich schneiden. Meist durch irgendeinen Laut ausgelöst, ein
Telefonklingeln oder Lärm im Treppenhaus. Dann versuche ich diesen
Gedanken zu vertreiben, aber der Gedanke ergreift immer mehr Besitz von
mir, bis ich eine richtige Lust verspüre, mich endlich zu schneiden. Diese
Lust treibt mich dann, mit einer gewissen Vorfreude, die Klinge zu holen,
sie genüsslich anzusetzen, fasziniert zu schauen, wie das Blut über die Arme
läuft, und mich dabei endlich wieder lebendig zu spüren."

T: „Haben Sie beobachten können, welche Ereignisse oder Gefühle
diesem scheinbar unwiderstehlichen Drang zum Schneiden vorausgehen?"

M: „Eigentlich gehen dem immer zwei, drei Tage voran, in denen ich
mich recht gut fühle. Ich bin dabei irgendwie immer in Aktion, treffe
Bekannte, mache Sport, bastle oder sehe mir interessante Filme an. Dann
folgt ein Tag, an dem schon morgens diese Schwere aufkommt, begleitet
von dem Gedanken: ‚Ich habe etwas ganz falsch gemacht, jetzt wird es mir
wieder schlecht gehen müssen'. Einfallslosigkeit und Leere breiten sich in
mir aus, bis ich nichts anderes mehr kann, als mich hinzusetzen und auf
einen Punkt zu starren… Dann stelle ich mir vor, wie das Messer meine
Haut ritzt, wie ich den Schmerz auf den Punkt der Entspannung treibe, wie
endlich das Blut fließt und Erleichterung eintritt."

T: „Diese Beschreibung erinnert mich an Ihr *Gleichnis vom Gewitter,* das
die Schwere löst und sich aufhellend entlädt."

M nickt spontan.

T: „Wie fühlen Sie sich nach dem Schneiden?"

M: „Zuerst richtig lebendig und für einen Moment sogar recht gut. Wenigstens sind die Starre und das Gefühl des Gefesseltseins vorbei. Ich habe wieder die volle Kontrolle über meine Bewegungen und fühle mich wieder frei. Dann lässt die Spannung nach. Erst, wenn ich dann wieder zum Nachdenken komme, fühle mich wie eine Versagerin: Ich habe mich doch wieder einmal nicht beherrschen können. Ich mache mir Vorwürfe, dass ich das Skills-Training nicht angewandt habe und fühle mich als Therapieversagerin und hoffnungsloser Fall."

T: „Hm, *nach dem Gewitter ist vor dem Gewitter.*

Wenn ich Ihren Bericht auf mich wirken lasse, scheint mir, als ob Sie sich die *Geschichte von einem Fluch zur Erstarrung* erzählen und diesen über eine Art von *Selbsthypnose* dann auch tatsächlich erfüllen müssen. Schneiden erscheint hier als einzige Möglichkeit, den Fluch wenigstens für eine Weile abzuwenden?"

M: (verblüfft): „Wie meinen Sie das?"

T: „Das Thema dieser Vorfälle trägt die Überschrift: Mir darf es nicht gut gehen! Wenn es mir doch mal für paar Tage gut geht, dann folgt die Bestrafung. Besser, Sie selbst führen die Strafe herbei und gewinnen dadurch die Kontrolle wieder, was definitiv das kleinere Übel ist im Vergleich zur vorgestellten Bestrafung, beispielsweise den Verlust der Zuwendung ihres Sohnes oder der Freundin als denkbare Reaktionen auf das von Ihnen vermutete ‚Fehlverhalten'.

Das Bestrafungsritual selbst erzählt die Geschichte der Qualen Ihrer Kindheit und der Anwendung der aus der Not entwickelten Bewältigungsmethoden: Wenn Sie vermeintlich Ihre Eltern frustriert hatten, dann wurden Sie meist von denen auf nicht vorhersehbare Weise bestraft. Vielleicht lernten Sie unter diesen Umständen, dass Sie äußerlich einwirkende Bestrafung abwenden oder mildern können, wenn Sie sich selbst bestrafen? Strafen, die Sie selbst kontrollieren können, sind erträglicher. Das Ritual ist die Wiederaufführung des typischen Dramas Ihrer Kindheit:*

Vorangehend sind schöne Tage. Sie ahnen, dass das Schöne bald in Schlimmes umschlagen wird. Dann sperren Sie sich stundenlang weg. Damit schlüpfen Sie zunächst in die Rolle Ihrer Mutter. Dann übernehmen Sie die Rolle des braven Kindes, das gelernt hat, aus der Furcht vor weiterem Schmerz, stillzuhalten und die Hände mit den Innenflächen nach oben auf dem Tisch zu halten, wobei die Vorstellung hilft, gefesselt zu sein. Sie, Marion, lernten als erfahrenes Folteropfer, in Trance zu gehen und den gefesselten Körper zu verlassen. Sie können so stundenlang aushalten, bis allmählich die Furcht vor dem Schmerz in die Sehnsucht umschlägt, der Schmerz möge endlich kommen. Wenn er endlich seinen Höhepunkt erreicht hat, dann wird es nämlich besser und Entspannung tritt ein. Jetzt läuft innerlich der Film vom Schneiden ab, der zeigt, wie die unsicht-bare psychische Qual in einen aufweckenden und damit erlösenden körperlichen Schmerzreiz umgewandelt wird. Die Trance geht über in eine Konzentration der Aufmerksamkeit auf ein Signal zum Schneiden, sei es ein Klingeln, ein Scheppern oder eine Toilettenspülung. "

M: „Sie meinen, ich wiederhole unbewusst die Bestrafungen meiner Mutter indem ich verschiedene Rollen als Ein-Personen-Stück ablaufen lasse: Zuerst spiele ich das ‚böse Mädchen', das als aufreizendes, zufriedenes oder gar als ‚das faule Kind' bestraft werden muss. Dann erscheine ich auf der Bühne als meine bestrafende Mutter, die mich wegsperrt. Dann ver-wandle ich mich in ‚das kluge Kind', das mit der Vorstellung von Fesselung die Bewegungslosigkeit besser erträgt und stundenlang durchhält, wenn es sich in die Leere beamt, bis es sich schließlich die Erlaubnis zum Schneiden als Signal zum Ende der Bestrafung geben kann?"

T: „Wenn Sie das Ritual einmal so betrachten, könnte Ihnen das etwas Entlastung von Selbstvorwürfen verschaffen."

M: „Wie soll mich das denn entlasten?"

T: *„‚Nach dem Gewitter ist vor dem Gewitter': Das Ritual beginnt mit Ihren schweren Selbstzweifeln, und es endet nach der vorübergehenden Aufhellung Ihrer Stimmung mit Vorahnungen von Bestrafungen. Denen ‚müssen' Sie folgen, bis dann wieder Ihre Selbstzweifel beginnen, mit grundsätzlichen Vorwürfen als ‚Therapieversagerin und hoffnungsloser Fall'. Das ‚böse' Mädchen, das bestraft gehört, ist wieder am Ausgangspunkt ‚startbereit' für das nächste Drama.*

Nun war in Ihrer Kindheit aus diesem Elternhaus trotz Ihrer wiederholten Versuche kein Entrinnen.

Wer verantwortet denn die Misshandlungen: die sadistische Mutter oder das Mädchen, das deren Erwartungen nicht erfüllte?"

M: „Beide sind schuld."

T: „Warum haben Sie dann Ihre Kinder nicht misshandelt, wenn Sie doch oft Ihre Erwartungen nicht erfüllten?"

M: „Ja, ich bin anders als meine Mutter. Ich habe meine Kinder vielleicht zu oft angebrüllt, aber ich habe sie nie misshandelt oder gar gequält."

T: *„Also liegt die Verantwortung ausschließlich beim Erwachsenen, dem Erziehungsberechtigten, niemals beim Kind."*

M: „Wenn Sie das so sehen gebe ich Ihnen recht. Aber ich kann es nicht so fühlen, zumindest, wenn ich selbst von Vorwürfen betroffen bin."

T: „Jetzt sind wir am Knackpunkt Ihrer *Geschichte der Mittäterschaft am Sadismus:* Indem Sie sich sogar als kleines Kind eine Mitschuld am Verhalten Ihrer Mutter geben mussten, haben Sie Ihre Kindheit überlebt. Wären Sie zur Überzeugung gelangt, dass Ihre Mutter eine sadistische Person ist, der

Sie unentrinnbar ausgeliefert sind, dann hätten Sie Ihre Kindheit voller Hass und Hilflosigkeit wahrscheinlich nicht durchgestanden. Die Idee, dass Sie auch Strafe verdienen, hat Ihnen hingegen ermöglicht, Ihre Mutter als menschlicher und berechenbarer wahrzunehmen. Das kostete Sie jedoch den Preis Ihrer Versagensgefühle. Sie konnten sich aus der Hilflosigkeit, dem von allen Gefühlen am schwersten erträglichen, durch zwei überlebenswichtige Aktivitäten retten:

Zum einen, sich mit der Mutter zu identifizieren und damit einen Anflug von Ebenbürtigkeit zu erzeugen. (Psychologen nennen die Verinnerlichung von Verhaltensweisen der Mutter ,Introjektion '. In Ihrem Falle handelt es sich um ein ,Täter-Introjekt', um die Identifikation mit den Handlungsweisen Ihrer Mutter als Täterin.)

Zum anderen haben Sie die Folgen des Terrors mildern können, indem Sie Regeln für die Vorhersage von Misshandlungen sowie Überlebenstechniken herausfanden und erprobten, um die Qualen besser zu überstehen, wie Stunden in Trance zu überbrücken und Schneiden zum Aufwecken daraus und wohl auch zur körperlichen Darstellung Ihres sonst unsichtbaren psychischen Leides."

M: „So habe ich das noch nie gesehen. Es besteht doch mehr Hoffnung, als ich dachte. Das Schneiden ist also nicht der Beweis, dass ich psychisch ein totales Wrack bin und aus den Kreisen der Normalität ausgestoßen gehöre? Ich habe als Kind unter den damaligen Umständen nicht alles falsch gemacht?

Weil ich mich immer so schämte, habe ich meine Geschichte noch nie so genau angesehen oder jemandem erzählt wie heute."

T: „Unter den extrem traumatischen Bedingungen Ihres Heranwachsens bilden noch heute Schuld-, Scham- und Versagensgefühle sowie Selbstvorwürfe den Preis Ihrer damals einzigen Möglichkeiten emotionalen Überlebens."

M: „Jetzt wird mir auch klar, warum ich davon in den bisherigen Therapien nichts berichtet habe. Das Schneiden konnte ich jedoch, zumindest im Sommer, unter den auffällig langen Ärmeln nicht gut verbergen. Es ging dann immer darum, doch endlich mit dem Schneiden aufzuhören. Das hat mir verstandesmäßig eingeleuchtet, aber mich emotional entmutigt, denn ich wusste, dass ich es nicht einfach loswerden kann."

T: „*Sie haben recht, das geht nicht so einfach, wie man einen Schalter willentlich umlegen kann. ,Grüße aus der Vergangenheit' flackern unvermeidlich genau dann auf, wenn wir besonders verletzt, erschöpft und bedürftig sind.*

Lassen Sie uns am Ende der heutigen Sitzung nochmal die beiden Geschichten gegenüberstellen:

In der ersten Variante, begegnet uns eine 52-jährige, lebenserfahrene Frau, als Opfer von unwiderstehlichen Zwängen. Diese bemächtigen sich ihrer und veranlassen sie zu selbstschädigendem Verhalten, welches ihr peinlich ist, da es beweist, dass sie psychisch nicht in Ordnung und ein aussichtsloser Fall ist.

In der zweiten Fassung derselben Geschichte begegnet uns ein gepeinigtes Mädchen, das in einer eigentlich aussichtslosen Lage geschickte Überlebensstrategien entwickelt und später ihren eigenen Kindern mit Mutterliebe begegnet.

Welche der Erzählungen ist hilfreicher?"

M: „Ja, natürlich die zweite. Die erste Geschichte macht mich zu einer Psycho-Frau, die nichts dazulernen kann!

In der zweiten Variante fühle ich mich anerkannt, sowohl in dem, was mir angetan wurde, als auch hinsichtlich meiner Stärken, durchzuhalten."

T: „Danke, für heute haben Sie genug gearbeitet. Vielleicht nehmen Sie jetzt auch eine Vorstellung davon mit, wie Ihre Geschichte weitergehen sollte, nachdem ein Teil des Fluches, der Ihrer Selbstverdammung, überwunden werden konnte. Wie wäre es mit einer Fortsetzung, in der Sie sich sagen:

Die Zeit der Bestrafungen liegt hinter mir: ‚Ich darf dafür sorgen, dass es mir gut geht, so wie ich das Radeln genieße, selbst, wenn zwischendurch mal ein holpriger Abschnitt kommt?"

Kommentar, *speziell zum Fall von Marion:*

Mit der geschilderten Stunde hat Marion damit begonnen, den bisher ihr Leben durchziehenden Kreis von Selbstabwertungen zu durchbrechen, was selbstverständlich weitere Rückfälle in das Schneiden nicht ausschließen kann. Denn in diesem Fall hat das Schneiden seit ihrer prägenden Kindheit die Funktion, dissoziative bzw. Trance-Prozesse zu unterbrechen und die Patientin in das Hier und Jetzt zurückzuholen. Die Forderung von Therapeutinnen, dass damit nun endlich Schluss sein müsse, weil doch die erlernten Skills nun endlich anzuwenden sind, bauen eher Druck auf. Sie sind assoziiert mit der elterlichen Bestrafung für Ungenügen. So festigte Marion die Fantasie, ein hoffnungsloser Fall zu sein und senkte die Schwelle, sich zu schneiden.

In der hier berichteten Therapie wurde der Aufbau einer Geschichte zur Erlangung der *„Erlaubnis" zum lebenswerten Leben* zum Leit- und Bezugsthema der weiteren Therapie.

Hierzu halfen über mehrere Stunden Angebote der **I**magination **R**eprocessing **R**escripting **T**herapy von Mervyn Smucker. Dessen Technik besteht darin, das heutige Selbst, via imaginierter Zeitreise in die Vergangenheit zu führen, damit das heutige Selbst sein früheres, kindliches Selbst in den kritischen Situationen besucht und herausfindet, wie es jeweils hilfreichen Kontakt zu ihm aufnehmen und halten kann, um das damalige Kind emotional zu unterstützen und seine Peiniger zu entmachten.

Marion entwickelte in dieser Form der Arbeit viele Impulse, sich selbst zu verstehen, zu trösten und zu beruhigen. Mit der konsequenten Anwendung von Techniken der Selbstreflexion und Ermutigung (s. Tagebuch und Auseinandersetzungshilfen im 3. Kapitel) sowie der Weiterführung des Trainings ihrer Bedürfniswahrnehmung und Selbstbehauptung konnte Marion ihren eingangs formulierten Zielen näherkommen. Sie gewann deutlich an Lebensqualität und milderte das selbstschädigende Verhalten.

Kommentar *als allgemeine Betrachtung.*
Skripte der bedingten Erlaubnis zum Dasein, metaphorisch in Form eines Fluches, kommen in Therapiesituationen immer wieder zum Vorschein: „Dir darf es nicht zu gut gehen, sonst beschwörst du eine vernichtende Katastrophe herauf."

Vielleicht sind sie auch Bestandteile einer allgemeinen menschlichen Selbstbeschränkung? Woher kämen sonst solche Sprichwörter wie:

„Mal dir nichts aus, denn es wird nichts draus."
Statt: „Jeder gelungenen Gestaltung geht eine klare Vision voraus"
oder.
„Die Vögel, die am Morgen singen, holt am Abend die Katz'."
Statt: „Die Katze fängt nicht die Vögel, welche singen, sondern die, die zu langsam abfliegen."

Wenn die Katze einen Vogel erwischt, dann wäre es für diesen umso tragischer, wenn er in seinem Leben aus Angst vor diesem Ereignis noch gar nicht gelebt hätte, weil er „sicherheitshalber" auf das Singen bzw. seine Lebenslust verzichtet hätte.

2.7 Meine besten Jahre sind verloren

Fallbeispiel Harald ist 35 Jahre alt, ledig. Vor einem Jahr verwirklichte er sein ersehntes Ziel, Projektleiter in einem Betrieb der Maschinenbaubranche zu werden. Etwa ein halbes Jahr später trennte sich seine Freundin von ihm.

Behandlungsanlass:
Geschildert werden Ein- und Durchschlafstörungen, Tinnitus und Kopfschmerzen. Harald fehlten zunehmend Leistungsfähigkeit und Antrieb. Er fühle sich müde und ausgebrannt, habe an nichts mehr Interesse und ziehe

sich aus dem Freundeskreis zurück, weil er seinen Jammer niemanden zumuten wolle.

Wegen mangelnder Konzentrationsfähigkeit verliere er mehr und mehr den Überblick über komplexe Zusammenhänge. Daher befürchte er, seine berufliche Leistungsfähigkeit zu verlieren. Er wundere sich, dass sein Vorgesetzter seine Fehler noch nicht bemerkte. Dabei fühle er sich „wie ein Prüfling, der sich eine Weile blendend durchmogeln kann und dann doch durchfällt."

Lebensgeschichtlicher Hintergrund:
Die Mutter habe zu Hause das Sagen gehabt und den Vater ständig kritisiert. Dieser sei allen Problemen davongelaufen. In seiner Freizeit beteiligte er sich als Zuschauer und Stammtischexperte am Sport, den er früher aktiv betrieb. Harald hat eine jüngere Schwester. Die Eltern trennten sich, als er in die Pubertät kam. Beide Kinder lebten nach der Trennung bei der Mutter und besuchten abwechselnd den Vater im Nachbarort. Die Schwester sei nach der Scheidung zum Problemkind der Mutter geworden wegen Schulversagens, Spielsucht und Alkoholabhängigkeit.

Harald habe die Mutter nach Kräften unterstützt und versucht, seine Schwester auf Prüfungen vorzubereiten. Er habe mit ihr zusammen Bergwanderungen unternommen und sie in seinem Sportclub mit fähigen, unternehmungslustigen Leuten bekannt gemacht.

Vor etwa 15 Jahren wurde der Vater wegen einer Depression berufsunfähig. Es stellte sich heraus, dass er an einer Erbkrankheit leidet, bei der Nervenzellen im Gehirn absterben und deren Symptome sich meist in der zweiten Lebenshälfte entwickeln. Mit 28 Jahren übernahm Harald, der im Gegensatz zur Schwester seinen Vater regelmäßig besuchte, für ihn die Pflegschaft als gesetzlicher Betreuer.

Trotz seiner familiären Belastungen gelang es Harald, eine aussichtsreiche Sportkarriere voranzubringen, bis er wegen der Folgen einer schweren Beinverletzung aus dem Kader ausscheiden musste. Der strebsame junge Mann studierte Maschinenbau mit der Vorstellung „etwas Nützliches zu tun, das auch genügend Verdienst einbringt, um die leidige materielle Misere meiner Kindheit und der restlichen Familienmitglieder hinter mir zu lassen". Mit seiner Freundin, mit der er fünf Jahre zusammenlebte, plante er, eine eigene Familie zu gründen. Das Paar war bereits im Stadium der organisatorischen Hochzeitsvorbereitungen.

Völlig unerwartet für Harald, unmittelbar vor Weihnachten, habe seine Freundin sich entschlossen, die Beziehung aufzukündigen und die geplante gemeinsame große Reise abgesagt.

Sie hätte das sehr bedauert, denn eigentlich sei er ihr „Mister Right", aber er könne das Krankheitsgen seines Vaters weitergeben. Sie wolle sich nicht länger vormachen, mit ihm gesunde Kinder haben zu können. In den letzten Monaten habe sie beobachtet, dass Harald „immer depressiver geworden sei." Das habe ihre letzten Hoffnungen zerstört, dass er von der Erbkrankheit des Vaters verschont geblieben sei.

Geschichten zur Lebensbilanz

Die nachfolgend wiedergegebene Besprechung zum Thema „Lebensbilanz" begann mit der Betrachtung der grafischen Darstellung von Krisen und Höhepunkten seines Lebenslaufes (siehe Punkt. 3.2).

H: „Naja, bis zur Trennung meiner Eltern kann ich eigentlich von einer glücklichen Kindheit sprechen. Da lebte die Oma noch, deren Liebling ich war: Sie las mir Geschichten vor und machte mit mir Streifzüge durch den Forst. Da gab es immer etwas zu entdecken. Meine Schwester war damals noch ein fröhliches Kind und hatte ihre Freundinnen. Ich unternahm viel mit meinen Freunden, wir waren alle spontan und unbeschwert – im Gegensatz zu heute.

Mit der Scheidung der Eltern musste ich mein eigenes Leben abgeben. Ich wurde von der endlosen Aufgabe eingefangen, musste meine Mutter trösten und mich um Vater und Schwester kümmern.

Alles, was für mich selbst übrigblieb, war der Sport. Wir waren eine tolle Mannschaft, und ich war sehr erfolgreich. Kurz nach dem Gespräch mit dem Trainer, der mich für den Profikader vorschlug, hatte ich dann den Unfall, und mein Traum zerplatzte.

Mir ging es so wie meinem Vater: Vom aktiven Spieler zum Zuschauer und Trainer der Einsteigermannschaft unseres Clubs degradiert, war ich kurz davor, ebenfalls so trübsinnig zu werden wie der Rest der Familie.

Meine damalige Freundin, mit der ich meine erste längere Beziehung hatte, half mir darüber hinweg. Die Begeisterung, mit der sie sich auf ihr Studium vorbereitete, wirkte ansteckend. Daher überwand ich meine Trägheit und studierte eisern Maschinenbau. Meine restliche Zeit verbrachte ich als Versorger der Familie und als Organisator des Lebens meines Vaters. Meine Freundin wollte unbedingt im Ausland weiterstudieren, so kamen wir auseinander.

Zwei Jahre später begegnete mir Yvette. Zwischen uns hat es gleich gefunkt. Die Zeit mit ihr war sehr schön. Sie spornte mich an, beruflich alles aus mir herauszuholen, damit wir ein Haus bauen könnten. Denn Rest der Geschichte kennen Sie ja.

Also mein Fazit: Nach einer schönen Kindheit konnte ich noch ein paarmal Schwung nehmen. Aber, statt sportliche Erfolge oder partnerschaftliches Glück zu erreichen, holte ich mir dann jedes Mal eine Enttäuschung. Wenn sich jetzt noch meine Überforderung in der Firma herausstellt, bin ich auch beruflich gescheitert. Alles, was ich aufbauen wollte, ist verloren. Keinem habe ich wirklich helfen können. Meiner Freundin tauge ich nicht zur Heirat. Nun gehe ich auf meinen 40 Geburtstag zu. Meine Freunde und die ehemaligen Mannschaftskameraden haben schon Kinder. Ich bin jetzt 'raus aus dem Alter, in dem man unbeschwert in Gruppen etwas unternimmt und dabei ein Mädchen findet, mit dem man durch dick und dünn gehen kann. Meine Depression läutet jetzt den Anfang vom Ende ein."

T: „Das Schicksal hat Ihnen wiederholt Hoffnung gemacht auf Lebensfreude. Aber jedes Mal hat es Sie nur angestachelt, um Sie letztlich zu entmutigen und Ihre Lebensenergie auszupressen, wie eine Zitronenpresse den Saft aus der Frucht. Nun sind Sie ‚entsaftet': Ihre beste Lebenszeit ist mit viel Krafteinsatz und Bemühen erfolglos vertan. Ihre Mutter ist noch immer in Sorge um die ewige Nesthockerin und den Geldmangel. Ihr Vater wird nicht gesünder. Wem haben sie schon nachhaltig nützen können? Ihre Hoffnung auf eine eigene Familie ist zerstoben. Ihr geschäftlicher Abstieg nur noch eine Frage der Zeit. Mit Mitte Dreißig malen Sie sich die Zukunftserwartung eines betagten Mannes aus, der seinem einsamen Alter entgegensieht. Sie bringen es auf den Punkt: ‚Meine besten Jahre sind vorbei.' Mit dieser Bilanz wäre dann auch von der Zukunft nichts Lohnendes mehr zu erwarten."

H: „Jetzt übertreiben Sie aber! Immerhin habe ich meine Schwester durch die Realschule gebracht. Mein Vater wäre ohne mich völlig verwahrlost. Überhaupt würde ich doch hier nicht sitzen, wenn alles völlig aussichtslos wäre. Manchmal denke ich auch ansatzweise, dass es wieder bergauf geht. Ich habe mir durch die vorigen Gespräche über Perfektionismus und Katastrophenangst schon einige Reserven erschlossen. Entspannungsübungen und die Tagebuchführung über gelungene Momente haben die Schlafstörungen schon etwas gebessert. Aber ich gebe zu, es geht mir viel zu langsam voran. Außerdem fühle ich mich tatsächlich sehr einsam."

T: „Ich kann mitfühlen, wie enttäuschend es für Sie war, dass Ihre Freundin Sie wegen Ihrer Offenheit und der heraufbeschworenen katastrophalen Zukunft verlassen hat."

H: „Wie meinen Sie das? Wegen deren oder wegen meiner Schwarz-seherei?"

T: „Wenn zwei das Gleiche tun, ist es aber nicht zwangsläufig Dasselbe. Wir werden später noch darauf eingehen. Zunächst dachte ich an die schwarzmalenden Erzählungen Ihrer Freundin. Statt Ihre ständige Über-arbeitung und Überbürdung mit Ihnen gemeinsam anzuschauen und Lösungen anzuregen, reagierte sie voller Besorgnis um sich selbst. Aus Ihrer Depression ‚diagnostizierte' sie ungeprüft Ihre väterliche Erbkrankheit.

Das ist als Trennungsgrund sehr praktisch, wenn die Glücksformel Ihrer Ex-Freundin darin besteht, jemand zu finden, der sie *glücklich macht*. Mit Ihrer depressiven Verstimmung passen Sie natürlich nicht zur Rollen-besetzung als ‚Retter des Glücks'. Sie möchte nicht das Risiko eingehen, dass Sie dabei versagen könnten, ihr eine möglichst problemfreie Zukunft zu managen und deren Beständigkeit zu garantieren.

Nach der Trennung von Ihnen kann sie sich mit der Suche nach einem Traumprinzen noch eine Weile beschäftigen: Mit der traurigen Geschichte vom schicksalhaft wegen Krankheit verpassten ‚Mister Right' mag sie sich in Selbstmitleid trösten und sich davon ablenken, dass sie selbst versäumte, die Gegenwart mit Ihnen gemeinsam zu gestalten. Sie berichteten, dass Sie in den 5 Jahren Ihrer Beziehung immer wieder die geplante Mutter-schaft hinauszögerte, selbst in der Zeit, bevor sie von der Krankheit Ihres Vaters erfuhr. Wahrscheinlich wollte sie sich nicht auf eine Lebensphase vor-bereiten, die oft als der ‚Ernst des Lebens' bezeichnet wird: Mutterschaft ist sehr verbindlich und fordert zu geben, ohne Aufrechnung von Gewinner-wartung. Das scheint Ihrer Freundin Sache nicht zu sein."

H: „Hm, dann müsste ich ja froh über die Trennung sein. Aber emotional hänge ich noch an ihr."

T: „Nun zu Ihnen und zu den unterschiedlichen Aspekten der Katastrophenerwartungen: Sie haben sich mit unlösbaren Aufgaben, Leistungen, Rettungs- und Versorgungsaufträgen überfordert. Sie arbeiteten sich auf, um zusätzlich zu Ihrer Familie auch noch die Freundin durchs Leben zu tragen. Aus dieser Situation der Überbürdung heraus schluss-folgern Sie dann auf schlimme Konsequenzen. Ihre pessimistischen Zukunftserwartungen sind gewissermaßen hochgerechnet aus Ihrem aktuellen Erschöpfungszustand. Ihre Freundin sieht für Beziehungen schwarz, wenn ihre Versorgungserwartungen frustriert werden könnten. Sie sind hier, um Ihre Erschöpfung zu überwinden und *den Ballast unlösbarer Aufgaben abzuwerfen*. Heißluftballons steigen über heißer Luft in die Höhe, wenn Sandsäcke aus der Gondel geworfen werden. Auf diese Weise sollten

Sie Ihren Ballast von unlösbaren Aufgaben abwerfen und Ihre Zukunftsaussichten steigen lassen, indem Sie im erholten Zustand nach vorn blicken."

H: „Jetzt haben Sie dem wütenden Teil in mir aber Wasser auf die Mühle gegeben. Bisher haben der verständnisvolle und traurige Teil in mir überwogen: Einerseits konnte ich Yvette verstehen, dass sie das Risiko vermeiden wollte, die Krankheit an die kommenden Kinder weiterzugeben. Irgendwie habe ich sogar resigniert zugestimmt. Schließlich fühle ich mich mangelhaft und für eigene Kinder aus genetischen Gründen selbst ungeeignet.

Rückblickend wird mir klar, dass Yvette sich immer zunächst um sich selbst gesorgt hat und Gespräche sich nur um ihre Probleme drehten. Auch war mir entgangen, dass sie ziemlich bald von Familie mit Kindern träumte, aber immer verhütete, auch bevor ich ihr anvertraute, dass die Krankheit meines Vater erblich ist."

T: „Sie waren sicher auch wütend auf sich selbst, weil Sie Yvette vielleicht zu früh die genetische Begründung für die Krankheit Ihres Vaters anvertrauten. Sie können stolz sein auf Ihre Ehrlichkeit und Ihren Mut, den Wert der Beziehung herauszufinden."

H: „Ja, es hat mich sehr erleichtert und entspricht mir völlig, klar und offen zu sein. Aber in dem Moment, als ich den Namen der Krankheit aussprach, spürte ich schon, dass ich sie verlieren würde."

T: „Das war allerdings eine Bestätigung Ihrer Intuition, Yvette ist eine wunderbare Unternehmungsgefährtin, wenn alles glatt läuft, wenn nicht, läuft sie sich selbst davon."

H: „Meinen Sie, eine andere Frau hätte anders gehandelt?"

T: „Nun Sie haben Yvette nicht gesagt, dass Sie Träger der Krankheitsanlagen sind, sondern Sie korrekterweise informiert, dass Sie zu 50 % in Bezug auf diese eine Erkrankung gesund sind. Jedes Elternteil muss bei der Entscheidung für Kinder genetische Risiken akzeptieren, auch ohne Kenntnis von der Art der möglichen Bedrohung und der Wahrscheinlichkeit ihres Eintretens.

Vielleicht haben auch Sie ‚in Kauf genommen', dass Ihre Freundin ein bisher unbekanntes und später erscheinendes Risiko, beispielsweise für Tumoren, Alzheimer oder Diabetes aus deren Erblinie eingebracht haben könnte?

Weshalb haben Sie sich nicht einer genetischen Untersuchung unterzogen, um im negativen Falle Ihre Freundin zurückzugewinnen?"

H: „Wenn Sie ein Prüfsiegel für mich braucht, dann ist sie nicht die Richtige für mich und meine Kinder."

T: „Welche Informationen und Einstellungen haben Sie bezüglich der Erkrankung Ihres Vaters?"

H: „Ich habe wiederholt mit den behandelnden Ärzten gesprochen. Diese haben mir versichert, dass in den letzten Jahren erhebliche Fortschritte bei der Linderung der Symptomatik erreicht wurden. Vaters Krankheit hat, bis auf seine Langsamkeit und seine motorische Ungeschicklichkeit, unsere Beziehung nicht weiter verändert. Er genießt sein Leben und freut sich, wenn ich ihn besuche und ich freue mich auch. Wir reden wie früher über den Sport und gehen miteinander spazieren, eben langsamer, behutsamer, als ich allein gehen würde."

T: „Was würden Sie tun, wenn Sie kein Prüfsiegel bekämen, bzw. positiv getestet würden?

Ich würde darauf vertrauen, dass dann durch frühzeitige Medikation die Krankheit noch später in meinem Leben ausbricht, als sie beim Vater auftrat. Ich würde intensiver leben, mir vielleicht sonst zurückgehaltene, unvernünftige Wünsche erfüllen, zum Beispiel einen Porsche kaufen, in Teilzeit arbeiten, um meinen Körper zu stärken, und ein Sabbatical für eine Weltreise einrichten. Ich habe auch gelesen, dass ich mir um meine Kinder weniger Sorgen machen muss als bisher; denn negative Erbanlagen werden nicht eingeschaltet, wenn Kinder in emotional tragfähigen Beziehungen, sicher, entspannt und zufrieden, aufwachsen. Ich kann gut für solche Stimmungen sorgen. Vielleicht ist später die Medizin auch schon so weit, Krankheitsgene herauszuschneiden und durch gesunde DNA zu ersetzen."

T: „Jetzt können Sie sich sogar für den ungünstigen Fall späterer Erkrankung eine lebenswerte Zukunft vorstellen. Somit wären Sie also einer Partnerin ‚zumutbar' und könnten mit ihr Kinder haben, selbst wenn Sie Träger krankheitsprogrammierender Anlagen wären."

H: „Ja, wenn wir die Sache so betrachten, gibt es keinen Hinderungsgrund. Nur sollte ich erst die Depression loswerden."

T: „Wie Sie schon herausgefunden haben, besteht die Depression aus einer Überlastung, von der Sie sich wieder entlasten können. Dies gelingt in Bezug auf reale Anforderungen durch angemessene Einteilung, Priorisierung mit Mut zur Lücke und Entspannungsausgleich.

Der andere Teil der Niedergeschlagenheit ist als Trauer um den Verlust eines geliebten Menschen verständlich. Trauer braucht ihre Zeit. Nach Ihrer Erzählung liegen Ihre besten Jahre hinter Ihnen. Somit kann ein weiterer Teil Ihrer Depressivität der Wirkung Ihrer traurigen Erzählung zugeschrieben werden, vom vermeintlich verpassten Leben und der Vorahnung von einem – vielleicht irgendwann kommenden – Ungemach.

Dann lastet auf Ihnen auch noch eine unerfüllte Sehnsucht nach einer unbeschwerten und dabei emotional tragfähigen Paarbeziehung, in der Geben und Nehmen ausgewogen sind. Ich kann nachvollziehen, dass Sie sich gerade in dieser Lebenskrise eine Partnerin an Ihrer Seite wünschen."

H: „Stimmt, aber die Partnerin baue ich erst später in meinen Zukunftsplan ein. Wenn ich mich zu sehr anstrengen würde, um zu werben, oder, wie mir mein Kumpel Peter geraten hat, ‚mal in die Ablage nach Verflossenen oder früheren Flammen zu schauen', wäre ich eher verkrampft und hätte auch keinen Respekt für eine aus der Not der Bedürftigkeit heraus entstandene Partnerschaft.

Wenn ich lerne, meine Bedürfnisse und Interessen zu verfolgen, dann werde ich mit mir selbst in gutem Einvernehmen leben können. Aus dieser Position kann ich auch die in der Krise vernachlässigten Freundschaften wieder auffrischen."

T: „Sie haben in dieser Besprechung zwei Erzählweisen Ihres Lebens gegenübergestellt und wahrgenommen, welche Gefühle davon jeweils ausgelöst werden.

In der ersten Variante: Sie sind vergeblich um Rettung Ihrer Familienmitglieder bemüht, vom Schicksal kurzfristig ermutigt, um dann immer wieder enttäuscht zu werden. Schließlich völlig erschöpft, willigen Sie in die Trennung der Freundin ein, da Sie einsehen, dass Sie als ein dahinsiechender Mann, der wehmütig auf die vergangenen besten Jahre zurückblickt, eine Zukunft erwartet, die ein genaueres Hinsehen nicht (mehr) lohnt.

Der Held der anderen Erzählung ist ein liebevoller, loyaler und tatkräftiger Mann in seinen besten Jahren, der stolz sein kann auf das, was er trotz ungünstiger Umstände und Rückschläge für seine Familie und im Beruf vollbracht hat. Die gegenwärtige Krise erlaubt ihm, sich von illusionären Erwartungen, einer unpassenden Begleiterin und unlösbaren Problemen zu trennen. So kann er gekräftigt seinen Weg beschreiten. Dabei kann er sein Leben beim Schauen und Gehen genießen sowie sich auf die Begegnungen freuen, mit deren ihn seine Zukunft noch überraschen wird."

H: „Ja, da kann ich jetzt mitgehen. Die heutige Hausaufgabe kann ich mir selbst geben:

Die Wunschgeschichte noch mehr im Detail auszumalen, dabei anzuerkennen, was ich bisher bewegt und bewirkt habe. Dann sind die vergangenen Jahre keine ‚verlorenen, besten Jahre', sondern Lebenserfahrungen, die mich zu dem gemacht haben, der ich jetzt bin: jemand, der offen und verlässlich ist, der Niederlagen überwinden und seinen Weg gehen kann.

Wenn es um die konkrete Umsetzung geht, müsste ich mich vor allem darum kümmern, keine Kraft mehr zu vergeuden, indem ich mich in unlösbare Aufgaben verbeiße."

T: „Ich freue mich, dass Sie sich wertschätzen und Ihre Möglichkeiten begrüßen, Ihre Zukunft zu gestalten.

(lächelt) Bezüglich der Hausaufgabe: Die hätte ich nicht besser formulieren können. Es freut mich, dass ich für Sie eine berechenbare Partnerin bin."

Nachbetrachtung:

Harald schätzt ein, dass er für sich aus diesem Gespräch wichtige Orientierungen ableiten konnte.

Aus milieutherapeutischen Gründen, d. h. um Abstand von eingefahrenen Alltagsroutinen nehmen zu können, wurde Harald eine stationäre Behandlungsphase in einer Klinik für Psychosomatik vorgeschlagen.

Die Effekte für den Patienten: Ganzheitsmedizinische Betreuung, gesundheitsfördernde Ernährungs- und Bewegungsprogramme, Sport-, Physio- und Kunsttherapie sowie Entlastung von beruflichen Problemen bei Austausch mit anderen Burn-out-Betroffenen, unterstützen die Rhythmisierung von Schlaf und stellen seine Erholungsfähigkeit wieder her.

Das bisherige Milieu lernte dann zwangsläufig, ohne die Hilfe des „Retters" auszukommen, was die Selbstständigkeit von Mutter, Vater und Schwester förderte. Das Familiensystem kann, wenn es die praktischen Auswirkungen von Haralds Fehlen wahrnimmt, seine bisherigen und vormals wie selbstverständlich konsumierten Beiträge wertschätzen lernen.

Harald wollte zunächst den Klinikaufenthalt vermeiden, um nicht als psychisch minder belastbar zu gelten. Da er jedoch ohne Unterstützung seines Vorgesetzten seine Position ohnehin nicht halten können würde, überlegte er sich als Alternative den Wechsel des Arbeitgebers. So, „durch den Plan B abgesichert", konnte Harald das Behandlungsangebot annehmen und ein vertrauliches Gespräch mit seinem Vorgesetzen suchen.

In diesem Gespräch mit seinem Chef bekam Harald die lange vermisste Anerkennung seines bisherigen Wirkens in der Firma und volles Verständnis für die längere Abwesenheit. Unlösbare Aufgaben konnten erstmals klar benannt und überfordernde auf mehrere Schultern verteilt werden.

Aus der Rehabilitationskur kam Harald deutlich gestärkt und, da Kollegen und Vorgesetzte ihn unterstützen, auch beruflich motiviert zurück.

Er konnte sich nun dafür entscheiden, seinem Vater die Unterbringung in einem Pflegeheim zu vermitteln. Dies war ihm zuvor aus Angst, sein Vater könnte sich abgeschoben fühlen, unmöglich erschienen.

Der Vater reagierte verständnisvoll und erleichtert. Für ihn war die Einsamkeit vor dem Fernseher und das Warten, bis der Junge endlich von der Arbeit zu ihm kommt, vorbei. Die wöchentlichen Besuche im Heim sind für Harald ein Bedürfnis, dem er nicht wie vormals seine Freizeitinteressen opfert. Für den Vater stellen sie einen Höhepunkt seiner Woche dar.

Der Mutter und ihrem Lebensgefährten machte Harald klar, dass er nicht mehr in die fruchtlosen Auseinandersetzungen um seine Schwester einbezogen sein wollte, und vermittelte ihnen Therapieempfehlungen.

Yvette wollte während seines Klinikaufenthaltes den Kontakt „auf unverbindlicher Basis als Freundschaft Plus" wieder aufnehmen.

Harald beschloss, sich einem Gentest zu unterziehen. Dieser fiel positiv aus. Jedoch betrank er sich nicht. Er kaufte auch keinen Porsche. Er reichte einen Antrag auf Teilzeitbeschäftigung ein, um mehr Zeit für sich zu gewinnen. Er rief Yvette an, bestätigte ihren Verdacht und teilte ihr mit, dass ihn das nicht hindere, seinen Plan der Familiengründung mit einer geeigneten Partnerin zu realisieren. Indem er sie aus seinem Messenger löschte, erteilte er ihrem „Beziehungsangebot ohne Verantwortlichkeit" eine Absage.

2.8   Im „falschen Leben" unerfüllt auf der Suche nach Heimat

Fallbeispiel Barbara
Barbara ist mit 55 Jahren wegen Erwerbsunfähigkeit berentet, verheiratet und Mutter dreier Kinder sowie Großmutter zweier Enkel. Sie lebt mit ihrem Ehepartner im gemeinsam erbauten Haus mit Garten, jenem „Stück Bayern", in dem ihre Kinder aufwuchsen. Diese sind inzwischen ausgezogen und fanden in räumlicher Nähe ihre Partnerschaften, Wohnungen und Arbeit.

Lebensgeschichtliche Aspekte:
Barbara zog vor über 35 Jahren von der Nordseeküste ins Münchener Umland, weil sie hier eine gut entlohnte Arbeit fand. Ihre Kindheit sei bis zu ihrem vierten Lebensjahr sehr harmonisch gewesen. Sie erinnert sich, mit ihren Eltern oft schöne Ausflüge in die Küstenlandschaft unternommen zu haben.

Dann habe „das Leben sich verdüstert". Der Vater, selbstständiger Hand-werksmeister, sei alkoholabhängig geworden und habe die Familie immer aggressiver drangsaliert. Dem habe „die liebe Mutti, empfindsam, aber schwach und viel zu gut für die Welt" nichts entgegensetzen können. Die Kinder seien als billige Arbeitskräfte außerhalb der Schulzeit im elterlichen Betrieb ausgenutzt worden. Wenn das Geld knapp war, wurde Barbara als Magd an den Bauernhof des Onkels, des Bruders ihres Vaters, entsandt. Er missbrauchte sie sexuell. Dies verschwieg sie, da sie die Mutter nicht belasten und nicht den Zorn des Vaters habe heraufbeschwören wollen.

Vor 25 Jahren sei ihre Mutter „qualvoll, wie sie gelebt hatte", an einem Tumor der Bauchspeicheldrüse gestorben. Barbara nahm sich ein halbes Jahr Zeit, um ihre Mutter bis zu deren Ende zu begleiten.

Sie kommentiert: „Es war eine traurige, aber auch trotz allem irgendwie harmonische Zeit, in der ich die Gemeinsamkeit mit meiner Mutter, nach der ich mich immer gesehnt hatte, ein Stück weit nachholen konnte."

Behandlungsanlass:
Barbara sucht die Behandlung wegen Bluthochdrucks. Dieser bestehe seit einer Bandscheibenoperation. Seit Wochen sei sie alarmiert. Wegen einer Glasköperabhebung am rechten Auge fürchte sie, zu erblinden.

Nachfolgend wird das orientierende Gespräch hierzu ausschnittweise wiedergegeben:

T: „Wie erklären Sie sich die Entstehung Ihres Bluthochdruckes?"

B: „Ich meine, dass mein Körper die Vollnarkose nicht vertragen hat. Deshalb reagiert er so. Vor drei Monaten musste ich mich einer Band-scheibenoperation unterziehen. Seitdem ist mein Blutdruck viel zu hoch."

T: „Wie beurteilt das Ihr Anästhesist?"

B: „Der hat nur den Kopf geschüttelt und mir gesagt, dass es andere Ursachen geben muss. Aber seit der Narkose bin ich innerlich wie auf-gewühlt."

T: „Gibt es noch etwas anderes, was Sie im selben Zeitraum sehr auf-gewühlt und unter dauernde Anspannung gesetzt haben könnte?"

B: „Das hat mich mein Hausarzt auch schon gefragt. Also die Antwort ist: Nö. Es gibt keine psychischen Belastungen, wenn ich von der Angst um mein Augenlicht absehe. Eigentlich könnte jetzt alles harmonisch sein. Die Rückenschmerzen wurden deutlich weniger und die Beweglichkeit wird besser. Wäre die Sache jetzt mit dem Hochdruck nicht, dann könnte ich ein zufriedener Mensch sein. Die Kinder und Enkel gedeihen. Wir haben uns ein Wohnmobil gekauft, um den ‚Goldenen Herbst des Lebens' zu genießen. Ich habe als Rentnerin keinen Stress, keine familiären oder wirtschaftlichen Probleme und sogar passable Nachbarn. Es gibt keinen Grund für diese innere Aufregung."

T: „Kommen wir nochmal auf Ihre Erklärung zurück. Auslöser ist die Narkose, meinen Sie. Was fällt Ihnen zu diesem Stichwort ein? *Narkose?*"

B: „Betäubt sein, ausgeschaltet, einschlafen – wegschlafen."

Jetzt fällt mir meine Mutter ein, als sie endlich so friedlich in meinen Armen einschlafen durfte, nach aller Quälerei in ihrem Leben und durch die Krankheit."

T: „Der ‚Tod ist Schlafes Bruder' (Schneider, 1992). Eine Narkose ist wie ein kleiner Tod.

Gibt es bei Ihnen so etwas wie einen Widerstreit zwischen Todessehnsucht und der Herausforderung, zuvor in diesem Leben noch etwas unbedingt zu klären oder zu vollbringen?"

B: „Als Jugendliche habe ich mir oft gewünscht, ich könnte einfach einschlafen und müsste nicht mehr aufwachen. Wenn mein Vater besoffen randalierte und die Mutter und den Bruder schlug. Wenn er mich anschrie, weil ich zu wenig Leistung für seinen Betrieb gebracht hatte, oder wenn ich zum Onkel sollte und mich weigerte."

T: „Hatten Sie, vielleicht im Zuge der Aufklärung über die Operationsrisiken, sich mal einen Moment vorgestellt, unter der Narkosewirkung zu sterben?"

B: „Woher wissen Sie das? Tatsächlich hatte ich für einen Moment den Gedanken: ‚Einschlafen, nicht mehr aufwachen, dann wieder mit der Mutti zusammen sein'. Aber das war nur ein Moment. Eigentlich denke ich ja nicht so kindlich."

T: „Ich kann verstehen, dass Sie die glücklichste Zeit mit Ihrer Mutter und dem damals noch gesunden Vater nochmals als Vierjährige erleben möchten."

B: „Was hat das denn mit dem Blutdruck zu tun?"

T: „Nun, ein Teil von Ihnen war bereit zu sterben, ein anderer wollte unbedingt noch leben. Das ist wie gleichzeitig Bremsen und Gasgeben beim Autofahren. Es entsteht enormer Druck, wenn starke Kräfte gegeneinander wirken.

Welches Versäumnis hätte Ihnen der Teil vorgeworfen, der das Leben, die Kinder, die Enkel, die Partnerschaft und das Wohnmobil genießen möchte? Gibt es etwas, was Sie vor Ihrem Tode noch unbedingt geklärt haben wollen, einen Groll etwa, den Sie immer wieder hinunterschluckten, der noch bereinigt gehört hätte?

B: „Na ja… da fallen mir zwei Sachen ein: Die Sache mit Kiel und die Scheißwut auf dieses Mistbayern (sie spricht jetzt noch deutlicher ihren norddeutschen Dialekt). Ich habe immer darunter gelitten, weg von der Heimat zu sein. Wieder und wieder hatte mir mein Mann versprochen, sich versetzen zu lassen. Vor 20 Jahren endlich, hat er eine passende Stelle in Kiel gefunden. Ich war so froh – in der Erwartung, dass wir bald wieder in der Heimat leben würden. Ich fuhr schon mal nach Hause und kümmerte mich um meine Mutter. Gleich nachdem ich ihm mitteilte, dass es mit der Mutti zu Ende gegangen ist, sagte mir mein Mann, dass er die Stelle in Kiel abgesagt hatte.

Ich hatte so eine Wut auf ihn. Aber in der Trauer war ich wie gelähmt. In gewisser Hinsicht habe ich ihn sogar verstanden, dass er sich von seiner Verpflichtung befreit sah. Denn ich hatte ihm immer gesagt, wir müssten nach Hause, um bei Mutti zu sein. Ich weiß auch, dass er an seinem Schitt-… Bayern hängt. Aber das war trotzdem eine ganz schwere Enttäuschung. Es kam mir vor, als ob er mich verraten hätte.“

T: „Verraten worden zu sein, den Zorn zu unterdrücken und zu schweigen, den Groll über Jahre in sich zu tragen… Kommt Ihnen das bekannt vor?“

B: (nickt, schluchzt auf): „Dasselbe Gefühl hatte ich, nachdem der Onkel über mich hergefallen war. Ich habe es irgendwie entschuldigt oder hingenommen; denn ich wusste, ich bin nichts wert, mein Vater würde lieber seinem Bruder glauben als mir, und meine Mutter würde vor Kummer zerbrechen. So habe ich den Groll in mir getragen und lieber Prügel eingesteckt, als mich wieder zum Onkel schicken zu lassen.“

T: „Haben Sie Ihrer Mutter später noch von dem Übergriff berichtet?“

B (weint): „Ich habe sie bis zuletzt davon verschont. Ich wollte nicht, dass sie sich Vorwürfe macht, mich nicht geschützt zu haben.“

T: „Sie haben den Groll weiter in sich getragen?“

B nickt.

T: „Weshalb konnten Sie in Bayern nie heimisch werden?“

B: „Ich hasse die Bayern, mit ihrer Überheblichkeit, mit ihrem Trachtenfimmel und dem überlegenen ‚Mia-san-mia‘-Getue. Oftmals haben sie mich als ‚zugelaufene Ostdeutsche‘ verkannt und behandelt… Es war erniedrigend. Ich würde am liebsten ihre ganzen Täler zuschütten und meine Nordsee herholen.“

T: „Ihr Hass beweist, dass Ihnen Bayern und seine Bewohner keineswegs gleichgültig sind. Handelt es sich also um eine Art steckengebliebener und ins Gegenteil verkehrter Liebe?

Sie sehnten sich nach Zugehörigkeit und Sie fühlten sich von ‚den Bayern' ausgeschlossen …?"

B: „Ja, ich gebe zu, ich bin auf sie (die Bayern) manchmal sogar neidisch."

T: „Ich weiß jetzt, Bayern ist nicht Ihr Zuhause. Bitte schildern Sie mir Ihre Heimat."

B: (seufzt und lächelt) „Da ist die Weite, statt dieser erdrückenden Berge. Du überblickst das Land, der Wind bläst dich in Böen durch. Du spürst dich lebendig und schmeckst das Salz in der Luft. Du spürst die See, die deine Gedanken mitnimmt. Mit der See kannst du eins werden."

T: „Wenn Sie Bayern nicht mochten, weshalb haben Sie hier Ihr Haus gebaut, hier Ihre Kinder großgezogen? Sie hätten vorher zurückgehen können an die Nordsee, dann wäre Ihr Mann, der seine Heimat beinahe sogar für Ihre Liebe zu Ihrer Mutter verlassen hätte, doch sicherlich aus Liebe zu Ihnen in den Norden gegangen."

B: „Ich glaube, mich hat es besonders zu meiner Mutter gezogen. Doch was ich auch tat, um sie zu stärken, es hat bis zum Schluss nicht gereicht. Meine Familie war eigentlich schon vor Muttis Tod kaputt. Mein Bruder hat zu trinken angefangen, wie mein Vater. Der Onkel ist krepiert, die Tante inzwischen senil. Die Letzten meines Jahrgangs, die ich im Dorf noch kannte, sind weggezogen oder verstorben. Wenn ich dahin zurückgehen würde, wäre ich noch einsamer als in Bayern, wo meine Familie lebt."

T: „Sie haben nun ein Wohnmobil, mit dem Sie so oft und so lange wie Sie mögen, zu Ihrer geliebten See fahren können. Doch die Verbindung zwischen der Landschaft und der Zugehörigkeit zu Ihrer Familie zerbrach nach Ihrer Schilderung schon, als Sie fünf Jahre alt wurden.

Was Sie noch mehr brauchen als die vertraute Landschaft, ist die Familie, die hier in Bayern lebt. Somit wäre Ihr Wunsch nach Zugehörigkeit hier erfüllt: Wenn Sie Ihren Groll gegen Ihren Mann, der nicht nach Kiel ging, mit ihm austragen würden, und wenn Sie sich eine Geschichte erzählen könnten, in der Sie Ihre Lebendigkeit, Ihre Familie und Bayern verbinden würden, könnte sich dann ihr Blutdruck wieder beruhigen?"

Nachbemerkung:
Barbara sah ich ein Vierteljahr nach diesem Gespräch wieder. Sie hatte erkannt, dass ein vergeblicher Kampf um ein unerreichbares Ziel ihre Gesundheit gefährdete. Sie hatte auch ihre Intuition bestätigt – dass

in ihrem Fall, entgegen der medizinischen Faktenlage, das Ereignis der Narkotisierung als Auslöser wirkte, lange verdrängte und widersprüchliche Gefühle mit widerstreitenden Handlungstendenzen zu intensivieren, womit sie ihren Blutdruck in Wallung gebracht hatte. Nach Aussprachen mit ihrem Mann konnte sie ihren Groll auflösen und ihren Blutdruck beruhigen. Zudem fand sie ein hilfreiches Narrativ vom Bayerischen Zuhause und ihrem Heimatland im Norden.

Ihr Fazit: „Ich habe jetzt Bayern als mein Zuhause angenommen und mit meinem Mann schon den nächsten Aufenthalt an der Nordsee zur Erholung geplant.

Es war daher nicht erforderlich, die nostalgische Sehnsucht der Vierjährigen genauer zu besprechen, die Heimat und familiären Zusammenhalt wiederhaben wollte. Auch musste nicht weiter thematisiert werden, dass sie ihre Enttäuschungswut gegenüber ihrem Missbraucher, dem Bruder der Mutter, stellvertretend am Ehemann abreagiert haben könnte.

Zum Skript:

Es erscheint bizarr, dass ein Mensch seit Jahrzehnten innerlich gegen seine alltägliche Umgebung rebelliert.

Jedoch sind mir Skripte dieser Art, Darsteller im falschen Film zu sein, das falsche Leben zu leben, in der psychotherapeutischen Praxis immer wieder vorgekommen. Es scheint sich dabei um das Drehbuch für Verbitterungsstörungen zu handeln, die chronische Unzufriedenheit und ein „schaumgebremstes Dahinleben" garantieren. Die häufigsten Varianten sind:

Das Leben in einer eigentlich ungeliebten Partnerschaft zu verbringen, in der man/frau nicht wirklich lieben oder nicht mehr lieben kann. Begründet wird es in bestimmten Fällen mit einem Missverständnis oder einer Täuschung bei der Partnerwahl, also von Anbeginn der Beziehung. In anderen Fällen werden Enttäuschungen durch Groll „konserviert". In den zugrunde liegenden Erzählungen geht es meist um frustrierte Erwartungen an eine Bezugsperson, der angeblich nicht vergeben werden kann oder um unerfüllte Sehnsüchte, beispielsweise nach familiärem Zusammenhalt oder elterlicher Anerkennung.

Verbreitet ist auch die Variante, das Leben widerwillig am falschen Ort fristen zu müssen, beispielsweise am Geburtsort zu verbleiben und seine Geschwister zu beneiden, die in der Ferne, vermeintlich oder tatsächlich, erfüllter leben.

Andere trauern einer verfehlten Berufswahl oder einer unterlassenen Karriereentscheidung nach, oder sie können sich von Verlusten eines

Umweges (z. B. in der beruflichen Karriere) nicht mehr erholen oder hängen an einer vergangenen Liebe.

Solchen „Choreografien der Verbitterung" ist immer ein nostalgischer Sog gemeinsam. Die Betroffenen versetzen sich innerlich in einen vergangenen, vermeintlich glücklichen, Zeitabschnitt ihres Lebenslaufes, während sie ihre Gegenwart und deren Chancen mehr oder weniger missachten.

Mit den Erklärungsgeschichten ihrer Selbstbeschränkungen können sich die Betreffenden meist auf Dauer in ihrem verhinderten Leben einrichten. Allerdings kostet das den Preis von Groll, Vorwürfen und Missmut. Über die Zeit verschmelzen Erklärungs-Narrativ und Lebensgefühl zur subjektiven Normalität, aus welcher die Betroffenen selbst gar keine Auswege mehr suchen. Erst eine Therapie, die ihnen eine Außenperspektive vermittelt, kann dazu anstoßen, ihre Narrative auf Zweckmäßigkeit und Änderungsbedarf zu überprüfen. Einige, wie beispielsweise Barbara, können dann noch die Chance nutzen, sich für stimmige Alternativen zu entscheiden.

2.9   Das Bis-Skript oder Warten auf Godot

Für das absurde Theater hat Samuel Becket (https://de.wikipedia.org/wiki/Warten_auf_Godot#Literatur, s. Temkine, 2008) mit „Warten auf Godot" eine eindrucksvolle Parabel für illusorische Erwartungen geschaffen. Die Protagonisten warten bis zum Ende des Stückes hoffnungsvoll auf Godots Ankunft. Keiner kennt ihn tatsächlich, aber jeder ist offenkundig von dessen unentbehrlichem, rettendem oder beglückendem Einfluss auf sein Leben überzeugt, jedoch letztlich vergeblich. Erst als der Vorhang fällt, wird gewiss, dass Godot nicht mehr erscheinen wird.

Verhaftungen an *unerfüllbare* Erwartungen bilden oftmals auch das Drehbuch für selbstzerstörerische psychische Krisen oder Fehlentwicklungen, insbesondere wenn die Wartezeit mit äußersten Anstrengungen ausgefüllt wird.

Dem liegen zumeist in der Kindheit geprägte Existenz- und Versagensängste oder missverständliche Auffassungen von pflichtschuldiger Familienloyalität zugrunde.

Diese drücken sich in Bemühungen aus, die in der Kindheit *vermisste bedingungslose Liebe durch Leistungen* oder emotionale Zuwendung bis hin zur Selbstaufopferung ausgleichen zu können.

Die häufigsten Spielarten sind Kampf um Ansehen und/oder Liebe. Entsprechende Drehbücher folgen der Leitidee, es müssten *erst* vermeintliche oder tatsächliche Erwartungen erfüllt sein, *dann* könne Lebenszufriedenheit erreicht werden. Die Spielanweisung hierzu: „**Bis** ich die *Erwartungen meiner Familie,* oder wenigstens der wichtigsten prägenden Bezugsperson, nicht erfüllt habe, bin ich nicht in Ordnung."

Die auf Leistungen bezogene Variante funktioniert nach der Regieanweisung: „Du musst dich unermüdlich und ausschließlich um deinen Auftrag mühen. Erst wenn du ihn erfüllt hast, darfst du entspannt und zufrieden sein" oder in der Umkehrung: „**Bis** du nicht dein Ziel erreicht hast, darf es dir nicht gut gehen".

Für beide Gestaltungsformen folgt nun je ein Beispiel aus der Praxis.

Anerkennung durch Leistungen

Fallbeispiel Volker, der 60-jährige verheiratete Vater zweier erwachsener Kinder, die auswärts studieren, erhielt vor zwei Monaten die Diagnose Prostatakarzinom. Er ist Inhaber eines Projektierungsbüros. Für sein eigenes Leben plante er, sich seinen Rückzug vom Arbeitsleben in den Ruhestand aufzuschieben, **bis** seine Kinder ihre jeweiligen Studien abgeschlossen haben würden. Erst dann dürfe er sich seinen Traum erfüllen, ein Boot kaufen und gemeinsam mit seiner Frau über das Mittelmeer zu touren.

Er berichtet: „Nun wirft die Krankheit meine Pläne um. Ich gehe davon aus, dass ich infolge der Belastungen der Krebsbehandlung nicht mehr leistungsfähig bleiben kann, ganz zu schweigen von den Auswirkungen auf meine Ehe und vom Ausfall der Unterstützung meiner Kinder. Hinzu kommt das wirtschaftliche Desaster. Unser Anwesen mit Wohnhaus und Büroflügel ist auch noch nicht abgezahlt.

Im Stress dieser Hilflosigkeit weiß ich nun weder ein noch aus. Die Therapie wurde mir zur psychischen Unterstützung empfohlen. Wenn ich mir auch nicht gerade viel davon erhoffe, so möchte ich mir doch nicht vorwerfen, etwas ausgelassen zu haben, was mir bei der Überwindung der Krankheit nutzen könnte."

Biografische Aspekte

Volker wuchs in einer Kleinstadt auf, wo sein Vater als Bürgermeister zu den Honoratioren zählte. Schulische und akademische Leistungen waren seinem Vater wichtig. Er vermietete in dem heimatlichen Kurort eine Ferienwohnung an Gäste, bevorzugt an graduierte Akademiker, weil man sich mit denen „angeregt unterhalten" konnte. Die Eltern führten ein gastfreies Haus. Geld einzuteilen, war nicht ihre Stärke. Volker erinnert sich seit seinem Grundschulalter an vorwurfsvolle Auseinandersetzungen zwischen den Eltern, wenn gegen Monatsende das Wirtschaftsgeld ausging. Er nahm sich vor, immer für genügend Geld zu sorgen, um niemals in diese Misere zu kommen. Dazu übernahm er das Motto seines Vaters: „Jeder ist seines Glückes Schmied: Kannst du was – dann hast du was – und hast du was – dann bist du was."

Er schildert: „Wenn ich so zurückblicke, dann erscheint mir mein Leben wie eine Hatz von einem Ziel zum nächsten Ziel, immer mit den vorgestellten Versprechungen, dass nach dem Erreichen der jeweiligen Etappe ‚das eigentliche Leben', vorgestellt als entspannt und voller Gestaltungsmöglichkeiten, beginnen würde.

Im Kindergarten konnte ich schon lesen. Daher wartete ich ungeduldig, bis ich endlich eingeschult würde. Nachfolgend war das Gymnasium (damals nicht für so viele erreichbar wie heutzutage) mein ausfüllendes Ziel. Nach dem Abitur standen natürlich Studienabschluss – Promotion – Selbstständigkeit – Hausbau – Versorgung der Kinder an. Um mich selbst bestätigen zu können, musste ich dabei immer an die Grenzen des Machbaren gehen. Ich war eigentlich bisher in einer materiellen Falle gefangen, wie ein Hamster im Laufrad."

T: „Nun, das Bild vom Hamsterlaufrad symbolisiert Anstrengung, ohne vorwärts zu kommen.

Darf ich Ihnen ein freundlicheres Gleichnis anbieten, das Ihnen eher helfen könnte, anzuerkennen, dass Ihre Mühe, wenn auch um den Preis von Selbstvernachlässigung, so doch nicht vergebens war?"

V: „Sie machen mich neugierig darauf!"

T: „Sie kennen vielleicht die Geschichte vom Esel, der einen Karren zieht und damit einer Möhre nachläuft, welche der Kutscher ihm an einer Angel vor die Augen hält.

https://de.wikipedia.org/wiki/Karotten-Prinzip, siehe Punkt 2.20 Abb. 5, Esel und Möhre

Je mehr er sich anstrengt, desto …"

V: „… schneller zieht er den Karren, aber die Möhre bekommt er trotzdem nicht."

T: „Obwohl der Weg vielleicht auch an einem Möhrenfeld vorbeiführt, an dessen Saum ihn andere schmackhafte Möhren anlachen würden, wenn er…"

V: „… sich nur von der einen Möhre direkt vor seinen Augen lösen, innehalten und umschauen könnte."

Warum soll aber das Gleichnis vom Esel als Möhrenverfolger besser sein als das vom Hamster im Laufrad?"

T: „Das Hamster-Skript artikuliert Verschwendung ohne Nutzen. Wenn Sie sich damit identifizieren, bleiben Sie in Groll und Selbstvorwürfen gefangen.

Das Bild vom Esel auf der Jagd nach *der* Möhre lässt zwar Raum für Manöverkritik bezüglich Verhältnismäßigkeit von Aufwand und Nutzen, aber es ruft auch die Anerkennung dessen hervor, was dieses Tier leistete, welche Strecke es vorankam."

V: „Stimmt, ich orientiere mich immer an dem, was ich noch zu tun habe, statt mal anzuerkennen, was ich schon aufgebaut, erarbeitet und erlebt habe.

Ich habe meine Familie gut versorgt, meine Kinder bestens gefördert, ein schönes Haus mit optimalen Arbeitsmöglichkeiten aufgebaut. Wir sind viel gereist und haben gemeinsam wundervolle Orte besucht. Voriges Jahr gönnte ich mir sogar mein Wunschauto, mit dem ich die Schallmauer meiner sonstigen Sparsamkeit durchbrochen habe."

T: „Ja, jetzt kommen Sie zur Erkenntnis, dass dieses Möhre-Esel-Muster nicht Ihr ganzes Leben bestimmt. Die Jagd nach materieller Sicherheit war Mittel zu höheren, emotional erfüllenden Zwecken, beispielsweise, stolz zu sein, Ihre Kinder bestens gefördert zu haben, Freude bei Entdeckungsreisen, Wohlbefinden beim Autofahren, Gestaltungsfreude beim Projektieren Ihres Hauses und Genuss einer angenehmen Arbeitsatmosphäre.

In Ihrer jetzigen Situation stellen sich Ihnen wohl erstmals diese Fragen: Wann sind Sie denn angekommen? Wie definieren Sie Ihr Ziel? Wie können Sie emotionale Befriedigung auch unabhängig vom Streben nach wirtschaftlicher Sicherheit erlangen?

Zählen Sie mal spontan 10 Momente auf, in denen Sie das volle Leben genossen haben, ohne auch nur einen Wimpernschlag auf die Anhäufung von Wohlstand zu achten. Um im Gleichnis zu bleiben: Gab es Momente, in denen Sie vom Gemüse links und rechts des Weges spontan gekostet haben?"

V (schließt die Augen und hält inne): „Jetzt kommen sehr viele Erinnerungen hoch. Da tauchen aus dem Vorschulalter Bilder auf: von den Fahrradfahrten mit Eltern und der Schwester am Bach entlang bis zur Waldwiese. Dort machten wir Picknick, probierten Forellen zu fangen und bauten Staudämme. Ich höre das Summen der Bienen und das Plätschern des Baches, rieche den Duft von Kaffee aus der Thermosflasche der Eltern und schmecke die Zitronenlimonade, die wir Kinder tranken. Jetzt geht der Film weiter zum Ballspielen und Bogenschießen bis zur ersten Reise ans Meer. … Dann die erste Verliebtheit. Der erste Kuss, das Kribbeln im Bauch, als ich meine Frau kennenlernte und sofort spürte: Das ist *sie für's* Leben… Die Geburt meiner Kinder… ihre ersten Schritte und Worte, die Erlösungen, wenn ihre Unfälle letztlich gut ausgingen, die Familienurlaube auf den Seychellen oder Griechenland… und… und… und… die letzte Bergtour mit meiner Frau in diesem Sommer bei herrlicher Fernsicht auf dem Gipfel."

T: „Was bedeutet jetzt die Krankheit für Sie?"

V: „Als ich die Diagnose erfuhr, war ich wie geschockt. Dann habe ich mich über die ungewisse Prognose informiert und war dabei voller Wut und Trauer, im Hadern mit dem Schicksal. Ich fühlte mich einer Hilflosigkeit ausgeliefert wie noch nie zuvor und vom Leben ungerecht behandelt. Obwohl ich mich doch so angestrengt habe, fühlte ich, im Leben zu kurz gekommen zu sein. Von jetzt an würde das Leben als Verlustprogramm ablaufen, bis ich schon bald gehen muss, vielleicht bevor ich den Ruhestand erlebe, in dem doch das ‚eigentliche Leben' (mal mit mir in der Hauptrolle) beginnen sollte.

Andererseits: In jeder Krise ist auch eine Chance. Die Krankheit erteilte mir wichtige Lehren: Werde deiner Endlichkeit gewahr – das letzte Hemd hat keine Taschen! Selbst wenn du morgen stürbest, konzentriere dich jetzt auf das, was dir von deinem Leben bleibt, auf die Erinnerungen an glückliche Momente mit lieben Menschen oder für dich in der Stille der Natur.

Mein Lebensmotto muss sich ändern:

‚Schau, was dir dein Schicksal an glücklichen Momenten schenkte und sei mit dem jetzt Möglichen zufrieden. Du kannst das anerkennen, was du leben und bewirken durftest, statt wieder auf die eine Möhre vor Augen zu starren und wütend zu sein, weil du dich vergeblich bemüht hast, und dich betrogen zu fühlen, weil du die versprochene Belohnung nicht bekamst.

Mir fällt jetzt ein Liedtext von André Heller ein, der singt: ‚Wenn's dein Glück gerecht behandelst, dann verlässt's dich nie' (https://www.youtube.com/watch?v=SkhQ7CQPEk8)."

Nachbesprechung: „Sowohl als auch" statt „entweder – oder".

Wir lernen am Erfolg. Es gilt: Ohne Fleiß kein Preis. Lebensweisheit wäre, wenn es in ausgewogener Weise gelänge, das Streben nach Erfolg mit einer guten Selbstfürsorge und Lebensqualität *während* des Bemühens zu verbinden.

Leistung ist überwiegend Gnade bzw. eine Disposition, welche überwiegend schicksalhaft determiniert ist und weniger vom Willen des Individuums abhängt: Wer kompetent (mit den Gnaden oder Begabungen der Intelligenz und Ausdauer ausgestattet), gesund (Gnade der körperlichen

Kondition und Konstitution) sowie frisch und erholt (Wirkungen von Selbstfürsorge) ist, der *mag,* und der *kann* auch etwas vollbringen. Wohlbefinden und Leistungsfähigkeit bedingen einander.

Das hier beschriebene Lebens-Skript von Esel und Möhre trennt das Wohlbefinden vom Leisten, ignoriert den Prozess durch Fokussierung auf das Ergebnis. Es besagt: Erst die Arbeit dann das Spiel, nur wer *genügend* geschafft hat, wird mit Wohlbefinden belohnt. Bis du nicht geliefert hast, musst du dich unentwegt anstrengen. Erst dann, *wenn* du das geschafft hast, *dann* steht dir die angemessene Belohnung zu.

Diese Art von kindhaft-magischer Beschwörung des Schicksals, findet sich als Befreiungs- oder Erlösungsmythos auch in Volksmärchen. Nur dem Ritter, der unermüdlich den drei Untieren, die das Reich bedrohen, nachstellt und ihnen unter Gefahr für das eigene Leben schließlich die Köpfe abgeschlagen hat, stehen, quasi ‚vertragsgemäß‘, die Königstochter, das halbe Königreich inklusive der Glücksgarantie 'bis zum Lebensende‘ zu.

Dieser paradoxen Anweisung zum Glücklichsein, sich erst aufzuopfern, das eigentliche Leben zu verpassen, um dann eine Belohnung zu kassieren, steht der buddhistische Satz entgegen.

„Der Weg ist das Ziel.“ Leben findet unterwegs statt; zwischen den Etappenzielen oder nie.

Das **Bis**-Skript ist angstgetrieben (motiviert durch Vermeidung von Versagen) und irrational. Es suggeriert, dass erst ein erschöpfender Kampf den Lohn der Sicherheit ermögliche. „Erst *dann, wenn* du dich *genug* angestrengt hast, dann hast du dir ein gutes Leben verdient bzw. hast du Anspruch auf Wohlergehen.

Ängstliche Menschen sind besonders unsicher, wie viel Mühe denn als Aufwand für ein Ziel jeweils *genug* ist. Sie erheben daher sicherheitshalber, nach dem Prinzip „viel hilft viel“, eine dauernde Maximalforderung zum Selbstanspruch. Erschöpfung wird so zum Qualitätskriterium hinreichenden Bemühens. (Übrigens, von allen Süchten erlangte einzig die Arbeitssucht soziales Prestige.) Da niemand auf Dauer maximalen Ansprüchen genügen kann, werden Versagensängste heraufbeschworen, die wieder durch gesteigerte Anstrengungen kompensiert werden: So schließt sich der *Teufelskreis der Erschöpfungsdepression.* Wer darin gefangen ist, fühlt sich wie der Hamster im Laufrad.

Das **Bis**-Skript als Regieprogramm wirkt widersinnig, es verspricht die Wegleitung zum Lebensglück, führt aber meist in die Erschöpfung. Erschöpfung begünstigt Erkrankungen. Schon auf dem Wege zum Ziel besteht das Risiko, wegen einer Erschöpfungsdepression auf der Strecke zu bleiben. Kann aber dennoch die Zielmarkierung endlich erreicht werden, dominieren bald die Nachwirkungen der Erschöpfung wie emotionale Leere, Interessenverlust und Gestaltungsunfähigkeit jenseits der Berufsroutine.

Skript-gebundene Depressionen oder damit zusammenhängende körperliche Dekompensationen treten oft als Lastwechselreaktionen auf, wenn die Routine der Daueranstrengung durch die Krankheit unterbrochen wird oder die betroffene Person zum Nachdenken kommt, oft mit dem Erreichen von Teilzielen, beispielsweise nach der Beendigung der beruflichen Tätigkeit, wenn statt der versprochenen Belohnung eine Enttäuschung verspürt wird, da rückblickend das Maß an Selbstaufopferung oft nicht mehr verhältnismäßig zum Erfolg erscheint.

Mit der empfundenen Leere wird auch eine Gestaltungsnot bewusst. Freundschaftliche Kontakte und Hobbys wurden vernachlässigt. Wer einen zu hohen Preis bezahlt hat, fühlt sich betrogen und möchte das Geschäft rückgängig machen.

Im Falle von Volker löste die Diagnose des Krebses, kurz vor dem Ziel des erhofften glücklichen Ruhestandes eine schwere Enttäuschung sowie Existenzängste und das Empfinden vergeblichen Bemühens aus.

Rational ist Volker klar, dass seine Erkrankung unabhängig von Bemühungen um Lebensziele auftrat. Emotional fühlt er sich wie betrogen und durch Krankheit bestraft, als ob alle Mühe vergeblich gewesen wäre.

Volker war fixiert auf eine Versprechung künftigen Glücks als Lohn von Selbstausbeutung, also „ohne (aufopfernden) Fleiß kein Preis". Dieses Narrativ impliziert: **Bis** das Ziel nicht erreicht ist, darf es dir nicht gut gehen.

Kurz vor dem Ziel ahnt Volker, dass er sein Ziel umfassenden Lebensglücks trotz aller seiner bisherigen Anstrengungen auch verfehlen könnte. Damit besteht die Gefahr, dass er sein ganzes Leben als vergebliche oder vertane Mühe interpretiert, weshalb er zu Beginn der Therapie gefährdet ist, in eine schwere Depression zu verfallen, was in einigen Fällen suizidal endet.

Die *Skript-Variation* durchläuft diese Etappen:

Sie holt ihn aus dem Hamsterlaufrad (vergebliches Bemühen) und führt ihn zur Erzählung, die das Erlösungsversprechen als unerreichbares Ziel enthüllt (der Esel, der mit dem Karren der vorgehaltenen Möhre nacheilt). Der folgende Erzählstrang löst den Vorwurf der Vergeblichkeit seines Lebens auf, indem erfüllende Momente seines bisherigen Lebens bewusst nacherlebt werden. Zugleich wird damit ein Ausblick auf das Nutzen verbleibender Möglichkeiten eröffnet.

Die im Gespräch mit Volker geschilderte Skript-Modifikation war ein Einstieg in eine Therapie, welche zur Selbstakzeptanz und Sinngebung ermutigte. Zahlreiche weitere Gespräche waren erforderlich, um Fragen zu klären, betreffend die Auswirkungen der Krankheit auf seine Beziehung zur Ehepartnerin, des Weiterlebens mit den krankheitsbedingten Einschränkungen sowie das Lindern von Beschwerden und die Wiederherstellung der Erholungsfähigkeit durch Entspannung und Meditation, das Aktivieren von verschütteten Ressourcen sowie die Wiederbelebung seiner Gestaltungsfreude.

Ringen um Liebe

Fallbeispiel Sabine, 38 Jahre, „glücklich verheiratet, aber kinderlos", ist als Chefsekretärin in einer großen Kanzlei beschäftigt. Nachdem das Ehepaar seinen Hausbau abgeschlossen habe, sei Sabine „wie in ein Loch gefallen". Sie leide seither oft an Migräneattacken, Schlafstörungen und Grübelzwang. Der Appetit fehle, daher habe sie, eine Frau von zarter Konstitution, im letzten halben Jahr 8 kg an Gewicht verloren.

Auf die Nachfrage, weshalb ihre Hände so gerötet sind, räumt sie einen „leichten Waschzwang" ein, der aber nicht behandelt werden müsse.

Sie schildert: „Ich funktioniere auf der Arbeit zuverlässig und unauffällig. Trotzdem kann ich mich selbst eigentlich nicht ausstehen, weil ich mich immer wieder über meine falschen spontanen Reaktionen im Privatbereich ärgere. Wegen Kleinigkeiten reagiere ich mich an meinem Partner ab. So mache ich mir wider besseres Wissen nur Stress und belaste unsere Beziehung.

Zunehmend finde ich mich unattraktiv, öde und langweilig. Ich interessiere mich eigentlich für nichts mehr und habe mich auch sozial völlig zurückgezogen. Gesellschaft ist mir zu anstrengend; denn es reicht mir vollends, im Beruf meine Rolle zu spielen.

Von der Therapie erwarte ich vor allem Hilfe dabei, wie ich die guten Ratschläge von Louise Lynn Hay (1994) verwirklichen kann. Die Klarheit der Anleitung dieser Autorin begeistert mich. Das Problem ist nur die Umsetzung.

Durch ihre Bücher verstand ich, warum ich keinen inneren Frieden finde. **Bis** ich mich nicht vom inneren Groll gegen meine Eltern gereinigt habe, kann ich von ihnen nicht angenommen werden. Das Ziel ist also klar, nur bin ich bei seiner Verwirklichung trotz des Lesens aller Bücher von Louise und meinen jahrelangen Bemühungen noch nicht weitergekommen."

Biografische Besonderheiten

Sabine wuchs mit ihrer älteren Schwester in einem entlegenen Ortsteil einer Gemeinde in den Voralpen heran, was spontane Kontakte außerhalb der

Familie in der Freizeit erschwerte. So fühlte sie sich bis zum Übergang auf das Gymnasium „in der kleinen Welt meiner Familie gefangen".

Die Mutter war Hausfrau und bewirtschaftete, was vom Bauernhof ihrer Eltern übriggeblieben war, „für's Zubrot". Der Vater war als Sachbearbeiter tätig. Ihre Mutter, beschreibt Sabine als „geistig recht eingeschränkt und ohne den Vater wohl nicht geschäftsfähig". In der Familie sei eigentlich nicht miteinander kommuniziert worden. Man sei über abwesende Nachbarn und Bekannte hergezogen und habe sich untereinander in einer vereinfachten Kommandosprache per Anweisungen (seitens der Kinder mit bittendem Unterton) verständigt. Jeder meinte, schon vorher zu wissen, was der andere sagen würde. Daher hätten oft Einwortsätze ausgereicht.

Die Mutter habe sich dem tyrannischen Vater untergeordnet, oft widerstrebend. In Abwesenheit des Vaters seien Mutter und Schwester über den Vater hergezogen. Beide Eltern hätten die ältere Schwester in jeder Hinsicht vorgezogen. Die Mutter habe sich mangels Eigenlebens mit der Schwester identifiziert und stellvertretend an deren Leben teilgenommen. Der Vater sei von der Mutter gegen Sabine aufgebracht bzw. „angestachelt" worden. Die Mutter habe immer wieder neue Gründe für die Denunziation und Bestrafung Sabines gefunden. Sie habe allen Verdruss ihrer jüngeren Tochter zugeschrieben. In Anwesenheit des Vaters hätten sich alle drei gegen Sabine verbündet, die sich als „schwarzes Schaf" in der Familie einsam gefühlt habe. Bei jeder Gelegenheit sei sie demütigend kritisiert oder geschlagen worden.

Deshalb sei sie auch außerhalb der Familie anderen, besonders Gleichaltrigen gegenüber, gehemmt gewesen und habe „das Mauerblümchen gegeben". Beide Eltern hätten sie oft angeschrien. Die Mutter hätte sich oft an ihr auf eine heimtückische Weise abreagiert, sie an den Haaren gezogen, die Ohren verdreht oder in den Arm gekniffen. Dies praktizierte die Schwester ebenfalls, aber hinter dem Rücken der Mutter. Sabine lernte „einzustecken", um ihre Lage nicht noch zu verschlimmern. Vermeintliche Verfehlungen wurden dem Vater hinterbracht, der je „nach Laune", Sabine günstigenfalls „nur anbrüllte" oder unter den Blicken von Schwester und Mutter „ohrfeigte" oder manchmal auf den nackten Hintern schlug. Um blaue Flecken im Gesicht zu verbergen, wurde sie krankgemeldet. Deshalb habe sie auch nicht mit ins Schullandheim gedurft. Sabine übte ein, sich „unsichtbar zu machen"; denn „auf Widerworte setzte es Schläge". Diskussionen seien undenkbar gewesen, „man machte, was immer schon so gemacht wurde, und so, wie es andere erwarteten".

In wichtigen Fällen konnte sie diese Abhängigkeit vom äußeren Ansehen der Familie auch für ihre Zwecke nutzen. So setzte sie ihren Wunsch durch, das Gymnasium zu besuchen. Sie bat ihre Lehrerin um einen Hausbesuch als Fürsprecherin, voraussehend, dass ihr Vater zunächst ablehnen, aber einer äußeren Autorität nicht widersprechen würde.

Mit 17 habe sie der Vater das letzte Mal geschlagen, als sie seine Ermahnungen, auf das Ansehen der Familie zu achten, damit konfrontierte, dass er im Dorfe als Schürzenjäger verschrien sei.

Nachfolgend ein Gespräch zum bisherigen Hauptanliegen Sabines:
„Wie kann ich die Zuneigung meiner Eltern gewinnen?"

T: „Sie möchten, wie es Sie die Bücher von Luise Hay (2008) lehrten, sich vom Groll gegen Ihre Eltern ‚reinigen'."

Das hört sich an, als ob die Wut auf Ihre Eltern, nach allem was Sie über Ihre Kindheit mitteilten, nicht zu Ihnen gehören dürfe, als ob *deren* Lieblosigkeit und quälende Misshandlungen ein Schmutz sei, der *Ihnen anhaften* würde. Wie sind Ihre Vorstellungen der Beschmutzung? Wo nehmen Sie die Flecken wahr, auf gewissen Stellen Ihrer Kleidung oder Ihres Körpers oder in Ihrem Inneren?"

S: „So genau habe ich mir das noch nicht angesehen. Spontan würde ich sagen, ich fühle mich immer tief im Inneren oder von innen heraus schmutzig."

T: „Bitte bleiben Sie einige Atemzüge noch bei dem, was Sie jetzt gerade empfinden und sprechen Sie es einfach so aus, wie es Ihnen jetzt in den Sinn kommt."

S: „Ich bin eine Schande, ich bin übrig, lästig. Am besten ich wäre nie geboren!"

T: „Hm, das hört sich an, als bezweifelten Sie Ihre Berechtigung zum Dasein. Fällt Ihnen dazu eine Geschichte ein?"

S: „Das ist ein altes Gefühl. Das immer schon da war. Es ist nicht an eine besondere Begebenheit gebunden… Mir fällt jetzt bildhaft ein, wie meine Mutter eine räudige Katze vom Hof jagte."

T: „Fühlen Sie mit der Katze oder mit Ihrer Mutter?"

S: „Ich bin wütend auf meine Mutter, aber zugleich kann ich sie schon verstehen. Ich hatte Mitleid mit der Katze und ekelte mich gleichzeitig vor ihr. Sie war so schmutzig, blutig gekratzt und zerzaust."

T: „Ein Teil von Ihnen fühlte sich wie die Katze?"

S: nickt spontan.

T: „Wie möchten Sie sich vom Schmutz reinigen?"

S: „Louise Hay fühlte sich vom Krebs besetzt und zerfressen, wie ich mich vom Schmutz besudelt fühle. Sie heilte sich, indem sie ihren inneren Groll überwinden konnte und sich für die Liebe öffnete.

Ihre Affirmationen habe ich mir immer wieder angesagt.

Jedes Mal, wenn ich zu meinen Eltern gefahren bin, habe ich mich intensiv vorbereitet. Ich versuchte mental, sie mit verständnisvoller Zärtlichkeit liebevoll zu betrachten, nachdem ich sie davor täglich in meine Gebete eingeschlossen hatte. Dann habe ich ihnen die Affirmationen der Vergebung und der Liebesenergie gewidmet."

T: „Mit welchem Ergebnis? Wie weit sind Sie damit vorangekommen?"

S: „Na, die Tage der Vorbereitung waren sehr schön, ich spürte mich rein und viel Liebe in mir.

Aber schon während der Besuche stellten sich die alten Gefühle ein, ich fühlte mich wieder genau wie in der Kindheit, irgendwie nicht richtig zu sein, klein, unfähig, hilflos."

T: „Worauf führen Sie Ihre wiederholten Enttäuschungen trotz intensiver Bemühungen zurück?"

S: „Wahrscheinlich habe ich es nur halbherzig gemacht, sonst würde doch ihre Liebe auf mich reflektiert worden sein."

Vielleicht mache ich mir nur vor, dass ich lieben kann. Aber in Wirklichkeit bin ich hohl, innerlich leer?"

T: „Sie haben also die ‚energetisch erfolgreichen Heilungsstrategien', von denen die Autorin schildert, dass sie deren Krebs überwinden konnten, auf ihre Eltern anwenden wollen. Da sich, trotz guter Vorbereitung, das erwünschte Ergebnis nicht einstellte, suchen Sie den Fehler bei sich.

Vielleicht liegt der Misserfolg nicht an Ihnen, sondern an der Unlösbarkeit der gestellten Aufgabe?"

S: „Ich versteh' nicht, wie Sie das meinen?"

T: „Vielleicht hätte selbst Louise trotz aller innerlichen Fülle und ihrem Vermögen zu energetischer Sammlung sterben müssen, wenn sie von einem noch aggressiveren Tumor befallen worden oder ihr die Diagnose noch später, in einem noch weiter fortgeschritten Stadium der Krankheit, gestellt worden wäre?

Sie wollen sich ‚reinigen', weil Ihnen das als Voraussetzung erscheint, genügend innere Kraft zu entfalten, Ihr Vorhaben in Angriff zu nehmen, Ihre Eltern zu reinigen, von deren schmutzigen Verhaltensweisen, ekelhafter Brutalität und räudiger Lieblosigkeit.

Zu Ihrem eigentlichen Ziel, Ihre Eltern zu verbessern, fällt mir dieser Spruch ein: ‚Jesus heilte Lazarus vom Tode. Uns Sterblichen ist es kaum möglich, einen Lehrer zu lehren. Die eigenen Eltern umzuerziehen, ist aber noch schwieriger, als einen Toten wieder zu erwecken.'"

S: „Sie meinen, ich bin nicht Jesus, ich soll mich damit abfinden, dass ich nichts für meine Eltern tun kann?"

T: „Wenn ich Sie für einen ausweglosen Fall halten würde, für eine hoffnungslos handlungsunfähige Person, dann säßen Sie nicht hier. Ich halte Ihre Ziele, geliebt zu werden, endlich zu spüren, dass Sie liebenswert sind, für ganz wesentlich. Auf dem Wege dahin möchte ich Sie gern unterstützen.

Nach Ihrem Bericht halte ich Ihre Eltern für unveränderlich.

Der bisherige Lösungsweg scheint mir aufgrund der von Ihnen berichteten Resultate noch einer Überprüfung wert. Ich möchte Sie einladen, Ihre Kraft auf lösbare Probleme zu konzentrieren:

Vielleicht können Sie einen Plan entwickeln, indem Sie ihre Eltern so akzeptieren können, wie diese eben sind und bleiben werden. Für sich könnten Sie einen anderen Weg, unabhängig von Ihren Eltern finden, der zum selben Ziel führt, ein zufriedenes, lebenswertes Dasein zu führen und sich sicher zu sein, dass Sie liebenswert sind.

Sie könnten die Erlaubnis zum Dasein vom Verhalten Ihrer Eltern entkoppeln, Ihre Existenzberechtigung ist einfach mit Ihrer physischen Anwesenheit hier und jetzt vorausgesetzt. Sie können mit mir überlegen, wie Sie nachhaltig Freude am sinnerfüllten Dasein, also Lebenslust, entwickeln können.

Wie ich Ihren bisherigen Plan verstehe, ist dieser nur bei geeigneter Besetzung der Elternrollen aussichtsreich: Reinigen von vergangenen Verletzungen – Eltern lieben – **bis** Sie von den Eltern wiedergeliebt werden.

Frau Hay hat es einfacher gehabt als Sie: Sie hatte, als sie noch gesund war, ihren Köper bis zum Ausbruch ihrer Krankheit noch nicht als schmutzig empfunden, sondern vernachlässigt. Als er krankheitsbedingt seine Funktionen versagte, hat sie ihn zunächst als ‚miesen Verräter' behandelt, ihn gehasst und ihn sich durch den Krebs besudelt vorgestellt. Dann erkannte sie, dass ihr Groll gegen den eigenen Körper destruktiv ist. Sie gewann wieder Lebenskraft, nachdem sie sich mit ihrem Körper – vermittelt durch das Reinigungsritual der liebenden Zuwendung – wieder vertragen konnte.

Das haben sie mit der Autorin gemeinsam. Auf Ihren Körper haben auch Sie Einfluss. Sie können ihn verachten oder lieben. In einer entscheidenden Hinsicht liegen die Dinge aber bei Ihnen anders. Hay wollte das Verhalten ihrer Eltern nicht verändern. Die Veränderung der Liebesfähigkeit Ihrer Eltern kann niemand bewirken. Speziell führt hier der Plan von der Liebe zur Gegenliebe in ein Dilemma der gegenseitigen Blockade von Lösungsbeiträgen, also: Wenn Ihre Eltern Ihre liebenden Bemühungen zurückweisen, meinen Sie, dass Sie noch nicht genügend Liebe eingesetzt haben um deren Zuneigung zu gewinnen. Das Ziel bleibt unerreichbar, die Schuld liegt immer bei Ihnen. Da beißt sich die sprichwörtliche Katze in den Schwanz!

Dabei haben Sie doch alle Fähigkeiten, gute Beziehungen aufzubauen. Das beweisen die Qualitäten Ihrer Ehe und Ihrer Freundschaften, die sie wieder aktivieren können. Nun erscheint es mir empfehlenswert, Ihren bisherigen Plan gegen einen neuen auszutauschen. Dieser sollte die Akzeptanz Ihrer liebesunfähigen Eltern als Tatsache voraussetzen und es Ihnen ermöglichen, Selbstliebe aufzubauen und sich mit dem Respekt Ihrer Eltern zu begnügen.“

S: „Wie meinen Sie das?“

T: „Sie hatten sich in einem **Bis**-Skript uneinlösbarer Versprechungen verfangen:

Bis ich nicht genug gereinigt und geläutert bin, habe ich nicht die Kraft, die Liebe meiner Eltern zu erwecken.

Bis ich nicht die Liebe meiner Eltern verspüre, muss ich mich beschmutzt fühlen und darf anders nicht da sein. Da mir nur die Liebe meiner Eltern Kraft geben kann, aber trotz aller Mühen ausbleibt, bleibe ich weiter unfähig, meinen Eltern genügend Liebe zu geben, um sie zu bessern (oder in Hays Sprache, ihre Herzen zu rühren).“

S: nickt spontan, schaut aber verwirrt.

T: „Überspringen wir mal gedanklich alle Schwierigkeiten. Nehmen Sie einfach an, Sie hätten das Dilemma aufgelöst, wären vom Groll gereinigt und könnten Liebe mit der gesammelten Intensität Ihres ganzen Herzens aussenden. Was würde das bewirken? Woran würden Sie erkennen, dass Sie Ihr Ziel erreicht hätten?“

S: „Meine Eltern würden mich lieben. Sie würden sich freuen, dass ich da bin, dass ich sie sehen will. Dann würden sie mich als gleichberechtigte Tochter in die Familie aufnehmen. Sie würden Anteil an meinem Leben nehmen und mich mal fragen, wie es mir geht.“

T: „In welchen Momenten Ihres bisherigen Lebens sind Sie der Erfüllung Ihrer tiefen Sehnsucht bisher am nächsten gekommen?“

S: (nach einer Weile): „Als ich Schwimmen lernte, nahm mich mein Vater mit an den Weiher. Wir schwammen nebeneinander. Ich konnte schon einige Schwimmzüge, die mich aber schnell erschöpften. Jedes Mal, wenn ich mich etwas ausruhen musste, konnte ich mich an ihm festhalten. Er schaute mich sehr freundlich an und versuchte, nicht schneller zu schwimmen als ich. Ich genoss es, mich an ihm festzuhalten. Er fühlte sich an, wie ein großer, starker Fisch, und ich spürte, wie seine Stärke auf mich überging.“

T: „Gab es sonst in Ihrer Kindheit Halt gebende, unterstützende, zärtliche oder tröstende Berührungen?“

S: „Nein, so etwas gab es in unserer Familie sonst nicht. Zu Berührungen kam es, entweder versehentlich als Signale zum Ausweichen, wenn man sich in die Quere gekommen war, oder, um mir weh zu tun.“

T: „Wie haben Sie diesen Mangel an liebevollem Kontakt ertragen können?"

S: „Ich habe meine Katze gestreichelt. Sie spürte, wenn ich Kummer hatte. Dann kam sie zu mir auf den Schoß und beschnurrte mich. Dann waren noch die Schafe im Stall, die haben mir viel Ruhe gegeben, wenn ich sie streichelte. Später kam ich dann darauf, mich selbst zu berühren. (errötet) Als Jugendliche habe ich zwanghaft masturbiert. Einmal hat mich meine Schwester dabei überrascht, mir die Decke weggezogen und mich voller Ekel angesehen. Sie erpresste mich, sie würde es der Mutter sagen, wenn ich nicht für meine Schwester die Küche aufräume

(und fügt mit kindlicher Stimme und niedergeschlagenen Augen hinzu): Vielleicht fühle ich mich deshalb schmutzig."

T: „Bitte gönnen Sie sich eine kurze Pause, spüren Sie Ihre Füße im Kontakt mit dem Boden und nehmen Sie auch Kontakt mit der Sitz- und Rückenfläche des Sessels auf, atmen Sie tief ein und aus und schauen Sie sich dann hier wieder im Raum um."

T: „Wie geht es Ihnen jetzt?"

S: „Ich fühle mich etwas erleichtert. Ich habe einfach spontan losgeredet. Für einen Moment kam mir die Befürchtung, dass Sie mich verachten oder eklig finden, wegen dem, was ich Ihnen gesagt habe. Aber ich spüre jetzt, dass Sie einfach da sind und mich verstehen."

T: „Empfinden Sie sich noch als schmutzig, wenn Sie sich verstanden und angenommen fühlen?"

S: „Schüttelt den Kopf, lächelt und fügt nach kurzer Pause hinzu: Jetzt, im Moment nicht, aber sobald ich wieder ins Grübeln komme."

T: „Das ist ein guter Anfang, wenn Sie sich spüren und entspannen können, statt sich als schmutzig und ungewollt empfinden zu müssen. Jetzt und hier auf diesem Sessel dürfen Sie sich einfach erlauben, da zu sein und sich im Einvernehmen mit sich selbst und der Welt zu fühlen, auch wenn das Ihnen zunächst nur von Moment zu Moment gelingen mag."

S: „Ja, das fühlt sich gut an. Ich sagte Ihnen schon, dass ich bisher immer mit einer gewissen Beklemmung zur Therapiestunde gekommen bin und erst hinterher jedes Mal erleichtert war. Ich glaube, das nächste Mal kann ich mich schon mal vorher auf die Stunde freuen."

T: „Passt es Ihnen, wenn wir für heute noch unsere Zusammenfassungen dieser Sitzung austauschen?"

S (nickt): „Wenn ich mich ohne Vorwürfe spüren kann und mich jemand dabei unterstützt, dann muss ich mir nicht schmutzig oder verachtenswert vorkommen."

T: „Sondern?"

S: „Ich kann mir sagen, ich bin hier und spüre mich. Ich fühle mich gut an. Ich bin in Ordnung.“

T: „Ich bin beeindruckt, wie Sie das Wichtigste auf den Punkt gebracht haben. Sie haben sich gerade die Erlaubnis zum Dasein erteilt, ganz unabhängig von Ihren Eltern.“

S: War das schon Ihre Zusammenfassung?“

T: „OK. Ihnen steht eine ausführlichere Variante zu. Bitte sagen Sie Bescheid, wenn das Zuhören beginnen sollte, Sie anzustrengen.“

S: „OK, schießen Sie los!“

T: „Ich habe *zwei* Geschichten von Ihnen gehört.

Die *erste* Geschichte erzählt von dem Mädchen, das von ihrer Familie ausgestoßen und als ‚Punchingball‘ der Aggressionen der Familienmitglieder missbraucht wurde. Möglicherweise hat dieses Mädchen die Familie, die aus Dreien bestand, die wenig gemeinsam hatten, sogar auf seine Kosten zusammengehalten, denn ein gemeinsamer Feind verbindet.

Um in seiner Familie zu überleben, lernte dieses Mädchen schon als Kleinkind, dass es besser ist, keine Ansprüche zu stellen, sich anzupassen und nicht zu protestieren, auch wenn es noch so ungerecht behandelt wurde. Letzteres war besonders schwer, da dieses Mädchen ein klares Empfinden für Ungerechtigkeiten hatte. Aber, um den alltäglichen Misshandlungen möglichst auszuweichen, blieb ihr nichts anders übrig, als alle Beschuldigungen anzunehmen. Das fühlte sich zwar an, wie mit Schmutz übergossen zu werden, aber es ermöglichte ihr auch um diesen Preis, sich vorzustellen, wie liebevoll Mutter und Vater eigentlich *sein könnten, wenn sie nur nicht so schmutzig wäre*.

So konnte es viele Qualen lindern, indem es sich vorstellte, es hätte eigentlich liebende Eltern, die ihr Liebe geben würden, wenn sie sich nur *genügend* anstrengte, sie für sich zu gewinnen.

Mit dieser Hoffnung auf zukünftige Besserung konnte Sabine die Realität ihrer Familie ertragen.

Sabine war aber nicht nur gerechtigkeitsliebend und hoffnungsvoll. Sie war auch sehr klug. Das stachelte zwar immer wieder die Eifersucht und die Aggressivität von Mutter und Schwester an, aber führte schließlich dazu, dass sie auf das Gymnasium mit dem Schulinternat kam und sich auf diese Weise die Chance für ein selbstbestimmtes Leben eröffnen konnte.

Das Mädchen Sabine ist inzwischen erwachsen. Nachdem der Hausbau abgeschlossen ist, vermisst sie die Anerkennung und Beziehungen zu ihrer Ursprungsfamilie besonders. In schlaflosen Nächten grübelt sie, wie sie Harmonie mit den Eltern erreichen kann. Wieder ist sie bereit, allen ‚Schmutz‘ der anderen auf sich zu nehmen, und will vom ‚ganzen

Herzen ganz lieb sein, damit ihre Liebe die verhärteten Herzen von Vater, Mutter und Schwester erwärmt'. Dafür will sie dann endlich Wärme und emotionale Geborgenheit von ihnen zurückbekommen. Diese Vorstellung ist nicht grundsätzlich illusorisch.

Sie hat diese Erfahrung von Geben und Nehmen der Liebe bereits als Kind mit ihren Tieren erlebt. Warum soll das, was mit Tieren funktioniert, nicht auch zwischen Menschen funktionieren? Später fand sie diese Idee wieder in den Büchern der Louise Hay. Deshalb zog sie nun aus, nach diesem Muster, ihre Eltern zu erlösen, um sich selbst zu erlösen. Nur funktionierte das nicht, weil sie sich innerlich wohl als etwas zu räudig empfand und daher wohl zu wenig Liebesfähigkeit entwickeln konnte. Nur wer sich selbst liebt, kann anderen Liebe geben.

Die *zweite* Geschichte handelt von einem Mädchen, dem es gelang, sich in einer emotional kalten, lieblosen Familie als liebesfähiger Mensch zu bewahren. Das spürte Sabine in ihren Begegnungen mit den Tieren. Nach vielen schmerzlichen Erfahrungen erkannte sie, dass es sich nicht lohnt, sich selbst zu hassen und ihre Erzeuger zu idealisieren. Sehr schmerzlich war es einzusehen, dass ihre Eltern, die sich in der Vergangenheit immer wieder als liebesunfähig erwiesen hatten, auch in der Gegenwart an ihr als Person uninteressiert blieben. Sie ahnte, dass sie dies voraussichtlich auch in der Zukunft nicht ändern würde. Weil sie verstand, dass emotionale Wärme für sie lebensnotwendig ist, blieb ihr nichts anderes übrig, als sich von den Eltern zu lösen. So sie zog aus, sich eine neue Familie aufzubauen, in der sie akzeptiert wird, wie sie ist, und sich wohlfühlt.

Sabine brauchte wie jedes Kind emotionale Wärme, Trost bei Kummer, Körperkontakt und Zärtlichkeit. Genau daran mangelte es in ihrer Ursprungsfamilie schmerzlich. Nichts davon konnten ihre Eltern ihr geben.

Sabine tröstete sich, indem sie liebevolle Beziehungen zu ihrer Katze und den Tieren im Stall aufbaute. Bald lernte sie ihren Körper zu entdecken und sich über passende Berührungen zu entspannen. Was die Schwester als 'eklig und schmutzig' interpretierte bzw. sexualisierte, war also ein Ritual der Erlaubnis, ihr Dasein ganz körperlich zu spüren und sich von den angestauten Spannungen wenigstens für einen Moment zu lösen. Besonders ausgeprägt war ihre fantastische Fähigkeit, aus den seltenen kleinen Gesten und Anflügen von Freundlichkeit, sich in der Vorstellung Momente des Geliebt-Werdens und des Spürens guter Beziehung zu schaffen, als seien sie in Wirklichkeit tragfähig. So konnte ihre Vorstellungskraft den Vater, der sie zum Weiher mitnahm, weil er selbst baden wollte, in einen, ihr zuverlässig Halt gebenden, Fisch verwandeln, dessen Stärke auf sie überging. Später entdeckte sie dieses Prinzip in den Beschreibungen von Louise

Hay, was ihr noch eine Zeitlang Kraft gab. Heute ist sie vielleicht schon so stark und unabhängig von ihrer Ursprungsfamilie geworden, dass sie ihre Zuwendungsbedürfnisse in der eigenen Partnerschaft und im Freundeskreis erfüllen kann. Der Abschied von der unerfüllbaren Aufgabe, die Ursprungsfamilie zu bessern, gab ihr den Gestaltungsraum für ein erfüllendes Leben."

Sabines Rückmeldung
Sabine schildert ihren bisher letzten Besuch des Elternhauses: „Nach einer flüchtigen Begrüßung schwang der Vater sich auf sein Motorrad, um das schöne Wetter noch zu nutzen. Bevor er abdüste, gab er mir den Auftrag, die Mutter wenigstens noch ein bisschen aufzumuntern."

Diese, erstmals bewusst und als Tatsache anerkannte, Entscheidung des Vaters habe sie aufgerüttelt. Sie war ihm also (trotz seltener Anwesenheit und längerer Anfahrt) weitere Zuwendung nicht wert genug. Er beschäftigte sie wie eine Hausangestellte und ging seinen Interessen nach. Sabine stellte nun ihre bisherigen Bezugsrituale (in der Wochenmitte anrufen, am Wochenende besuchen) ein. Drei Wochen dauerte es, bis der Vater sich erstmals telefonisch bei ihr meldete, um vorwurfsvoll zu erfragen, weshalb sie nicht erschienen war.

Inzwischen reduzierte sie die vormals wöchentlichen Abstände ihrer Fahrten ins Heimatdorf auf 1–2 Monate, wobei sie ihre Visiten bei den Eltern mit Besuchen von Freundinnen und Verwandten am Ort verknüpfte. Die Aufenthalte bei den Eltern verkürzte sie deutlich. Sie kann diese beenden, sobald sie sich von ihnen nicht mehr beachtet fühlt (bzw. „das kindliche Gefühl wieder hochkommt").

Es dauerte etwa ein Jahr lang, bis Sabine erstmals in ihrem Leben auf den weihnachtlichen Besuch bei den Eltern verzichtete, den diese im Hinblick auf Nachbarschaft und erwartungsgemäß nachfragende Angehörige von ihr erwarteten.

Nach Überwindung einiger Skrupel flog sie zu Weihnachten mit dem Partner auf eine Insel. Dort gelang es ihr, die Gedanken an die Eltern zu vergessen. Sie fühlte sich frei und unbeschwert. Auf dieser Reise entdeckte sie ihre sexuelle Initiative in der Partnerschaft. Sie erprobte, abhängig von eigener Lust, die Annäherung und Erfüllung oder die Ablehnung des Angebotes von Intimität ohne Angst vor Zurückweisung in der Beziehung. Bisher habe sie sich in dieser Hinsicht den Impulsen ihres Partners überlassen, da sie vorauseilend und ohne reale Frustrationen befürchtete, für eigene Annäherung oder situative Ablehnung partnerschaftlicher Nähewünsche mit Zurückweisung bestraft oder sogar verlassen zu werden. Erst durch ihre Verhaltensänderung mit sehr ermutigenden Erfahrungen fand sie heraus: Ihr bisheriges Bestreben, vermeintliche Erwartungen unabhängig von eigenen Bedürfnissen zu bedienen, hatte beider Begehren so gehemmt, dass sich vor dieser Urlaubsreise ein „Bruder-Schwester- Verhältnis" in ihrer Partnerschaft entwickelt hatte.

Nachbetrachtung aus therapeutischer Sicht
Die Gegenüberstellung von Lebensgeschichten, hier in den Varianten.

der Verhaftung in Abhängigkeit von den Eltern in Form der Erzählung: *„**Bis** ich die Zuneigung meiner Eltern errungen habe, darf es mir nicht gut gehen."*

Im Vergleich zum Skript der Befreiung von den Erwartungen an die Eltern zugunsten selbstbestimmter Lebensgestaltung: *„Meine Eltern haben mir immerhin mein Leben gegeben, daraus mache ich das Beste."* erwies sich auch in diesem Behandlungsfall als geeignet, die Veränderung des Selbstverständnisses und die Belebung eigener Gestaltungsmöglichkeiten anzuregen.

Methodisch kann der Vergleich von Narrationen als Anwendungsform kognitiver Verhaltenstherapie eingeordnet werden. Im vorliegenden Fall, bei in früher Kindheit erlittenen komplexen Traumatisierungen, greifen auf Rationalität beschränkende (kognitive) Interventionen zu kurz, weil sie die Probleme aufrechterhaltenden kindlichen Emotionen und Überzeugungen nicht berühren können.

Es kommt daher darauf an, immer wieder *emotional* Zugänge zu allen Anteilen des inneren Kindes zu finden.

Bei Menschen, die unter schweren Verletzungen von Grundbedürfnissen aufwuchsen, sind sowohl *die Beziehungen zum eigenen Selbst* als auch die zum *destruktiven Elternteil* meist *auf bestimmte Weise aufgeteilt*. Zwischen diesen Fragmenten besteht ein zirkuläres Wechselspiel, welches ein Dilemma aufrechterhält:

Das Täter-Elternteil wird zwar als zerstörerisch, ungerecht und „böse" erlebt, jedoch als Reaktion auf etwas vermeintlich Böses im Selbst des Kindes empfunden. Zur Aufrechterhaltung der Hoffnung und damit der Möglichkeit, die belastende Beziehung überhaupt zu ertragen, wird so das willkürlich herabsetzende Elternteil entschuldigt und als im Wesen als „gut" wahrgenommen. Seine erlittenen Verletzungen bestätigen dann das Kind in seiner Vorstellung, diese „verschuldet" zu haben, durch ein in seinem Wesen liegendes Ungenügen.

Im kindhaften Denken ist dieser vermeintlich den „guten" Elternteil provozierende und „böse machende" eigene Anteil an der Misere *schuld*. Das prägt ein Narrativ dieser Art: „Wegen des bösen Anteils in mir gehöre ich bestraft und bin guter Beziehung unwert. Mein Böses (Wütendes, Trotziges) muss daher bekämpft werden und darf nicht da sein." Die Rettung erfolgt durch den eigenen guten Anteil, der den Eltern das geben kann und soll, was sie brauchen, um wieder „gut" zu sich sein zu können.

Findige Kinder versetzen sich in Täter-Eltern hinein, um sich besser vor ihnen schützen zu können.

Durch einen gefühlten „Seitenwechsel" durch Identifikation mit Verhaltensweisen und Haltungen des Täters gewinnt das sonst ohnmächtig ausgelieferte Kind eine Als-ob-Handlungsfähigkeit, die ihm hilft, psychisch im Schadmilieu zu überleben. Diese unbewusste Verinnerlichung der Haltungen des Täters nennen Psychologen *„Täter"-Introjekt*. Innerlich bleibt das Kind dann im Konflikt oder emotionalen Wechsel zwischen Selbsterleben als Anwalt und Vollstrecker des Willens seiner Eltern und als deren *Opfer* gefangen, als verzweifeltes, entmutigtes, resigniertes Kind, welches im schlimmsten Falle lieber gar nicht mehr da sein möchte.

Sein Täter-Introjekt beschuldigt das Kind auf diffuse und emotionale Weise durch sein Wesen, durch sein Vorhandensein an seiner Misere schuld zu sein. Dies ruft in besonders kritischen Situationen den Wunsch, lieber nicht (und damit für Qualen unerreichbar) zu sein, selbstschädigende Impulse oder sogar präsuizidale Stimmungen hervor.

Was prägende Beziehungen an vitalen Grundhaltungen zerstört und verunsichert haben, kann nur durch ausgewogen intensive und ausgleichende Beziehungserfahrungen über einen jahrelangen Zeitraum versorgt werden. Psychotherapie kann Menschen mit komplexen Traumafolgen nicht heilen. Sie kann ihnen keine Daseinsberechtigung erteilen oder sie eine solche lehren. Die mögliche Unterstützung besteht in emotionaler Begleitung, die alle widersprüchlichen Anteile des inneren Kindes verständnisvoll annimmt, neu bewertet und konstruktiv Interaktionen zwischen ihnen vermittelt.

Die Fragmente des kindlichen Selbst erscheinen im Prozess der Entwicklung einer therapeutischen Beziehung immer wieder und stellen die Behandelnden stets erneut vor Herausforderungen der Beziehungsprüfung, Impulse des entgegengebrachten Misstrauens oder der Entwertung, nicht auf die eigene Person zu beziehen, sondern als Traumafolge zu behandeln.

Im Fall von Sabine liegt eine klare Indikation für eine Langzeittherapie vor, für die gesetzliche Krankenkassen in Deutschland (noch) bis zu 80 Sitzungen als Behandlungskontingent zur Verfügung stellen.

Den Überlebenden traumatischer Kindheiten fällt es oft schwer, mit sich geduldig zu sein und Fortsetzungsanträge für Behandlungsabschnitte zu stellen, solange sie noch empfinden, nicht so viel Aufmerksamkeit zu verdienen und meinen, (unvermeidliche) Wiederholungen würden ihr Gegenüber provozieren oder unzumutbar belasten.

Auch Sabine reagierte, nachdem ihr die Fortsetzung der zunächst beantragten Kurzzeitbehandlung vorgeschlagen wurde, zunächst zwiespältig und die Arbeitsbeziehung prüfend:

„Glauben Sie denn, ich habe inzwischen zu wenige Fortschritte gemacht? Meinen Sie nicht, dass bei den Wartezeiten auf einen Therapieplatz andere Ihre Unterstützung nötiger hätten?

Aber ich freue mich auch, dass Sie mich trotzdem aushalten, wenn ich auch oft wütend oder trotzig bin. Gut, dass Sie noch eine Weile mit mir weiterarbeiten möchten. Ich weiß selbst, dass ich sehr oft in Wiederholungsschleifen gerate. Wenn ich das denke, stelle ich mir die Schafe vor, die ich als Kind streichelte, wenn ich Trost brauchte. Jetzt fällt mir dazu ein:

Unsere Seelen scheinen ebenfalls Wiederkäuer zu sein. Ich sollte mir doch Zeit lassen, meine Geschichte zu verdauen."

2.10 Regieanweisungen verändern – Muster unterbrechen

Das folgende **Fallbeispiel** von **Sebastian** veranschaulicht das Verändern von Regieanweisungen zur Überwindung parafunktionaler Verhaltensmuster. Dies sind automatisierte Verhaltensabläufe, die sich zum Zeitpunkt ihrer Entstehung zur Realisierung von Bedürfnissen bewährten, aber längerfristig mit zunehmenden Nebenwirkungen belasten und gegenwärtig ihre Funktionen nur noch um den Preis von Symptomen erfüllen.

Sebastian schildert seine aktuellen Lebensumstände und Beschwerden
„Ich bin 42 Jahre, lebe mit meinem Lebensgefährten im gemeinsamen Haushalt. Ich bin als Mitarbeiter an einer Rundfunkanstalt tätig und im Journalistenverband aktiv. Ich habe einen weiten Freundeskreis, lebe gesund. In meiner Freizeit treibe ich regelmäßig Sport. Zweimal wöchentlich betreue ich die Mutter. Mama ist nun schon über Mitte Siebzig, noch sehr rüstig und mir sehr dankbar."

Behandlungsanlass
„Ich suche die Therapie wegen Panikattacken, depressiven Verstimmungen sowie stressbedingten Durchfällen. Mein Bauch war schon immer meine verwundbare Stelle gewesen. Er rumorte besonders in Situationen, in denen ich im Mittelpunkt der Beobachtung anderer stand, besonders bei Vorträgen oder vor Prüfungen.

‚Aus heiterem Himmel' trat die Panik erstmals vor 4 Jahren auf. Nun spüre ich schon Beklemmungen, wenn ich das Haus verlasse und befürchte, dass mich die Symptomatik bald im Hause gefangen halten wird. Die Angst beginnt schon beim Verlassen des Hauses und steigert sich auf dem Wege zur Tiefgarage. Kurz vor dem Einsteigen in mein Auto erreicht sie meist ihren Höhepunkt, mit Schwindel, Schwitzen, Zittern und Atemnot.

Auf dem Rückweg von der Arbeit, wie auch während der Urlaube, bin ich jeweils frei von Beschwerden. Daher vermutete ich schon beruflichen Stress als Ursache. Dies müsste aber unbewusst sein, denn rational betrachtet, kann ich diese Vermutung nicht bestätigen. Ich arbeite gern, finde genügend motivierende Bestätigung für meine Beiträge. Auch gönne ich mir genug Auszeiten und Abwechselung. Überhaupt bin ich beruflich in meinem Wunschberuf angekommen. Ich bin mit meiner eigenen Sendungsfolge anerkannt, das Team ist prima, und ich habe zeitlich viel Gestaltungsfreiheit."

Lebensgeschichtliche Aspekte

Sebastian kam nach seinen beiden älteren Brüdern als Nachzügler auf die Welt. Der Vater sei als Oberarzt mehr in der Chirurgie als zu Hause präsent gewesen. Die Familienangelegenheiten habe er der Mutter überlassen. Zu seiner Mutter hätte er „seit jeher eine enge Beziehung". Sie habe ihn sehr gefördert. Dafür sei er ihr „Sonnenschein" gewesen. Seine Kindheit sei harmonisch verlaufen. Er sei allerdings ein recht scheues Kind gewesen. Er habe körperliche Auseinandersetzung gemieden, auch wenn ihn Gleichaltrige „getrazt" hätten. Das habe ihm in der Grundschulklasse den Spitznamen „Pussy" eingebracht. Sein Selbstwertempfinden habe das jedoch nicht beeinträchtigt, da er sich geistig überlegen gefühlt habe. Mit 15 habe er sein „Coming-out" gehabt. Seine Homosexualität sei von allen wichtigen Personen in seinem Umfeld akzeptiert, nie ein Problem gewesen. Schon als Vorschulkind habe er sich manchmal gewünscht, ein Mädchen zu sein, aber das hätte sich dann verloren. Jetzt habe er „den weiblichen Anteil gut in meine Persönlichkeit integrieren können".

Ausschnitt aus einem Therapiegespräch

T: „Für wen ist Harmonie in der Familie besonders wichtig?"

S: „Für meine Mutter… Und für mich natürlich auch."

T: „Sie sind der dritte Sohn. Können Sie sich erinnern, dass Ihre Mutter einmal davon gesprochen hat, dass sie gern eine Tochter hätte."

S: „Nein, so etwas auszusprechen, wäre nicht ihr Stil gewesen.

Aber mir ist schon aufgefallen, dass sie von den Kindern des ältesten Bruders, Bube und Mädchen, die Enkelin besonders mag."

T: „Die Panik tritt also immer auf, wenn Sie zum Funkhaus fahren, was Sie für gewöhnlich zweimal die Woche tun. Einmal zur Besprechung und einmal, um Ihre Sendung zu moderieren.

Stellten Sie bezüglich der Intensität der Brustbeklemmung Unterschiede fest, zwischen den Tagen der Vorbereitung und denen, in denen Sie auf Sendung sind?"

S: „Nein, das wäre mir doch aufgefallen."

T: „Wählen Sie bitte einen Tag aus, an dem die Beschwerden besonders heftig waren."

S nickt.

T: „Gehen Sie bitte den Zeitraum vom Zu-Bett-Gehen über das Auftreten der Beschwerden bis zu deren Verblassen am Folgetag noch einmal durch. Schildern Sie alle Empfindungen, Einfälle und Gedanken, die Sie bewegten am besten in der Gegenwartsform, so, als ob Sie gerade tatsächlich in der jeweiligen Situation seien."

S: „Es ist der Abend vor der Fahrt ins Funkhaus. Ich spüre Verspannung und Kopfschmerzen. Jetzt fällt mir auf, dass ich etwas gereizt auf meinen Partner reagiere, weil er beim Abendessen so schmatzt. Wir schließen schnell wieder Frieden, trinken noch ein Gläschen Rotwein miteinander. Jetzt fällt mir ein, dass ich an Abenden vor den Fahrten ins Funkhaus, auch wenn mein Partner auswärts ist, oft noch ein Glas Wein trinke und eine gute Musik höre.

Dann klingelt morgens der Wecker. Ich will noch liegen bleiben. Gedanken an meine Mutter und das Funkhaus helfen mir, mich in Bewegung zu bringen. Rasur, Duschen, Frühstück laufen etwas zu hektisch ab, ich rede mir beruhigend zu. Dann beginnt schon beim Anziehen auf dem Flur die Beklemmung, ich lege den Mantel noch mal ab, weil ich auf die Toilette muss. Dann steigert sich die Brustbeklemmung beim Gang zum Auto. Ich denke: ‚Nur nicht umkehren, denn du darfst doch Mutter nicht enttäuschen.'

Sebastian ergänzt: Ich vergas zu erwähnen, das Haus meiner Eltern liegt auf der Strecke zum Funkhaus. Da meine Mutter abends ihre Ruhe braucht, besuche ich sie immer am Vormittag und fahre dann zum Rundfunkstudio. Die Treffen laufen ziemlich ritualisiert ab. Meine Mutter freut sich und geht in die Küche, um Teewasser aufzusetzen. Dann setzt sie sich zu mir und erzählt mir, was bei ihr los war, dann trinken wir den Tee gemeinsam, ich komme unter Zeitdruck, und dann muss ich meine Mutter zu ihrem Bedauern wieder verlassen."

T: „Bitte schildern Sie mir genau die Einzelheiten des Treffens mit Ihrer Mutter, am besten so, dass bei mir, der ich Ihre Mutter nicht kenne, innerlich ein Film ihrer Begegnung ablaufen kann."

S: „Also: Ich komme die Treppe hoch, meine Mutter erwartet mich schon wie üblich vor der Tür und lächelt verständnisvoll; denn wahrscheinlich bin ich heute wieder, wie meistens, ein wenig verspätet. Dann stelle ich die Einkäufe im Flur ab und nehme in der Veranda Platz. Meine Mutter kommt aus der Küche. Sie erzählt von Gottfried, meinem ältesten Bruder, der hat in den USA eine erfolgreiche Praxis für Gesichtschirurgie. „Stell dir vor, Gottfried hat am Montag wieder geskypt. Der Junge sieht zwar braungebrannt aus, aber ich bin doch ein wenig besorgt, weil er so müde wirkt. Ist ja auch nachvollziehbar bei seinem anstrengenden und verantwortungsvollen Beruf. Er hat ziemlich viel Ärger mit dem Leasing für seinen Learjet. Davon konnte er sich kaum lösen, bis ich endlich das Gespräch auf Miriam (die Tochter meines Bruders) brachte. Ach Gott, die herzige Kleine. Die hat ihren ersten Auftritt mit der Geige gehabt, so ein begabtes Kind, einfach wundervoll. Leider war sie mit ihrer Mutter unterwegs, sodass ich mich auf das nächste Mal vertrösten muss, um sie zu sprechen. Dann hat mich noch Andreas angerufen. Er hat jetzt ein Projekt in Abu Dhabi und erzählte von seiner Verantwortung für den Bauabschnitt.

Aber jetzt zu dir, du scharrst ja schon mit den Hufen und musst weg. Jetzt nimm dir diesmal wenigstens etwas mehr Zeit für den Tee mit deiner alten Mutter.

Ich schaue auf die Uhr und sage, dass ich los muss. Meine Mutter zeigt auf die halb volle Tasse Tee, schüttelt den Kopf mit milder Nachsicht. Dann begleitet sie mich zur Tür. Tätschelt langsam und liebevoll meine Wange, seufzt und sagt in eindringlichem Ton: ‚Geh nur los, mein Junge, erfülle deine Pflicht! Treusorgend schließe ich dich in meine Gebete ein. Behüt' dich Gott!'"

T: „Jetzt habe ich den Eindruck, dass die harmonische Beschreibung nicht mit Ihrem Fühlen übereinstimmt. Drücken Sie bitte die ‚Stopptaste'. Schauen Sie das ‚Standbild' Ihrer Mutter beim Abschied an und sagen Sie mir, was Sie dabei fühlen."

S (schluckt): „Ich bin jetzt irgendwie durcheinander, fühle mich dankbar, so eine gütige Mutter zu haben. Zugleich bin ich traurig und wütend, als wäre ich ungerecht behandelt worden. Dann kommt jetzt ein Schamgefühl auf, als ob ich die Liebe meiner Mutter nicht verdiene."

T: „Lassen Sie uns jetzt mal mit der Geschichte experimentieren, bis sie etwas besser zu Ihren Gefühlen passt."

S: „Wie soll das gehen?"

T: „Ich gebe Ihnen verschiedene Varianten meiner Auffassung Ihres Berichtes wieder. Sie lassen diese auf sich wirken und sagen mir, was Sie spüren."

S: „OK, probieren wir das."

T: „Variante 1 ist die *Geschichte vom Versager*, improvisiert aus der mutmaßlichen Perspektive Ihrer Mutter: Es geht um einen ziemlich enttäuschenden Sohn, den eine großherzige Mutter dennoch liebevoll begleitet, und das, obwohl er sie viel zu selten besucht, zu beiläufig, zu hektisch und jedes Mal viel zu kurz:

,Sebastian ist von Anfang an eine Enttäuschung. Nach zwei Söhnen hätte er mir zuliebe eigentlich als Mädchen auf die Welt kommen sollen. Dafür kann der Bub natürlich nichts, aber jetzt habe ich ja Miriam. Sebastian hat zweifellos im Vergleich mit seinen wirklich erfolgreichen Brüdern doch einfach zu wenig aus sich gemacht. Schulisch hat er sich mit seiner Sprunghaftigkeit immer schwerer getan. Überhaupt hat er mir viel mehr Sorgen bereitet, als die anderen beiden. Jetzt geht er als Musikjournalist brotlosen Künsten nach und verkehrt mit seltsamen Leuten. Wenn er schon in Hektik vorbeikommt und dann seinen Tee, den ich ihm liebevoll zubereitet habe, stehen lässt, dann kann ich nur noch in Demut seufzen und für dieses verlorene Kind beten'."

T: „Spüren Sie nach, lassen Sie zu, was Sie fühlen."

S: „Ich spüre Hilflosigkeit und Wut gegen das verlogene Getue. Ich bin es satt, immer mit ihren beiden Überfliegern verglichen zu werden. Ich wünsche mir, dass Mama mich auch mal anerkennt, sich für meine Arbeit mal interessiert, auch wenn ich keine Millionen scheffle oder ihr Enkelinnen präsentiere!"

T: „Nun Variante 2 – aus der *Sicht eines neutralen Beobachters:*

Sebastian ist das einzige Kind seiner Mutter, das sich um sie wirklich kümmert, zweimal pro Woche für sie einkauft, nach dem Rechten sieht und mit ihr Tee trinkt.

Sie kann seine Besuche nicht schätzen, denn sie nutzt ihn als Zuhörer ihrer grandiosen Erzählungen von den beiden Großen und der Enkelin.

Deshalb besucht Sebastian seine Mutter mit gemischten Gefühlen und Brustbeklemmungen, die ihm den Atem nehmen.

Dabei hat er doch einen Kompromiss mit ihr geschlossen, der sich lange Zeit bewährte. Indem er sie vormittags besucht, richtet er sich nach ihrem bevorzugten Zeitfenster. Indem er den Besuch vor seinem Arbeitsbeginn terminiert, hat er eine gute Begründung, ihre uferlosen Ansprüche nicht länger bedienen zu müssen. So kann er ihren subtilen Demütigungen eher entkommen."

S: „Genau, so läuft das, aber das mit den ‚subtilen Demütigungen' ist ja starker Tobak!"

T: „Entschuldigen Sie bitte, wenn ich Ihrer verehrten, aber mir ja unbekannten Frau Mutter bei dieser Improvisation zu nahe gekommen bin oder ganz daneben liege. Wenn Ihr innerer Verteidiger Ihrer Mutter jetzt wütend ist, wird er schon seine Gründe haben."

S: „Darüber muss ich noch mal in Ruhe nachdenken. Im Moment bin ich etwas verwirrt und erkenne noch nicht, was das mit meiner Panik zu tun hat."

T: „Ja, das ist eine gute Idee, sich Zeit zur Verarbeitung zu lassen.

Die Panikattacken als Hyperventilationsatmung können wir natürlich, wie besprochen, mit Entspannungs- und Atemübungen sowie Situationstraining behandeln.

‚Doch es kommt kein Blitz aus heiterem Himmel, es sei denn, man versteht das Wetter nicht.'

Sie erwähnten eingangs unserer heutigen Sitzung, dass Sie den Einfluss noch unbewusster Faktoren annehmen. Vielleicht sind Sie heute in diese Richtung ein Stück vorwärtsgekommen."

S: „Wie weiter? Was schlagen Sie vor?"

T: „Sie beschreiben Ihren Besuch bei Ihrer Mutter als ein Ritual, das jedes Mal nach derselben Regieanweisung abläuft. Das Ablaufschema hat Ihnen bisher als Kompromiss zwischen Ihren Bedürfnissen und denen Ihrer Mutter getaugt. Inzwischen läuft es offenbar nicht mehr so ganz harmonisch ab.

Ihre Mutter ist faktisch auf Sie angewiesen, Sie sind ihr eher moralisch verpflichtet. Ihre Mutter möchte mehr Zeit von Ihnen. Sie wünschen sich von ihr weniger leise Vorwürfe, mehr Aufmerksamkeit, persönliches Interesse und Wertschätzung.

Bisher haben Sie sich eher an Ihre Mutter und an Ihre eigenen Harmoniebedürfnisse angepasst. Ihre Mutter ist noch sehr rüstig und anpassungsfähig.

Mein Vorschlag: Sie erproben zunächst gedanklich ein neues Ablaufschema als ‚Update':

Experimentieren Sie bitte in Ihrer Vorstellung, um eine neue Regieanweisung für diese Besuche zu finden, indem Sie Ihrer Mutter die Möglichkeit geben, sich einmal an Ihre Bedürfnisse anzupassen."

Nach 4 Wochen:

Sebastian: „Ich habe lange über die Regieaufgabe nachgedacht.

Meine Bedürfnisse sind Wertschätzung und das Interesse meiner Mutter für meine Person und meine Arbeit zu wecken.

Dann kam mir das Sprichwort in den Sinn ‚Willst du gelten, mach dich selten.'

Ich rief meine Mutter an und informierte sie darüber, dass ich mich in den nächsten drei Wochen einem wichtigen beruflichen Projekt widmen würde. Während dieser Zeit organisierte ich für sie einen Lieferservice vom Supermarkt.

Meine Mutter reagierte fast verstört. Sie fragte mich spontan, welche große berufliche Sache ich denn mache. Dann entfuhr es mir spontan: ‚Es ist noch nicht reif, darüber zu sprechen. Möglicherweise ist auch noch eine längere Recherche im Ausland erforderlich.'

In drei Wochen komme ich *nach der Arbeit* vorbei, da haben wir genug Zeit, uns auszutauschen. Der Lieferdienst ist organisiert. Sorge gut für dich, bleib vor allem gesund. Ich bete auch für dich."

Nachbetrachtung

Sebastian berichtet: „Seit diesem Telefonat hatte ich keine Panikattacken mehr.

Beim Besuch vorige Woche, übrigens auf dem Rückweg vom Funkhaus, fühlte ich mich entspannt und mit mir in bester Übereinstimmung.

Die Mutter stand zwar schon wieder vor der Tür bereit. Sie schien froh, mich wieder zu sehen. Sie unterließ sonstige Anspielungen auf meine Verspätung oder Eile.

Ich drehte nun unsere Rollen um, bat die Mutter in der Veranda Platz zu nehmen, während ich den Tee bereitete, denn ich hatte als Überraschung mal eine neue Sorte mitgebracht.

Ich servierte den Tee und fragte, wie es ihr inzwischen ergangen sei. Mutter ergriff meine Hand über den Tisch hinweg und sagte: ‚Schön, dass du wieder da bist, mein Junge. Bei mir ist nicht viel passiert. Ilse ist inzwischen ihrer Krankheit erlegen, und ich habe bei ihrem Begräbnis ihren Mann getröstet. Aber jetzt erzähle mir endlich von deinem Vorhaben.'

Sie hörte mir konzentriert zu und fragte wiederholt nach. Dabei spürte ich, dass sie sich gut in meine Lage versetzen konnte, also wirkliche Anteilnahme, tatsächliches Interesse. Sie sprach von ihrer Befürchtung, dass ich ins Ausland gehen könnte. Ich ließ die Frage, mit der ich mich inzwischen tatsächlich auseinandersetzte, offen. Ich tröstete sie, vermittelte ihr meine Zuversicht, dass sie fit, selbstständig und in ihrem Bekanntenkreis gut eingebunden, schon damit klarkommen würde, zumal wir über Skype ja in Verbindung bleiben würden.

Sie zeigte auch Verständnis, als ich ihr eröffnete, dass ich nicht mehr jede Woche zweimal kommen werde, sondern nur noch einmal, aber nach meiner Arbeitszeit, damit nicht wieder Hektik aufkommt."

2.11 Der Tod verfolgt meinen Körper auf Schritt und Tritt – aus Angst kann ich nicht wirklich leben

Skripte dieser Art entwickeln Patienten mit hypochondrischen Störungen oder unverhältnismäßiger Fixierung auf einen Schmerz, zu dessen Erklärung organmedizinische Befunde nicht ausreichen.

Es handelt sich um Angststörungen, die auf dem schwer veränderlichen Narrativ von einer gesundheitlichen Gefährdung beruhen, die als existenziell bedrohend empfunden wird. Bezüglich der Abspaltung von Rationalität und der Kanalisierung der Erregung auf körperliche Bereiche besteht eine Nähe zu dissoziativen Störungen, bei denen starke Emotionen vom Selbst-Erleben abgespalten werden, indem sie körperlich ausgedrückt werden.

Entgegen weit verbreiteten Vorurteilen oder sogar Vorverurteilungen sind die Betroffenen keineswegs Simulanten, „eingebildete Kranke" wie von (Molière, 1986) in seiner Komödie beschrieben.

Oftmals handelt es sich um hochsensible Menschen mit einem ausgeprägten Leistungsanspruch, die in ihrer Kindheit allgemein emotionale Zuwendung vermissten, jedoch im Krankheitsfall von Leistungsdruck entlastet und umsorgt wurden. Besonders ausgeprägt ist bei diesen eine Fähigkeit zur genauen Imagination von Vorgängen im Inneren des eigenen Körpers. Diese wird durch die fortwährende Beschäftigung mit dem vermeintlich bevorstehenden Krankheitsschicksal oftmals durch medizinische Bilder und Dokumentationen weiter angeregt und auf die jeweils verwundbare Stelle fokussiert.

Fallbeispiel: Martin:
„Eine Asbestfaser wird mir einen qualvollen Tod bereiten"

Aktuelle Situation
Der 35-jährige Biochemiker ist verheiratet. Martin ist in einer Leitungsposition beruflich erfolgreich und von seinen Kollegen anerkannt. Das Ehepaar hat seinen Hausbau abgeschlossen und plant die Familiengründung.

Martins Vater war Kettenraucher. Er verstarb an einer chronischen Lungen-erkrankung. Martin ist zudem seit zwei Jahren durch die Krankheit des Schwiegervaters an einem Speiseröhrenkrebs mit den Themen Krankheit und Todeserwartung konfrontiert. Zwei Schwangerschaftsabgänge seiner Frau in diesem Zeitraum bedingten sowohl gesundheitliche Sorgen um seine Partnerin als auch die Befürchtung, keine eigenen Kinder bekommen zu können.

Behandlungsanlass

Ein Asbestfund bei Bauarbeiten löste verstärkte Krankheitsbesorgnis und Intensivierung der nachstehend geschilderten Symptomatik aus.

Beschwerden

Martin schildert Schlafstörungen, Albträume, verhaftete Gedanken bezüglich ihm drohender gesundheitlicher Katastrophen. Er steigere sich phasenweise exzessiv in die Wahrnehmung körperlicher Symptomatik, beispielsweise: „Kloß im Hals" – Brustbeklemmung – Angst vor obstruktiver Atemwegs-erkrankung; „Tinnitus" – Angst vor Hirnschlag oder Herzinfarkt. Er fühlt sich ängstlich getrieben, reizbar, schnell erschöpft und erholungsunfähig.

Er wisse zwar um die Irrationalität seiner Beobachtungszwänge, könne aber nicht umhin, Herzschlag und Puls täglich wiederholt zu kontrollieren. Da seine Aufmerksamkeit auf diese Weise absorbiert sei, fürchte er infolge Konzentrationsstörungen berufliche Fehlleistungen mit schlimmen Folgen. Er stellt sich vor, seiner Frau zur Belastung zu werden, den Beruf aufgeben zu müssen und letztlich „vielleicht noch vor dem körperlichen Zusammen-bruch wegen psychischer Instabilität zu scheitern".

Biografische Hinweise

Martin schildert: „Meine Mutter wurde vom Vater noch während meines ersten Lebensjahres verlassen. Erst als Gymnasiast nahm ich Verbindung zum Vater auf. Heute habe ich ein gutes Verhältnis zu ihm und kann schon verstehen, dass er es mit meiner Mutter nicht aushalten konnte. Sie ist einer-seits eine herzensgute Frau, jedoch kann sie nach außen kaum Kontakte herstellen, denn sie ist verbittert und voller Ängste. Mein Vater nannte sie ‚Drama-Queen', da sie es verstand, aus dem geringsten Anlass Katastrophen-Szenarien zu entwickeln. Ich blieb Einzelkind und bis heute ihr ‚Ein und Alles'. Sie war stets darum besorgt, dass ich einen Unfall erleiden oder krank werden könnte. Bei den geringsten Anzeichen von Infektionen suchte sie mit mir den Arzt auf. Als Vorschulkind war ich mehrmals im Krankenhaus wegen Bauchschmerzen. Das war letztlich eine gute Zeit für uns beide. Meine Mutter genoss die Anerkennung von Ärzten und Pflegepersonal. Zu mir war sie während der Krankenhaustage auch ganz weich und zärtlich.

In der Pubertät fühlte ich mich als schwächlicher Außenseiter. Auseinandersetzungen mit Gleichaltrigen wich ich lieber aus. Da ich etwas schmächtiger und kleiner war als die meisten Jungs, fühlte ich mich nicht männlich genug. Ich vermied den Kontakt zu Frauen, um mich vor Enttäuschungen zu schützen. Das half mir, mich auf mein Studium zu konzentrieren; denn wirtschaftliche Unabhängigkeit und Bestätigung im Beruf sind mir wichtig. Meine heutige Ehepartnerin lernte ich im vierten Studienjahr kennen. Es war ‚Liebe auf den ersten Blick'. Ich bin dankbar, mit einer so liebevollen und dabei bodenständigen Frau zusammenleben zu dürfen."

Zu den Krankheitsängsten: Als Kind fand ich Kranksein gar nicht so schlimm. Ich glaube, ich habe die Ängste damals meiner Mutter überlassen. Als gelernte Krankenschwester war sie doch die Expertin. Eigene Krankheitsbefürchtungen entwickelten sich erst mit der Pubertät.

Nachfolgend werden ausgewählte *Ausschnitte aus Therapiegesprächen* wiedergegeben, in deren Verlauf sich eine allmähliche Veränderung der Leiterzählungen vom Todgeweihten, dem die Angst keinen Raum zu leben lässt, bis zur Identifikation mit Erzählungen, die das Gestalten eines erfüllten Lebens beinhalten:

(Die jeweils eindringlichen Elemente der Erzählungsvariationen sind dabei *kursiv* gekennzeichnet.)

M: „Es ist mir peinlich, Ihnen das zu erzählen, denn ich weiß selber, dass es Bullshit ist, aber ich fühle mich von der Geschichte wie gebannt:

Als wir auf dem Grundstück den alten Schuppen abrissen, legten wir eine Asbestverkleidung frei. Einer der Arbeiter winkte mich heran und brach vor meinen Augen ein Stück dieser Asbestpappe durch. Er sagte: Das müssen wir als Sondermüll entsorgen. Seitdem bin ich überzeugt, dass ich dabei Asbestfasern eingeatmet habe. Ich begann im Internet zu recherchieren. Dabei stieß ich in einem Forum auf die Feststellung eines Lungenarztes, der schrieb: ‚Keinesfalls führt Asbest-Kontamination nur bei beruflich langjährig Kontaminierten zum Krebs. Selbst einzelne Asbestfasern, die in die Lunge gelangten, können die Krebsentstehung verursachen.'

Ich weiß natürlich, dass das rein statistisch ziemlich unwahrscheinlich ist, aber seitdem geht dieser Gedanke mir nicht mehr aus dem Sinn. Ich sehe das Bild immer wieder vor Augen: wie ich die Asbestplatte betrachte, dabei unwillkürlich Fasern einatme, dann in meiner Lunge sich ein Krebsgeschwür bildet. Ich sehe in der Vorstellung, wie ich plötzlich Blut huste, wie Walter in ‚Breaking Bad' (Johnson, 2009) und fühle mich unheilbar krank.‟

T: „Sie haben wahrscheinlich schon Lungenärzte und Radiologen konsultiert?‟

M: „Ja, natürlich, aber sie haben _noch nichts_ gefunden.‟

T: „Wie geht dann Ihr innerer Film in Ihrer Vorstellung weiter?‟

M: „Es gibt zwei Optionen, die erste, dass die Ärzte mich _noch_ retten können. Ich habe gelesen, dass man auch mit einer halben Lunge überleben kann.

Die zweite Option möchte ich mir gar nicht ausmalen: Ich werde eines Tages …begleitet von meiner Frau … (schluckt mit verpresster Stimme) im Hospiz _ersticken…_‟

T: „Ja, die Idee mit dem Hospiz ist schon recht tröstlich, denn dort ist das _Sterben möglich, ohne dabei quälende Schmerzen zu erleiden._‟

M (verharrt einen Moment nachdenklich, dann mit verärgertem Unterton): „He, ich will _leben_! Ich bin doch nicht zur Sterbevorbereitung hier!‟

T: „Nun, Sie sind ein gründlicher Mensch und stolz darauf, dass Sie Dinge, die Sie begonnen haben, auch ordentlich zu Ende führen. Der Tod gehört unvermeidlich zum Leben, wenn auch als Schlusspunkt. Diese Gedanken und Bilder, die Sie sich _bisher noch_ zwanghaft vorstellen müssen, sind doch in der letzten Konsequenz nichts anderes als die Vorbereitung auf Ihr Sterben, allerdings mit quälenden Vorstellungen und ohne die Bewahrung von _Würde_.

Wir sind uns einig, dass es viel wünschenswerter ist, sich genauer _mit dem Leben vor dem Tode_ zu befassen.

Aber zunächst sollten wir die Vorstellungen, die sich ja unabhängig von allen tröstenden Informationen Ihnen unvermeidlich immer wieder aufdrängen, einmal _ernst nehmen und zu Ende denken. Denken und Sterben sind zum Glück sehr verschiedene Handlungen._ Sie denken, vermittelt über Krankheitsbefürchtungen an das Sterben, als den **g**rößten **a**nzunehmenden **U**nglücksfall (GAU).

Schon antike Denker haben sich dazu Gedanken gemacht, z. B. Seneca mit seiner Vorbereitung auf ein würdevolles Sterben (Maurach, 1987) oder Epikur (Bartling, 1994). Letzterem wird eine Überlegung zugeschrieben, die so anfängt wie Ihre, aber tröstlicher endet:

‚Das schauerlichste Übel also, der Tod, geht uns nichts an; denn solange wir existieren, ist der Tod nicht da, und wenn der Tod da ist, existieren wir nicht mehr.'‟

M: „Sagen kann man so etwas. Aber was nützt es mir, wenn ich …OK, in *ein paar Jahren vielleicht…* an Lungenkrebs sterben muss? Das würde meine Mutter nicht überleben! Besonders würde mir meine Frau leidtun, die meinen Tod nicht überwinden könnte. Sie würde seelisch daran zerbrechen. Bis dahin hätten wir bestimmt Kinder… deren Leben wäre zerstört, wenn sie ohne Vater aufwachsen müssten."

T: „Wie Sie berichteten, wird Ihre Mutter, körperlich ihrem Alter entsprechend *gesund, trotz ihrer Krankheitsängste, die ihre Lebensqualität verminderten,* bald achtzig. Im Gegensatz zu ihr beschreiben Sie Ihre Frau als bodenständig, lebensfroh und handlungsfähig. Ich gratuliere zu dieser Wahl. Daher dürfen Sie erwarten, dass nach einer Zeit tiefer Trauer um Ihren Verlust sich Ihre Frau wieder dem Leben zuwenden würde. Die *Erinnerung an Sie würde mit Ihrer Frau weiterleben.* In vielen durch gemeinsame Erlebnisse geprägten Situationen oder bei wichtigen Entscheidungen würde sie sich Ihrer Aufmunterungen und Ermutigungen erinnern, würden sie Ihre Kommentare wie eine innere Stimme begleiten. Sie würde auch die Entwicklung Ihrer Kinder liebevoll begleiten und fördern. Sie selbst sind ohne Vater aufgewachsen und haben bis jetzt schon eine beachtliche Lebensleistung vollbracht."

M (nachdenklich) „Na klar, es würde auch ohne mich für meine Lieben weitergehen. Aber *ich* will meine Frau nicht verlieren, und ich will erleben, wie meine Kinder heranwachsen."

T: „Nun, das wäre eine Herausforderung an Ihr Leben. Ich habe Sie kennengelernt, weil Ihre *Krankheitsvorstellungen von Ihren Verlustängsten* angetrieben werden: Sie fürchteten, Sie könnten – zermürbt von Schlafstörungen und Krankheitsbefürchtungen – Ihre Berufsfähigkeit mit den Erfolgserlebnissen und der guten Kollegialität verlieren. Sie könnten sich aus Ihrem Freundeskreis zurückziehen und so wichtige Kontakte verlieren. Außerdem belastete es Sie, dass Ihre Frau Ihrer überdrüssig werden könnte, wegen überwiegender Inanspruchnahme als deren ständiger Patient. Letztlich fürchten Sie, deshalb vielleicht sogar verlassen zu werden. Somit können wir Ihre Krankheitsängste verstehen als *eigentliche Besorgnis, die wichtigsten Beziehungen in Ihrem Leben* zu verlieren, und Ihre Liebe zu Ihrer Frau sowie die Wichtigkeit Ihrer Freunde für sie wertschätzen. Nur ist das Mittel des Misstrauens in Ihre körperliche Funktionalität und Ihre Selbstheilungskräfte ungeeignet, Ihre Beziehungen zu Ihnen wichtigen Personen lebendig zu halten."

M: „So habe ich das noch nicht gesehen: *Krankheit ist Funktionsverlust,* und wenn ich nicht mehr funktioniere, bin ich nicht mehr wichtig und werde verlassen. Sie meinen, ich verschiebe meine Angst vor Verlassenwerden in meine Lunge?"

T: „Ja, das sind offensichtlich *‚Grüße aus der Vergangenheit'*. Ihre Mutter war Ihnen im Krankheitsfällen nahe, aber wenn Sie fit waren, interessierte sie sich wenig für Ihre Bemühungen und Sorgen. Möglich, dass Sie als Kind diese Seite der Realität entsprechend verarbeitet haben. Damals bestand in Ihrem Krank- und Abhängigsein Ihre Funktionalität für Ihre Mutter. Das galt Ihnen als ein *‚Berechtigungsschein für Zuwendung'*.

In Ihrem heutigen Bezugssystem bedeutet Krankheit den *Verlust Ihrer Brauchbarkeit.* Das könnte Verlust- und Trennungsangst auslösen, *wenn* Sie sich nur über Funktion definierten."

M: „Das würde bedeuten, mein inneres Kind und mein erwachsenes Selbst hätten hauptsächlich die *Befürchtung, nicht mehr brauchbar zu sein und deshalb verlassen zu werden.* Früher wegen meiner Gesundheit und heute wegen der Krankheit."

T: „Damit haben Sie herausgefunden, dass Beziehungen, die nur auf Funktionalität beruhen, unsicher sind; denn Leistung ist die unsichere Gnade günstiger Umstände.

Doch sind Sie sicher, dass Ihre Frau Sie nicht nur wegen Ihrer Brauchbarkeit willen liebt, sondern um Ihrer selbst willen? Wie Sie *Sicherheit und Geborgenheit gestalten,* werden wichtige Themen unserer nächsten Besprechungen.

Doch lassen sie mich nochmals auf den Tod zurückkommen. Hatten Sie jemals selbst eine *Erfahrung von Todesnähe?* Gab es in Ihrem Leben eine Situation, wo Sie dem Tode gewissermaßen von der Schippe gesprungen sind?"

M: „Auf so eine Idee, *dem Tode davonzuspringen,* bin ich noch nicht gekommen (lächelt). Jedenfalls hatten die Ängste, die mir Mutter einimpfte, auch ihre Vorteile. Ich hatte noch nie einen Unfall, keinen Bänderriss oder gar einen Knochenbruch. Das Krankenhaus kenne ich nur als Kind als eine Art ‚Unterhaltungsstation zur Abklärung unklarer Bauchbeschwerden' (lächelt).

(Nachdenklich) Jetzt fällt mir eine Situation ein, in der ich überzeugt war, sofort sterben zu müssen. Ich war vielleicht 5 Jahre alt und wurde beim Spielen von einem Steinwurf am Kopf getroffen. Das Blut lief mir über die Stirn. Ich wurde panisch. Meine Mutter kam sofort hinzugelaufen. Sie besah die Wunde und schüttelte immer wieder den Kopf, *wurde selbst panisch* und schrie immer wieder: „Das ist doch zu tief, viel zu tief für ein einfaches Pflaster! Das muss unbedingt sofort genäht werden. Aber ich kann das jetzt nicht nähen!"

T: „Wenn Sie Vater wären, was würden Sie tun, wenn Ihr Kind in derselben Situation wäre wie Sie damals?"

M: „Mein Kind würde ich *zuerst beruhigen,* ihm dann sagen, *dass es etwas tun* kann, z. B., dass es die Kompresse fest auf den Kopf drücken soll. Dann würde ich es darauf vorbereiten, dass wir miteinander zum Arzt fahren.

Da fällt mir noch eine Geschichte dieser Art ein. Meine Mutter fand beim Kämmen eine Zecke auf meinem Kopf. Sie wurde bleich, setzte sich und schrie dann auf: ‚Verdammt, wo hast du dir dieses Vieh aufgelesen, das dein Blut aussaugt?' Ich war dadurch wie unter Schock. Dann holte die Mutter eine Zange und fuhrwerkte hilflos damit herum. Schließlich sagte sie etwas, dass sich verzagt anhörte, wie ein Todesurteil: ‚Jetzt ist der Kopf der Zecke doch dringeblieben und arbeitet sich weiter durch.' Da hatte ich wieder das Gefühl, sterben zu müssen."

T: „Was spüren Sie, wenn Sie mir diese Episoden erzählen?"

M: „Ich habe *Mitleid mit mir und verstehe, dass ich solche Angst haben musste*! Es geht mir heute noch so, dass, wenn etwas zwickt, in mir sofort diese Mischung von Angst und Hilflosigkeit aufpoppt. Ich weiß dann nicht, ob es eine Banalität ist oder ein Vorbote einer ernsthaften Erkrankung.

Wenn ich mal Kinder habe, werde ich sie in solchen Fällen immer zuerst *trösten und dann erklären, was wir unternehmen werden, um das Problem wieder zu beheben.*"

T: „Wenn sie zurückblicken, gab es Zeiten, in denen Sie sich *frei von Ängsten* fühlen konnten?"

M: „Die beiden letzten Studienjahre waren wohl die beste Zeit meines Lebens."

T: „Wie erklären sie sich das?"

M: „Ich fand *mehr Kontakte, baute Freundschaften* auf, die bis heute bestehen. Ich fühlte mich ganz im Bann meiner Verliebtheit, genoss das Erwachen meiner *Lust.* Da hatte ich gar *keinen Raum für Sorgen* mehr."

T: „Das bedeutet, wenn Sie *aus dem Vollen schöpfen und im Hier und Jetzt leben,* können Sie sich von Ihren Ängsten heilen?"

M: „Theoretisch ja, aber …"

T: „Sie schilderten mir eben keine graue Theorie, sondern berichteten von Ihren *realen Erfahrungen.* Dabei war zu sehen, dass Sie sich während dieser Erzählung von Ihren guten Zeiten auch hier auf dem Sessel mir gegenüber gut fühlten. *Als Sie verliebt waren, konnten Sie Ihrem Körper vertrauen und waren ganz mit Plänen erfüllt, die auf Lebensgenuss und Freude versprechende Unternehmungen mit Ihrer Freundin ausgerichtet waren. Damals hatten Sie eine ganz andere Zukunft!*"

M: „Stimmt. Jetzt lasse ich mich doch sehr von den Gestaltungsmöglichkeiten ablenken und dem, was dabei schiefgehen kann. Erstrangige Gesprächsthemen sind das Siechtum des Schwiegervaters und die Trauer um das verlorene Kind. Ich habe auch eine *Tendenz, mich von Kummer durch Arbeit bis zur Erschöpfung* abzulenken. Ich hätte nicht noch ein weiteres Projekt annehmen sollen, denn eigentlich bin ich so schon ausgelastet."

T: „Jetzt sind Sie auf einem guten Wege, den realen Teil Ihrer Ängste zu verstehen. Für reale Probleme gibt es auch reale Lösungen."

Nachbetrachtung
Martin hat in den Stunden seiner Therapie mehrere Erklärungsgeschichten nach Brauchbarkeit gefiltert und zu einer neuen Erzählung zusammengesetzt wie ein Puzzle.

Die erste Geschichte war die von seiner besonderen Verwundbarkeit und Krankheitsanfälligkeit, mit der Erwartung, dass sich ein über ihn verhängter Fluch erfülle, dass gerade bei ihm eine winzige Faser, die andere nicht beachteten würden, zu seinem qualvollen Tod führen würde.

Diese Geschichte wird verpackt in eine Rahmenhandlung, die Gefühle der Hilflosigkeit und Scham wachruft. Beim ersten Gespräch kommentierte er seine Situation: „Ich weiß – ich bin irgendwie daneben, denn rational ist mir vollkommen klar, dass meine Ängste unbegründet sind. Ich schäme mich oft, meiner Frau davon zu erzählen und muss dem Drang dann doch nachgeben, als ob sie mich retten könnte. Dabei weiß ich, dass ich den Bogen überspannen könnte bis zu dem Punkt, dass sie bereut, sich auf so ein Weichei wie mich eingelassen zu haben. Ähnlich zwiespältige Gefühle muss ich überwinden, wenn es mich schon wieder zum Doktor treibt: Das Teufelchen sagt: ‚Halt's aus, Feigling sonst machst du dich nur lächerlich.' Das Engelchen sagt: ‚Rette dich endlich aus der Gefahr. Nach einem Besuch beim Doktor bist du doch noch jedes Mal erleichtert zurückgekommen.'"

Damit leitet Martin über zur Geschichte vom drohenden und qualvollen Tod, den er unbedingt verhindern müsse. Das erweist sich als unlösbare Aufgabe und Paradoxie seines Denkens. Denn obwohl er in seiner Lebensweise und Inanspruchnahme von Vorsorgeuntersuchungen alle Möglichkeiten ausschöpft, sind Tod und Todesqualen zwischen seinen Ohren präsent und hindern ihn wirksam daran, sein Leben zu gestalten und zu genießen.

Aus den Anregungen der Therapiegespräche gewinnt Martin neue Puzzleteile, die er zu einer hilfreichen Geschichten kombinieren kann.

Seine Erzählung der Entstehung seiner Erkrankungsfurcht
Ich bin kein Weichling, der sich und andere auf irrationale Weise nervt.
Meine Tendenz der Erwartung körperlicher Krankheit ist eine Anpassungs-
leistung, um meiner Mutter wichtig zu sein. Im heutigen Umfeld hat
das eigentlich seine Funktion verloren, aber wirkt als kindlich geprägter
Automatismus weiter: Tiefes Misstrauen in meinen Körper und meine
besonderen Fähigkeiten, mir Abweichungen von Körperfunktionen plastisch
ausmalen und suggestiv fokussieren zu können, machen tatsächlich aus jeder
Verspannung und jedem Kribbeln die Vorboten des Todes. Außerdem habe
ich von meiner Mutter das Dramatisieren verinnerlicht. Da ist es schon
eine Herausforderung, die Dinge sachlich zu betrachten und der schwarzen
Prognose auch günstigere Verläufe gegenüberzustellen.

Neben diesem Kopfkino, erlernt in der Kindheit, gibt es noch ein reales
Dilemma, das die Angst aufrechterhält: Sofern ich davon ausgehe, dass ich
mich nur als leistender Versorger oder über moralische Verpflichtung als
ernsthaft Kranker meiner Beziehungen versichern kann, erhalte ich die Verlustangst aufrecht. Ich will lernen, dass ich auch ohne besondere Verdienste
oder alarmierende Beschwerden liebenswert bin und wahrgenommen werde.

Seine Geschichte von seinen Möglichkeiten eines entspannteren, präsenteren Lebens
Wenn ich dafür gesorgt habe, dass ich mich sicher fühlen kann, fokussiere
ich nicht auf Symptome. Ich lebe dann gern, lasse mich auf die Chancen
meiner guten Beziehungen ein. Ich muss mir und niemandem sonst noch
etwas bezüglich meiner Leistungsfähigkeit beweisen. Sicher fühle ich mich,
wenn ich eine Balance zwischen Erholung und Anstrengung einrichten
und halten kann – statt mich vor Ängsten der Folgen meiner Erregung und
Erschöpfung in Arbeit abzulenken bis ich mich stoppe, indem ich tatsächlich bedenkliche Symptome feststelle.

Auch in dieser Therapie, die nach einem reichlichen Jahr und mit 24
Sitzungen, dank Martins intensiver Mitarbeit beendet werden konnte,
leisten die Veränderungen von Narrationen ihren anteiligen Beitrag zum
Behandlungserfolg.

In der *Nachbesprechung* führt Martin folgende hilfreiche Faktoren an:
Der *Tod meines Schwiegervaters* – tatsächlich im Hospiz – hat mich
gelehrt, dass man mit Würde von einem erfüllten Leben Abschied nehmen
kann.

Ich begann mit Lauftraining (sicherheitshalber noch mit Pulsuhr). So
konnte ich mir Ausdauer beweisen, mich entspannen und Vertrauen in den
Körper aufbauen.

Wichtig war das Biofeedback-Training: Ich konnte sehen, wie meine Gedanken mich stressen, und lernen, mich durch gedankliche Umprogrammierung zu entspannen.

Während ich mich vorher durch Leistungen unentbehrlich machen wollte, lernte ich, Aufgaben besser im Team zu verteilen. Ein Projekt, das ich voreilig übernommen habe, gab ich wieder zurück, was mich sehr entlastete. Auf diese Weise konnte ich mich effektiver meiner eigentlichen Hauptaufgabe widmen. So gewann ich den verlorenen Überblick zurück. Ich fühlte mich wieder kompetenter. Die Erfolgserlebnisse vermittelten mir Freude an der Arbeit. Wenn das Arbeiten Freude statt Erschöpfung bereitet, fühle ich mich einfach gesund.

2.12 Ich bin fremdbestimmt, von Zwängen gesteuert

Zwangsstörungen beschäftigen das Denken und Handeln auf vereinnahmende Weise. In schweren Fällen verlieren die Betroffenen ihre Fähigkeiten zur selbstbestimmten Gestaltung des Alltages. Sie fühlen sich dann wie Marionetten ihrer Zwänge. Allerdings erlauben ihnen die Zwänge, zwischen zwei Übeln das kleinere zu wählen. Durch zwanghafte Ersatzhandlungen oder Gedankenroutinen können hintergründige Gefühle der Hilflosigkeit oder Angst kurzfristig unterdrückt werden, welche sonst die Betroffenen noch stärker belasten würden. Die Betroffenen sind sich der Irrationalität ihrer Zwänge bewusst. Sie kommen aus eigener Anstrengung aber nicht davon los. Die meisten von ihnen bleiben stattdessen oft in einer magischen Denkphase ihrer Kindheit verhaftet. Das belastet, zusätzlich zu den zwanghaften Einschränkungen, noch ihr Selbstwerterleben: „Wieso bin ich zu schwach, um diesen Irrsinn zu stoppen?"

Zwänge können mit verhaltenstherapeutischen Methoden und in schweren Fällen zusätzlich mit Pharmaka behandelt werden, welche den Serotoninstoffwechsel regulieren.

Zwänge über sinngebende Erzählungen zu verstehen, kann eine spezifische Therapie zwar nicht ersetzen, aber den Betreffenden ein Verständnis für die Hintergründe ihrer Störung vermitteln. Sich mit den Geschichten zu befassen, aus deren Verarbeitung die belastenden Zwänge entstanden, kann indirekt zur Linderung beitragen, indem die zugrunde liegenden Ängste einer Bearbeitung aus aktueller Perspektive zugänglich werden.

Hierzu diese Beispiele:

Fallbeispiel Maren: 1000 Arten, meine Lieben in den Tod zu treiben

Maren, 37 Jahre alt, begab sich wegen ihrer Kontroll- und Grübelzwänge in Behandlung. Sie treibt die Besorgnis um, durch ihr Verschulden könnte ihr das Wichtigste im Leben genommen werden. So ist sie in ständiger Besorgnis, ihren Lieben, ihrem Vater, ihrem Freund sowie auch ihrem Pferd könne demnächst ein vernichtendes Unglück zustoßen. Sie wäscht daher ihre schon wunden Hände weiter exzessiv, damit sie keine Keime überträgt. Sie kontrolliert vielmals, ob sie den Pferdestall auch sicher verschlossen hat und ob die Futterqualität stimmt. Bei Besuchen des Vaters kann sie sich erst verabschieden, wenn sie wiederholt kontrolliert hat, dass der Gasofen in seiner Küche auch garantiert abgestellt ist. Wenn sie sich unbeobachtet fühlt, kontrolliert sie auch in der Garage, ob die Bremsleitungen von Vaters Auto dicht sind. Wenn der Freund als Berufspendler eine Fahrt vor sich hat, geht sie Auseinandersetzungen mit ihm aus dem Wege, aus der Befürchtung heraus, dass er sonst abgelenkt einen Unfall verursachen werde. Ein entsprechendes „Gedankenkino" von Katastrophenfilmen hält sie vom Einschlafen ab. Es schaltet sich gleich wieder ein, wenn sie ihren Schlaf durch Albträume zum Thema Verlust unterbrechen muss. Inhaltlich sind diese Filmstreifen des inneren Kinos alle unter der Überschrift einzuordnen: „1000 Arten, meine Lieben in den Tod zu treiben".

Lebensgeschichtliche Aspekte:

Seit Maren sich erinnern kann, war ihre Mutter depressiv. Wiederholt wurde die Mutter deshalb stationär behandelt. Völlig unerwartet suizidierte sie sich während eines Krankenhausaufenthaltes, als Maren 15 Jahre alt war. Die Mitglieder der Verwandtschaft mütterlicherseits neigen zu Schuldzuweisungen. Großmutter, Onkel und Tanten kamen überein, Marens Vater für den Tod von Marens Mutter die Schuld zu geben, weil er angeblich zu wenig für seine Ehepartnerin gesorgt hätte.

1. *Marens Erzählung von ihrer Schuld am Tode der Mutter*

Maren, verteidigte ihren Vater vehement. Sie selbst aber nahm die Schuld am Tod der Mutter wegen dieser Vorstellungen auf sich: „Wäre ich beim letzten Krankenhausbesuch bei ihr gewesen, statt an der Klassenfahrt teilzunehmen, würde die Mutter noch leben." Rückwirkend fielen ihr als weitere Punkte ihrer Selbstanklage viele Situationen ein, in denen sie ihrer Mutter vermeintlich zu wenig Aufmerksamkeit oder Liebe gegeben habe.

2. *Marens Erzählung von ihrer Heimsuchung durch die Mutter*

Maren berichtete von einem *Albtraum:* „Ich suche meine Mutter in dem Wald hinter der Klinik und rufe immer wieder nach ihr. In der Mitte des Waldes finde ich schließlich ihre Leiche am Weg. Mutter hat noch einen Strick um den Hals. Es stinkt nach Verwesung, ihr Gericht ist furchtbar zugerichtet, als ob ein Fuchs eine Gesichtshälfte abgefressen hätte. Ich erstarre vor Schuldgefühlen und überlege, mich auch aufzuhängen. Aber das darf ich nicht, denn ich will meinem Vater und meinem Pferd das nicht antun.“

An dem Todestag der Mutter, einen Tag vor dem Geburtstag des Vaters, ruft Maren in der Praxis an und bittet dringend um einen Extratermin.

Im Folgenden werden die Grundzüge dieses *Gesprächs* wiedergeben:

T: „Weshalb ist Ihnen der Termin heute so wichtig?“

M: „Ja, haben Sie das denn nicht aufgeschrieben, heute vor 20 Jahren hat sich doch meine Mutter umgebracht! Es hat mich getrieben, herzukommen. Ich weiß, dass es nicht vernünftig ist, aber ich hatte heute Morgen so ein Gefühl. Wenn ich nicht kommen würde, dann passiert etwas ganz Schlimmes…“

T: „Welche Konsequenzen fallen Ihnen dazu ein?“

M: „Mein Pferd stürzt sich tot, meinen Vater trifft der Schlag, mein Partner fährt an einen Baum.“

T: „Wie hängt das mit dem Tod Ihrer Mutter zusammen?“

M: „Ich weiß, es hat nichts mit den Fakten zu tun, aber es ist, als ob mich der Geist meiner Mutter verfolgt, um mich zu bestrafen. Ich verdiene die Strafe, weil ich sie zu wenig geliebt habe, mehr auf meinen Vater bezogen war. In der Stunde ihrer Not war ich nicht bei ihr.“

T: „Wenn ich jetzt ein großer Schamane wäre, würde ich die Sache als einen klassischen Fall von ‚Heimsuchung durch den Geist ihrer Ahnin‘ diagnostizieren. Zum Kurieren wäre dann ein möglichst mächtiger Beschwichtigungs- und Schutzzauber für Sie zu organisieren. Ich wäre dazu sehr motiviert, denn ich würde Sie gern retten, wenn ich nur die Macht dazu hätte. Deshalb sollte ich mich wohl besser an eine höhere Macht wenden, mit der Bitte, den Geist Ihrer Mutter zu beschwichtigen und mit ihr so zu verhandeln, dass sie von einem Abstrafen durch Vernichten von Pferd oder Vater absehen und sich stattdessen auf etwas Konstruktives konzentrieren könnte.“

M (lächelt gequält): „Genau so war mir heute Morgen nach dem Aufwachen zumute. Ich wollte für sie beten und mich nochmals von Herzen entschuldigen. Aber ich spürte, dass es nicht ausreichen würde. Deshalb bin ich jetzt hier."

T: „Sie sehen die Übereinstimmung mit Ihren Kontrollen: Einmal überprüfen reicht auch nicht aus, man muss erst über dem Kontrollieren ermüden, um zur Ruhe zu kommen. Sie sind also hier, um zur Ruhe zu kommen. Was müsste denn geschehen? Was müssten Sie tun, um nun den mutmaßlichen Geist Ihrer Mutter zufriedenzustellen?"

M: „Das ist genau das Problem, ich muss erst alle loslassen und opfern, die mir wichtig sind. Genau das will ich aber auf gar keinen Fall."

T: „Sagt das denn tatsächlich der ‚Geist ihrer Mutter', dass Sie das ‚alternativlos' tun müssen? Bevor Sie weiter erwägen, unter welchen Bedingungen bzw. wegen welcher Verfehlungen Sie Vater und Pferd opfern, fassen Sie bitte nochmals zusammen, was Sie über die Entwicklung der Krankheit Ihrer Mutter in Erfahrung bringen konnten.

Ihre Selbstbeschuldigungen für den Selbstmord Ihrer Mutter kenne ich. Aber welche Schuld würde Ihnen Ihre Mutter selbst beimessen, für deren Entschluss, ihr Leben zu beenden?

Vielleicht ist Ihre Mutter gar kein unerbittlich strafender Geist, sondern wird in Ihrem Gedenken an Sie sogar wieder menschlich und nach 20 Jahren zumindest versöhnlich?"

M: „Meine Mutter wurde nach meiner Geburt depressiv. Sie wurde wiederholt monatelang stationär behandelt. Mein Vater hat alles in seinen Kräften Stehende versucht, zu ihrer Heilung beizutragen. Deshalb waren wir auch längere Zeit in Amerika. Tatsächlich hat er Schamanen bemüht, ihr den Trübsinn auszutreiben. Zwei Tage vor ihrem Selbstmord gab mir Mutter am Telefon zu verstehen, dass es ihr so gut gehe, wie schon seit ewigen Zeiten nicht. Sie sagte mir, ich dürfte ganz unbesorgt ins Schullandheim mitfahren."

T: „Erinnern Sie sich an den Moment, als Sie aus dem Schullandheim nach Hause kamen und Ihr Vater berichtete, dass Ihre Mutter sich getötet hat?"

M: (nach innerem Ringen): Ich war sauwütend! Erst schöntun und dann abhauen – das war mein erster Gedanke! Dann fühlte ich mich aber schlecht, weil ich so egoistisch nicht denken darf!"

T: „Zuerst war Ihr Zorn, von der Mutter verraten und verlassen worden zu sein! *Danach* fühlten Sie sich *deswegen* schuldig?"

M: „Hm, dass passt …eigentlich…, ja, genau."

T: „Nun bitte ich Sie um ein gedankliches Rollenspiel: Übernehmen Sie für einige Minuten mal nur probeweise die ‚Rolle des Geistes Ihrer Mutter' und sprechen Sie als solcher zur fünfzehnjährigen Maren, die große Angst vor Ihnen hat, weil sie wütend auf Sie wurde. Nun hat ihre Tochter Maren große Angst davor, dass Sie, als ‚Mutter-Geist' Maren bestrafen wollen, indem Sie ihre Liebsten auslöschen."

M: „Also ich spreche jetzt als der Geist von Elisabeth (das ist der Name der Mutter – Maren verharrt eine Weile – bewegt atmend, wobei ihr Tränen über das Gesicht rinnen):

‚Liebe Maren, bitte verzeih', was ich dir angetan habe und deinem Vater. Aber damals wusste ich es nicht besser und konnte nicht anders. Ich dachte, ich habe euch viel zu lange euer Leben nur schwer gemacht. Ich empfand mich als überflüssigen Ballast für euch. Da ich meinem Leben seit Jahren überhaupt nichts Schönes mehr abgewinnen konnte, wünschte ich mir einfach den Tod, um auf ewig meine Ruhe zu haben. Ich war es müde, mich immer wieder für jemanden verstellen zu müssen. Ich wollte euch und auch nicht den Ärzten der Klinik noch weiter etwas vormachen. Damals dachte ich, mein Tod sei für euch alle eine Erlösung, so sehr hasste ich mich. Du weißt, wer sich selbst hasst, kann sich auch anderen nicht mehr zumuten. Deshalb wollte ich auch deinem Vater die Erleichterung von mir zu seinem Geburtstag schenken.

Aber jetzt, nach 20 Jahren, sehe ich, was ich angerichtet habe. Bitte, Maren verzeih' mir, dass ich dir nicht die Mutter sein konnte, die du gebraucht hättest. Du hast ein Recht darauf, wütend zu sein, weil ich dir vorgemacht habe, alles sei in Ordnung, und dich dann weggeschickt habe, um mich umzubringen. Du würdest mich sehr von meiner Schuld entlasten, wenn ich sehen könnte, dass du statt meiner wenigstens in deinem Leben noch froh wirst.

T: „Was spüren Sie jetzt?"

3. *Statt einen Fluch zu verhängen, erteilt die Mutter ihren Segen.*

M: „Wut und Erleichterung. Eigentlich habe ich die ganzen Jahre einen Groll gegen meine Mutter in mir, weil sie mich verlassen hat. Diese Wut konnte ich nicht zulassen. Wegen meines Grolls gegen meine Mutter habe ich mich schuldig gefühlt. Für meine Schuld habe ich mir die furchtbarsten Strafen ausgedacht, die ich dann ‚dem gefühlten Einfluss' meiner Mutter zugeschrieben habe.

Jetzt wurde mir klar, dass meine Mutter mich nicht hasserfüllt bestrafen wollte, sondern mir die Mahnung hinterlässt, ich soll das tun, was sie selbst nicht konnte: Mit dem Leben etwas anfangen und es vor allem genießen.

Mit diesem Schlusssatz als Mutter habe ich auch die beste Einstimmung zum Geburtstag meines Vaters und in mein weiteres Leben gefunden.

Wir können für heute schon unsere Sitzung beenden: Mehr kann jetzt nicht kommen. Ich möchte es damit bewenden lassen und diese Zuversicht mitnehmen."

Kommentar:
An diesem Beispiel wird erkennbar, dass Zwängen oft eine besondere Art kindlicher Welterklärung zugrunde liegt, die jeder aus dem Lebensalter des magischen Denkens oder dem Märchenalter kennt.

In der Therapie ist es in solchen Fällen hilfreich, die kindliche Welt und die der heutigen Erwachsenen miteinander in *emotionalen* Bezug zu bringen. Maren konnte auf diese Weise erkennen, dass sie ihren Zorn, von der Mutter verlassen worden zu sein, sich damals und bis heute nicht zugestehen konnte. Dieses Phänomen der Abwehr von bedrohlichen Gefühlen durch Umwandlung in ihr Gegenteil wird mit dem Fachwort der „Reaktionsbildung" bezeichnet.

Die Kapitel des Drehbuchs von Marens Zwängen wurden im Dialog mit den Ziffern in Klammern und den Zwischenüberschriften bezeichnet. 1) Angst vor schlimmen Konsequenzen: Marens Schuld verursacht die Bedrohung durch vernichtende Strafe. 2) Die Zwangshandlungen und -gedanken dienen als Maßnahmen zur Abwendung der Konsequenzen. Der letzte Abschnitt (3) vermittelt zwischen bisher unvereinbarten Emotionen. Er trägt zur Auflösung bei, indem sowohl Marens bisher unterdrückter Zorn auf die Mutter als auch die Motive des Handelns der Mutter emotional anerkannt werden können.

Fallbeispiel Renate:
Zwingende Grüße aus der Beziehungsgeschichte
Renate, 54 Jahre, wegen Erwerbsunfähigkeit berentet, Mutter von zwei erwachsenen Kindern, geschieden, alleinlebend, schildert:

„Mein Leben besteht eigentlich aus Zwängen: Es gibt gute Zwänge, die mir täglich helfen, zu funktionieren, täglich aus dem Bett zu kommen, meinen Körper zu versorgen, fit zu bleiben und Kontakte zu anderen Menschen zu halten. Dann gibt es schlimme Zwänge, die mich fertigmachen, mir die Energie rauben und eine Art Wut gegen mich selbst am Köcheln halten.

Beispielsweise darf ich meine Wohnung nicht verlassen, ohne mir vorher den letzten Tropfen Urin aus der Blase gepresst zu haben, selbst wenn ich dann zu spät komme. Ich darf auf allen Wegen, die ich benutze, niemals meine Blase entleeren. Deshalb habe ich meinen Aktionsradius sehr eingeschränkt und vermeide S-Bahnfahrten in die Stadt, denn in den Waggons gibt es keine Toiletten.

Ein anderer irrsinniger Zwang besteht darin, dass ich jeden Tag genau um 16 Uhr zu Hause sein muss, um den Fernseher einzuschalten. Dann *muss* ich auf einem bestimmten Sender eine regelmäßige Sendung anschauen, die mich überhaupt nicht interessiert. Ich finde das selbst hirnrissig, aber wenn ich auch nur versuche, es nicht zu tun, steigen unerträgliche Empfindungen der Anspannung bis zum Muskelzittern und der Beklemmung bis zur Atemnot auf. Diese Symptome sind dann stärker als ich und nur mit dem Ritual zu dämpfen."

Auszüge aus dem *Gesprächsprotokoll*.

T: „Diese Zwänge schränken Ihre Lebensqualität seit Jahren sehr ein und lassen Sie als fremdbestimmte Dienerin oder Marionette Ihrer Zwänge erscheinen. Sie sind täglich gehindert, sich frei zu bewegen. Sie dürfen weder interessante noch unterhaltsame Medienbeiträge nutzen."

Wann haben diese Regeln ihre Wirkung auf Sie begonnen?"

R: „Das Problem mit der Harnverhaltung habe ich, seit ich mich erinnern kann. Das mit dem Fernsehen begann, als mich mein Ehemann verlassen hat. Das ist nun auch schon über 10 Jahre her."

T: „Wie erklären Sie sich die Entstehung dieser Fremdbestimmung?"

R: „Das sind beides ‚Grüße aus der Vergangenheit': Das Problem mit der Blase wurde mir in der Kindheit buchstäblich eingeprügelt. Ich durfte nachts nicht aus dem Schlafzimmer zur Toilette, um den leichten Schlaf meiner Mutter nicht zu stören. Erwischte sie mich, gab es Prügel, auch wenn ich leise genug war, sie nicht aufzuwecken, schlug sie mich am nächsten Morgen. Ich fand später heraus, dass sie einen Faden vor dem Türrahmen gespannt hatte, um mich zu kontrollieren. Danach wurde es mir etwas leichter, in ganz dringenden Fällen doch heimlich zum Pieseln gehen zu können. Aber das Risiko war doch sehr hoch. Deshalb trank ich ab Nachmittag nichts mehr. Als Kind hatte ich oft schmerzhafte Entzündungen der Blase oder des Nierenbeckens. Ich erinnere mich, dass ich, obwohl ich Fieber und Blasenentzündung hatte, mit den Eltern spazieren gehen musste. Ich durfte nicht austreten, sonst hätte mich der Stiefvater im Auftrag der Mutter windelweich geschlagen. Also wählte ich das kleinere Übel und quälte mich durch.

Der Zwang mit dem Fernsehsender kommt aus den letzten Jahren meiner Ehe. Mein Mann bekam eine neurologische Erkrankung. Er regte sich über Kleinigkeiten auf und tyrannisierte mich. In einer Phase seiner Krankheit meinte er, dass er Sex brauche, um sich zu entspannen, und dass ich ihm das als Ehefrau schulde. Ich habe mich furchtbar gefühlt und es nur über mich ergehen lassen, weil ich danach meine Ruhe hatte."

Das Fernsehen genau *dieser* Sendung *um diese Zeit* war immer ein gutes Zeichen, solange die Sendung lief, konnte ich mich sicher fühlen …"

T: „Weshalb haben Sie den Sender nicht gewechselt, um etwas für Sie Interessantes zu schauen oder das Zimmer verlassen?"

R: „Ich habe es einmal versucht, da hat er so gebrüllt, dass ich wusste, ich muss, um Schlimmeres zu vermeiden, einfach ruhig neben ihm sitzen bleiben."

T: „Im ersten Fall, nicht auf die Toilette gehen zu dürfen, haben Sie durch die Harnverhaltung oder das Vermeiden von Trinken eine willensbrechende Dressur überlebt, bei der Mutter und Stiefvater deren Sadismus an Ihnen abreagierten.

Im zweiten Fall bot Ihnen das bizarre Fernsehritual die einzige Ruheoase und anscheinend Schutz vor dem Gewaltterror Ihres damaligen Ehemanns.

Sie haben tatsächlich, entsprechend den Ihnen damals verfügbaren Möglichkeiten, jeweils das kleinere Übel gewählt. Aber wenn Sie sich trotzdem wegen der Zwänge kopfschüttelnd schämen, dann wohl, weil heute keine Täter Sie mehr zwingen können und Sie dennoch die Rituale weiterführen ‚müssen'?"

R (nickt).

T: „Sie wissen, dass man die Kommentare oder Verhaltensweisen von Menschen verinnerlicht, mit denen man längere Zeit zusammen verbrachte oder in Ihrem Falle zusammenleben musste. Auf diese Weise ist zu erklären, dass die Täter sozusagen noch ‚in Ihrem Kopf das Geschehen bestimmen' und Macht über Sie ausüben können, weil sie Ihnen in den betreffenden kritischen Situationen Strafandrohungen eindressiert haben."

R: „Ja, das leuchtet mir ein. Aber bin ich denn nicht ein hoffnungsloser Fall, wenn ich gegen die Zwänge nichts tun kann?"

T: „Sie haben schon etwas dagegen unternommen: Zum einen haben Sie geschildert, dass die Zwänge nicht oder abgeschwächt auftreten, wenn Sie Ihre Kinder besuchen, wenn Sie sich gut ausgeschlafen und erholt fühlen oder eine motivierende Unternehmung planen.

Schon als Kind haben Sie etwas unternommen, indem Sie die Bindfadenfalle Ihrer Mutter entdeckt haben und dann den Mut fassten, sich aus besonders bedrückenden Situationen zu retten.

Daran können wir anknüpfen. So wie man einen Tunnel von zwei Seiten zur Mitte vorantreibt, können Sie diese beiden Herangehensweisen einsetzen, um sich allmählich durch die Zwänge zu arbeiten.

Wichtige Voraussetzung ist gute Selbstfürsorge, einen Raum der Sicherheit und Ruhe herzustellen oder sich in anregender Kommunikation zu entspannen. Dabei kann Sie die Therapie mit situationsspezifischer Entspannung und Vorstellungsübungen unterstützen. Deshalb lade ich Sie bei unserer nächsten Sitzung zum Biofeedback ein.

Die weitere Vorgehensweise besteht in der Entmachtung der Täter, die mit der Entlarvung der Bindfaden-Falle Ihrer Mutter schon begonnen hat. Wenn die Vorstellung von Bestrafung durch die Täter die Zwänge in Gang halten, dann können Sie jetzt Ihre Vorstellungskraft stärken, um die Täter zu entmachten.“

R: „Wie soll das gehen?“

T: „Sie sagten, dass die Zwänge als ‚Grüße aus der Vergangenheit‘ aufrechterhalten werden. Durch die Unterscheidung zwischen Ihren damaligen und Ihren heutigen Möglichkeiten, müsste es Ihnen gelingen, die Täter zu entmachten.

Wo sind diese beiden Sadisten denn heute?“

R: „Mein Stiefvater und mein Mann sind schon lange verstorben, beide verbrannt. Ihre Asche liegt in Urnen. Nur meine Mutter sitzt in ihrem Pflegeheim im Rollstuhl und starrt vor sich hin.“

T: „Wir werden diesen Pfad der Entmachtung der Täter noch weiter gehen, für heute bitte ich Sie nur noch um ein Gedankenexperiment:

Stellen Sie sich die Urnen und die Mutter im Rollstuhl vor. Was spüren Sie?“

R: „Sicherheit. Ich lebe und bin fit – *die* können mir nichts mehr anhaben!“

T: „Bitte konzentrieren Sie sich nochmals für einige Atemzüge auf Ihre Vorstellungsbilder von den beiden Urnen und dem Rollstuhl. Atmen Sie weiter entspannt und lassen Sie jetzt diese Frage auf sich wirken: Können Sie sich vorstellen, wie Sie sich heute auf dem Heimweg von der Praxis die *Erlaubnis* geben, unterwegs eine Toilette aufzusuchen, falls Sie Harndrang verspüren?“

R: (aufgehellt): „Das werde ich mal probieren.“

T: „Ich schreibe Ihnen jetzt einen Link auf zu einer Dokumentation von Menschen, die sich aus Zwängen lösen konnten. Wenn Sie zu Hause die Muße haben und das Bedürfnis verspüren, einen interessanten Beitrag zu sehen, dann vergessen Sie nicht, sich vorher zu entspannen und sich die Urne mit der Asche Ihres Ehemannes für einen Moment vorzustellen, bevor Sie den Sender wechseln.“

Körperbezogene Zwänge

Fall Silke:
Der Teufelskreis von Juckreiz und Kratzen
Silke, 29 Jahre, schildert:

„Ich habe wieder einen Rückfall in meinen Zwang, mich zu kratzen, um den Juckreiz zu lindern, den ich auf der Haut von Armen und Beinen verspüre. Ich habe bemerkt, dass wenn ich erschöpft oder frustriert bin, meine Zwänge, mich bis aufs Blut zu kratzen oder die Nagelhaut meiner Finger einzureißen, stärker werden. Ich weiß selbst, dass es blöd ist, denn ich schaffe mir so einen Teufelskreis: Je mehr ich kratze, desto stärker wird der Juckreiz. Das habe ich schon von Kindheit an. Aktuell ist ein besonders heftiger Schub aufgetreten.

(streift die Ärmel ihres Pullovers hoch, zeigt ihre aufgekratzten Unterarme).“

T: „Welches Ereignis hat den neuen Schub ausgelöst?“

S: (denkt nach, errötet) Na, ich habe auf Homeoffice umgestellt, das hat mich anfangs ein bisschen aufgeregt und verunsichert. Doch ich habe es gut hingekriegt. Was mich jetzt noch unter Spannung versetzt, liegt an meinem ‚Kopfkino‘: Ich glaube, meinem Freund sexuell nicht zu genügen. Wir hatten bisher eine gute Ebene gemeinsamer Unternehmungen und anregender Gespräche. Aber jetzt wird es immer körperlicher. Wir haben beschlossen, es langsam angehen zu lassen. Er drängt mich nicht, aber ich selbst setzte mich immer mehr unter Druck. Ich stelle mir vor, dass ich verkrampfe, wenn es gerade darauf ankommt, besonders locker zu sein.“

T: „Ja, das ist wie Jucken und Kratzen, nur auf gedanklicher Ebene. Der Auftrag, besonders locker sein zu sollen, bewirkt tatsächlich das Gegenteil des Gewünschten. Uns sind solche paradoxen Aufforderungen schon an anderer Stelle begegnet: ‚Denke nicht an den rosa Elefanten!, – ‚Sei jetzt schlagfertig, geistreich und prompt!‘ – ‚Schlafe endlich ein!‘ – ‚Sei jetzt spontan ganz locker!‘“

S lächelt angestrengt.

T: „Wo fängt der Stress in Ihrer Beziehung an? Wie weit können Sie denn Zärtlichkeiten noch genießen?“

S: „Ja, ich genieße Streicheln und Küssen, das kann mich auch sehr erregen. Aber ich verspanne, sobald die Berührungen in Richtung der Intimzone gehen.“

T: „Wie verstehen Sie diese Scheu Ihres Körpers?“

S: „Das ist eine lange Geschichte: Ich bin streng katholisch erzogen: Ich höre noch jetzt die Stimme meines Vaters: ‚Sex vor der Ehe macht untauglich für das Lebensbündnis. Sieh dich ja vor, und halte dir die Kerle vom Leib, die wollen nur *das Eine* und werfen dich dann nach Gebrauch weg. Eine Schwangerschaft zur Unzeit kann dir das ganze Leben ruinieren!'

Meine Mutter hat sich wohl geschämt, eine Frau zu sein. Meine Eltern habe ich nie nackt gesehen. Der Körper war als eine Funktionsmaschine gedacht und wurde nur im Krankheitsfall beachtet. Über Sex wurde nicht gesprochen. Ich wurde nicht von den Eltern aufgeklärt. Deutete sich im Fernsehen eine intimere Szene an, wurde umgeschaltet. In der Pubertät sorgte meine Mutter mit ihrem Vorbild für weite Pullis und lange Röcke. ‚Aufreizendes' wie Schminken und gar kurze Hosen war unvorstellbar. Sie machte es zu unserer gemeinsamen Sache von Würde und Ehre. So fühlte ich mich dann sogar in klösterlicher Aufmachung den ‚nuttigen Mädchen' in der Klasse überlegen. Rückblickend ist mir nicht klar, ob ich ausgegrenzt wurde oder mich selbst ausgegrenzt habe. Ich war halt die Streberin, die bereitwillig abschreiben ließ oder vorsagte. Aber sonst blieb ich die ‚graue Maus'. Ich beachtete keine Jungs. Diese interessierten sich auch nicht für mich. Somit war der Auftrag des Vaters erfüllt.

Erst im letzten Semester, weit genug weg vom Elternhaus, hatte ich meinen ersten Freund. Der verließ mich, weil ich ihm zu ‚altmodisch' war und sein Drängen zurückwies, denn er wollte Sex vor der Ehe. Jetzt komme ich in die Zeit, wo die biologische Uhr zu ticken beginnt. Ich bin beruflich erfolgreich. Jetzt kann ich an Familie denken. Mein jetziger Freund ist ein lieber und toller Mensch. Obwohl er auch katholisch ist, hat er die Idee, dass wir uns erst sexuell ausprobieren sollten, bevor wir uns für's Leben festlegen. Ich denke ja auch, es sollte in jeder Hinsicht klappen, bevor wir vor den Traualtar treten. Er sagt: ‚Sogar ein Auto muss man erst Probe fahren und dann kaufen, aber nicht umgekehrt.'

Ich habe den Eindruck, dass wir einander auch in dieser Meinungsverschiedenheit verstehen.

Nun fühle ich mich nicht wegen des Glaubens im Dilemma, sondern habe Verlustangst und so etwas wie Leistungsdruck: Mir ist, als müsste ich zu einem Wettbewerb in meiner schwächsten Sportart antreten, um meinen Freund für die Ehe zu gewinnen."

T: „Unter diesen Bedingungen ist es sehr verständlich, dass Sie befürchten, zu verkrampfen.

Da Sie mit Ihrem Freund eine Beziehung von tragfähigem wechselseitigem Verständnis aufbauen konnten, ist es sicher entlastend, diesen Wettkampf abzusagen, um stattdessen Zeit zu gewinnen, einander zu genießen.

Sie haben herausgefunden, dass emotionale Anspannung und die Zuschreibung Ihres vermeintlichen Ungenügens das Sich-Kratzen wieder aufkommen lassen. Sie konnten den Zusammenhang zwischen der körperfremden Erziehung und der Befürchtung, zu verkrampfen, verstehen."

S: „Ja, wenn ich mit meinem Freund einen klaren Kompromiss vereinbare, dass er mir noch Zeit lässt und ich dann erst heirate, wenn wir sexuell harmonieren, dann ist das schon mal etwas Druck weniger."

T: „Da Sie Zärtlichkeiten genießen und Ihre Erregung lustvoll spüren können, sind die Voraussetzungen sehr günstig, dass Sie auch Ihren Unterkörper einbeziehen können. Sie haben sich damit schon bewiesen, dass Sie sich in Ihrem Körper wohlfühlen und Lust genießen können.

Um Sie weiter zu unterstützen, können wir in den nächsten Gesprächen die Grundlagen der Lebendigkeit thematisieren, die Ihre Eltern Ihnen in Ihrer Kindheit leider ausgeblendet haben: Sinnlichkeit – Körperlichkeit – Frausein – Sex mit sich selbst und dann schließlich sexuelle Begegnung als Spielart lustvoller Zweisamkeit. Sie sind eingeladen zu einem mentalen Entdeckungsprogram und werden herausfinden, dass Körper und Geist eine Einheit bilden, weil wir in dieser Welt in unserem Körper und nirgends sonst zu Hause sind.

Sollte nach diesem Gespräch der Zwang sich schon beruhigt haben, können wir zu Ihrem nächsten Besuch mit diesem Themenkreis beginnen. Sollte der Zwang unverändert oder gar stärker werden, dann nehmen wir das als Signal Ihres Körpers als Entscheidung, zunächst mit der Behandlung des Zwangs zu beginnen. Meine Empfehlung bis zum nächsten Besuch besteht darin, einmal zu zählen, wie oft sie sich pro Tag kratzen. Legen Sie dazu passende Token, zum Beispiel Knöpfe, Münzen oder Büroklammern in zwei Farben bereit. Jedes Mal, wenn es Ihnen gelingt, den Kratzimpuls durch Entspannung etwas aufzuschieben, stecken Sie jeweils einen Token der von Ihnen für ‚Erfolgserleben' festgelegten Farbe in Ihre Tasche. In den Fällen, in denen Sie nicht widerstehen können, zu kratzen und sofort nachgeben mussten, stecken Sie ein Token der anderen Farbe in die Tasche. Jeden Abend vor dem Schlafengehen zählen Sie dann die Token jeder Sorte aus und notieren das Ergebnis. Über die Tage bis zu Ihrem nächsten Termin hier können Sie dann den Trend erkennen und beurteilen, mit welcher Baustelle wir beginnen."

Kommentar:
Oft sind körperbezogene Zwänge mit Ablehnung des Körpers und Autoaggressivität verbunden.

In der Intensität von Zwängen spiegelt sich das Maß der Anspannung wider. Silke, die in vorangegangenen Gesprächen schon ein Vertrauensverhältnis aufbauen konnte, erkannte in dem skizzierten Gespräch den

Zusammenhang zwischen Ablehnung des Körperlichen, widersinnigem Leistungsdruck und sexueller Gehemmtheit.

Sie konnte Anregungen gewinnen, sich im Vertrauen auf die Geduld ihres Partners von ihrem Druck zu entlasten, um sich zunächst ihrem eigenen Körper auf eine achtsame Weise, jenseits von Leistungsansprüchen, anzunähern.

In Bezug auf den Zwang, sich zu kratzen, bekam sie eine Aufgabe, die sich zusammen mit dem Erlernen situativer Entspannungstechniken in der Anfangsphase der Behandlung von Handlungszwängen bewährte. Der neuronale Automatismus des Zwangs wird destabilisiert, indem die Betroffenen eine Beobachterposition einnehmen und über jeweilige Entscheidungen zur Verzögerung der Reiz-Reaktions-Folge erste Erfolgserlebnisse sammeln können.

2.13 Ich *kann* nicht entscheiden

Diese Überschrift fasst häufig vorkommende Varianten eines mythischen Lebens-Skriptes von Opfern zusammen: Das Gleichnis von Buridans Esel (Rescher, 1968) schildert dieses Tier als konsequentesten Entscheidungsverweigerer. Buridans Esel bezahlt seinen unentscheidbaren Anspruch auf das beste Heu, in der Mitte des Abstandes zwischen zwei Heuhaufen verharrend, letztlich mit seinem Verhungern.

Die Idee, *nicht* entscheiden zu können, ist ebenso paradox, wie *nicht* kommunizieren zu können (Watzlawick, 2017). Wer Entscheidungen vermeidet, schiebt sie auf oder anderen zu. Kurzfristig wird die Verantwortung für die eigene Lebensgestaltung umgangen und zugleich das Fortschreiben der bestehenden Situation gewählt. Langfristig delegieren Vermeider von Entscheidungen ihre Wahlen an Dritte (Beschuldigungsvariante) oder zufällige äußere Umstände (Fatalismusvariante). Diese werden dann aus der Opfer-Perspektive (meist mehr oder weniger resigniert oder klagend) für resultierende Frustrationen verantwortlich gemacht.

Da jede belangvolle Entscheidung für eine Alternative im Interessenkonflikt die Abwahl der anderen Option bedingt, ist das Nicht-Entscheiden eine besondere Form des Aufschiebens (Prokastination) von Konfliktlösungen. Kurzfristig wird ein In-der-Schwebe-Lassen einer anstehenden Entscheidung als angenehmer bevorzugt, gegenüber den längerfristigen Folgen der Festlegung auf eine Alternative mit ihren jeweiligen nachteiligen Nebenwirkungen, beispielsweise des Verzichts auf die Vorteile der abgewählten Möglichkeit.

Die Wahl, sich vor anstehenden Entscheidung zu drücken, bevorzugen Personen, die sich die Illusion aufrechterhalten, jeweils die besten Bestandteile von einander ausschließenden Alternativen für sich zu vereinnahmen. Solche „Rosinenpicker" können sich auf diese Weise die Illusion erzeugen, die absurden Forderungen der Art „Wasch mich, aber mach mich nicht nass!" zu realisieren. Solange sie sich nicht entscheiden, sich zu waschen, bleiben sie trocken und beschwichtigen ihre Hygienebedürfnisse, vorwegnehmend, als ob sie sich schon gewaschen hätten, indem sie sich auf ein vages „Bis bald" vertrösten. Diese Vorstellungen sind ähnlich dem Muster der Suchtleugnung. Diese sind typisch für Alkoholabhängige, die fest daran glauben, dass sie zu *jedem späteren* Zeitpunkt mit dem Trinken aufhören könnten. Auf diese Weise erteilen sie sich selbst mit beruhigtem Gewissen die Erlaubnis, *zunächst noch* weiter Alkohol konsumieren zu dürfen. Nicht-Entscheiden – also das Aufschieben und Delegieren von Entscheidungen hat folgende *Vorteile*:

1. Vermeiden des Risikos, sich „falsch" zu entscheiden. Diese Option dient Perfektionisten, passiven oder lebensängstlichen und konfliktscheuen Personen. Als Motiv liegt zumeist ein Opfer-Skript der Gegenabhängigkeit zugrunde (mit dem Ziel, *nicht* zum Opfer anderer zu werden): ‚Ich vermeide, um nicht von eigenen Vorwürfen geplagt, von anderen kritisiert, bestraft oder benachteiligt zu werden.'
2. Delegation der Verantwortung der unangenehmen Nebenwirkungen von Festlegungen an schuldige Andere (Beziehungsvariante).
3. Entlastung des Gewissens von Bedenken wegen Unterlassungen eigener Anstrengungen, die zu effektiver Problemlösung erforderlich wären (Variante der Konfliktvermeidung innerhalb der Person).
4. Vermeidung von voreiligem Handeln. Diese Anwendung ist dann rational, wenn die Folgen einer Wahl noch nicht abschätzbar sind. Sie vermeidet Aktionismus und erfordert geduldiges Beobachten eines Entwicklungstrends, bis ein zuvor definiertes Entscheidungskriterium erreicht ist. Jedoch wird jemand, der Entscheidungen aus diesen Gründen aufschiebt, seine Entscheidungskompetenz nicht, wie unter 1.–3. beschrieben, entwerten, sondern statt „ich kann nicht…" formulieren: „Ich **will** (noch) nicht entscheiden."

Nachfolgend hierzu *Beispiele aus der klinischen Praxis*:

Ich bin ein Blatt, das im Wind des Lebens treibt.
– Entscheidungen gehören zur Berufsroutine, jedoch nicht ins Privatleben.

Fallbeispiel Victor, 33 Jahre, ist ein erfolgreicher Jurist. Im Vorjahr hat er mit Isabell den Bund der Ehe geschlossen und damit in eine renommierte Kanzleigesellschaft eingeheiratet. Seine Ehe beschreibt er als „karrieretechnisch vorteilhaft, sonst ganz nett, aber auf die Dauer ohne Herausforderung, zumal erotisch weniger inspirativ".

Biografischer Hintergrund:
Sein Vater ist in der Kleinstadt, in der Victor aufwuchs, ein erfolgreicher Geschäftsinhaber. Die „alltäglichen familiären Angelegenheiten" habe er weitgehend der Mutter überlassen. Diese war Unterstufenlehrerin. Bis zum Abitur von Victor war sie als Hausfrau und sein Schulcoach tätig gewesen. Die Zeit bis zum Gymnasium schildert Victor als glückliche Kindheit. Dann habe „der Ernst des Lebens" begonnen. Er habe sich „wie auf ein Fließband gesetzt" gefühlt. Den Eltern war wichtig, dass die Kinder etwas Brauchbares lernen sollten, um dem Ansehen der Familie stets Ehre zu machen. Der zwei Jahre ältere Bruder wurde Diplomkaufmann, um das Geschäft des Vaters zu übernehmen. Victor hatte die Wahl zwischen Wirtschaftsingenieurwesen und Jura. Ein Rechtsstreit des Vaters habe ihm dann die Weichen für seine Berufswahl gestellt. Seine heutige Ehefrau habe Victor beim Golfen kennengelernt. Diesen Sport betrieb er seit seinem 14. Lebensjahr. Obwohl ihn eigentlich Fußball und Tennis mehr interessiert hätten, sei er dem Golfclub beigetreten, mit Rücksicht auf die Erfahrungen seiner Eltern, dass man beim Golfen besser sozial netzwerken könne.

Die Behandlung sucht Victor wegen Herzrhythmusstörungen, Bluthochdruck und Panikattacken. Seit vier Monaten leide er unter Schlafstörungen, Magenbeschwerden und Atembeklemmungen. Er sei daher beruflich oft unkonzentriert und mache sich Sorgen, bald beruflich nicht mehr zu funktionieren. Eine zeitliche Eingrenzung der Entstehung der Symptome nach der ersten Panikattacke ergab Hinweise auf die Belastungen eines Doppellebens.

Dessen vermeintlich zufälligen Beginn schildert Victor:

„Es war ein lauer Frühlingsabend. Nach der Arbeit lag so ein Duft in der Luft, der mich trieb, noch ein wenig auf der Terrasse der Kanzlei zu verweilen und die Augen einfach entspannt in den Park schweifen zu lassen. Als das Eichhörnchen, dem ich eine Weile zusah, entschwunden war, wurde mir klar, dass ich wohl jetzt meinen Bus verpasst haben musste. Da ergab es sich bei dem schönen Wetter, dass ich noch etwas durch den Park schlenderte, gedankenverloren, zunächst ohne Ziel. Aber dann bemerkte ich, dass meine Schritte mich ganz automatisch zu dem Hochhaus geführt hatten, in dem Ina ihre Praxis eröffnet hatte. Offenbar hatte ich mich hintergründig an das Inserat erinnert, in dem sie ihre Praxisgründung ankündigte.

Sie müssen wissen, Ina und ich hatten im zweiten Studienjahr mal eine heiße Affäre. Aber ich weiß auch nicht mehr, warum wir auseinandergekommen sind, denn das ist ja schon lange her. Nun, da ich schon mal vor ihrer Praxis stand, zog es mich auch hinein, um ihr ‚Guten Tag' zu wünschen und zur Eröffnung zu gratulieren. Nachdem die anderen Gäste gegangen waren, blieben wir beiden schließlich übrig. So kam es, wie es denn kommen musste, wir plauderten angeregt und verbrachten die Nacht miteinander. Es war einfach köstlich, belebend. Seither entwickelte sich eine sehr schöne Liebesbeziehung. Ich fühlte mich seltsam unbeschwert, zumal Ina auch Verständnis für meine privaten Verpflichtungen zeigte. Meiner Frau gegenüber überkam mich eigentlich kein schlechtes Gewissen, denn ich war ein anderer bei Ina und nahm ihr, die immer nach ‚Schema F' vorging, nichts weg, was sie hätte vermissen können.

Als Ina dann erzählte, dass sie sich wünschte, schwanger zu werden, und fantasierte, mit mir zusammenzuziehen, wurde es mir aber zu eng, ja richtig ungemütlich. Nun stecke ich in der Zwickmühle. Entscheiden war noch nie meine Stärke, es sei denn auf Grundlage der Anwendung von Gesetztexten. Aber welches Gesetz sagt dir, ob du dich für Ina oder Isabell entscheiden sollst?

T: „Sie haben sicher die Konsequenzen in der Zukunft abgewogen?"

V: „Darüber hirne ich doch die ganze Zeit. Mein Kopf ist voller Pro- und Contra-Listen, je nach Stimmung, mal zugunsten der einen und dann wieder für die andere. Im Trend ist Ina vorn, wenn es um lebendigen Sex, Kreativität und Initiative geht. – Isabell macht unschlagbar das Rennen, wenn, es um Sicherheit geht."

T: „Welche Art von Sicherheit meinen Sie?"

V: „Sowohl emotional, Isabell ist nicht so anstrengend, man weiß genau, woran man bei ihr ist, sie definiert sich als Teil meines Erfolges, somit ist mir Bewunderung sicher. Natürlich sind da auch viele wirtschaftliche Vorteile mit unserer Ehe verbunden. Also rational tendiere ich in diese Richtung, aber emotional in die andere."

T: „Die Risiken der Lebendigkeit gegen die Langeweile der Sicherheit? Wenn Sie sich als Ihr eigener Beobachter bei Ihren Erwägungen betrachten, was bemerken Sie?"

V: „Ich möchte am liebsten gar nicht entscheiden, und die Vorteile beider Frauen genießen. Aber es ist nur eine Frage der Zeit, bis die Bombe platzt."

T: „Sehen Sie einen Zusammenhang mit dem Druck auf Ihrer Brust, den Schlafstörungen und der Panik?"

V: Das habe ich noch gar nicht in einen direkten Zusammenhang gebracht, aber es stimmt: Ich bin von diesem Entscheidungsdruck wohl doch viel mehr gestresst, als ich wahrhaben wollte."

T: „Was passiert, wenn Sie sich nicht entscheiden?"

V: „Ich denke, Ina lässt sich nicht mehr lange hinhalten. Sie weiß, was sie will, und wenn ich nicht mitziehe, bin ich out. Sie wär' imstande, auch Isabell aufzumischen. Dann würde ich zum Feind der ganzen Schwiegerfamilie. Wenn sie die Bombe nicht platzen lässt, dann geht es mit Isabell weiter wie gehabt. Es wird vielleicht von Tag zu Tag noch etwas langweiliger."

T: „Wenn Sie nicht entscheiden, entscheidet nach Ihrer Voraussage zunächst Ihre Geliebte, anschließend womöglich auch die Ehefrau und deren Familie? Wenn das erwartete Verlustprogramm betreffend erotische Faszination, partnerschaftliche Geborgenheit und wirtschaftliche Nachteile so schicksalhaft auf sie zurollt, wie müssten Sie denn entscheiden, um für sich den Schaden zu begrenzen?"

V: „Wenn ich es mir genau überlege: Ina habe ich schon verloren, denn ich traue mir nicht zu, in der Beziehung die Spannung zu halten, die sie braucht. Also sollte ich mit ihr diplomatisch Schluss machen, bevor auch noch meine Ehe den Bach runter geht."

T: „Somit hätten Sie sich schon entschieden?"

V: „Gegen Ina? Für meinen Abschied von Ina?"

T: „Nun, zunächst gegen sich selbst als Gestalter von Beziehungen."

V (wie aufgeschreckt) „Wie meinen Sie das?"

T: „Zu Beginn Ihrer Betrachtung haben Sie sich zunächst so positioniert wie ein Konsument im Supermarkt, der nach längerer und gründlicher Prüfung der Vor- und Nachteile eines Angebotes, nehmen wir mal an von Zahnpasta, schließlich feststellt, dass es kein Optimum gibt und sich Vor- und Nachteile auf verschiedenen Dimensionen insgesamt schwer abwägen lassen.

Nun können Sie herausfinden, dass die Qualität einer Beziehung nicht nur von Ihrer Fähigkeit abhängt, die Beiträge der jeweiligen Partnerin zu konsumieren oder für sich zu nutzen, sondern auch ganz wesentlich von Ihren Fähigkeiten, die Beziehungen zu gestalten bzw. der jeweiligen Partnerin etwas zu bieten, was deren Bedürfnissen sowie gemeinsamen Interessen entspricht."

V: „He, das ist jetzt aber provozierend. Da muss ich noch erst mal darüber nachdenken."

T: „Das ist eine sehr gute Idee. Darf ich Ihnen hierzu zwei ‚Hausaufgaben' empfehlen?"

V: „Nur zu!"

T: „Erstens: Schreiben Sie die Geschichte vom schicksalhaften Zusammenkommen mit Ina, welches sich zum Doppelleben entwickelte, genau so schön ausführlich auf, wie Sie sie mir eingangs erzählten.

Zweitens: Versetzen Sie sich diesmal mental in die Position eines reflektierten Aktiven, der alles, was er tut, verantwortet, angefangen von seinen Bedürfnissen bis zu seinen Handlungen. Erzählen Sie sich die Geschichte Ihres Zusammenkommens mit Ina noch mal aus der Sicht als Regisseur des Geschehens.

Drittens: Stellen Sie die Notizen des vom Schicksal getriebenen und des aktiven Selbst gegenüber, vergleichen Sie, wie Sie sich jeweils dabei fühlen.

Viertens: Loten Sie ihre Potenziale in beiden Beziehungen aus. Schreiben Sie sich für jede der Frauen ein Drehbuch, wie es Ihnen gelingen kann, zum einen mit Ina und zum anderen mit Isabelle eine wünschenswerte, jeweils für beide Seiten angenehme und konstruktive Beziehung zu gestalten."

Nachbetrachtung:
Victor entwickelte Verständnis für die lebensgeschichtlichen Faktoren, die sein „Leben nach dem Fließband der Vorgaben" anbahnten. Er fand dabei Dogmen über Entscheidungen und Beziehungen heraus, die er bisher nicht überprüft hatte. Er stellte fest, dass diese sein Lebensgefühl als Getriebener bestätigten.

Indem er sich von den elterlichen Vorgaben nach wirtschaftlichem Erfolg und Ansehen löste, fand er mehr Spielraum für das Erproben seines Selbst als seine Bedürfnisse erfüllender Regisseur seines Alltages und seiner Beziehungen. Er bilanziert, dass er sich freier fühlt, seit er „es nicht mehr richtigmachen" müsse. Er könne sich besser in andere hineinversetzen und deren Sichtweisen verstehen, ohne dabei seine Bedürfnisse zu verdrängen. „Ich fühle mich jetzt sicherer, wenn ich mich authentisch verhalte. Statt mit Wohlverhalten ein Schnäppchen zum Beziehungskonsum zu erjagen, genieße ich das Geben und Nehmen. Allmählich habe ich meine Gestaltungsmöglichkeiten auch auf die sexuelle Beziehung zu meiner Frau anwenden können und dabei erstaunliche Resonanz erlebt. Ein Jahr nach Behandlungsabschluss war seine Frau zur Freude beider schwanger. Beruflich trennte er sich zum Erstaunen des Schwiegervaters aus der Sozietät und wandte sich einem fachlichen Gebiet zu, das ihn viel mehr interessierte als die bisherige Routine.

Ina sei wieder mit einem verheirateten Mann zusammen.

Victor kommentiert: „Ina fühlt sich wohl auch ein bisschen wie Burians Esel. Ich glaube, der Wunsch nach Gründung einer Familie war schon sehr tief in ihr, aber sie hielt ihn in der Schwebe, um die Verbindlichkeiten und Mühen von Beziehungsgestaltung zu umgehen."

Ich kann mich nicht entscheiden, weil ich depressiv bin –

ich bin depressiv, weil ich mich nicht entscheiden kann

Fallbeispiel Bogdan

Bogdan ist 38 Jahre alt. Er lebt in der Wohnung seiner Mutter und bestreitet seinen Unterhalt von Arbeitslosen-Geld. Die Therapie sucht er auf Anraten der Beraterin vom Arbeitsamt, die ihn im Rahmen der Wiedereingliederung Langzeitarbeitsloser begleitet. Sie habe eine besondere Entscheidungs-unfähigkeit als Hinderungsgrund seiner weiteren Entwicklung festgestellt. Deren letztliche Ursache sei seine Depressionen, die behandelt werden müsse.

Biografische Aspekte
Bogdan wuchs als Einzelkind in einem Elternhaus auf, in dem beide Eltern keine Beispiele für konstruktive Auseinandersetzungen und Konflikt-lösungen anbieten konnten. Der Vater, ein beruflich erfolgreicher Polier, war meist nur an Wochenenden präsent. Er regelte das Familienleben über Anweisungen. Wenn es bei deren Umsetzung Probleme gab, reagierte er zunächst, indem er seine Anweisungen, in Teilschritte aufgliedert, in Kommandosprache wiederholte. Kam es weiterhin zu Problemen, dann reagierte er cholerisch und strafte mit Demütigungen und Schlägen.

Bogdans Mutter ordnete sich dem Vater unter. Sie bemühte sich, ihn bei guter Laune zu halten, um so „Harmonie herzustellen" und ihren Sohn vor weiteren Übergriffen des Vaters zu schützen. Bogdan sei ihr „Ein und Alles". Der Vater habe sich für seinen Sohn „nicht wirklich interessiert". Kontakte zum Vater hätte er als Heranwachsender möglichst vermieden, was ihm als kleines Kind nicht möglich war.

Hierzu schildert Bogdan folgende Episode:

Um sein Hobby durchzusetzen, eine Modelleisenbahn in der kleinen Wohnung aufzubauen, benutzte sein Vater ihn in seinem Vorschulalter als Alibi. Bogdan schildert: „Mein Vater hat dann gebastelt und Züge zusammengestellt. Ich durfte dabeisitzen und zusehen. Das war sterbens-langweilig. Etwas anzufassen war zu riskant. So wurde ich geohrfeigt, weil ich mal eine Lock falsch auf die Schienen setzte oder eine Schranke ver-sehentlich verbogen hatte. Meine Mutter tröstete mich dann, wenn sie den Eindruck hatte, dass der Vater zu weit gegangen war. Sie kochte mir dann meine Lieblingsspeise und las mir abends besonders lange Geschichten vor."

Als er in die Abiturstufe kam, trennte sich die Mutter vom Vater wegen dessen fortgesetzter Affären.

Bogdan schilderte:

„Zum Abitur haben mich meine Eltern auf eine Privatschule abgeschoben. Nach dem Abitur war mir mein Zuhause genommen. Deshalb konnte ich mich im danach begonnenen Studium nicht konzentrieren. Ich wurde schwermütig. Als ich Christine kennenlernte, hellte sich meine Stimmung auf. Aber bald begannen mich ihre Erwartungen und ihre lehrerhafte Unterstützung beim Studium zu nerven. Ich nahm mir ein Euroticket und tourte umher. In Spanien blieb ich hängen, wo ich bei einem Winzer vom Erntehelfer zum Organisator seiner Logistik und Werbung aufstieg. Eigentlich war das eine schöne Zeit. Doch als sich die Tochter meines Chefs für mich interessierte, wurde es mir zu eng. Ich ging nach Deutschland zurück und schlug mich mit Gelegenheitsarbeiten durch. Ich nahm eine Anstellung als Beikoch an. Weil ich meine morgendliche Müdigkeit nicht bezwingen konnte, wäre ich nach ein paar Monaten wieder 'rausgeflogen. Meine Mutter verhandelte mit dem Chef und erreichte es irgendwie, dass er mir erst nach einem Jahr kündigte, damit ich Arbeitslosengeld bekam. Dann organisierte mir meine Mutter eine Sozialwohnung.

Es folgten Phasen von Arbeitseinsätzen – Umschulungen und Arbeitslosigkeit – Ausbildung im Berufsförderungswerk mit Abbruch im letzten Jahr wegen Konzentrationsstörungen. Dann hatte ich mich in meine Wohnung verkrochen, aber die Heizung ging kaputt. Also zog ich in die Wohnung meiner Mutter, die mich nur widerwillig aufnahm. Sie hat es inzwischen aufgegeben, mich für Jobs zu interessieren. Nun haben wir den Deal: Sie versorgt mich, und ich versorge ihre Katzen, während sie arbeitet."

Hier folgt ein Ausschnitt aus einem orientierenden Gespräch (Erstinterview):

T: „Ihre Betreuerin meint, Ihre Entscheidungsprobleme seien der Grund für Ihre psychischen Probleme."

Was ist denn Ihre eigene Meinung?"

B: „Na, ich gebe ihr recht. Wäre ich denn sonst hier?"

T: „Wie stellen Sie sich vor, dass ich Sie bei der Überwindung des Problems unterstützen kann?"

B (zuckt mit den Schultern, lächelt): „Das sollten Sie doch wissen, schließlich sind Sie die ‚Fachkraft'."

T: „Nun, der einzige Experte, der Sie, Ihre Möglichkeiten und Motive wirklich kennt, sitzt mir gegenüber. Wenn Sie das Problem schon so lange kennen, könnte es sein, dass Sie viele Erfahrungen gesammelt haben, in welchen Situationen es nicht oder nur abgeschwächt auftritt. Daran könnten wir anknüpfen."

B: „Ich glaube, dass ich das Problem nicht habe, wenn von mir nichts verlangt wird und man mich in Ruhe lässt."

T: „Bitte schildern Sie mir den Ablauf eines Tages, an dem von Ihnen nichts verlangt wird."

B: „Ich schlafe erstmal aus, dann ist Nachmittag. Dann frühstücke ich, füttere die Katzen und zappe im Fernsehen oder auf YouTube. Dann kommt die Mutter von der Arbeit, macht mein Mittagessen bzw. ihr Abendessen. Wir machen Smalltalk, dann zocke ich oder bastle an alten PCs oder verbessere die Grafikdarstellung für meine Spiele. Gegen drei oder vier Uhr bin ich dann reif für's Bett und gehe schlafen."

T: „Sie haben sich also für eine Tagesroutine entschieden, die Ihnen sehr vertraut ist. Sie entschieden, die Versorgung Ihrer Mutter anzunehmen, als Gegenleistung für Ihre Versorgung der Katzen. Sie wählen jede Nacht interessante Videobeiträge aus und *können entscheiden,* mit welchem PC-Spiel Sie den Abend verbringen."

B (irritiert, dann gereizt): „Sie tun so, als könnte ich schon entscheiden, dabei sagte ich doch, dass ich mich *nicht* entscheiden *kann.* Ich habe Ihnen gerade erklärt, dass mein Tag wie ein Fließband *abläuft.* Es ist egal, welchen Beitrag das Fernsehen bringt und ziemlich beliebig, welches Spiel mir einfällt. Eins ist so gut wie das andere zum Zeitvertreib, nichts macht mich wirklich an."

T: „Bitte, schildern Sie mir nun beispielhaft eine Episode, an der ich Ihre Entscheidungsproblematik genauer nachvollziehen kann, sodass ich mir einen inneren Film Ihrer Schilderung ansehen kann, wie ein YouTube-Video."

B: „Es ist ein schöner Frühlingstag. Die Sonne scheint mir ins Gesicht, sodass ich früher aufwache als sonst. Ich stellte mir vor, dass es ganz angenehm wäre, mich mal wieder draußen zu bewegen und vielleicht zur Kampenwand, einem Berg in den bayerischen Voralpen, zu gehen. Vor Jahren traf ich dort auf der Hütte ganz nette Typen, die Aussicht war toll, und das Bier schmeckte."

T: „Bitte schildern Sie die Episode im einzelnen, möglichst in der Gegenwartsform, diese regt die Wahrnehmung von Entscheidungsmöglichkeiten an."

B: „Wahrscheinlich kommt mich die Lust an, das zu wiederholen. Dann gehe ich zum Bahnhof, verpasse aber knapp den Zug ins Oberland. Also setze ich mich auf die Bank und warte in der Sonne angenehm dösend auf die nächste Bahn. Als die Leute aussteigen ist darunter ein Mädchen, dass mich an Christine, meine erste Liebe, erinnert. ‚Ich bin wie vom Donner gerührt.' Ich folgte einer Eingebung, sie anzusprechen, gehe ihr ein paar Schritte hinterher. Dann wird mir plötzlich klar, dass sie mir sowieso einen Korb geben wird, und ich bleibe zurück. Inzwischen ist der Zug auch schon weg. Für die Berge ist es jetzt ohnehin zu spät. Also kaufe ich mir ein Pack Bier im Kiosk, gehe wieder nach Hause und rufe die Mutter an, damit sie mich zum Essen einplanen soll."

T: „Sie schildern eine ganze Kette von Entscheidungen. Ich verstehe nicht, weshalb Sie diese Begebenheit als Beispiel für Ihre Entscheidungs-unfähigkeit anführen?"

B: „Können Sie denn nicht verstehen, dass, wenn ich mich schon ent-schieden habe, etwas zu unternehmen, mich immer irgendetwas hindert, an Zufälligkeiten oder äußeren Umständen, das zu tun was ich eigentlich will, und wie ich dann *immer wieder zu nichts komme.*"

T: „Wie fühlen Sie sich dabei?"

B: „Unverstanden, ungerecht, zumindest als Looser behandelt und benachteiligt."

T: „Das sind Bewertungen mit denen Sie entscheiden, Ihren Selbstwert herabzusetzen. Ich darf Sie an Ihre gute Zeit in Spanien erinnern.

Doch schildern Sie bitte, was emotional mit und in lhnen passiert, wenn Sie sich mit dem Bier in der Hand vom Bahnhof nach Hause gehen sehen."

B wirkt wütend, resigniert, zuckt mit den Schultern.

T: „Zählen Sie bitte auf, wie viel Alkohol und Drogen Sie konsumieren, um dieses Gefühl zu ertragen."

B: „Also einen halben Kasten (Bier) täglich, dann noch 'ne viertel Pulle Klaren, und ab und zu 'nen Joint – je nach Kassenlage a' bissl Kräuter (Designer-Drogen – synthetisierte Rauschmittel)."

T: „Nun, was Sie mir mit dem Beispiel erklärten, vom Frühlingsvor-mittag, an dem Sie letztlich beschlossen, Bier vom Bahnhof zu holen, habe ich so verstanden: Unter Berufung auf widrige Umstände in Kombination mit Ihrer vermeintlichen Entscheidungsschwäche gelingt Ihnen ein Kompromiss: Sie konnten *sowohl* Ihre Visionen von einem Selbst-Wunsch-bild aufrechterhalten (das einen schönen Frühlingstag taff für einen Berg-ausflug nutzt oder sogar eine attraktive Frau kennen lernt) *als auch* alle Anstrengungen, die mit der Erfüllung ihrer Wünsche verbunden sind, ver-meiden. Anstrengungen und Risiken, die mit dem Handeln zur Erfüllung Ihrer Wünsche verbunden wären: die körperliche Anstrengung auf dem Weg zur Berghütte oder das Risiko, bei der begehrten Dame abzublitzen.

Letztlich wählen Sie ein Leben als Gestalter jenes Tages faktisch ab. Statt-dessen schwelgen Sie in Optionen der Wunscherfüllung und konsumieren weiter als Kostgänger bei der Mutter, risiko- und anstrengungsbefreit. Wenn Ihre Episode typisch ist, so zeigt sie: Im Zweifelsfalle *entscheiden* Sie sich bisher *immer wieder* nach genau diesem Schema. Bilanzierend beschließen Sie, dass dies nicht das Leben sei, welches Ihnen zustünde und entscheiden, Ihren Frust mit Alkohol und Rauschmitteln zu betäuben."

B: „Sie tun so, als *wollte* ich so leben, wie ich lebe. Sie haben ja keine Ahnung, wie es ist, wenn man sich keinen neuen PC kaufen kann oder jeden Cent für jedes Computerspiel oder jede Flasche Bier dreimal umdrehen muss. Sie wissen nicht, wie das ist, wenn man sich nicht auf die Straße traut, weil man sich vor den anderen, die zur Arbeit gehen, schämt. Aber ich *kann* nicht anders. Weil ich nicht kann, bin ich ausgeschlossen von der Gesellschaft und so depressiv, dass ich nicht entscheiden kann."

T: „Ob Sie nun nicht können oder nicht wollen oder nicht wollen können – für Ihre Lebensgestaltung kommt es im Ergebnis auf dasselbe heraus: Sie leben bis auf Weiteres von Sozialbeiträgen anderer und der Arbeitsleistung Ihrer Mutter. Das bereitet Ihnen Skrupel im Vergleich zu Altersgefährten hinsichtlich Gestaltungsmöglichkeiten und Kontaktchancen.

Selbstvorwürfe und das Empfinden, chancenlos benachteiligt zu sein, können tatsächlich Depressivität und Suchtverhalten fördern und damit die Entscheidungen für andere Verhaltensmöglichkeiten hemmen."

B: „Ja, jetzt merken Sie's, ich sitze in der Falle. Was können Sie mir also anbieten, wie ich da 'raus komme?"

T: „Änderungen wären entweder möglich bezüglich Ihrer Selbstbewertung oder eines Trainings nachhaltiger Motivation, Anstrengungen auf sich zu nehmen. Beides gibt's aber nicht zum Nulltarif. Zumindest müssten Sie sich neu definieren, indem Sie zunächst Ihren Ausgangspunkt verständnisvoll und ohne Vorwürfe an andere akzeptieren und auf Entwertungen verzichten. Aufbauend können Sie sich gegen Drogen entscheiden und täglich kleinere Fortschritte sich als Erfolgserlebnisse gestalten. Auf diese Weise können Sie trainieren, kurzfristige Versagungen und Anstrengungen für längerfristige Vorteile und die Stabilisierung Ihres Selbstwertes einzuwechseln.

Unter diesen Umständen wäre für Sie sehr entlastend, wenn Sie zunächst damit beginnen, sich statt Ihrer Selbstvorwürfe die *Akzeptanz* Ihres praktizierten Lebenskonzeptes als Summe ihrer *bisherigen* Entscheidungen und somit von Ihnen gewählt zu erteilen. Hierzu brauchten Sie übergangsweise eine Bescheinigung, dass Sie aus Gründen seelischer Erkrankung sowohl nicht erwerbsfähig als auch von einer Ausbildungsmaßnahme überfordert sind.

Als ich Sie zu Beginn unseres Gespräches fragte, wie ich Sie unterstützen kann, haben Sie mich nicht beauftragt, mit Ihnen Veränderungsmotivation und Anstrengungsfähigkeit zu trainieren. Sollten Sie mir diesen Auftrag erteilen, müssten wir uns auch mit den besonderen Schwierigkeiten auseinandersetzen, die Sie in Ihrem Elternhause erlernten und unter welchen Bedingungen Sie noch umlernen können

Für heute haben Sie stattdessen entschieden, mich herausfinden zu lassen, dass Ihnen mit einer Attestierung des durch psychische Krankheit bedingten Nicht-Wollen-Könnens zunächst gedient ist."

B: „Ja, ich werde mir das mal überlegen. Aber zunächst brauche ich erstmal Ihre Bescheinigung, dass ich hier in der Sprechstunde war, damit meine Betreuerin sieht, dass ich mich um Therapie bemüht habe."

T: „Selbstverständlich gebe ich Ihnen diese Bescheinigung mit, die den Tatsachen voll entspricht: Sie haben wieder Bemühung gezeigt. Sollten Sie sich im Nachgang unseres Gespräches für weitere Unterstützungen beim Handeln entsprechend Ihren Wünschen entscheiden, schicken Sie mir bitte eine Mail."

Nachbetrachtung:
Bogdans Leidensdruck, seine belastenden Selbstwertprobleme und das Empfinden seiner Benachteiligung im Vergleich zu Gleichaltrigen ist als Dysthymie (einer durch Diskrepanzen von Selbstanspruch und Realität verursachten anhaltenden Herabstimmung oder Verbitterung) bei einer selbstunsicher vermeidenden Persönlichkeit mit abhängigen und antisozialen Kompensationsstrategien zu diagnostizieren. Seit Jahren bestehen geringes Selbstwertgefühl mit Vermeidung sozialer Kontakte, Antriebsschwäche, Lustlosigkeit bei monotoner Lebensführung und Ausnutzung anderer.

Bogdan hat sich in seinem Opfer-Skript gefangen, denn seine Schuldzuweisungen wirken wie Anhaftungen an illusionäre Aufträge der Wiedergutmachung, die ihn von seinen Handlungsmöglichkeiten ablenken: Er kann nicht mehr wollen, weil aus seiner Sicht seine Eltern schuld sind, sein Selbstvertrauen zerstört zu haben. Mit seinem Versagen bestraft er seine Eltern. Da der Vater durch Kontaktabbruch sich jeder Verantwortung für seinen Sohn entzogen hat, bindet sich Bogdan nun in passiv-aggressiver Weise an seine Mutter: Sie soll ihn nun für ihre Schuld an ihm entschädigen. Diese Haltung konserviert genau die Gefühlslage, die ihn in seiner Kindheit prägte. Nun, als Erwachsener, der auf die Vierzig zugeht, verstärkt sein Vergleich mit der Lebensleistung Gleichaltriger seine Minderwertigkeitszuschreibungen erheblich. Alle anderen hatten vermeintlich bessere Eltern und günstigere Startbedingungen. Der Abstand zu ihnen scheint nicht aufholbar, was seine Resignationstendenzen verstärkt. Hintergründig wird er sich dessen bewusst, dass die erzwungene Komfortzone mit dem Altern der Mutter nur noch begrenzte Zeit verfügbar sein wird. Diese Angst wird ebenfalls verdrängt und süchtig betäubt.

Seine Suchtprobleme (PC-Spielsucht, Erleichterungstrinken und Rauschmittelabhängigkeit) verhindern noch mehr, dass er eine Motivation zur Überwindung seiner Misere entwickeln kann. Die Sucht hilft ihm zwar kurzfristig, negative Gefühle zu betäuben, führt aber längerfristig zum Abbau seines Vermögens, sich zu konzentrieren, Probleme zu überblicken und zu lösen. Somit hat Bogdan tatsächlich bereits ein Stadium depressiver Entwicklung erreicht, in dem er nicht mehr wollen kann. Es liegt dann für ihn näher, sich in seinem Unglück möglichst komfortabel einzurichten. Hierzu bemüht er zur moralischen Rechtfertigung seine Selbsterklärung als Opfer, dem seine Mutter im Besonderen und der Rest der Gesellschaft im Allgemeinen einen Ausgleich schulden. Der Teufelskreis der passiv-aggressiven Verweigerung bei Aufrechterhaltung der Ansprüche nach unmittelbarem Lustgewinn und Entschädigung ist geschlossen und zweifellos, durch die Brille des Diagnostikers betrachtet, krankheitswertig: Die eingangs erwähnte emotionale Störung entwickelte sich von der Beziehungsstörung zur Persönlichkeitsstörung. In der Alltagssprache könnte man formulieren: Bogdan ist in seiner Persönlichkeitsentwicklung in der Situation eines bockigen Kindes stehengeblieben, das keine Frustrationen ertragen mag und daher ein Vermeidungssystem entwickelt. Dazu gehört auch, dass er ihm unerträgliche Gefühle süchtig überdeckt und von anderen seine Versorgung erzwingt.

Solange seine kindlichen Ausgleichsmechanismen erfolgreich sind, ist zu erwarten, dass die besten Bemühungen der Beraterin des Arbeitsamtes, ihn zur Umschulung zu motivieren, scheitern werden.

Bogdan zeigt im Gespräch (entscheidet also indirekt), dass es ihm zunächst nur darum geht, mit der Bescheinigung seiner Anwesenheit bei der Therapeutin weitere Zeit seiner Versorgung zu gewinnen und dabei die Mühen einer Umschulungsmaßnahme zu umgehen, ohne sie offen abzulehnen.

Sollte er sich in angemessener Weise für die Entlastung von Anforderungen einer beruflichen Wiedereingliederung entscheiden, in diesem Fall für eine befristete Berentung wegen Erwerbsunfähigkeit, bestünde die Möglichkeit einer stationären Behandlung seiner Süchte. Anschließend könnte er in Kombination mit einer psychiatrischen Therapie (mit medikamentöser Unterstützung) und Verhaltenstherapie schrittweise seine Handlungsfähigkeit erweitern.

Bogdan meldete sich aber nicht mehr in der Praxis. Wahrscheinlich hat er beschlossen, in seinem „komfortablen Elend" (ähnlich dem seiner Kindheit) zu verbleiben. Mit anderen Worten: Bogdan bevorzugt, noch *so lange wie möglich* im Teufelskreis zu verbleiben: Anforderungsflucht – Selbstentwertung – Selbstmitleid – Selbsttröstung mittels Sucht und damit der Verhinderung der Entwicklung von bewusster Entscheidungs- und Handlungsfähigkeit. So lange seine Mutter ihn dabei weiterhin unterstützt, wird er wahrscheinlich kein Veränderungsmotiv entwickeln.

Nach meinen Beobachtungen häufen sich in den letzten Jahren solche Fälle, denen gemeinsam ist, dass junge Menschen langfristige Anstrengungen scheuen, weil kurzfristige Belohnungen durch Gaming und Drogen ihnen deutlich attraktiver erscheinen. Tradierte Werte der Gestaltung eines konstruktiven Miteinanders in einem realen Gestaltungsraum scheinen nicht mehr der Mühe wert zu sein. Auch besteht für die Erbengeneration kein wirtschaftlicher Ansporn mehr. Wozu eigentlich sich anstrengen, wenn man Wohlstand übernehmen oder sozial alimentiert leben kann? Offenbar fehlen motivierende Modelle des entdeckenden Lernens, des konstruktiven Zusammenlebens in Gemeinschaften und Vorbilder gelebter Werte, die Anstrengung mit (Gestaltungs-)Lust und Sinngebung verbinden können.

PC-Spiele ersetzten gelebte Vorbilder durch die Vorgaben von klaren Regeln und Zeitstrukturen zum virtuellen Teilhaben an einem Gemeinschaftserlebnis des bequemen Erfolgs. Wo anders als beim Gaming kann man ohne körperliche Anstrengung im Sessel sitzen bleiben, um vermeintlich bedeutende Ziele zu erkämpfen, wenn es beispielsweise darum geht, eine Nymphe zu entzaubern, eine Geisel zu befreien, eine Schlacht zu gewinnen oder gar das ganze Universum zu retten? Die virtuelle Realität kann eine konsumtive Dimension sozialer Kooperation und Anerkennung (mit Aufstiegen zum Leader und zum nächsten Level) so dramatisch vermitteln, dass die Ziele des „normalen Lebens" und „gewöhnlicher" Beziehungen vergleichsweise banal und fad erscheinen.

Somit wird der sich Geschichten erzählende Mensch zum Spieler, der Homo narrans zum Homo ludens, aber leider auf eine Weise, die ihn bei der beschriebenen Als-ob-Intensität an persönlicher Entwicklung und konstruktiver gesellschaftlicher Teilhabe und Gestaltung behindert.

Nicht die Spiele selbst, die durchaus Logik, strategisches Denken und Kommunikation zur Zusammenarbeit trainieren können, sind problematisch, sondern die Überdosierung des Engagements bis zur Entfremdung von der Realität, sowohl hinsichtlich gelebter Zwischenmenschlichkeit als auch tätiger Sinngebung.

Die anwachsende Gruppe ausgeschiedener, sich selbst aufgebender Jugendlicher wird zur gesellschaftlichen Herausforderung. Was wollen und können diese Jugendlichen oder jungen Erwachsenen, sofern sie jemals Familien gründen sollten, ihren späteren Kindern beibringen?

Die im Falle Bogdans skizzierte Aggressivität wird von einer Anspruchshaltung getragen: Seine Wut als benachteiligtes Opfer, dem Entschädigung zusteht, beschränkt sich nicht nur auf seine Bezugspersonen, sie richtet sich verallgemeinernd auf die gesamte Gesellschaft.

Zur moralischen Rechtfertigung berufen sich Betroffene wie Bogdan auf den ungerecht verteilten Reichtum unserer (Noch-)Wohlstandsgesellschaft. Aus ihrer Sicht hat ihre Lebensweise für die Gesellschaft den Wert, die Wohlhabenden und Produktiven zu verpflichten, moralisch gut zu handeln, indem sie den Bedürftigen abgeben, zu denen sie sich zweifellos zählen.

Wenn wir eine statistische Lebenserwartung zugrunde legen, wird Bogdan etwa ab seinem 60. Lebensjahr von seiner Mutter Abschied nehmen müssen. Seine Versorgung übernimmt, sofern der Sozialstaat zu diesem Zeitpunkt noch so versorgungsfähig sein sollte wie gegenwärtig, ein sozialpsychiatrischer Dienst auf Kosten der Steuerzahler.

Die Beobachtung des wachsenden Anteils solcher Fälle wie Bogdans in der Praxis, welche von Psychotherapie nur in seltenen Ausnahmen profitieren können, erscheint alarmierend.

Sie wirft Fragen auf, die deutlich mehr gesellschaftlicher Aufmerksamkeit bedürfen. Wie können Familien darin unterstützt werden, ihren Kindern emotionale Geborgenheit zu vermitteln und sie rechtzeitig durch angemessene Förderung zu selbstbewussten und handlungsfähigen Menschen zu erziehen? Wie sollten unmittelbar erlebbare soziale Vorbilder in kind- bzw. jugendgerechter Form angeboten werden, statt auf abstrakte Forderungen zu orientieren. Wie können Eltern- und Schulbildung unterschützt und verbessert werden? Diese Fragen werden drängender. Finden sich keine Lösungen wird die sich anstauende Mischung aus Frustration und Anspruchshaltung gesellschaftlich im wörtlichen Sinne „brisant".

Auf die mahnenden Beiträge von Neuropsychologen (Hüther, 2018), Psychiater und Psychotherapeuten (Maaz, 2019; Winterhoff, 2009, 2019) sei an dieser Stelle verwiesen.

Niemand kann integriert werden, der sich nicht integrieren will, entsprechend der Volksweisheit: *„Der Hund, der zur Jagd getragen werden muss, bringt kein Wild."* In der Überdosierung wird alles giftig: Ein Versorgungssystem als Hängematte kann die Motivation zur Teilhabe an der Gesellschaft sogar lähmen. Die bei sozialen Dienstleistern verbreitete Vorstellung, dass wirtschaftliche Alimentierung in Kombination von „psychotherapeutischer

Anbindung" problemlösend wirke, erweist sich als illusorisch: Im Unterschied zur Versorgung mit sozialpädagogischer Lebensbegleitung setzt Psychotherapie Gestaltungswillen voraus, ist zielbezogen und zeitlich begrenzt.

Von Mitwirkung an der Gesellschaft ausgeschlossene Jugendliche würden, ggf. nach erfolgreicher Suchtbehandlung, von einer zeitlich begrenzten, individuell zielbezogen definierten Phase intensiverer Beziehungs- und Strukturierungsangebote profitieren. Hierzu wäre zu prüfen, wie sich die 1:1-Förderkonzepte (des Personal Coaching) bewähren, in denen Beziehungen zu Strukturierungshelfern aufgebaut werden. Unabhängig von diesem Vorschlag sind Reformen des Sozialsystems nötig, welche den bisherigen Gegensatz von Versorgung und Förderung von Initiative überwinden.

2.14 Meine Familie ist schuld: Gift und Gegengift

Fallbeispiel Sophie: Die 23-jährige Pharmaziestudentin Sophie beginnt ihre Therapie wegen Schmerzen infolge Verspannungen im Kiefergelenk, die bis in das Gesicht ausstrahlen und stressbedingten Durchfällen. Zudem leidet sie zunehmend unter Schlaf- und Konzentrationsstörungen. Deshalb befürchtet sie, gerade bei wichtigen Prüfungen zu versagen. Diese Symptome hätten sich zwar deutlich verbessert, seit ihre Beziehung zu Robert besteht. Dennoch komme es vor wichtigen Prüfungen regelhaft zu Rückfällen.

T: „Sie haben schon herausgefunden, dass Ihre Beschwerden auf einer Fehlverarbeitung von Leistungsstress vor dem Hintergrund von Versagensvorstellungen beruhen. Mögen Sie mir beschreiben, wie dieses Problem entstand?"

S: „Ich wurde von meinen Eltern zu Leistungen angetrieben, die meinen Bruder zum unerreichbaren ‚hochbegabten' Vorbild stilisierten. Eigentlich hatte ich immer Angst, von meinem Bruder ausmanövriert und von den Eltern nicht mehr geschätzt zu werden. Ich komme aus einem sehr leistungsorientierten Elternhaus. Meine Mutter ist Schuldirektorin und mein Vater hat sich vom Versicherungskaufmann zum Vertriebsleiter eines Versicherungskonzerns ‚hochgearbeitet'. Beide stimmen darin überein, ihre Kinder zu besonderen Leistungen anzuhalten. Das Spektrum ihrer Fördermaßnahmen reichte vom Druck zum Geigenunterricht bis zur Anmeldung auf dem zweisprachigen Gymnasium mit naturwissen-schaftlichem Profil. Zudem empfand ich auch kränkend, dass mein älterer Bruder immer mehr Aufmerksamkeit erhielt, wegen seiner angeblichen Hochbegabung. Mit seinen Zeichnungen und seinen zur Schau getragenen Kenntnissen konnte er alle beeindrucken. So gab er vor, alles zu wissen über Tiere und Maschinen, die ihn gerade interessierten.

Mein Freund Robert wirkt für mich wie ein ‚Elixier der Entspannung'. Er ist mit seinem Beruf als Zimmermann zufrieden, verbringt lieber seine Zeit in den Bergen und beim Sport statt mit dem Lernen. Er sagt, die Lebens-qualität sei wichtiger als Karriere. Deshalb hat er auch die Meisterprüfung, die ihm wiederholt nahegelegt wurde, ausgeschlagen. Er wirkt durch sein Vorbild beruhigend und macht mir klar, wenn ich im Studium mal wieder am Durchdrehen bin, wie die Entspannung in der Natur hilft. Er zeigt mir immer wieder, dass Glücklichsein wichtiger ist als Prüfungserfolg."

T: „Gab es in der Kindheit außer Leistungsdruck auch noch gute Zeiten oder lernten Sie ‚Lebensqualität' erst durch Robert kennen?"

S: „Na ja, eigentlich hatte ich manchmal auch recht schöne Kindheits-tage. Ich könnte jetzt eine Reihe von Begebenheiten aufzählen. Ich erinnere mich auch an Zeiten, die Mutter oder Vater ganz allein mit mir ver-brachten."

T: „Gab es auch Episoden, in denen Sie besser weggekommen sind als Ihr Bruder?"

S: „Ich glaube, nach außen hin war ich wohl so etwas wie das ‚Vor-zeigekind' der Familie. Meine Eltern hatten die meisten ihrer Probleme mit meinem Bruder. Ich musste mich meines Bruders oft fremdschämen, wegen seiner Zappeligkeit, und weil er in seiner Sucht nach Beachtung in jedes Fettnäpfchen tappen musste. Peinlich waren auch seine auffälligen Kumpane und sein blamabler Ruf in der Nachbarschaft als deren Anführer. Im Kontrast dazu war ich wohl für meine Eltern die Trösterin. Ich bot ihnen wohl die Beruhigung, dass Sie doch nicht alles falsch gemacht haben. So ziemlich bei allen war ich das beliebte ‚Sonnenkind der Familie'."

T: „Welche Entwicklung nahm der von Ihren Eltern als ‚hoch-begabt' etikettierte Bruder, das Sorgenkind Ihrer Eltern?"

S: „Er wurde wegen seiner Hyperaktivität und wiederholten Schul-versagens zum Problemkind der Eltern. Immer wieder zog er damit sogar besondere Aufmerksamkeit auf sich. Während von mir wie selbstverständ-lich erwartet wurde, einfach ihre Erwartungen zu erfüllen und meinen Weg des Erfolgs zu gehen, wurde er ‚gepampert'. Er bekam nach jedem Ver-sagen wieder eine neue Chance, ungeachtet aller Kosten. So bezahlten sie ihm sogar eine Privatschule, damit er seinen Hauptschulabschluss machen konnte, während mein Abitur kaum der Rede wert schien."

An dieser Stelle fasst die Therapeutin zusammen:
T: „Ihre Eltern haben Ihnen also von früher Kindheit an das Gift des krankmachenden Leistungsehrgeizes eingeflößt. Zu Ihrem Glück haben Sie sich einen Freund gesucht, der Ihnen ab und zu vom erlösenden Gegenmittel zu kosten gibt. Das ist zusammen mit seiner tröstenden Aufmerksamkeit belebend für Sie, nach alledem, was Sie in Ihrer Familie erleiden mussten. Jedoch kann selbst Robert von seinem Elixier der Lebensqualität leider nur zu wenig liefern, wenn bei Ihnen gerade eine Prüfung bevorsteht, die Sie für sehr bedeutsam erachten.

In dieser Geschichte sind Sie das Opfer Ihrer übermächtigen Eltern, denen Ihr Freund als Ihr Retter noch nicht genug Paroli bieten kann. Wir sollten dann überlegen, welche Chancen Sie haben, bei Ihrer Rettung mitzuwirken. Was könnten Sie tun, um Robert, Ihren Retter, so zu unterstützen, dass Sie auch die kritischen Situationen ohne Symptome angstfrei bewältigen können?"

S: „Naja, ich müsste mich selbst nicht mehr so intensiv in Versagensängste hineinsteigern, wie bisher. Ich müsste mir zureden, als wäre Robert bei meinen Prüfungen dabei, und mir vorstellen, wie er das Drama aus meinen Geschichten herausnimmt: ‚Wer abrutscht, darf noch mal, aus einer verhauten Prüfung lernt man mehr für die Wiederholung, als durch die stupide Büffelei.'"

T: „Roberts hilfreiche Erzählung von Prüfungen, entkatastrophisiert, nimmt Ihnen also das Drama aus den Aufführungen von Prüfungen. Wie kam denn das Drama hinein?"

S: „Mein Bruder hat mich immer an die Wand geredet und so getan, als ob ich dümmer wäre.

Deshalb habe ich früher immer beweisen wollen, dass ich eigentlich besser bin als er. Das war verdammt anstrengend. Meistens trat die Katastrophe doch ein, weil er es letztlich immer schaffte, mich auszutricksen und als Verliererin hinzustellen."

T: „Ja, das ist sehr frustrierend: Sie bemühten sich, um die vermeintliche Katastrophe zu vermeiden, gegen Ihren Bruder zu verlieren. Trotzdem mussten Sie immer wieder Niederlagen einstecken. Ich kann mir vorstellen, wie das Ihr Selbstvertrauen belastete, soweit Sie noch auf ihn und die Resonanz bei Ihren Eltern als Maßstab Ihrer Erfolge angewiesen waren.

Wann gelang es Ihnen, damit endlich aufhören?"

S: „Auf dem Gymnasium hatte ich ihn eigentlich schon überholt. Aber ich konnte mich nicht emotional lösen, da ich mich stellvertretend für seinen Schmarrn vor den Mitschülern als ‚kleine Schwester vom berüchtigten Daniel' schämen musste. Aber als Daniel dann die Schule verließ, wurde er unwichtig für mich."

T: „Mit wem stehen Sie heute im Wettbewerb, welche Katastrophen sind heute noch möglich?"

S: „Heute will ich die beste in meiner Seminargruppe sein. Diese Antreiberei zur Selbstausbeutung versetzt mich in das Gefühl, ein Hamster im Laufrad zu sein. Eigentlich bin ich nur einmal durch eine Aufnahmeprüfung geflogen. Das war gar nicht so schlimm; denn dadurch bin ich zu der Uni gekommen, die zu mir passt.

Zunächst wäre es gut, mich zu erinnern, dass ich auch mal eine Niederlage einstecken kann. Dann sollte ich mich darauf konzentrieren, mich selbst zu beruhigen, mir selbst so gut zuzureden, wie es Robert tun würde, wenn er in der Prüfungssituation dabei wäre."

T: „Sie haben das Wichtigste auf den Punkt gebracht: Hinfallen ist selbst für eine Prinzessin keine Katastrophe, solange sie wieder aufstehen kann, die Krone richtet und weitergeht.

Zum Thema Unterstützung Ihrer Selbstberuhigung blättern wir in der nächsten Stunde im Katalog: Da können Sie zwischen Biofeedback, Meditation, Body-Scan oder anderen Entspannungstechniken wählen.

Aber für heute kommen wir nochmals auf Ihre Hintergrundgeschichte zurück, die das Problem *bisher* erklärte und aufrechterhielt."

S: „Ja, OK, ich weiß schon, worauf Sie hinauswollen: Ich soll Regie über mein Leben führen, statt das ewig leidende Opfer der Leistungsmacken meiner Alten und meines fiesen, mich austricksenden und auslachenden Bruders zu sein!

Ich sollte mich von den Erwartungen und Bewertungen meiner Eltern lösen und mich auf meine Möglichkeiten besinnen, mir klar machen, dass gerade ich Krisen gut manage und gut genug bin: Ich brachte die Dinge bisher immer zu einem guten Ende und sage mir: ‚Ende gut alles gut.'"

T (lächelt): „Die Geschichte vom Opfer der Eltern im Bündnis mit dem Bruder hat Ihnen erlaubt, Ihre Wut auszudrücken, was definitiv besser ist, als Hilflosigkeit zu spüren, und sich als Benachteiligte vor Ihren eigenen Ansprüchen zu rechtfertigen.

Der Preis dieser Geschichte ist aber das Gefangenbleiben in der Enge der familiären Maßstäbe und der Verzicht auf die Würdigung Ihrer bereits in der Kindheit erwiesenen Stärke und Ihrer frühen Verdienste für Ihre Familie."

S (verwirrt): „Meine Verdienste um die Familie?"

T: „Vor diesem Hintergrund, dass Sie Ihre Geschichte gut ausgehen lassen, schwindet der Absicherungs- und Rechtfertigungsbedarf. Daher können Sie vielleicht zu späterer Zeit Ihren Eltern vergeben, statt Ihren Groll auf sie festzuhalten. Vor allem können Sie sich selbst auch in der Vorgeschichte eine aktive Rolle einräumen. So, wie Robert Sie vor überforderndem Ehrgeiz bewahrt hat, haben Sie schon als kleines Mädchen Ihre Eltern vor deren Verzweiflung wegen ihres Versagens beim Bruder behütet. Sie allein haben die Hilflosigkeit Ihrer Eltern bemerkt, die mit den Verhaltens- und Leistungsproblemen ihres Sohnes überfordert waren. Die Eltern konnten den Bruder für die Schule nicht motivieren, obwohl sie ihn mit Lob überschütteten für Kleinigkeiten, die bei Ihnen einfach vorausgesetzt wurden.

Daher haben Sie es auf sich genommen, Ihre Eltern zu trösten und vielleicht sogar zusammenzuhalten. Ihr Bruder raubte Ihren Eltern die Nerven. Sie waren es, die Ihre Eltern ermutigte und ihnen vielleicht das Durchhalten überhaupt ermöglichte. Sie kennen vielleicht auch Beispiele, wo Eltern sich wegen eines Problemkindes scheiden ließen.

Sicherlich haben Sie Verdienste um Ihre Familie erworben, die bisher noch niemand gewürdigt hat. Dabei haben Sie sich zu sehr angestrengt, weil Sie eigentlich auch besonderes Lob erwarteten, während die Eltern sich an Ihre Leistungen gewöhnten und sie als selbstverständlich hinnahmen. Somit wäre es das größte Lob, wenn Sie selbst für sich heute rückblickend anerkennen, was Sie für Ihre Familie geleistet haben.

Während Sie bis zum Abitur dank Ihrer Begabungen die Anforderungen ohne Erschöpfung bewältigen konnten, begann mit dem Studium die selbstverantwortliche Phase des Erwachsenwerdens, der ‚Ernst des Lebens‘. Der kindliche Anteil in Ihnen, der mit dem Bruder rivalisierte, bekam es jetzt offenbar mit der Angst zu tun, Sie könnten nun „in entscheidend wichtigen Prüfungen scheitern", genauso wie Ihr Bruder früher bei Schulleistungen versagte. Aber heute ist Ihr Bruder nicht länger Ihr Maßstab."

S: „Mit dem Bruder wetteifern bedeutet, ihn zum Maßstab zu machen? Das würde bedeuten, dass ich mit dem Versagen kokettiere, um das Privileg der besonderen Zuwendung zu bekommen.

Die Idee, dass ich meine Eltern in schwierigen Zeiten ‚über Wasser gehalten‘ habe, ist schon recht interessant, aber eigentlich gar nicht mal so abwegig (errötet). Heute ist mir klar, dass ich nicht mehr mit meinem Bruder wetteifern muss. Ich muss auch meinen Eltern nichts beweisen. Früher dachte ich: Erst wenn ich genug geleistet habe, darf es mir gut gehen. Heute kann ich das umkehren: Wenn ich genügend dafür gesorgt habe, dass es mir gut geht, dann kann ich leisten. Ich brauche mich nicht mehr mit Katastrophenvermeidung zu motivieren, sondern damit, später in meinem Beruf wirklich an der rechten Stelle und kompetent zu sein, mit dem Zusatznutzen, mir dann alle sinnvollen materiellen Wünsche zu erfüllen. Robert hat recht: Leben in der Natur und in guten Beziehungen ist erfüllend, Perfektionismus und Leistungsanspruch sind in der Überdosierung Gift für die Lebensqualität.

Ich darf *mir* erlauben *stolz zu sein, auf mich* und alles, was ich bisher geschafft habe, unabhängig von der Zustimmung vom Bruder und der Lobhudelei meiner Eltern.

So komme ich aus dem Hamsterlaufrad: Statt vorauseilender Erschöpfung beim Abwenden von Katastrophen einfach mal Mut und Kraft schöpfen, durch Anerkennung dessen, was ich bisher schon geschafft habe, und genügend Selbstvertrauen, um mit Misserfolgen fertig zu werden. Ich werde an die Königin denken, die stolpern darf, wenn sie aufrecht weitergehen kann. So mache ich mir am ehesten Mut."

Nachbetrachtung:
Der Behandlungsanlass von Sophie waren Prüfungsängste. Diese werden aufrechterhalten vor dem Hintergrund des Leistungsversagens. Bei Sophie geht es aber um Wesentlicheres als Leistung. Die Geschichte, die Sophie über die Entstehung ihres Problems erzählt, weist zurück in die Kindheit, in einen Zeitraum, da Prüfungen noch gar keine Rolle spielten. Stattdessen geht es um grundlegende Sicherheitsbedürfnisse in prägenden Beziehungen: Zugehörigkeit, Geliebtwerden, Aufmerksamkeit, Anerkennung und Wertschätzung als gesamte Person.

Sophie erzählt zunächst aus der Perspektive eines Opfers mit Blick auf den Retter. Opfer-Skripte bewahren Abhängigkeiten, hier sowohl von den Tätern als auch vom Retter. Ihre Geschichte macht Sophie zum Opfer einer sie ausstoßenden Familie und zum Versorgungsobjekt ihres Freundes bzw. Partners.

In der Gegenwart hat sie die Rivalität mit dem Bruder nach formalen Kriterien, Zielstrebigkeit und Prüfungsnoten, bereits zu ihren Gunsten entschieden. Davon kann sie aber nicht nachhaltig profitieren, da sie ihren Wert als Person weiterhin von Leistungen abhängig macht. Leistungen vermitteln jedoch keine emotionale Sicherheit, denn sie müssen tagtäglich neu errungen und nachgewiesen werden, um Bestätigung zu vermitteln.

Die Opfergeschichte wirkt wie eine Ideologie, die um ihre Leitsätze kreisend, andere Aspekte der Realität ausblendet.

Sie stellt im Fall Sophies eine Abspaltung von einer belastenden Familie dar und macht sie einsamer, bzw. abhängig von ihrem Freund. Zudem vernachlässigt sie ihre eigene Fähigkeit, sich als Person Sicherheit zu geben und sich wertzuschätzen.

Die Fragestrategie, welche die Therapeutin anwendet, um ausgeblendete Erfahrungen wieder in die Betrachtung einzubeziehen und auf diese Weise das Narrativ zu erweitern, hat Steve de Shazer, in guter Tradition von Sokrates, als *Strategie der Suche nach der entscheidenden Ausnahme* angewendet.

Sophie kann sich jetzt besinnen, durchaus Geborgenheit und Liebe in ihrem Elternhaus empfangen zu haben. Daher kann sie den Leistungsnarzissmus des Elternhauses relativieren, besonders durch die Anerkennung der Tatsache, dass der Bruder trotz seiner Schulschwierigkeiten unterstützt wurde, also bei den Eltern Halt fand, *obwohl* er ihre Leistungserwartungen fortlaufend frustrierte. Indem sie diese Tatsache anerkennt, entdeckt sie, dass es in der Ursprungsfamilie bedingungslosen Halt gab, gerade bei Frustrationen wegen Leistungsversagens. Hierzu hat sie selbst auch beigetragen. So vermittelt das aktualisierte Narrativ um den Preis der Rechtfertigung als Opfer diese Vorteile:

- Sophie kann ihre wichtige Rolle für den Zusammenhalt der Familie würdigen.
- Sie kann sich vom Groll gegen ihre Ursprungsfamilie lösen.
- Sie besinnt sich auf ihre seit Kindheit erwiesenen Stärken und Widerstandsfähigkeit gegen Frustrationen.
- Sie tauscht ihr Opfer-Skript gegen erwachsenes, selbstverantwortliches Handeln als heutige Quelle von Selbstwert und Bestätigung.

2.15 Ich bin nichts wert: Mein Körper ist nicht, wie er sein sollte

Dieses Skript verhindert Lebensqualität, Selbstsicherheit und erfüllende Partnerschaften.

Es funktioniert als sich selbst immer wieder bestätigende Prophezeiung.

Das Syndrom der Köperdysmorphie ("body dysmorphic disorder"; BDD) kommt in der der Psychotherapiepraxis häufig vor. Hilfe suchen die Betroffenen zumeist wegen unspezifisch fehlender Selbstsicherheit oder Fehlverarbeitung von Zurückweisung. Fragt man genauer nach, finden sich Beanstandungen der Beschaffenheit des eigenen Köpers als „Ursache allen Leidens". Es handelt sich um die Überzeugungen eigener physischer Hässlichkeit und in der Fremdwahrnehmung als in beschämend auffälliger Weise unattraktiv wahrgenommen und beobachtet zu werden. Das Wesen der Störung besteht in ihrem Zwangscharakter, der als Obsession die Beziehungen des Selbst zu sich und damit zu seiner sozialen Umgebung beherrscht.

Einige Autoren sehen eine Verwandtschaft zur Hypochondrie, da oft minimale Beobachtungen die gesamte Aufmerksamkeit der Betroffenen ausfüllen. Während Hypochonder sich durch Beschwichtigung ihrer Krankheitsbefürchtungen beruhigen, ist das Handeln bei Dysmorphie im Wesentlichen auf Verbergen oder Korrigieren vermeintlicher körperlicher Mängel gerichtet.

Die häufigsten Ursachen finden sich in entwertender oder körperfeindlicher Behandlung in der Kindheit, späterer Verstärkung durch sozialen bzw. medialen Druck oder Mobbing in der Pubertät. In schweren Fällen sind auch Hirnstoffwechselstörungen in Betracht zu ziehen, ähnlich wie bei anderen schweren Zwangserkrankungen. Auch Patienten mit der Sucht, sich einer Schönheitsoperation nach der anderen zu unterziehen oder sich immer wieder tätowieren zu lassen, gehören dieser Gruppe an. Betroffene tendieren dazu, sexuelle Beziehungen zu vermeiden oder nur stark gehemmt zu erleben, bzw. sexuelle von vertrauten Beziehungen in selbstbestrafender Weise abzuspalten.

Eine Untergruppe bilden die sogenannten unfreiwillig zölibatär lebenden Männer „Incells" („involuntary celibates"), die für ihre Frustrationen oftmals generalisierend Frauen beschuldigen.

Ein narrativer Ansatz kann in diesen Fällen ebenso wie bei Zwängen nur erste Anstöße zur Öffnung für andere Sichtweisen geben. Änderungen der Körperselbstwahrnehmung bedürfen außerdem eines bewussten und kontinuierlichen Trainings. An anderer Stelle geht der Autor auf wahrnehmungsverändernde methodische Möglichkeiten der Verbesserung des Körperselbstbildes ein (Schubert, 2009).

Essstörungen

Essstörungen weisen ebenfalls Gemeinsamkeiten mit Zwangserkrankungen auf. Ständige *Unzufriedenheit mit der körperlichen Erscheinung* ist zwar eine oftmals mildere, jedoch durch Druck einschlägiger Medien umso häufiger angeregte Form der *Ablehnung* des eigenen Körpers. Die Betreffenden bewerten ständig den Erfolg ihrer zwanghaften Bemühungen, sich einem Schlankheitsideal (z. B. neuerlich mit Trend zu perfekter Hochwertkost) zu nähern. Diese Fokussierungen verbrauchen enorme Ressourcen, die dann zu einer gesunden und emotional erfüllenden Lebensgestaltung fehlen. Durch ständige Manipulation des Körperselbstbildes entstandene Störungen können als verfehlter Ausgleich für eigentlich erlebte Defizite von Selbstwert, sozialer Anerkennung und Zugehörigkeit verstanden werden. Dies gilt im Übrigen auch für die Modewelle der sogenannten Genderdysphorie (www.dianakenny.com.au).

Das folgende Beispiel zeigt, wie die Unzufriedenheit mit der Figur noch mit Zwängen in anderen Lebensbereichen zusammenwirken kann:

Fallbeispiel für Essstörung oder den Zwang, die Figur zu verbessern – Nadine

Nadine erscheint im ersten Therapiegespräch gepflegt, sonst äußerlich unauffällig. Sie hat eine „Sanduhrfigur", sie wiegt 70 kg bei 167 cm Größe. Die 33-Jährige ist ledig, in ihrem Beruf als Disponentin erfolgreich. In ihrem Team sei sie beliebt. Therapieanlass sind Symptome, welche auf Erschöpfung und Leiden unter Einsamkeit verweisen. Privat führt sie das Scheitern von Versuchen, stabile Beziehungen aufzubauen, zurück auf ihre vermeintliche Unattraktivität und den ständig erfolglosen Kampf gegen ihr vermeintlich zu umfangreiches Gesäß, die Fettröllchen in der Bauchgegend und zu dicke Oberschenkel. Eine genauere Untersuchung der Trennungsgründe ihrer bisherigen Partner verweist auf Langweile und fehlende Initiative als Preis der Fokussierung auf ihr Figurproblem. Auch entwickelte sich wiederholt zunehmendes sexuelles Desinteresse zum Trennungsgrund. „Ich mag mich nicht zeigen und kann mich nicht hingeben, wenn ich mich zu fett fühle. Leider finde ich mich aber fast immer zu dick."

Die Entstehung des Problems sieht sie in ihrer Kindheit. Ihre Mutter, die selbst ihre Figur zum ausfüllenden Thema gemacht habe, hätte Nadine an der Schwelle zur Pubertät immer wieder auf ihren nach ihrer Meinung zu dickem Po und Hüftspeck hingewiesen. Nadine habe sich daher als „hässliches Entchen" gefühlt, sich in vorauseilender Erwartung von Misserfolgen auf ihr schulisches Leistungsvermögen zurückgezogen und ihre Figur sackartig verhüllt. Aufgrund guter schulischer Leistungen fand sie einen Ausgleich für ihr empfundenes Defizit. Bis zum Behandlungsbeginn setzte sie den Rest ihrer Ressourcen, den ihre Figurregulation noch übrigließ, für ihre berufliche Karriere ein.

Das **Ausgangsnarrativ** beinhaltet: *„Wenn ich schon zu hässlich bin, um mit anderen mitzuhalten, und das ‚disziplinierte Essen' nicht durchhalte – dann verschaffe ich mir wenigstens als Leistungsbeste Anerkennung.*

Auf diese Weise sei das Lebensgefühl: „Hamster im Laufrad" entstanden. Von anderen werde sie wegen ihrer Leistungen geachtet, könne aber „sonst als langweilige Person nicht mit interessanten Menschen längere Beziehungen aufbauen". Hier schließt sich der Kreis: Alle Bemühungen bestätigen letztlich ihre Überzeugungen von einer Unzulänglichkeit als Person und erhalten ihre Selbstentwertung aufrecht.

Im Verlauf der Therapie erkannte Nadine, dass „für andere schön und brauchbar" zu sein, also fremde Erwartungen zu erfüllen, bei ihrer Suche nach Liebe in eine Sackgasse führen muss: „Wenn ich nur wegen meiner Schönheit und meiner Leistungen begehrt werde, muss ich ständig etwas bieten, um angenommen zu werden. Ich bleibe dabei stets unsicher, ob ich genug biete und wie lange ich noch die Erwartungen erfüllen kann. Dabei sehne ich mich danach, in einer Beziehung so gemocht zu werden, wie ich bin, auch mit Bauchspeck und auch, wenn ich mal nicht leistungsbereit, sondern erholungsbedürftig bin."

Nadine beschloss, nach ihrem **neuen Narrativ** zu leben:

„Ich bin in Ordnung und liebenswert, so wie ich bin. Die Energie, die ich früher in Beweise meiner besonderen Leistungsfähigkeit investierte, habe ich jetzt zur Verfügung, meine Freude am Leben und Entdecken meiner Gestaltungsfähigkeit zu entwickeln."

Fallbeispiel für Hass auf den Körper – Florian

Florian ist alleinlebend, 37 Jahre alt, als Rettungssanitäter beschäftigt. Er ist 1,58 cm groß, schlank, schwarzhaarig. Bis auf die unterdurchschnittliche Körpergröße könnten unvoreingenommene äußere Beobachter keine körperlichen Auffälligkeiten feststellen. Im Kontakt fallen seine sprechenden Augen, sein differenzierter Gesichtsausdruck, die angenehme Stimme und seine Beweglichkeit auf. Aber leider kann er selbst an seiner Erscheinung nichts Positives finden.

Florian schildert: „Ich hasse meine Körper. Mein Zwergwuchs ist schuld daran, dass sich keine gescheite Frau für mich interessieren mag. Es wird ihr mehr als peinlich sein, neben jemandem herzugehen, der einen ganzen Kopf kleiner ist als sie. Eine Frau, die sich auf mich einlässt, müsste noch hässlicher sein als ich, um meine Missgestalt zu akzeptieren.

Beim Sex würde ich sogar diese Sorte enttäuschen. Da ich auf Selbstbefriedigung angewiesen bin, würde ich viel zu früh abspritzen. Eigentlich weiß ich, dass ich das Problem nicht psychologisch lösen kann, aber man soll ja nichts unversucht lassen.

Ich habe mir schon spezielle Absatzschuhe machen lassen und denke darüber nach, mir die Oberschenkel verlängern zu lassen, aber die siebzigtausend Euro wollen schon zusammengespart sein."

T: „Warum dann Psychotherapie? Was möchten Sie ‚nicht unversucht lassen'?"

F: „Naja, wenn ich mehr Selbstvertrauen hätte, dann könnte ich offensiver auf Frauen zugehen. So, wie ich es bisher gemacht habe, kann es nicht weitergehen. Sonst werde ich noch zum Frauenhasser."

T: „Wie kommen Sie zu Ihrer Feststellung mangelnder erotische Resonanz bei Frauen?"

F: „Na, ich weiß, dass ich es mit den Frauen gut meine, ich verstehe sie, rede mit ihnen empathisch. Sie ‚kauen mir beide Ohren ab', beschweren sich über ihre A-Freunde bei mir. Ich helfe ihnen, ihr Auto zu reparieren, leihe ihnen Geld, bin ihr bester Kumpel, aber andere räumen nur ab und kriegen sie in die Kiste.

Zum Beispiel habe ich mich in ein Mädchen verliebt, das bei uns im Kurs war. Wir sind dann gemeinsam zum Abtanzen gegangen. Es war plötzlich alles einfach. Sie hat mich geküsst. Ich war wie im anderen Film. Es war himmlisch – ‚Schmetterlinge im Bauch'. Dann wollte sie mich zu sich in ihre Wohnung mitnehmen, da war mir klar: Wenn das jetzt weitergeht, kommt die Blamage. Deshalb erzählte ich, dass ich es langsam angehen wolle. Wir haben uns ein paarmal getroffen, wirklich tiefe Gespräche geführt. Ich war jetzt darauf eingestellt, dass sie es auch mit mir langsam angehen lässt. Sie studiert Innenarchitektur. Stundenlag ging sie mit mir Varianten von Raumeinrichtungen durch. Das hat mir auch Spaß gemacht, denn sie fand meine Ideen gut. Dann hat sie mich in ein Möbelhaus eingeladen, damit wir ein paar Objekte aus der Designerabteilung näher untersuchen konnten. Wir blieben bis Geschäftsschluss. Mir war klar, dass wir dann zusammen zu ihr gehen würden.

Aber offenbar hat sie sich zu Geschäftsschluss mit so 'nem Typen verabredet, einen Kopf größer als sie. Sie geht auf ihn zu, umarmt ihn, wirft sich dabei an seine Brust und sagt dann zu mir: Das ist Jens – mich stellt sie ihm vor: Das ist Florian, mein Kumpel und Inspirator. Na dann Tschüss, Flori, schönen Abend auch, bis nächste Woche! Ich sage dir, wie mein Entwurf beim Prof angekommen ist.

So läuft es mit mir und den Frauen, sie nutzen mich aus, und dann halten Sie sich an ‚richtige Männer'."

T: „Ihre Idee, auch psychologische Beiträge zur Verbesserung Ihrer Situation einzubeziehen, stützen sich also auf Möglichkeiten zur Verbesserung Ihres Selbstwertes und effektivere Werbestrategien um attraktive Frauen. Gegebenenfalls profitieren Sie auch von einer Behandlung der vorzeitigen Ejakulation?"

F: „Erfasst. Sie merken, alles hängt damit zusammen, dass ich zu mickrig bin, als Mann."

T: „Wenn ich Ihnen so zuhöre, entsteht der Eindruck, dass Sie für Ihre Misserfolge bei Frauen intensiv sorgen, indem Sie Ihrem Körpergrößenproblem offenbar alles andere in Ihrer Welt unterordnen?"

F: „Meinen Sie etwa ernsthaft, ich soll mich gewissermaßen kontrafaktisch schön denken?"

T: „‚Rede nicht vom Sonnenschein, regnet es zum Fenster rein.' Wovon Sie selbst nicht überzeugt sind, das können Sie auch nicht anderen glaubhaft einreden.

Nehmen wir mal an – nur so, als Gedankenexperiment – Sie hätten Ihr Ziel stabiler Selbstwertschätzung schon erreicht. Was wäre dann anders?"

F: „Ich würde nicht mehr an die Operation denken und mir keine Gedanken mehr über mein Aussehen machen, höchstens beim Friseur. Es würde mich dann auch nicht so ins Mark treffen, wenn eine Frau mich nicht will. Ich bliebe locker, denn ich könnte mich dann auf das nächste Matching vertrösten…"

T: „Würden Sie sich dann selbst auch mehr mögen und es sich in Ihrer eigenen Gesellschaft gutgehen lassen können?"

F: „Woher wissen Sie, dass ich so schlecht allein sein kann?"

T: „Sie haben mir berichtet, dass Sie ihren Körper hassen. Wer seinen Körper hasst, kann seine eigene Gesellschaft meist auch nicht ertragen und bleibt auf fremde Anerkennung angewiesen."

F: „Das ist zwar hart, aber es stimmt. Ich war immer der Klassenkasper, und jetzt bin ich die Ulknudel in unserer Band."

T: „Wie fühlen Sie sich, wenn Sie in der Band die Gitarre spielen?"

F: „Ja, das sind die Momente, in denen ich das Leben genieße. Mein Aussehen spielt keine Rolle, nur mein Sound. Ich bin mein Sound und vergesse die Welt, bin aber mit den Rhythmen und den anderen in der Band verbunden. Ich gehöre dazu, ich bin wichtig. Alles ist gut."

T: „Sehr schön, Sie brauchen also kein Gedankenexperiment, Sie können auf die passenden Erfahrungen zurückgreifen und sich dieser bewusst werden. Denn Ihr Gitarrensolo spielen Sie mit diesem, Ihren Körper, und das gute Gefühl der Resonanz von Klängen – Band und Publikum erleben Sie nirgend anders als in Ihrem Körper."

F: „Das habe ich so noch nicht gesehen."

T: „Schön, dass Sie hier sind. Soeben haben Sie Ihren Entschluss bestätigt, Ihre ‚mentale Software' zu überprüfen.

Kommen Sie jetzt noch mal auf die Geschichte von Florian und Tina, die Studentin, zurück. Bitte erzählen Sie mir die Geschichte mal aus der Perspektive von Tina, die sich zunächst für Sie interessierte."

F: „„Eigentlich ein sehr angenehmer Kerl, dieser Florian. Trotz seiner Kleinheit hat er doch Einiges in der Birne, gute Ideen, Charme und viel Verständnis für meine Probleme. Den kann ich mir warmhalten für den Kumpelservice. Körperliche Freuden hole ich mir aber bei einem richtigen Mann.""

T: „Ihre Erzählung unterstellt, dass Tina ganz genauso über Sie denkt wie Sie selbst.

Eine alternative Variante von Tinas Erzählung über Sie könnte so gehen: ‚Wow, der Florian hat mich begeistert, der hat Feuer – so wie der mich bewundernd anschaut – hier passt auch der Esprit. Ich lade ihn ein, zu mir auf die Bude hoch zu kommen, mal sehen, was sich so entwickelt.

Oh, jetzt bin gerade mal in der Stimmung mit ihm zu kuscheln, da lässt er mich abblitzen. Vielleicht ist er vom anderen Ufer oder asexuell. Na, aber wenigstens bleibt er eben ein guter, anregender Kumpel.'"

F: „Sie meinen, ich habe es vermasselt, mein Zögern auf ihre Einladung hat mich auf die Kumpelschiene rangiert?"

T: „Ihr Zögern war von der Überzeugung getragen, Sie werden sich blamieren, und Ihr Körper war (wie immer) Ihr Sündenbock. Dabei war aber gar nicht Ihr Körper das Problem, sondern Ihr Zurückweichen. Einzig Ihre Vorstellungen von Ihrem Köper hinderten Sie, einen eigentlich herbeigesehnten Moment zu genießen. Aus meiner Sicht sind sie nicht das Opfer Ihres Körpers, sondern Ihrer sich selbst erfüllenden Vorstellungen von Ungenügen und Erwartungen von Versagen und Zurückweisung."

F: „Sie meinen, Tina wäre zärtlich und intim mit mir geworden. Was wäre aber, wenn ich, äh, zu früh, Sie wissen schon…"

T: „Wir wissen beide nicht, ob Ihre vorauseilende Befürchtung bezüglich des vorzeitigen Ergusses überhaupt eingetreten wäre. Gesetzt den Fall, dann stelle ich mir vor, dass Tina diesen kleinen Moment Ihrer verlorenen Impulskontrolle als Zeichen Ihrer aufgestauten Begeisterung für sie hätte interpretieren können und sich darin bestätigt hätte, geduldig mit Ihnen sein zu können, überzeugt davon, dass Sie ihrer Mühe wert sind."

F: „Mannomann, diese Geschichte gefällt mir, da sind vielleicht doch noch Chancen drin…"

T: „Ihre Chance besteht darin, sich eine andere Geschichte von Ihrem Körper zu erzählen. Statt ihn auf Ihrer imaginativen Bühne der sozialen Betrachtung als Quasimodo und Versager vorzuführen, wegen der paar Zentimeter unter dem nordeuropäischen aber (immerhin noch gut über dem südeuropäischen und sehr gut über dem asiatischen) Durchschnitt. Stattdessen könnten Sie sich sagen: ‚Ich bin in meinen Körper zu Hause. Durch meinen Körper bin ich sportlich, leistungsfähig und zäh. In meinem Körper und nirgendwo sonst erfahre ich die Welt. Wenn ich etwas Gutes, Lebendiges fühle, dann mit meinen fünf Außensinnen und den vielen Körpersinnen. Wenn ich meinem Körper vertraue, kann ich lernen, mir und anderen zu vertrauen.'"

F: „OK, da möchte ich schon dranbleiben. Die Sache mit der Gitarre und dem Tischtennis beweist, dass es funktionieren müsste. Aber sollte ich nicht erstmal damit anfangen, eine Frau zu erobern, um meinen Selbstwert zu stärken?"

T: „Diese Reihenfolge des Vorgehens verdoppelt Ihr Risiko: Lässt sich unter ihrem Vorsatz eine Frau gewinnen, dann werden Sie diese abwerten, denn keine respektable Frau lässt sich auf aus offensichtlicher Not geborene, drängende Angebote ein. Lässt sie sich nicht erobern, dann bestätigen Sie Ihre Theorien von der Unzulänglichkeit Ihres Körpers und der allgemeinen Fiesheit der Frauen."

F: „Wo dann anfangen?"

T: „Sie waren mit den sinnlichen Momenten und Ihrer Begeisterungs- und Resonanzfähigkeit meines Erachtens schon fündig. Sie brauchen zunächst neue Einstellungen aufgrund neuer Erfahrungen mit Ihrem Körper. Wenn Sie Ihre eigene Gesellschaft nicht nur ertragen, sondern mögen lernen, dann sind Sie nicht mehr von fremden Wahlen abhängig. Aufbauend könnten Sie sich für die Signale der Frauen sensibilisieren."

Nachbemerkung:
Florian nahm das Angebot an, eine Psychotherapie zu erproben. Er stellte sein Vorhaben zurück, sich einer Operation zu unterziehen.

Was bringt es, statt der Software die Hardware zu verändern?
Dieser Artikel berichtet von den Erfahrungen eines Mannes während und nach seiner Beinverlängerung:
    https://www.augsburger-allgemeine.de/panorama/Der-Mann-der-seine-Beine-verlaengern-liess-id51001161.html.

Ein Fallbeispiel der Suche nach Therapie im Anschluss an eineSchönheitsoperation – Katja
Karin ist eine Frau, die Außenstehende als eine wohlgestaltete junge Frau wahrnehmen würden. Sie begann die Psychotherapie nach einer „gelungenen Schönheitskorrektur".

Sie selbst fand sich „immer schon unschön". Sie verinnerlichte, dass sie makelhaft sei, weil ihre Nase einen markanten Höcker an der Nasenwurzel aufwies. Dazu trugen Bemerkungen ihres Vaters in ihrer Kindheit bei, und die Aggressionen eines von ihr zurückgewiesenen Klassenkameraden, der ein Mobbing gegen sie als „die Geier-Wally mit der Hakennase" inszenierte.

Mitte zwanzig unterzog sie sich einer Nasenkorrektur, die als Schönheitsoperation bezüglich normativer Nase und Zahlungseingang bei der chirurgischen Praxis durchaus erfolgreich war.

Mit dem Operationsergebnis versprach sie sich, ihren Selbstwert zu verbessern und mehr soziale Resonanz zu erhalten. Nachdem die Operationsschwellungen abgeklungen waren, präsentierte sie allen Bekannten ihr Gesicht mit der neuen Nase und fragte diese, welche äußerliche Veränderungen auffallen.

Kein einziger der Befragten bemerkte die nun begradigte Nase. Alle mühten sich redlich um Rückmeldungen und hielten die Haarfarbe, die Frisur oder die Ohrringe für bemerkenswert.

Karin habe dies in ein „emotionales Loch" gestürzt, weil die Operation als Schlüssel zu einem erfolgreichen Leben versagte.

Diese Krise verhalf ihr zu einer Psychotherapie.

Andere Betroffene, die mit einem Operationserfolg zufrieden sind, bemerken dann den nächsten Mangel und sparen für die nächste Operation. Dieses Lösungsschema, das das Problem durch Verlagerung nach dem Motto „Mehr desselben!" aufrechterhält, findet sich häufig auch bei Tattoos.

2.16 Unfassbare Angst verfolgt mich. Sie macht mich fertig und depressiv

Fallbeispiel Cordula
Cordula ist 42 Jahre alt. Sie hat eine verantwortliche und stressintensive Tätigkeit im Bahnbetrieb.

Die verheiratete Mutter zweier Kinder sucht die Therapie wegen Panikattacken.

Cordula berichtet: „Seit meinem Urlaub vor zwei Jahren treten aus heiterem Himmel immer wieder Panikanfälle auf. Herzrasen, Angstschweiß, Brustbeklemmung, Erstickungsgefühl, Ohnmachtsnähe. Ich habe das gleich kardiologisch abklären lassen und war dann für ein bis zwei Monate beruhigt, dass es nur ein Herzstolpern war. Aber dann setze die Panik trotz der Medikamente (Betablocker) wieder ein. In den letzten Monaten ist daraus eine „Angst vor der Angst" geworden. Wo ich gehe und stehe, fürchte ich, dass ich eine Panikattacke bekommen könnte. Schon bei der Vorstellung wird mir schummrig. Ich vermeide immer mehr Aktionen, die nicht unbedingt erforderlich sind. Seit sich mir Gedanken aufdrängen, dass ich beim Autofahren ohnmächtig werden könnte und meine Kinder durch mögliche Unfälle gefährde, lasse ich meinen Mann die Einkäufe übernehmen oder die Kinder abholen.

Ich beginne zu grübeln, welche Folgen es hat, wenn ich mich immer mehr zurückziehe und selbst meine Freundinnen nicht mehr besuchen mag. Abends entspanne ich mich dann mit einem Glas Rotwein, oder auch zwei. Ich bekomme ein schlechtes Gewissen, weil ich vielleicht noch der Alkoholsucht verfalle. Ich habe Albträume, in denen mich mein Mann verlässt, weil ich ihm zu langweilig bin, und er mit seiner Assistentin durchbrennt."

T: „Es kommt kein Blitz aus heiterem Himmel, es sei denn, man versteht das Wetter nicht."

C: „Ich kenne den Spruch. Ich weiß, was Sie mir sagen wollen. Aber ich kann Ihnen beim besten Willen nicht sagen, dass sich die Panikanfälle nach bestimmten Regeln richten oder in bestimmten Situationen über mich kommen würden. Gauben Sie mir, ich habe darüber viel nachgedacht und keine Regeln gefunden. Mal bin ich entspannt, mal bin ich im Stress. Mal kommt die Attacke vor der Regelblutung mal unabhängig davon. Die Panik schlägt zu, wenn sie will. Allerdings wird es zunehmend egal, ob ich tatsächlich einen Panikanfall bekomme oder nicht. Schon der Gedanke, dass ein Anfall kommen *könnte,* reicht jetzt aus, um dasselbe zu bewirken wie die Panik."

T: „Wenn Ihre Angst vor der Angst mit der Panik begonnen hat, lohnt es sich vielleicht doch, die Geschichten dieser Attacken zu untersuchen.

Wenn Sie auch keine Regeln für das Auftreten dieser Hyperventilationsepisoden feststellen konnten, dann drehen wir die Frage einmal um: Gibt es Lebensbereiche, in denen Sie bisher von der Panik verschont wurden?"

C (überlegt eine Weile): „Komisch, im Stellwerk bei der Arbeit fühle ich mich sicher. Da ist mir auch noch nie der Gedanke gekommen, die Panik könnte mich treffen. Bei meiner Arbeit fühle ich mich total sicher, ich weiß genau, was wann zu tun ist… und komme nicht zum Grübeln, obwohl ich beim Regeln der Zugfolge viel mehr Verantwortung habe als beim Autofahren. Hier hilft mir, dass ich voll auf die Sache konzentriert bin und an nichts anderes denken kann. Aber das restliche Leben ist nicht so vorhersehbar wie die dienstliche Routine."

T: „Wenn Sie sich sicher und im Fluss effektiven Handelns fühlen und Vertrauen in Ihre Kontrollmöglichkeiten haben, tritt also keine Panik auf.

Könnten Sie auch die Panikanfälle selbst kontrollieren, verzögern, abschwächen oder verstärken?"

C: „Soll das ein Witz sein? Wenn ich meine Panik kontrollieren könnte, säße ich nicht hier."

T: „Sie haben zunächst geglaubt, die Panik sei von einer nervlichen Erregungsstörung Ihres Herzens ausgelöst. Nachdem der Herzspezialist Entwarnung gab, waren Sie beim Lungenfacharzt. Was hat er herausgefunden?"

C: „Die Lunge ist in Ordnung. Ich habe ein großes Atemvolumen und neige zur Pendelatmung.

Er hat mir das mit der Hyperventilation erklärt, dass ich schneller einatme, als ich ausatme und so die Brustbeklemmung und die Übelkeit entsteht, weil mein Gehirn dann zu wenig Sauerstoff bekommt.

Ich mache Yoga und die Atemübungen mit der Lippenbremse. Wenn ich die Übungen mache, ist ja alles OK, aber das hindert mich nicht, dass es mir schon am nächsten Tage wieder schummrig wird, wenn ich mit vorstelle, Auto zu fahren. Ich versuche, mich mit den Atemübungen zu beruhigen. Aber sobald ich aufhöre, wird's mir wieder blümerant."

T: „Sie tun alles, um die Panik zu vermeiden. Das hat sich aber als vergebliches Bemühen um Panikkontrolle erwiesen. Haben Sie schon mal das Gegenteil versucht, das Angebot einer Panikattacke anzunehmen, um sie mal bis zum Ende zu erleben?"

C: „Um Gottes Willen! Da werde ich ja ohnmächtig."

T: „Sie haben also alles darangesetzt, nicht ohnmächtig zu werden. Das ist paradox."

C: „Wie meinen Sie das?"

T: „Sie ängstigen sich durch Ihre Erwartung, eine Ohnmacht heraufzubeschwören oder herbeizudenken. Konsequenterweise wollen Sie nun Unterstützung dabei, nicht mehr an die Ohnmacht zu denken bzw. den Gedanken an Ihre erlittene Ohnmacht möglichst ganz aus Ihrem Denken zu verbannen."

C (nickt eifrig): „Ja, es wäre hilfreich, wenn Sie den Gedanken einfach weghypnotisieren würden."

T: „Lassen Sie uns anhand eines *Gedanken-Experimentes* prüfen, ob dieses Vorgehen erfolgreich sein könnte. Eine Hypnose beginnt nach dem Zur-Ruhe-Kommen mit einer faszinierenden und emotional wirksamen Vorstellung. Können sie sich jetzt, einen möglichst großen Elefanten vorstellen?"

C (konzentriert, schließt die Augen): „Ich sehe ihn jetzt deutlich vor mir, einen riesengroßen, grauen Elefanten."

T: „Sehr gut, aber können Sie sich ihn auch, statt in Grau, auch in der Farbe rosa vorstellen?"

C (nickt): „Ist schon passiert!"

T: „Heißt das, Sie sehen jetzt einen großen rosa Elefanten in Ihrer Vorstellung?"

C: „Ja, gelingt mir mühelos."

T: „Gut, dann *verbieten* Sie sich nun bitte, in den nächsten 10 Minuten, an den rosa Elefanten zu denken. Alle anderen Gedanken, die davon ablenken, sind natürlich erlaubt."

C: „Das ist unmöglich. Wenn ich mich ablenken will, erscheint der ‚rosa Elefant'. Es ist als würde ich mir einreden, wovon ich mich ablenken soll. Immer genau dann erscheint der rosa Elefant ganz deutlich."

T: „Offenbar können wir kein ‚Nicht-Bild' von irgendetwas entwerfen. Deshalb erscheint sogar auf Verbotsschildern die Darstellung des Verbotenen noch unter dem Schrägstrich."

C (konzentriert sich eine Weile, lächelt): „Alles klar. Sie meinen, wenn ich die Panik vermeide, dann fragt sich mein Unbewusstes, was denn jetzt verboten sein soll, und stellt sich dann gerade die Panik vor."

T: „Wenn Sie nun also herausgefunden haben, dass es nicht funktioniert, sich die Ohnmacht zu verbieten, lassen Sie uns dann lieber zu einer wirkungsvolleren Strategie wechseln?

Was hindert Sie, sich beim Aufkommen der nächsten Panik zu erlauben, einmal die Panik ganz genau zu betrachten und schließlich zu erleben, bis Sie nach der Ohnmacht wieder sanft erwachen?"

C: „Ich möchte weder einen Menschenauflauf noch Verletzungen durch das Umfallen."

T: „Verletzungen durch ein plötzliches Stürzen können bei epileptischen Anfällen, bei Herzinfarkten oder Hirnschlägen vorkommen. Bei Panikohnmachten hat die Muskulatur so viel Vorspannung, dass Betroffene, die in Ohnmacht fallen, sanft in sich zusammensinken, so etwa wie die World-Trade-Towers nicht umgefallen, sondern langsam in sich zusammengefallen sind. Nach der Ohnmacht sind dann alle Muskeln entspannt. Durch einen Atemreflex aus dem Rückenmark kommen die Betroffenen langsam wieder zur Besinnung und sind dann nachhaltig entspannt.

Wer einmal durch die Panik bis zur Ohnmacht gekommen ist, der verliert den Schrecken vor der Panik."

C: „Sind Sie sicher? Kann ich mich darauf verlassen?"

T: „OK, ich übernehme die Verantwortung. Es ist kein Fall ernsthafter Verletzung durch Panik-Ohnmachten bekannt. In einer Zeit, als Wespentaillen modern waren, galt es damals sogar für Damen als ‚chic', sich bei Aufregung in Ohnmacht fallen zu lassen. Kommen wir nochmals auf die Entstehungsgeschichte Ihrer Angst vor der Angst zurück. Sie begann mit der Panikattacke? Bitte schildern Sie Ihr allererstes Erlebnis in dieser Hinsicht."

C: „Es begann beim Hautarzt. Er wollte ein Lipom entfernen, gab mir eine Spritze, mir wurde schwindlig, die Knie wurden weich, und ich verlor den Boden unter den Füßen."

T: „Können Sie sich an Ihre Erwartungen in diesem Zusammenhang erinnern?"

C: „Vor der Spritze hatte ich keine Angst. Ich habe an nichts gedacht. Aber auf dem Weg zur Praxis, besonders beim Gang durch das Treppenhaus der Praxis hatte ich eine ganz drückende Vorahnung."

T: „Was bewegte Sie im Treppenhaus?"

C: „Ich dachte an den Hautkrebs meiner Mutter, der im Jahr zuvor ein ausfüllendes Thema war. Dabei bekam ich ein ganz mulmiges Gefühl.

Meine Mutter hatte solche Angst vor einem Hautkrebs, als sie einen verdächtigen Fleck entdeckte. Sie regte sich auf, als ginge es um Leben und Tod. Sie sagte: ‚Ich kann da zur Hautarztpraxis nicht hingehen, da kippe ich um.' Deshalb habe ich meine Mutter begleitet und mit ihr eine qualvolle Zeit im Wartezimmer bis zu ihrem Aufruf verbracht."

T: „Kein Blitz aus heiterem Himmel. Sie haben herausgefunden, dass ein sehr dramatisches Ereignis, bei dem es zunächst um das Leben Ihrer Mutter zu gehen schien, die Erwartung der Ohnmacht auslöste. In der Folge haben Sie mit der Ohnmachtsnähe eine diffuse Bedrohung Ihrer Gesundheit ‚wie bestätigt' empfunden und zudem Ihr bisheriges Vertrauen in Ihren Körper verloren.

Lassen Sie uns jetzt überlegen, wie Sie Ihr Vertrauen in Ihren Körper wiederherstellen können."

Nachbetrachtung:
Cordula änderte die Geschichte vom „Blitz aus heiterem Himmel" und seinen vermeintlich unberechenbaren Folgen. Sie fand heraus, wie die Panik ihr fühlbar signalisierte, dass sie (identifiziert bzw. emotional mitschwingend mit den Befürchtungen ihrer Mutter) eine noch unentdeckte Krankheit mit katastrophalen Folgen bedrohen würde. Mit der in diesen Vorstellungen gespürten Atembeklemmung schien, quasi „bestätigend" eine unvermeidliche Katastrophe in Aussicht gestellt. Auf diese Weise entstand ihr Narrativ: So lange die Krankheit noch nicht ausbrechen würde, müsste sie sich durch die Besorgnis, was alles geschehen könne, so aufregen (wie ihre Mutter vor dem Besuch beim Hautarzt), darüber erschöpfen und nach und nach die Kontrolle über ihr Leben verlieren.

Den Gesprächen entnahm Cordula, dass die Panik durch einen ihr sehr wohl verständlichen Ereignisbezug ausgelöst wurde. So konnte sie die körperlichen Erklärungen des Zusammenwirkens von Anspannung (muskuläres Spannungskorsett) und Pendelatmung ergänzen. Als psychische Faktoren, die ihr Problem aufrechterhielten, wurden ihr nun die Wirkungen von Vermeidung und vorauseilenden Katastrohenvorstellungen bewusst. Sie erweiterte ihre Handlungsmöglichkeiten durch den Gedanken, das bisher Vermiedene auch zulassen zu können, ohne Katastrophen auszulösen. Durch körperliches Training baute sie noch mehr Vertrauen in ihre körperliche Funktionstüchtigkeit auf. Bezüglich der Panik lernte sie die Vorstufen einer möglichen Ohnmacht genauer kennen. Daher konnte sie der beginnenden Verallgemeinerung ihrer Angstsymptome (Generalisierung auf andere Situationen) nun wirksam entgegenwirken. Statt sich von vorauseilenden Erwartungen vereinnahmen zu lassen, konnte sie nun schrittweise körperliche Realitäten prüfen. So fuhr sie erst mal mit dem Auto los, bereit zur Entspannungspause für Atemübungen, aber nur für den Fall, dass tatsächlich ein Brustdruck auftreten würde.

Auch in diesem Fall erweist sich der narrative Ansatz als hilfreiche Ergänzung angstspezifischer Therapieverfahren. Cordula, die vormals von einer, wie magisch erlebten, Ich-fremden „Heimsuchung" überzeugt war, entwickelte die Vorstellung von ihrer Angst als einem verletzlichen Teil von sich, der besorgt war, die Mutter zu verlieren, und der den eigenen Kindern die Mutter erhalten wolle. Sie stellte fest: „Dieser Teil meint es eigentlich gut mit mir, ich kann mit ihm reden und ihn durch gezieltes Handeln überzeugen, sich nicht länger in Katstrophenerwartungen aufzulösen."

Die Behandlung von Angststörungen ist in vielen Fällen komplexer als in diesem einfachen Fall dargestellt. Die Veränderung des Panik-Narratives wird aber, direkt oder indirekt, ein Ergebnis jeder erfolgreichen Angstbehandlung. Bei genauer Untersuchung finden sich immer verständliche Zusammenhänge bzw. auslösende Traumata. Da wir Menschen Sinngebung brauchen, um motiviert zu handeln (salutogenes Konzept nach Antonovsky, 2006), liefern überzeugende Erklärungsmodelle bereits Beiträge zur Angstverminderung.

In seltenen Fällen können Panik oder Angstsymptome auch intuitiv tatsächliche, jedoch noch unbewusste Bedrohungen signalisieren.

Beispielsweise entwickelte Elvira eine Angststörung, eine Panikstörung in einem zunächst unverständlichen Situationszusammenhang mit „Geldausgaben im Alltag". Wiederholt traten bei ihr Symptome der Angst an der Kasse des Supermarktes auf oder wenn sie sich Bankautomaten näherte. Nach einiger Zeit stellte sie fest, dass ihr Ehemann sein Doppelleben als Spieler vor ihr verbarg. Als das aufkam, hatte er sie bereits um erhebliche Summen ihres Erbes betrogen.

2.17 Skripte, die eine Person in toxischen Beziehungen halten

Fragt man Psychotherapeuten nach der wesentlichen Verursachung psychischer Erkrankungen, werden die meisten antworten: überfordernde Anpassungsaufgaben, Traumata in der Kindheit, individuell erhöhte Anfälligkeit für Störungen, „Vulnerabilität". „Neurotizismus", von Eysenck (1947) als genetisch determinierte Besonderheit eines reizoffenen, in der Hemmung von Erregungen verzögerten Nervensystems bezeichnet. Letzteres wird heute bevorzugt mit dem gefälligeren Wort „Hochsensibilität" umschrieben.

Der Anteil und das Gewicht nachhaltig kränkender Beziehungen wird in der Betrachtung der Risiken psychischer Störungen oft unterschätzt.

In seiner therapeutischen Arbeit kam der Autor dieses Beitrages immer wieder an den Punkt festzustellen, dass die Patientin bzw. der Patient ihm gegenüber eigentlich psychisch völlig gesund sein könnte, wenn ihr oder ihm *„giftige Beziehungen"* erspart geblieben wären.

Beim Lesen der biografischen Aspekte der vorgestellten Fallbeispiele haben die Leser sicherlich bemerkt, welche zerstörerische Wirkungen von fehlregulierten Eltern-Kind-Beziehungen ausgehen können. Kinder leiden unter ihren Eltern und nicht selten auch umgekehrt. So kommt es beispielsweise aufgrund von Beeinflussungen durch Dritte und der Empfänglichkeit dafür, sich als Opfer zu definieren, zu Selbsterklärungen, die Kinder auch ungerechterweise zum Kontaktabbruch und Entwerten ihrer Eltern veranlassen. Giftige Beziehungen kränken Erwachsene besonders in langjährigen Partnerschaften.

Dieser Abschnitt vermittelt Einblicke, wie destruktive Beziehungen im Allgemeinen und speziell in Partnerschaften funktionieren. Geschildert wird, welche Narrative die Opfer an ihre Täter binden.

Ein bekanntes Beispiel dafür, welche intensive Bindungen Opfer zu ihren Tätern aufbauen können, ist das „Stockholm-Syndrom", das 1973 nach einem Banküberfall mit fünftägiger Geiselhaft beobachtet wurde: Während und nach ihrer Befreiung zeigten die Opfer des Bankräubers ein scheinbar widersinniges Verhalten. Sie entwickelten mehr Angst vor der Polizei als vor dem Geiselnehmer. Nach dessen Festnahme setzten sie sich für den Täter ein. Die ehemaligen Geiseln versuchten, den Täter mit ihren Aussagen zu entlasten. Einige der Geiseln besuchten den Täter sogar im Gefängnis.

Dieses Phänomen ist besonders intensiv, wenn das Opfer über längere Zeit hinweg dem Täter existenziell ausgeliefert war. Offenbar kommen dabei vier Faktoren zusammen:

1. Wechselwirkungen von *anhaltender vitaler Wachsamkeit* (Hyperarousal) während des Tatgeschehens und
2. emphatisch fokussierter *Aufmerksamkeitsbindung* (um die nächsten Schritte des Täters zur eigenen Orientierung vorherzusagen) in einem Zustand der *Abspaltung des Selbsterlebens* vom Funktionieren (Dissoziation),
3. eine besondere Art der *gedanklichen Verschmelzung* und emotionalen Identifikation (Introjektion) mit dem Handeln und der Person des Täters,
4. die ebenso widersinnige wie emotional intensive Überzeugung, nur dank der vermeintlichen „Gnade oder sogar *Güte des Täters*" noch weiterleben zu dürfen (Idealisierung).

Nützlich ist dieses Verhalten, um unerträgliche Gefühle der völligen Hilflosigkeit und Auslieferung an einen Täter durch einen mentalen Rollentausch zu mildern und sich gewissermaßen auf stellvertretende Weise (die Illusion von) Handlungsfähigkeit durch Teilnahme am Handeln des Täters zu erzeugen.

Würde man Opfer nach ihren Narrativen befragen, würde deren Erzählungen wahrscheinlich in folgenden Punkten übereinstimmen:

„Ich erkannte sofort, dass ich nur überleben werde, wenn ich kooperiere. Meine Aufmerksamkeit war deshalb völlig davon in Anspruch genommen, nicht nur den Täter ganz genau zu beobachten, sondern mich möglichst in jede seiner Regungen einzufühlen. Das gab mir die Sicherheit, dass ich ihn als Menschen verstehen und sein Handeln mit ihm im Voraus planen kann. Ich entwickelte Verständnis für seine Sicht der Lage. Daher konnte ich immer mehr an das Gute in ihm glauben. Wenn er mal barsch wurde, dann weil ich ihn auf ungeschickte Weise provozierte, vielleicht eine zu heftige Bewegung gemacht habe. Er hätte die Macht gehabt, mich jeden Moment zu töten. Jedoch bemühte er sich, mich zu schonen. Deshalb habe ich überlebt. Und dafür bin ich ihm dankbar."

Demselben Prozess der symbiotischen Verschmelzung mit dem Täter oder Anteilen seiner Person durchlaufen auch Opfer, die entweder von Kindheit an oder für lange Zeit den sie traumatisch misshandelnden Bezugspersonen ausgeliefert waren oder sich ausgeliefert fühlten. Wobei in jedem Einzelfall die 4 Faktoren, Hyperarousal – Dissoziation – Introjektion – Idealisierung, unterschiedlich gewichtet vorkommen. Leser dieses Beitrages werden hier Aspekte des Elternverhaltens als anhaltende traumatische Täterwirkungen bei einigen vorgestellten Beispielfällen wiedererkennen (s. Abschn. 2.3, 2.4, 2.6). Wenn Kinder von ihren Eltern anhaltend bedroht wurden, dann sind sie darauf angewiesen, auch den Überlebensmechanismus der Introjektion des Täters zu aktivieren.

Dass psychische Erkrankungen als Folgen von *Täterwirkungen der Lebenspartner* erscheinen kann zumeist erst im Verlauf der Behandlung erkannt werden. Nun steht die Wahl seines Lebenspartners oder der Lebenspartnerin jedem Menschen frei.

Leider trennen sich Paare oft nicht rechtzeitig, wenn sich Verletzungen häufen und die Belastungen den Nutzen der Beziehung zu überwiegen beginnen.

Vor dem biografischen Hintergrund traumatischer Beziehungserfahrungen und der Identifikationstendenz mit dem Täter/der Täterin ist es erklärbar, dass giftige Beziehungen, wenn sie über Jahre hinweg bestehen, ihre zerstörerischen Wirkungen anrichten können.

In der psychotherapeutischen Praxis beginnen die Opfer meist erst nach ihrer Trennung von den Tätern die Behandlung. In einigen Fällen kann auch schon während der Behandlung die Fortsetzung einer aus der Kindheit bekannten toxischen Beziehung erkannt und gestoppt werden.

Hierzu ein Beispiel:

Fallbeispiel Helga: „Ich gerate immer wieder an Männer, die mich an meinen Vater erinnern."
Helga, 52, ist geschieden, alleinlebend.

Die Therapie sucht sie wegen erheblicher Schlafstörungen und Angstzustände auf.

Sie berichtet *aus ihrem Leben:*

„Mein Vater ist ein Choleriker gewesen, egomanisch, herrisch fordernd in der Familie, nach außen sehr charmant. Als Verkaufsleiter mit Reiseverpflichtungen, war er in der Familie selten präsent. Meine Mutter übernahm eigentlich allein unsere Betreuung und Fürsorge. Sie war stets besorgt, verständnisvoll, harmoniebedürftig und immer vermittelnd, in Lebensfragen leider unselbstständig. Als ich 12 Jahre alt wurde, erlitt die Mutter einen schweren Schlaganfall und wurde zum Pflegefall.

Für meinen Vater war klar, dass ich als Älteste seiner Kinder ihre Rolle übernehme. Ich mühte mich nach Kräften, es ihm recht zu machen. Das war sehr schwierig, denn er fand meistens etwas, was ich falsch machte, tobte oder strafte mit verbaler Erniedrigung oder mit Zuwendungsentzug. Letzteres war für mich das Schlimmste. Manchmal konnte er auch sehr liebevoll sein. Dann nannte er mich seine ‚Prinzessin', nahm mich in den Arm und weinte sich bei mir aus, wenn ihm etwas geschäftlich danebengegangen war. Mir war dann klar, dass er eigentlich ebenso so war wie ich, ein guter, empfindsamer Mensch hinter einer rauen Schale. Auch war mir klar, dass er wie ich um das Leid der Mutter weinte, seinen Kummer aber hinter geschäftlichen Anlässen verbergen musste.

Nachdem mein Vater seinen eigenen Betrieb aufgebaut hatte, übernahm ich sein Büro. Tagsüber versorgte ich die Mama. Ich war sehr in Anspruch genommen, befand mich immer in einem Wechselbad der Gefühle, zwischen Angst vor dem nächsten Wutausbruch des Vaters und der Hoffnung auf einen harmonischen Abend mit ihm. Wegen dieser Belastungen blieb kein Raum für die Partnersuche.

Dramatisch war auch die Art des Abschiedes von meinem Vater. Er litt seit Jahren an chronischen Schmerzen und Depressionen. Eines Winterabends rief er mich an. Ich solle sofort zu ihm kommen, es ginge ihm nicht gut. Es war schon spät nachts. Ich hatte mir gerade ein Bad eingelassen und wollte nicht mehr aus dem Haus. Die Art, wie er mich aufforderte, zu ihm zu kommen, löste in mir so ungute Gefühle aus, dass ich ihm anbot, die Ambulanz anzurufen. Das verbat er mir schneidend, bevor er wütend auflegte. Am nächsten Morgen wurde mein Vater tot gefunden. Er hatte sich in seinem Büro erschossen. Sie kennen meine Schuldgefühle. Wir haben das schon besprochen, und wir sind draufgekommen, dass wahrscheinlich meine Intuition mich damals davor bewahrte, Opfer eines erweiterten Suizids zu werden.

Helgas Berichte von ihren Partnerschaften

„Erst nach Vaters Tod, ich war damals über dreißig, hatte ich meine erste intime Beziehung mit Nicolae. Ich lernte ihn in einer Klinik kennen. Er, ein Osteuropäer, war so dankbar, dass ich ihm verständlicheres Deutsch beibrachte. Er war warmherzig und charmant. Schon bald nach unserer Eheschließung änderte sich das. Er ergab sich dem Alkohol, kritisierte mich wegen jeder Kleinigkeit und verprügelte mich, denn es lag an mir, wenn er Erektionsprobleme hatte.

Ich erwog oft, mich zu trennen, aber das Mitleid hielt mich bei ihm. Im dritten Ehejahr erlitt er einen Verkehrsunfall, sodass der Tod uns letztlich geschieden hat. Ich trauerte sehr lange, irgendwie war in mir die Idee, dass ich vielleicht schuld war an seinem Tod. Vielleicht könnte er noch leben und hätte weniger trinken müssen, wäre ich nur im letzten Jahr unserer Beziehung nicht so spröde und zurückweisend gewesen. Ich vermied lange Zeit danach, engere Beziehungen einzugehen.

Dann lernte ich vor 7 Jahren in einem Wellness-Hotel den Waldemar kennen: Es funkte sofort zwischen uns. Er war so stattlich wie mein Vater und so charmant und witzig. Wir konnten stundenlang miteinander tiefsinnig reden, wurden ein Herz und eine Seele. Waldemar erzählte, dass er Monteur für geologische Erkundungen sei und deshalb oft auswärts arbeiten müsse. Er wolle Geld sparen, um sich ein eigenes Taxiunternehmen aufzubauen, damit wir öfter zusammen sein könnten. Deshalb überraschte ich ihn mit einem fast neuen Mercedes. Er war mir wochenlang dankbar und schwärmte davon, wie er seine eigene Fahrzeugflotte aufbauen würde.

In einer benachbarten Kreisstadt hatte ich einen Mandanten zu betreuen. Zufällig entdeckte ich den Mercedes meines Freundes vor der Einfahrt eines Hauses. Dann stand er fast bei jeder Fahrt zu jenem Mandanten an derselben Stelle. Ich erkundigte mich in der betreffenden Nachbarschaft und fand schließlich heraus, dass mein Freund dort als Familienvater bekannt war. Als ich ihn zur Rede stellte, war er sehr wütend, weil ich ihm ‚hinterhältig nachgeschnüffelt' hätte. Ich müsse doch seine Liebe spüren und ihn verstehen. Er sei an ein schweres Los gekettet. Seine Frau sei psychisch so labil, dass er für sie den Schein der Familie waren müsse, seinen beiden Kindern zuliebe. Dafür hatte ich natürlich aufgrund der Geschichte mit meiner Mutter Verständnis. Unsere Versöhnung war wunderbar. Er lud mich in das Wellness-Hotel ein, in dem wir uns kennengelernt hatten, und eroberte mich so stürmisch wie damals. Allerdings hatte er beim Auschecken seine Visa-Karte nicht dabei. Als ich das auf dem Rückweg ansprach, gab er mir das Gefühl, dass nun etwas in ihm zerbrochen und zwischen uns etwas anders geworden sei; denn meine Kleinlichkeit – doch wirklich ohne jede wirtschaftliche Not – hätte ihn so sehr enttäuscht. Ich fühlte mich unvernünftigerweise tatsächlich schuldig und verantwortlich. Eigentlich sollte mir sein Doppelleben egal sein, denn schließlich war ich mit seinen tageweisen Besuchen ziemlich zufrieden, zumal er in der Regel am dritten Tage unseres Zusammenseins zu nörgeln begann und an mir immer etwas auszusetzen fand. Dass er mich zunehmend besitzergreifend behandelte, begründete er damit, dass er ohne mich als seiner ‚einzigen Seelenverwandten' nicht leben mochte. Ich muss zugeben, dass mir das schmeichelte, weil ich es glauben wollte. Unerträglich wurde für es mich dann, als er damit begann, systematisch meinen Bruder und meine Freunde schlecht zu machen."

Therapiegespräch zum Thema Entscheidung über ihre Beziehung

T: „Sie haben mir die Geschichten Ihrer bisherigen Partnerschaften nochmals berichtet. Was ist Ihnen aufgefallen?"

H: „Ich verfalle in meinen Partnerbeziehungen in ähnliche Verhaltensmuster, wie sie sich mit meinem Vater herausgebildet haben. Er nutzte aus, dass ich der Mama wegen bereit war, alles für ihn tun. Ich ließ mich ausnutzen, damit er entlastet blieb und uns gut versorgen konnte. Ich fühlte mich als Helfende sicher, da ich wusste, *dass ich gebraucht werde, einen wichtigen Auftrag erfülle.*"

T: „Im Hintergrund war also ständige Angst, Ihr Vater könnte ebenso zusammenbrechen wie Ihre Mutter, und Sie wären dann allein und verwaist?"

H (nickt spontan): „Ja, genau, ich hatte dann auch immer Träume, dass das Haus brennt, und nur ich mich retten kann. Oder ich trete eine Lawine los, welche die Familie verschüttet, und nur ich bleibe übrig.

Ich ließ mich herumkommandieren. Ich ließ mich vereinnahmen, weil ich unter dem Druck dieser Katastrophenangst stand. Mein Vater kam mir vor wie mein einziger Retter. Er brauchte mich nur mit seinen Hundeblick anzusehen und mich ‚Prinzessin' nennen, schon fühlte ich mich geborgen, und alles war wieder gut."

T: „Sich Liebe oder zumindest emotionale Wärme verdienen zu müssen erscheint nach Ihren Schilderungen auch als Motto Ihrer beiden Partnerbeziehungen."

H: „Die Beziehung zu Nicolae fing damit an, dass ich mich dabei gut fühlte, ihm Sicherheit zu geben. Es fühlte sich für mich so an, als ob das meine Aufgabe wäre, ihn irgendwie für den Verlust seiner Heimat zu entschädigen."

T: „Sie waren sehr identifiziert und konnten als Gebende an etwas teilhaben, wonach Sie sich bisher vergebens sehnten: Geborgenheit, Angekommensein als Lohn für das Abarbeiten der Verpflichtungen. Kamen Sie sich dabei nicht auch zweitweise vor, als müssten Sie ein Fass ohne Boden füllen?"

H (wischt sich eine Träne ab): „Sie wissen ja, wie es weiterging. In den Therapiegesprächen bin ich dann auf den Entstehungszusammenhang meiner Schlafstörungen gekommen. Da diese nie auftraten, wenn ich bei meinem Bruder, auf Dienstreise allein im Hotel oder bei Bekannten übernachtete, lag die Schlussfolgerung nahe, dass ich nächtlich aus unbewusster Anspannung vor möglichen Übergriffen nicht schlafen konnte, wenn ich neben Nicolae im Bett lag. Damals, als seine Übergriffe passierten, wollte ich das nicht wahrhaben. Ich war eher überzeugt, dass mich meine Schlafstörungen zur Verzweiflung bringen würden, statt mir selbst die zermürbende Wirkung meiner Beziehung einzugestehen."

T: „Das Signal der Schlafstörung ist nun wieder verstärkt aufgetreten und hat Sie motiviert, Ihre Therapie zu beginnen."

H: „Sie meinen, obwohl von Waldemar noch keine körperliche Gefahr ausgeht, wie damals von Nicolae, signalisiert mir mein Körper, dass ich schon wieder in einer krankmachenden und erschöpfenden Beziehung bin?"

(Nachdenkliche Pause.)

H: „Eigentlich wurde es mir schlagartig klar, als Waldemar mich anschrie und mich vor die Wahl stellte: ‚Entweder ich oder deine Freunde!'

Ich weiß, ich müsste mich eigentlich trennen. Aber ohne ihn leben, das wäre jetzt noch ein zu großer Schritt für mich."

T: „Welche Schritte wären zunächst erforderlich und Ihnen möglich?"

H: „Ich werde ihm klar machen, dass ich nicht sein Besitz bin. Ich werde seine Entscheidungsfrage richtigstellen: „Entweder du akzeptierst, dass ich auch Zeit mit meinen Freunden verbringe, die du nicht ausstehen kannst, oder *du* verschwindest aus meinem Leben!

Außerdem ist mal ein Kassensturz fällig. Unter dem Vorwand, dass ich ‚kleinlich' sei und genug Geld hätte, lebst du seit Jahren wie ein Schmarotzer von meinem Geld. Bei künftigen Unternehmungen machen wir Hälfte-Hälfte. Wenn dir bestimmte Reisen zu teuer sind, dann verreise ich künftig eben mit meinen Freunden, die mich nicht für ihren Anteil aufkommen lassen."

Beispiel Hortensia:

Wie ich mein Selbstvertrauen und meine Tochter verlor

Hortensia, 47 Jahre alt, ist Berufsschullehrerin, seit einem Jahr geschieden. Sie ist Mutter einer 28- jährigen Tochter, die mit ihrem Partner im Ausland lebt.

Auslösend für den Beginn der Behandlung war ihre fluchtartige Trennung vom Ehepartner. Die Therapie suchte sie nach ihrer Trennung aufgrund von Angststörungen, Verwirrtheitszuständen mit zwanghaftem Wiedererinnern von Szenen aus ihrer Ehe, Schuldgefühlen, sozialen Ängsten (sowie zusätzlich wahrscheinlich realer Verfolgungsbefürchtung), Tinnitus und Depressivität.

Lebensgeschichtliche Aspekte

Hortensia wuchs als ältestes von fünf Kindern ihrer Eltern auf dem Lande in ärmlichen Verhältnissen auf. Ihre Mutter beschreibt sie als „emotional abweisend, irgendwie anklagend, als hätte sie ein besseres Leben verdient und sei wegen uns restlichen Familienmitgliedern daran gehindert worden". Der Vater wird beschrieben als „einfacher, gutmütiger, manchmal herzlicher Mensch, der gedanklich selten präsent war". Er arbeitete wochentags auswärts. Während der Zeiten, welche er in der Familie verbrachte, habe er sich gern seinen Kindern zugewandt, besonders, als diese noch im Vorschulalter waren. Zwischen den Eltern hätten Spannungen bestanden. Der Vater habe sich sehr bemüht, die Wünsche der Mutter zu erfüllen. Er habe Hortensia oft leidgetan, da er ihr vorgekommen sei, „wie ein geprügelter Hund". Trotz der starken Inanspruchnahme im Haushalt und bei der Betreuung ihrer Geschwister erreichte Hortensia sehr gute Schulleistungen. Dank der Vermittlung einer engagierten Lehrerin konnte sie das Gymnasium besuchen.

Geschichte der Beziehung

Während des Studiums lernte Hortensia „ihren" Alexander kennen. Sie schildert: „Es hat gleich gefunkt – ein so schöner Mann – Liebe auf den ersten Blick! Alles an ihm faszinierte mich, seine Erscheinung, sein Esprit, sein Gang, seine feinen Hände, seine bedächtige Art, seine eloquente Sprechweise, wie er bestimmte Wörter sprachmalerisch betonte".

Beide hätten sich zu Beginn ihrer Beziehung vehement ineinander verliebt und viel Bewunderung ausgetauscht.

Hortensia bewunderte zunächst die scheinbare Harmonie und Gediegenheit des Elternhauses ihres Partners. Dieser erfasste, dass sie sich ihrer Herkunft schämte. Er tröstete sie einfühlsam und versprach, sie so zu stärken und zu formen, dass sie sich in keiner Umgebung mehr schämen müsse. Gern nahm Hortensia seine Förderung an. Alexander verbesserte sie oft, wenn sie ein nach seinem Empfinden „ungehobeltes" Wort verwendete, oder erläuterte geduldig sein Verständnis, wenn sie einen Zusammenhang nach seiner Meinung unvollständig erfasste. Wenige Wochen nach der Eheschließung kam die Tochter Franka zur Welt. Alexander erklärte, dass er mit kleinen Kindern, zumal Mädchen, die sich noch nicht zusammenhängend äußern könnten, wenig anzufangen wüsste. Er sicherte aber zu, sich nach Erreichen des Grundschulalters wieder ganz um seine Tochter zu kümmern.

Hortensia akzeptierte ihre Position als „quasi alleinerziehende Mutter", zumal Alexander im Interesse der jungen Familie fleißig seine Karriere vorantrieb. Nach dem Abschluss seiner Promotion war er tatsächlich häufiger zu Hause und gestalte seine Gegenwart für die Tochter in unregelmäßigen Abständen jeweils als „ganz besonderes Ereignis". Wenn ihre Mutter Franka einen Wunsch verwehrte, vermittelte er geschickt, mit vordergründigem Verständnis für die Versagung, letztlich aber meist mit dem Ergebnis deren Aufhebung. Auch nahm er die Tochter in Schutz, indem er Hortensias manchmal etwas zu brüskes Verhalten sanft kritisierte und ihr im Beisein der Tochter neue Sichtweisen aufzeigte.

Eine seiner stehenden Redewendung war: „Vom Ansatz her sehr gut und richtig, aber sieh' doch mal…" Auf diese Weise war die Rollenteilung für

Franka klar: Die Mutter war die Hausbedienstete, Helferin im Alltag, „die Frau für's Grobe". Der Vater hingegen erschien ihr als außergewöhnliche, souveräne Persönlichkeit für die schönen Stunden des Lebens, „also der Mann für das Feine". In der Pubertät der Tochter entdeckte diese unter Anleitung des Vaters ihre Leidenschaft für Bergsteigen und Klettern. Alexander buchte stets Urlaube im Gebirge. Hortensia, die eigentlich Strandurlaub bevorzugt hätte, war „überstimmt." Wegen ihrer Höhenangst erholte sie sich lieber lesend am Hotelpool und verzichtete auf die Angebote gemeinsamen Bergsteigens.

Trotz Einspruch und Bitten Hortensias wählte Alexander möglichst gefährliche Touren aus. Tochter und Vater lachten dann als Verbündete über die Angst der Mutter als „Spaßbremse".

Nachdem Franka auswärts ihr Studium begann, bemerkte Alexander, dass ihre Ehe fad geworden sei. Seiner Ansprache entnahm sie, dass Alexander, der die Tochter auch sehr vermisste, ihre Ehe nun für langweilig hielt. Es sei ihm aufgefallen, dass seine Frau sich von ihm durch Fehlen von Inspiration entfremdet habe. Sie bedrücke seine Stimmung durch „eine gewisse teigige Sentimentalität". Sexuell sei sie einer lustlosen Routine verfallen. Die müsse sie endlich aufbrechen, da er sonst kein Begehren mehr entwickeln könne. Daher vermittelte er Hortensia einige Anregungen und Hilfestellungen, damit sie ihre Ehe wiederbeleben könne.

Als Hortensia über ihr Liebesleben nachdachte, stellte sie fest, dass Alexander ihr in der Anfangsphase ihrer Beziehung die Überzeugung vermittelt hätte, dass sie sexuell auf einzigartige Weise füreinander bestimmt waren. Keine andere Frau könne so passend auf seine Bedürfnisse eingehen wie sie. Bald wurde der Sex seltener. Ihre Annäherungsversuche übersah Alexander. Sie lernte, dass Intimität nur zustande kam, wenn sie sich zurückhielt und geduldig seine Initiative erwartete. In eher unregelmäßigen Abständen, etwa aller zwei Monate, zeigte er dann „heiße Phasen" seines Begehrens. Als Schlüsselepisode erinnert sie, wie er sie unvermittelt am Küchentisch nahm und ihr dabei erklärte, was sie jetzt brauche und eigentlich wolle.

Als leidenschaftliche Gärtnerin war Hortensia besonders am Schnitt ihrer Hecke gelegen. Diesen führte sie seit Jahren eigenhändig und mit viel Gestaltungsfreude aus. An jenem Frühlingstag, an dem sie mit dem Heckenschnitt beginnen wollte, hatte Alexander ihr, entgegen seiner Gewohnheit am Wochenende länger zu schlafen, schon „alle Arbeit abgenommen" und zeigte ihr stolz sein Werk. Hortensia reagierte entsetzt, als sie die verunstaltete Hecke erblickte. Nun fühlte sich Alexander stark abgewertet: „Ich versuche alles, um dir eine tolle Überraschung zu bereiten und Zeit für einen gemeinsamen Ausflug zu gewinnen. Aber wie sehr ich mich auch bemühe, dir kann ich es nicht recht machen, du meckerst nur 'rum und entwertest mich."

Hortensia begann, immer öfter an sich selbst zu zweifeln. Sie fühlte sich tatsächlich fad, einfallslos und unglücklich. Hatte sie wegen ihrer Schwermut Alexander die Lebensfreude genommen? War sie zu kleinlich, zu zwanghaft, zu emotional? War sie schon depressiv? Waren ihre neuerlich auftretenden Gedächtnisausfälle schon Anzeichen beginnender Demenz? Oftmals wechselte Alexander das Thema und fragte sie dann, ob sie sich nicht erinnern könne, was gerade besprochen worden sei. In anderen Situationen zeigte er große Besorgnis, dass sie ihm nicht mehr folgen könnte, weil sie seiner Ansicht nach mit ihrer Aufmerksamkeit abschweifte und sich von unwichtigen Dingen ablenken ließ. Hortensia beobachtete, dass nun auch bei ihrer Arbeit Konzentrationsstörungen und Probleme der Wortfindung auftraten.

Sprachlich benutzte Alexander oft solche Floskeln wie: „Es betrübt mich, feststellen zu müssen…" – „Lass mich es dir im Vertrauen sagen, noch bevor es auch anderen auffällt…" – „Aber siehst du denn gar nicht mehr, was du dabei in Gang bringst…" – „Spürst du denn nicht selbst deine psychische Verwirrung? Bemerkst du denn nicht, dass schon einige Krankheitszeichen aufgetreten sind…" – „Schau doch, eine normale Frau würde nie so reagieren." – „Es erstaunt mich, dass deine Vergesslichkeit noch nicht in deinem Kollegium auffiel."

Wiederholt versuchte sie, ihre Situation mit Alexander zu besprechen. Jede dieser Aussprachen begann auch seinerseits mit viel Bereitschaft zum Verstehen, aber endete jedes Mal im Fiasko. Alexander fand, dass Hortensia sich in die falschen Probleme hineinsteigere, sich mit ihrer Streitlust im Ton vergreife. Oft erklärte er kraft seines präzisen Gedächtnisses ihre Erinnerungen für ungültig, da sie nach seiner Überzeugung von den Fakten abweichen würden. Er stellte schmerzvoll zerknirscht immer wieder fest, dass sie seine Kräfte aufzehre und ihn psychisch fertigmache, natürlich unbeabsichtigt. Er, der Hochbegabte und Hypersensible, käme sich zunehmend von ihr „zerstört" vor. Er habe den Eindruck, sie rücke von ihm ab – und das zu einem Zeitpunkt, wo er sie am meisten brauche. Er fühle sich „wie ein feines Instrument, das fallengelassen wurde." Er wisse, dass sie das nicht wolle. Schuld sei ihre psychische Störung. Er empfehle ihr unbedingt einen guten Psychiater, denn sie brauche auch starke Beruhigungsmittel.

Zwischendurch gab es wieder schöne Momente. An manchen Tagen war Alexander blendend aufgelegt. Beispielsweise lud er, strahlend gelaunt, Hortensia spontan in den Gastgarten des Italieners ein, den sie so mag.

Allerdings betrübte es ihn dann doch etwas, wie hastig und unwürdig schmatzend sie ihre Pizza in sich hineinschlang, wo sie doch alle Zeit der Welt hatte! Übrigens, bemerkte er, ihr Kleid fände er zwar schön und er bewundere ihren guten Geschmack, doch hätte sich unter dem Stoff stellenweise schon etwas Zuviel an Masse angestaut, vor allem in der Bauchgegend.

Hortensia mühte sich nun mit Diät und im Fitnessstudio ab. Sie verlor 10 kg. Er kritisierte, dass sie immer unausgeglichener werde und auf jede Fliege an der Wand viel zu emotional reagiere.

Hortensia verstand, dass Alexander an Wochenenden Abstand von der Beziehung brauchte, denn sie konnte sich selbst nicht mehr mögen. Er wollte an Sommerwochenenden gleich in den Bergen bleiben und im Auto übernachten. Dafür hatte er sich einen schon etwas klapprigen Lieferwagen günstig gekauft.

Offenbar unter dem Eindruck der Krebserkrankung eines Arbeitskollegen beschäftigte Alexander sich mit Lebensversicherungen. Er meinte, die gegenseitige Absicherung für den Todesfall müsse besser werden. Das erschien vernünftig. Hortensia unterschrieb das vorgelegte „allerbeste Angebot des Versicherungsmarktes".

Alexander hatte seinen Dienstwagen zur Werkstatt gebracht und bat, dass Hortensia ihn am folgenden Tag mit dem Caddy abholt. In der Nacht erwachte Hortensia aus einem Albtraum:

Sie sieht sich als *Beifahrerin im Lieferwagen. Alexander am Steuer hält auf den einzelnen Baum an der Kurve zu, beschleunigt und öffnet ihren Sicherheitsgurt.*

Am folgenden Morgen weckt Alexander sie aufgeregt aus dem Schlaf. Es ist schon eine Stunde über der Weckzeit, das zeigen auch ihr Smartphone und die anderen Uhren. Schlaftrunken und schnellstmöglich macht sich Hortensia einigermaßen frisch. Sie streift sich den leichten Mantel über und entdeckt dabei in der Tasche ihre Armbanduhr. Sie erinnert sich, sie gestern eingesteckt zu haben, weil die Schließschnalle des Armbandes defekt war. Die Uhr zeigt: Es ist noch eine Stunde vor dem üblichen Aufstehen. Sie hält die Uhr Alexander vor. Dieser reagiert erschrocken und redet auf sie ein. Sie hört nicht zu. Als sie sich abwendet hält er sie fest, außer sich vor Wut. Als sie schreit „Lass mich los!", beginnt er sie zu würgen. Sie befreit sich, indem sie ihr Knie einsetzt. Sie ruft ihre befreundete Kollegin an, die sie bittet, sie abzuholen. Hastig packt sie noch im Beisein der Kollegin einige Sachen in einen Koffer; denn sie weiß, sie wird nicht mehr zurückkommen. Ihre Ehe ist jetzt zu Ende.

Betrachtet man die Schilderungen der ***Entwicklung dieser Partnerbeziehung*** mit Abstand, dann wird deutlich, dass Hortensia zum Opfer eines intelligenten narzisstischen Psychopathen der interpersonell-affektiven Ausprägungsform wurde.

Als Narzisst reguliert Alexander seine eigenen hintergründigen Ängste vor Verlust, Wertlosigkeit oder Minderwertigkeit durch Selbstüberhöhung und subtile Abwertung seiner Partnerin. Er stellt sich als Förderer und Erzieher Hortensias dar. Seine Vorgehensweise ist durchdacht. Sie umfasst das gesamte Spektrum psychologischer Zerstörung, beginnend von der emotionalen Destabilisierung bis hin zur schrittweisen Ausnutzung und Beraubung seiner Partnerin hinsichtlich:

- ihrer Arbeitskraft,
- ihrer Tochter als wichtigster Bezugsperson, was Hortensia ihm noch mehr ausliefert, und schließlich
- ihrer psychischen Gesundheit.

Ein derartig totalitäres Programm wie in diesem Beispielfall ist eine Ausnahme. In den meisten Fällen ist das Vorgehen oftmals sporadischer, was jedoch über längere Zeitdauer der Beziehung nicht weniger toxisch wirkt. Immer wieder wird nach der „Peitsche" der Herabsetzung das „Zuckerbrot" gereicht, meist in Gestalt harmonischer Episoden und charmanten Umsorgens. Diese vermeintlich „gute Zeiten" dienen dem Ziel, das Opfer wieder an sich zu binden, um es weiter zu isolieren und möglichst vollständig abhängig vom Täter zu machen.

Alexander begeht diese Zerstörung völlig gewissenlos und setzt dabei manipulative Techniken ein, die dem Arsenal des Brainwashing (ständige Wiederholungen im emotionalen bewegenden Kontext werden subjektiv als „Wahrheit" empfunden) und der hypnotischen Suggestion entstammen.

Hortensia konnte dies erst nach der Trennung von ihrem, rückblickend von ihr als „Psycho-Vampir" bezeichneten, Ehemann durchschauen. Sie identifizierte diese Mixtur von Framing-, Verwirrungs- und Einstreutechniken mit dem Zweck, dass sie sich selbst für unzulänglich halten und sich noch an den vermeintlichen Retter gebunden fühlen solle, später als *Gaslighting*. Der Begriff stammt aus einem Theaterstück des britischen Dramatikers Hamilton (1938, deutsch 2014), in welchem der Täter die Gasbeleuchtung manipuliert, um die Wahrnehmungen seiner Frau zu irritieren. *Gaslighting* desorientiert, indem Erfahrungskontexte verwirrt, eigene Wahrnehmungen, Gefühle, Bedürfnisse, Bewertungen und Erinnerungen als ungültig erklärt oder suggestiv überschrieben werden, beispielsweise:

- *Das habe ich doch gerade gesagt, du hast es nur schon wieder vergessen.*
- *Glaubst du denn, dass du noch normal reagieren kannst? Hast du denn deine Kontrolle über deine Gefühle verloren?*
- *Das bildest du dir so ein.... Deine Erinnerung spielt dir wieder einen Streich.*
- *Du schwebst über dem Boden der Tatsachen, hast den Sinn für Realität verloren? Du bist wohl schon psychisch krank?*
- *Manipulation von Objekten (im Beispiel werden die Uhren verstellt).*

Die Folgen jahrelangen Psychoterrors mit diesen, im Vergleich zu körperlicher Gewalt, „subtileren Methoden" sind emotionale und kognitive Verwirrung, Verlust der Selbstwertschätzung, Depressivität, Dissoziation, Störungen der Impulskontrolle und Verlust der selbstbestimmten Handlungsorganisation. Wie tappt man in die Falle des persönlichen Psychoterrors durch nahe Bezugspersonen? Welche Möglichkeiten der Distanzierung sind wirksam?

Wie ist es möglich, dass Gaslighting-Techniken als individuell „maßgeschneiderte" und emotional wirksame Manipulationen in nahen Beziehungen funktionieren können?

Fragen wir hierzu *Hortensia am Ende ihrer Therapie:*
„Ich frage mich, wie es mir, einer kritischen, lebenserfahrenen und gut ausgebildeten Frau, die selbstständig handelt und denkt, passieren konnte, mich bis an die Grenzen des Erträglichen manipulieren zu lassen? Warum habe ich das erst am bitteren Ende der Beziehung erkannt?

Mein Anteil ist, dass ich mir *Erzählungen von meiner Beziehung* zurechtgelegt habe, so, *wie ich sie für mich brauchte:*

„Er ist meine bessere Hälfte (mein ‚narzisstischer Balkon'; Wardetzki, 1991): Seht, was ich für eine tolle Frau sein muss, wenn ich so einen charismatischen Mann für mich gewinnen konnte. Ich bin durch ihn, seine Intelligenz, seine schöne Erscheinung aufgewertet. Nur mit ihm zusammen wird das Leben wunderbar. Ich bin verantwortlich, diese einzigartige Beziehung zu bewahren. Im Umkehrschluss: Wenn etwas schiefgeht, dann liegt es an mir. Dann bin ich schuld.

Mir kam es damals so vor, als wäre dieses Narrativ mein Drehbuch zum Film des glücklichen Lebens. Rückblickend kommt es mir naiv vor. Emotional verstehe ich mich in meinen Motiven, das unerfüllte Sehnen aus der Kindheit und der Pubertät endlich in meiner Partnerschaft zu stillen.

Wie gern hätte ich einen Vater gehabt, auf den ich stolz sein könnte; der auch auf mich als seine Tochter stolz gewesen wäre, mich an die Hand genommen und gefördert hätte.

Meine Verstrickung in diese Geschichten, durch die ich mir meinen Wert über Alexanders Zuneigung und Außenwirkung bestätigte, und an denen ich meinte, unbedingt festhalten zu müssen, hat er meisterlich ausgenutzt.

Sie kennen die russischen Puppen, die Matroschkas: Öffnest du die erste, enthält sie eine kleinere Ausgabe von sich selbst, und diese enthält dann wieder eine kleinere Puppe usw.

Meine erste Puppe symbolisiert mein Sehnen nach Geborgenheit und Liebe. Die zweite steht für den Wunsch nach Bestätigung und Selbstwert. Die dritte für mein Streben nach sozialem Aufstieg.

Entsprechend sind meine Geschichten in dieser Reihenfolge geordnet:

1. Niemand anderer als Alexander passt in jeder Hinsicht besser zu mir und meinen Bedürfnissen. Nur er kann mir ermöglichen, quasi als Seelenverwandter, mich weiterzuentwickeln. Nur mit ihm zusammen kann ich im Leben Erfüllung finden und meine Ziele erreichen.
2. Alexander ist wie ich. Er ist der Spiegel meiner selbst. Er nimmt sich zurück, weil ihm das Wohl seiner Lieben der höchste Wert ist. Er will dasselbe wie ich, eine harmonische Beziehung. Wir stimmen darin überein, dass Familie das Wichtigste ist. Phasenhaft ist er der fürsorglichste Liebhaber, Ehemann, Ausbilder und Vater meiner Tochter, den ich mir denken kann. Zuerst ist er bemüht, dass es den ihm nahen Personen gut geht.
3. Solange ich Alexander an meiner Seite habe, bin ich wertvoll und stark genug, alle Hindernisse zu überwinden. Wenn diese Beziehung misslingt, dann bin nur ich daran schuld, denn ich habe sie letztlich nicht verdient.

Diese verschachtelten Geschichten derselben Gestalt sind ‚Grüße aus meiner Vergangenheit‘, sie gehen letztlich auf angestaute und im Elternhause unerfüllbare Bedürfnisse nach emotionaler Wärme, Anerkennung, Anleitung und Aufstieg zurück. Meine Eltern haben nie anerkannt, was ich für meine Geschwister leistete und wie ich dabei noch selbstständig lernte. Durch Versuch und Irrtum habe ich mir fast alles, was ich kann, selbst beigebracht. Dabei wünschte ich mir damals oft, dass mich jemand anleitet, mich unterstützt, mein Handeln oder das Lernen besser zu strukturieren. Wie meine offensichtlich intellektuell überlegene Mutter meinen Vater behandelte, war für mich das Gegenmodell einer Partnerschaft. Ich stellte mir vor, dass ich mir einen Partner suchen würde, zu dem ich aufblicken und mit dem ich mich verbessern könnte. Das diffuse ‚Streben nach etwas Besserem‘ habe ich wohl unbewusst auch von meiner Mutter übernommen. Ich konnte mich im Elternhaus nicht wohl fühlen. Wir Kinder wuchsen nebenbei heran, ohne Elternliebe, mit wenig individueller Zuwendung, ohne Anleitung und Förderung. Meine Mutter ging ihren Handarbeiten nach, lag oft mit ihrer Migräne darnieder. Der Haushalt war armselig und verwahrlost. Er wurde eigentlich von mir in den wichtigsten Funktionen am Laufen gehalten. Die häufigen Auseinandersetzungen wegen des knappen Geldes waren zermürbend. Meine Eltern hatten kaum Freunde. Mit Bekannten traf man sich lieber außerhalb des Elternhauses.

Ich stellte mir vor, wie es wäre, wenn alle Kraft und Aufmerksamkeit auf ein erwähltes einzelnes Kind sich konzentrieren würde. Wahrscheinlich ist Franka deshalb Einzelkind geblieben. Der andere Grund ist Überlastung, die mich vom Nachdenken abhielt. Vom Vater meiner Tochter eigentlich allein gelassen, stieg ich unter wirtschaftlichem Druck bald wieder in den Beruf ein. Ich frage mich, wie ich die Doppelbelastung ertrug, Alexander während seines Promotionsstudiums von den Ansprüchen des Kleinkindes abzuschirmen und ihm auch wirtschaftlich ‚den Rücken frei zu halten'. Ich tröstete mich damit, dass diese Zeit bald vorbei sein würde. Ich träumte davon, beruflich erfolgreich zu sein und mit einem erfolgreichen Partner in eine höhere Gesellschaftsschicht aufzusteigen.

Wenn ich mich frage, warum ich fast 30 Jahre an diesen Vorstellungen festhielt, dann fallen mir als Antworten ein: meine Machermentalität, meine Freude an Erfolgen und meine Tendenz, mich für alles verantwortlich oder schuldig zu fühlen. In der Kindheit wurde ich für die Probleme oder Unfälle der Geschwister verantwortlich gemacht. Die Kehrseite der Überbürdung mit Verantwortung und der fehlenden Anleitung ist die ausgeprägte Neigung zu Schuldgefühlen, die ständige Angst, etwas nicht gut genug gemacht zu haben.

Damit habe ich meinen ‚Psycho-Vampir' gefüttert und süchtig gemacht, ohne es zu merken. Meine Lebensfreude wurde dabei immer wieder als Köder benutzt.

Zu Beginn unserer Beziehung fühlte ich mich wie im Himmel: Er begehrte und bestätigte mich, führte mich in seine scheinbar kultivierte und gebildete Familie mit gutem Zusammenhalt ein (andere Realitäten fand ich erst später heraus).

An der Seite Alexanders war es nie langweilig, sondern immer irgendwie bewegt, in ständigem Auf und Ab zwischen den Extremen. Alexanders Charme und Initiative belebten mich immer dann, wenn ich schon dabei war, zu erschöpfen oder gar, über mein Leben nachzudenken. Letzteres musste er natürlich vermeiden, sonst wäre ich eher hinter seine Tricks gekommen oder hätte mich Freundinnen offenbart.

Das für die Beziehung typische ,Wechselbad der Gefühle' war ein ideales Biotop für die Anzucht meiner Schuldgefühle. Gute Stimmungen motivierten und überzeugten mich, dass es an mir liegen musste, wenn die Beziehung zur emotionalen Talfahrt umschlug. Was hatte ich nur wieder falsch gemacht? Was hätte ich noch besser machen sollen?

Das sind die Fragen, die mich schon seit meiner Kindheit marterten.

Am schmerzlichsten ist für mich der Verlust meiner Tochter. Rückblickend wird mir erst klar, dass es ihm gelang, Franka auf sich zu prägen: Mit den riskanten Klettertouren konnte er sie aus den Gefahren retten, in die er sie gebracht hatte. Das gemeinsame Erleben und Überleben von Extremsituationen verband Vater und Tochter, während ich außen vor blieb. Zudem formte er unter dem Vorwand meiner Entlastung oder Unterstützung mit ihr ein Bündnis *gegen* mich. Damals konnte ich das nicht überblicken, weil ich mir erzählte, mich selbst wegen meiner Höhenangst ausgeschlossen zu haben.

Nach meiner Flucht aus dem gemeinsamen Haus rief Franka, die damals (offenbar im Auftrag des Vaters) am Studienort weilte, an, um mich wieder zurückzuholen. Sie gab mir die Schuld für die Trennung. Sie machte mir bittere Vorwürfe, dass ich das Leben ihres Vaters zerstört hätte. Auf meine Einwände ging sie nicht ein. Alle Kontaktangebote von mir als Mutter zu meiner Tochter wies sie zurück.

Ich weiß aus dritter Quelle, dass sie inzwischen verheiratet und seit zwei Jahren Mutter eines Sohnes ist. Offenbar besteht meine Bestrafung außer im Kontaktabbruch der Tochter auch darin, dass ich meine Enkelkinder nicht kennenlernen darf.

Damit habe ich inzwischen meinen Frieden gemacht. Ich habe mir Raum genommen, mich für Menschen einzusetzen, die mich und meine Beiträge schätzen. Franka habe ich vergeben, denn sie hat denselben Prozess der Manipulation durchmachen müssen wie ich. Sie wurde ebenfalls emotional missbraucht und ausgenutzt."

Anmerkung: Offenbar bedienen sich Täter und Täterinnen, je nach Intelligenz und Körperkraft, vorzugsweise einer dieser beiden Formen der Gewalteinwirkung:

- der gröberen, offen dominierenden und erpresserisch Unterwerfung fordernden oder
- der verdeckten, subtileren Form psychischer Destabilisierung und Verwirrung des Opfers und „Kultivierung" seiner Abhängigkeit, wozu nicht selten auch Schuldgefühle oder Krankheitsverhalten verpflichtend eingesetzt werden.

Frauen suchen in der Psychotherapie-Praxis häufiger Unterstützung als Opfer giftiger Beziehungen als Männer.

Meines Erachtens liegt das vor allem daran, dass Männer eine höhere Hemmschwelle haben, sich einzugestehen, dass sie ihrer Partnerin erlaubt haben, ihre Selbstachtung zu zerstören. Zum anderen werden Männer selten körperlich und grob attackiert, sondern eher auf die subtile psychotechnische Weise drangsaliert. Diese Form ist, zumal wenn sie sich wie langsam und systematisch über Jahre hinweg entwickelt, besonders schwer für das Opfer erkennbar.

2.18 Traumerzählungen

„Träume sind Schäume" meint ein Sprichwort. In der Psychotherapie sind Traumerzählungen eine wichtige Informationsquelle zur Bearbeitung von auf diesem Wege bewusst gewordenen Problemen. Schon Freud (1899) bezeichnete Träume als „Via Regia zum Unbewussten".

Die moderne Psychotherapie löste sich von starren Deutungsschemen. Sie nutzt szenische Techniken, um die Träumenden selbst zur Interpretation ihrer Träume anzuregen (Perls, 1976) und die Visionen lösungsorientiert weiterzuführen (Klarträumen sensu Tholey, 2017) sowie eigene Ressourcen zu entwickeln.

Immer wieder fasziniert, wie schnell Patienten und Klienten sich diese Techniken zu eigen machen.

Hierzu aus der Fülle drei Beispiele aus der Praxis, die den therapeutischen Nutzen der Besprechungen von emotional intensiven Träumen belegen. Oftmals eröffnen gerade Träume auch Visionen und Lösungs-Narrative, die zu überfälligen Auseinandersetzungen ermutigen oder bei der Lösung wichtiger Probleme helfen:

Fallbeispiel Leonie:
„Mein Weg: aufgezwungen und gefährlich"

Leonie, 34 Jahre, wegen einer Panikstörung in Behandlung, berichtet ihren Albtraum:

„Ich gehe an einem Waldrand den Weg auf einer Felskante entlang. Der Pfad ist so schmal, dass ich gerade noch meine Füße voreinander setzten kann. Der Wald rechts neben mir ist undurchdringlich wie eine Mauer. Links geht es einige hunderte Meter tief in einen Abgrund.

Bisher konnte ich noch ohne Schwierigkeiten gehen. Aber plötzlich, etwa in der Mitte des Weges, überfällt mich panische Angst. Die Beine schlottern mir. Ich traue mich nicht, mich hinzusetzen und auszuruhen, weil ich dann in die Tiefe schauen müsste, in der Überzeugung, dann nach unten gesogen zu werden."

T: „Wie verstehen Sie Ihren Traum?"

L: „Das Gefühl irgendwo durch zu müssen, aber nicht zu können, kenne ich von meiner Kindheit an.

Sie erinnern sich, wie ich Ihnen von dem dogmatischen Leistungsansprüchen meiner Eltern berichtet habe. Besonders unter der Fuchtel meiner Mutter gab es kein Links und kein Rechts neben dem vorgegebenen Weg. Meine Gefühle und Bedürfnisse, zum Beispiel nach Pausen oder Spiel mit Gleichaltrigen, wurden für ungültig erklärt: ‚Da musst du eben durch, andere arbeiten noch viel härter und bekommen bessere Noten als du.' So tönte die Leier meiner Mutter.

In gewissen Abständen hatte ich wiederkehrende Träume des vergeblichen Bemühens, trotz aller Anstrengungen, meine Ziele zu erreichen: Beispielsweise fuhr mir der Zug, mit dem mitzukommen irgendwie enorm wichtig war, vor der Nase ab. – In geschätzt hundert Träumen fiel ich durch das Abitur oder wurde mit dem Spickzettel erwischt.

Oder ich bin im Sumpf steckengeblieben und immer weiter eingesunken, je mehr ich stampfte. Das Aufwachen aus dem Albtraum war dann jedes Mal wie die Erlösung aus einer existenziellen Katastrophe…

Als ich herausfand, dass mein Mann unsere Ersparnisse verspekuliert hat und mich täuschte, träumte ich besonders oft Träume dieser Art.

Jetzt beziehe ich das Traumbild auf meine Ehe: Gedanklich erscheinen mir die Sprüche meiner Mutter: ‚Da musst du durch – das Leben ist kein Wunschkonzert – andere haben Säufer und Gewalttätige als Ehemänner. Sebastian ist immerhin im ganzen Landkreis eine geachtete Persönlichkeit. Denke daran, dass du die Familie vor Skandalen bewahren sollst und den Kindern den Respekt vor dem Vater erhalten musst.'

Ich habe aber das dringende Bedürfnis, mich hinzusetzen, statt den vorgezeichneten Weg weiterzugehen. Ich möchte mir eine Pause einräumen, aber zugleich habe ich dann die Angst, ganz abzustürzen, wenn ich meine Ehe jetzt nach diesem weiteren Vertrauensverlust völlig infrage stelle."

T: „Können Sie den Traum jetzt im Moment zu einer Lösung hin weiterträumen? Stellen Sie sich vor, dass Sie die Regisseurin des Traums sind. Wie müsste der so begonnene Traum weiter ablaufen, damit Sie Ihre Bedürfnisse durchsetzen, zu pausieren, sich zu stärken, innezuhalten, um den Überblick über die Situation zu gewinnen und Handlungsmöglichkeiten zu finden?"

L (schließt spontan die Augen): „Jetzt kommt mir der Gedanke, dass der Wald vielleicht gar nicht undurchdringlich ist. Ich dränge mich zwischen zwei Bäumen hinein. Jetzt bin erst mal vom Abgrund weg. Hier fühle mich schon viel sicherer. Irgendwie komme ich schon durch das Gestrüpp. Dann finde ich einen neuen Weg."

T: „Dieser Traum erscheint mir als eindrucksvolle Zusammenfassung unserer Gespräche."

Lassen Sie uns nun in Bezug auf Ihre Ehe andere Optionen abwägen, die Ihnen zusätzlich zum mutmaßlichen Rat Ihrer Mutter bleiben."

Fallbeispiel Anna:
Versklavt und vorgeführt

Anna, 42 Jahre, wegen Burn-out in Behandlung, überwindet ihre offensichtliche Scham und erzählt folgenden Traum:

„Ich bin mit der Mutti im Konzert in Wien. Sie hat extra eine Loge angemietet, damit die Leute uns mit den Promis assoziieren sollen. Der Countertenor, ich denke mal, es ist Farinelli persönlich, beginnt seine Arie, allen Leuten im Saal stockt der Atem. Nur ich bin völlig daneben. Plötzlich bekomme ich unwiderstehlichen Stuhl- und Harndrang. Die Mutter hält meine Hand, lächelt und flüstert zuckersüß: ‚Hiergeblieben meine Liebe! Was sollen denn Leute denken, wenn Du gerade während dieser Passage aufspringst.' Ich bleibe wie gelähmt sitzen und muss einfach einkoten.

In der Konzertpause führt mich die Mutter dann endlich zur Toilette. Plötzlich verschwinden alle Innenwände. Ich sehe mich auf einer umhäkelten Toilettenbrille sitzen in einem offenen Treppenhaus. Noch ist es keinem aufgefallen. Aber ich weiß, die Leute können jederzeit vorbeikommen und mich sehen – da wache ich auf."

Anna hält kurz inne, lacht auf und kommentiert:

„Was ich Ihnen jetzt erzählte, ist eigentlich das perfekte Gleichnis für die Grundwerte meiner Erziehung, bei der der äußere Schein wichtiger war als meine natürlichen Bedürfnisse. Der Maxime, ich müsste es allen Leuten wie Nachbarn, Lehrern, Geschäftskunden recht machen, wurden meine Bedürfnisse immer untergeordnet. Da hätte ich denen vor Wut gern etwas gesch… Aber ich war ja die ‚Brave'. So sehr ich mich auch anstrengte, ich konnte es den Eltern nicht recht machen. Schließlich könnten ‚die Leute' ja immer das bemerken, was noch nicht in Ordnung war. Daher meine Bereitschaft, mich wie auf Knopfdruck zu schämen, und die Angst, mich vor anderen zu zeigen.

Die Sache mit der umhäkelten Klobrille erinnert mich daran, dass meine Mutter mal sagte, sie findet die amerikanische Ausdrucksweise ‚Rest Room‘ viel würdevoller als das vulgäre Wort ‚Toilette‘ oder gar ‚Abort‘. Hier wird im Traum noch ein zweites Thema aufgemacht: Immer wieder wurde mir meine Intimsphäre genommen.“

Fallbeispiel Petra:
„Die Kapitänin bin ich – mein Kurs ist richtig“

Petra, 47 Jahre, begann ihre Therapie wegen Krankheitsängsten, die sie, noch verstärkt durch die Risiken der Pandemie, sehr beeinträchtigen. Vor zwei Jahren verstarb ihr Ehepartner nach langer und schwerer Erkrankung. Sie musste das bisherige Wohnhaus der Familie mit dem Garten aufgeben und wohnt seither mit ihrer 17-jährigen Tochter Nadine in einer beengten Wohnung. Zwischen Mutter und Tochter, entwickelte sich eine wechselhafte Beziehung: Einerseits unterstützen sich beide und trösten sich über den Verlust von Mann und Vater. Andererseits fühlt sich Petra oft von ihrer Tochter attackiert, die sie für die eigenen Ängste verantwortlich macht, sich abzulösen. Sie beschuldigt die Mutter, ihren Schmerz über den Tod des Vaters nicht genügend anzuerkennen. Der Verlust des Vaters dient Nadine als universelle Erklärung für ihre Versäumnisse, zum Beispiel ihren Studienabbruch und ihre Hemmungen, auf gleichaltrige Jungen zuzugehen.

Petra schildert diesen Traum:
„Wir, Nadine und ich, sind auf einem Containerschiff. Wunderlicherweise liegen wir oben auf dem Dach eines Containers. Das Schiff schwimmt in der Mitte eines riesigen Flusses, wahrscheinlich ist es der Amazonas, durch eine Dschungelumgebung. Überall lauern schreckliche Gefahren. Links und rechts von uns sehe ich die kleinen Boote der Einheimischen, die aufgeregt und ängstlich schreien. Ich weiß nicht, welche Gefahr droht. Intuitiv werfe ich mich auf Nadine, die schreiend protestiert und mit mir ringen will, als plötzlich das Schiff auf einem Wasserfall in die Tiefe hinunter rast. Jetzt ist Nadine froh und dankbar, dass ich sie festhalte. Das Schiff kommt in ruhiges Gewässer, die Einheimischen sind wahrscheinlich ertrunken, denn von ihren Booten sind nur noch Trümmer zu sehen. Ich frage mich, wie der Kapitän es als Einziger geschafft hat, unser Schiff durch den Wasserfall zu steuern, und gehe nach vorn zur Kommandobrücke: Da stehe ich selbst am Steuerrad – ich selbst bin die Kapitänin.“

T: „Ich sehe Sie lächeln.“

P: „Ja, das ist auch der beste Traum seit Langem. Ich bin aufgewacht mit den Gefühlen von Stolz und Zuversicht: Ich habe alles richtig gemacht – alles wird gut."

T: „Sie haben die Symbolik Ihres Traumes schon entschlüsselt."

P: „Der Amazonas passt zu meinem Lebensgefühl nach dem Tode meines Mannes: Es geht nicht nur finanziell den Bach 'runter, sondern ich werde von einem mächtigen Lebensstrom mitgerissen, überall lauern Gefahren. Die Container sind wahrscheinlich die Altlasten, beispielsweise die Firma meines Mannes, die ich abwickeln musste, oder die Vorwürfe, die ich mir gemacht habe, oder die Vorhaltungen die meine Tochter mir macht. Das Schöne ist, wir sind nicht im Container eingesperrt, sondern obenauf. Intuitiv tue ich das genau das Richtige mit meiner Tochter, obwohl sie sich widersetzt. Dann bin ich allein vorn auf der Brücke des Schiffes und stolz auf mich.

Das passt sehr gut zur aktuellen Situation: Ich habe für Nadine eine bezahlbare Wohnung gefunden und ihr den Auszug nahegelegt. Meine liebe Nesthockerin hat darauf zunächst, wie befürchtet, mit Vorwürfen und Drama reagiert. Aber als sie mit dem Hund vom Spaziergang zurückkam, fand sie diese Veränderung gut. Wir können uns jetzt aus unserer kräftezehrenden Umklammerung lösen. Jede von uns kann endlich ihr eigenes Leben gestalten, und wir werden in guter Verbindung bleiben."

Fallbeispiel Sabrina:
„Ich bin die richtige Frau in der falschen Beziehung"

Sabrina, 42 Jahre, schildert ihren Traum:
„Ich bin mit der Familie auf der Tour zu unserer Alpenhütte. Es ist ein schöner Tag und alle sind heiterer Stimmung. Noch bevor wir den Pass erreichen, kommt plötzlich ein Schneesturm auf. Ringsum ist nichts mehr zu sehen, nur dichter Flockenwirbel. Ich nehme beide Kinder an die Hand, damit wir uns nicht verlieren, und bemerke, dass mein Mann nicht mehr bei uns ist. Mühevoll und durchgefroren kämpfen wir uns zur Hütte durch. Dort steht schon mein Mann. Er schimpft, weil er in der Kälte warten muss. Er ist wütend, weil ich ihm die Tür nicht sofort öffne. Daraufhin erinnere ich ihn, dass er den Schlüssel doch mitgenommen hat. Er behauptet, keinen Schlüssel zu haben, sonst stünde er doch nicht draußen. In letzter Minute fällt mir der Reserveschlüssel ein, den ich für Notfälle unter dem Blumenkübel hinterlegt habe."

Sabrinas Kommentar:

„Dieser Traum verdeutlicht meine Beziehung. Er ist so eine Art ungeschminkte Bilanz meiner Ehe, wenn ich aufhöre, mir etwas vorzumachen:

Alfons ist wirklich ein toller Partner für Schönwetter im Leben. Sofern alles in gewohnten Bahnen läuft, keine Schwierigkeiten zu bewältigen sind, kann er gute Stimmung verbreiten. Sobald Schwierigkeiten auftreten, ‚verschwindet er im Nebel' und überträgt mir die Problemlösungen. An diesen übt er meist rückblickend Manöverkritik, erläutert mir, was ich hätte anders machen sollen und was er besser gemacht hätte.

So habe ich eigentlich unsere Kinder allein großgezogen. Ich war mir dessen nur nicht bewusst, dass ich so eine Art ‚Anschein von Familie' aufrechterhalte.

Dass ich immer auch die Schuld für seine Frustrationen zugewiesen bekomme und mich dafür auch zuständig erkläre, habe ich mir erst klar machen können, seit wir uns in den Therapiegesprächen mit den Schuldthemen der Jugend befasst haben."

2.19 Symbolerzählungen: Geschichten ohne Worte

Üblicherweise begegnen uns Narrative in der Form verbaler Beschreibungen einer meist selbst erlebten Beziehungsdramatik. Aber auch uns emotional besonders ansprechende fremde Erzählungen können dank unserer Vorstellungskraft auf eigene Erfahrungen übertragen werden und zu eigenen Narrativen werden.

Ein Narrativ wirkt auf seine jeweiligen Zuhörer oder Empfänger durch deren Interpretation. Aspekten der Erzählung wird eine persönliche Bedeutung zugemessen. Dieser Prozess des Verstehens von Narrationen lässt sich beschreiben als Kette von „Bild-Text-Übersetzungen", zumeist mit Umformungen von Bedeutungen: Vom Erzählenden oder Narrator werden dessen Bilder in Worten übermittelt. Der Zuhörer der Erzählung versteht die verbalen Inhalte, indem er sie letztlich in seine eigenen Bildvorstellungen überträgt. Die Ausgangs- und Endpunkte der narrativ vermittelten Kommunikation bilden jeweils leibhaftige (somatosensorische) Empfindungen, die entsprechende Muster von Stimmungen, Emotionen und Gefühle beinhalten (s. Kaskadenmodell; Schubert, 2009, S. 218).

Nicht selten werden die Handlungsstränge der ursprünglich bewegenden Erzählung vergessen, aber verknüpft mit dem Thema können die Körperempfindungen weiterbestehen.

Dieser Abschnitt stellt praktische Beispiele für bildhafte Formen der Dramatik vor, die sich nicht in Worten, sondern in Symbolen, Bildern oder Handlungsinszenierungen ausdrücken (in Analogie zu Cartoon-Geschichten oder einem Ausdruckstanz bzw. einer Ballettaufführung). Oft sind mit emotionalen Reaktionen konditionierte Symbole mit Schlüsselerzählungen verwoben und daher therapeutisch bedeutungsvoll.

Beispiel Theresa: Symbole – Übergangsobjekte

Tröstliche Erinnerungen: *„Ich kann in der Not meine Mutter herbeirufen."*
Theresa, 38 Jahre, berichtet: „Als ich 9 Jahre alt war, starb meine Mutter. Wenn ich Nähe und Geborgenheit suchte, zog ich mir den Strickpullover meiner Mutter an. Dieser Pullover gab mir so etwas wie körperliche Stärkung, verbunden mit Gefühlen von Wärme und Zuversicht. Wenn ich mich auf diese Empfindungen einlasse, sehe ich, wie in einem Film, verschiedene Begebenheiten: wie meine Mutter mich in ihre Arme nimmt und mir Trost zuspricht oder über meine Haare streicht. Ich bin dann unter ihrem Schutz. Mein Kummer wird leichter. Gestärkt gehe ich dann zur Tagesordnung über."

Beispiel Hildegard: Lösende Handlungsinszenierungen
Hildegard ist 52 Jahre alt. Sie suchte die Behandlung wegen Depressivität, Reizbarkeit und situativ unangemessenen Stimmungsschwankungen. Diese Symptome entwickelten sich nach dem Tod ihrer Mutter vor vier Jahren. Seitdem schildert sie auch erhöhten Blutdruck, der medikamentös eingestellt werden musste.

Lebensgeschichte
Hildegarts Kindheit und Jugend waren von ihrer vereinnahmenden und sie ausnutzenden Mutter geprägt. Sie schildert: „Meine Mutter hat mich von Anfang an zum Gehorsam abgerichtet, so wie man einen Hund dressiert. Ertappte sie mich bei der Übertretung ihrer Regeln, war ihr Psychoterror

schlimmer als ihre Schläge. Ein typisches Beispiel: Ich sehnte mich danach, ein bestimmtes Buch zu kaufen. Dafür gab mir die Mutter kein Geld. Als sie entdeckte, dass ich beim Einkauf das Wechselgeld unterschlagen hatte, schaute sie mich an, als wäre ich eine Verbrecherin, und schlug mir ins Gesicht. Dann kündigte sie an, dass sie allen Nachbarn und Bekannten davon erzählen würde, damit sie aufpassen, dass ich nicht kriminell werde. Sie hielt ihr Versprechen. Allen Geschäftsinhabern im Städtchen erzählte sie die Geschichte. Noch monatelang hatte ich Angst vor den Bemerkungen beim Einkaufen. Noch heute schäme ich mich manchmal, wenn ich einen kleinen Laden betrete, als wären mir Schuld und Verworfenheit auf die Stirn geschrieben."

Die Behandlung, in der viel Zorn und Trauer über versäumtes Leben verarbeitet werden mussten, befand sich in der Schlussphase einer Langzeittherapie. Hildegard fühlte sich eigentlich wieder gesund. Auch ihre Albträume waren verschwunden, doch trat ein neues Symptom einer dissoziativen Störung (eine Situation des Erlebens, das als dem Selbst fremd oder nicht zugehörig erscheint) in Erscheinung, welches Hildegard als einen „unheimlichen Zustand" bezeichnete. Dieser trat tranceartig in unregelmäßigen Abständen zwei- bis dreimal pro Woche nach nächtlichen Schlafunterbrechungen auf.

Zuverlässig war nur der Zeitpunkt der Erscheinung, jeweils morgens um 4:30 Uhr.

Hildegart beschreibt ihren Zustand so: „Ich bin so zwischen Schlafen und Wachen, mir wird kalt, und es ist, als ob mein Herz stockt und mein Körper sich auflöst. Ich kann mich nicht bewegen, sondern nur warten, bis *er* (der unheimliche Zustand) nach einiger Zeit wieder so plötzlich verschwindet, wie *er* gekommen ist."

Weitere Versuche einer Befragung, um Bedingungsfaktoren oder Bedeutung des Phänomens zu ergründen, erwiesen sich als unergiebig. Auch zeigten sich keine Zusammenhänge zu den bisher bearbeiteten, symbolisch dichten Albträumen.

Daher wurde Hildegard vorgeschlagen, den „unheimlichen Zustand" in einer Knetmasse aus Ton zu symbolisieren. Dabei entstand das in dargestellte Gebilde:

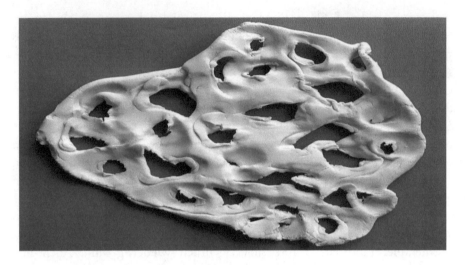

„Der unheimliche, morgendliche Zustand"

Beobachtungen der Therapeutin während des Knetens
Hildegart, welche mit dem Einsatz von Ton für emotionale Ausdrucksübungen und zur Symbolisierung körperlicher Zustände aus anderen Therapiesitzungen vertraut war, schien diesmal einen besonderen emotionalen Widerstand zu überwinden. Sie begann das Formen mit einem tiefen Seufzer und mit einer Mimik, die beispielsweise jemand zeigt, bevor er in ein kaltes Gewässer eintaucht. Für einen Moment stockten die formenden Bewegungen, als ob die geschilderte „Lähmung" auftreten würde. Nach einem weiteren Seufzer formte sie, rasch und kraftvoll wie eine Pizza-Bäckerin, eine flache Scheibe. Diese zog sie an den Rändern, hob sie mit ihrer linken Hand nach oben und begann, sie mit ihrem rechten Zeigefinger wieder und wieder zu durchbohren. Mit zornigem Gesichtsausdruck wiederholte sie die stechenden Bewegungen mit dem rechten Zeigefinger in rhythmisch sich steigernder Abfolge. Schließlich legte sie das Gebilde aufatmend ab.

Leider war das anschließende Interview völlig unergiebig: „Das ist alles so schnell gegangen, dass ich gar nichts erzählen kann. Am Anfang habe ich mal gedacht: ‚Jetzt geht der unheimliche Zustand wieder los.' Dann habe ich gar nichts mehr gedacht. Die ganze Sache hat mich ziemlich angestrengt und aufgeregt. – Nein, mir kamen keine Fantasien und keine Erinnerungen!"

Hildegard fasste zusammen: „Also, ich habe Ihnen alles gesagt, was zu sagen war. Ich verstehe absolut nicht, was das Ding hier soll (zeigt auf den von ihr geformten Ton). Das können Sie getrost in den Müll werfen! Ich kann damit nichts mehr anfangen und will damit auch nichts mehr zu tun haben. Können Sie mir erklären, was da in mir vorgegangen ist?

(Kopfschütteln der Therapeutin.)

Nun, wenn Sie eine Idee hätten, würden Sie es mir wohl gesagt haben. Immerhin fühle ich mich jetzt aber irgendwie freier."

Nachbetrachtung

Die Therapeutin überlegte lange. Währenddessen verwarf sie der Reihe nach alle Fantasien und Spekulationen, die sich während der Beobachtung des Formens ihr vor dem Hintergrund der früheren Berichte der Patientin aufdrängten: Nein, die Mutter war nicht um 4:30 Uhr gestorben – zur Melkzeit! Nein, auch die Landwirtschafts- und Euter-Assoziationen wollten nicht recht passen. Auch ein Symbol der Aggression gegen die Mutter (etwa, auf sie einzustechen) wurde durch keinen faktischen Hinweis gestützt. Sie gestattete sich daher, einmal ihrer Spekulation freien Lauf zu lassen:

Apropos Stechen, die Patientin hätte gute Gründe zu fantasieren, ihre Mutter umzubringen, um sich nicht länger ihr eigenes Leben „durchlöchern" zu lassen. Dass diese Impulse immer rechtzeitig gehemmt und nie ausgeführt wurden, könnte die Funktion der für den unheimlichen Zustand charakteristischen „Lähmung" erklären.

Wenn auch in diesem Fall die Bild- und Handlungserzählung Hildegards nicht faktisch unterlegt in eine verbale Geschichte (weder von ihr selbst noch von ihrer Therapeutin) zu übersetzen war, so wirkte der Akt des Symbolisierens selbst spannungslösend: Der morgendliche „unheimliche Zustand" ist seither nicht mehr aufgetreten.

Beispiel Doris: Bildgeschichten vom eigenen Sterben

Doris, 53 Jahre, allein lebend, kinderlos, tätig als freiberufliche Übersetzerin, schildert in einer Sitzung, wie sehr sie die Kontakteinschränkungen während der Corona- Krise belasten:

„Ich fühle mich einsam, von allen und von der Welt verlassen. Ich sitze abends vor dem Fernseher, bemerke, dass ich gar nichts mehr von dem Film aufnehme. Ich schalte aus. Bleibe im Sessel sitzen. Dann kommen die inneren Bilder hervor: In solchen Situationen kommen dann diese Fantasien wieder. Ich stelle mir Möglichkeiten vor, wie ich zu Tode komme. Da ist das Rutschen über den Felsgrat und ich weiß. ‚Jetzt wirst du hundert Meter fallen und zerschellen wie ein fauliger Apfel, der vom Baum auf das Pflaster klatscht.' – Oder ich sitze auf dem Motorrad, beschleunige und fahre in der Kurve einfach geradeaus gegen die Mauer. – Oder ich liege bei Kerzenschein in der Badewanne, höre ein Requiem aus der Box und stelle mir vor, ich würde spüren, wie mein Blut aus mir ausströmend sich mit dem Badewasser vermischt und wie ich eine wunderbare Leichtigkeit dabei fühle."

T: „Wie steht es um die Konsequenzen der vorgestellten Impulse? Sehen Sie sich in Ihren Vorstellungsbildern aufschlagen und zerstört am Boden oder Ihre Überreste an der Mauer herabrinnen, oder sehen Sie sich tot in Ihrer Wanne liegen, bleich, ausgeblutet, verquollen?"

D: „Nein, die Vorstellung geht nicht bis zum konsequenten Ende, sondern bricht vorher ab, mit der eigentlich positiven Empfindung, dass ich wählen kann. Mich umzubringen, gibt mir ein Empfinden von Freiheit. Bei der Fantasie in der Badewanne ist das Gefühl, endlich eine tiefe Ruhe zu haben, irgendwie erlösend."

T: „Ihre Fantasien erinnern mich an Albträume, aus denen wir rechtzeitig aufwachen, wenn es zu bedrohlich wird, oder in denen wir aus der sicheren Bedrohung auf wunderbare Weise ins Leben zurückfinden. Die Abstürze gehen dann in der Vorstellung plötzlich doch gut aus. Die fallende Person hat dann auf einmal einen Wingsuit an und schwebt elegant zu Boden, oder sie fällt in ein Bassin mit Wasser und taucht wohlig prustend daraus wieder auf."

D: „Ja, das kenne ich: Da ist einerseits eine Todessehnsucht, und andererseits kommt es nie zur Konsequenz der Auslöschung."

T: „Sie möchten also nicht ein für alle Mal tot sein. Sie möchten in bestimmten Situationen definitiv ihre Ruhe haben und Entscheidungsfreiheit über Ihr Leben. Sie sehen nicht Ihr Sterben als Ziel mit allen furchtbaren Konsequenzen für Ihre endgültig vernichteten Chancen. Sie sehen nicht das Leid Ihrer Angehörigen und das verderbliche Vorbild für Ihre liebe Nichte vorweg; sondern Sie möchten sich der Tatsache versichern, dass Sie nicht unter allen Umständen leben müssen. Sie möchten sich für Ihr Leben entscheiden können, nachdem Ihnen diese Fantasien erst einmal zu einer Entscheidungsmöglichkeit und damit zur Ruhe verhelfen.

Nachdem Sie sich beruhigt hatten, konnten Sie sich für ihr weiteres Leben entscheiden. Leben ist das einzig Richtige für Dankbare, die handeln können, für Mutige und Genießer."

D (nickt): „Ja das trifft es genau. Ich habe schon mal einen Suizidversuch unternommen, ihn aber in dem Moment abgebrochen als mir klar war, dass es funktionieren würde, wenn ich jetzt weitermachte."

T: „Sie haben sich also Ihrer Macht über Ihr Leben versichert und sich so aus der Hilflosigkeit herausgeholt und schließlich erneut für Ihr Leben entschieden.

Was war erstmals auslösend für dieses Sehnen nach Ruhe? War es ebenso, wie Sie eingangs erwähnten, ein Einsamkeits- und Verlassenheitsgefühl?"

D: „Ich habe mich als Kind oft völlig einsam und verlassen gefühlt, wenn meine Mutter nicht auf meine Fragen einging, sondern durch mich hindurch starrte, dann zum Telefon griff und ihrem Bruder ihr Leid klagte. Ich hatte auch so ein Protestgefühl gegen die Ungerechtigkeit: Schließlich habe ich mich immer bemüht, sie zu umsorgen, ihr alles recht zu machen. Eigentlich hätte ich ihre Aufmerksamkeit verdient, aber ich habe sie trotz aller Anstrengungen nicht gewinnen können. Mit dieser Frustration habe ich mich dann zurückgezogen und mir vorgestellt, was wäre, wenn ich tot wäre."

T: „Wie hätte Ihre Mutter reagiert, wenn Sie in diesem Moment tatsächlich Kummers gestorben wären?"

D: „Sie wäre zusammengebrochen und hätte bereut, mich nicht beachtet zu haben."

T: „Sie sehen, dass diese Vorstellung die Erzählung ändert: Nicht Sie sind trotz aller Anstrengungen um das Wohl Ihrer Mutter deren Aufmerksamkeit unwürdig und müssen bereuen, um Ihre Aufmerksamkeit gebeten zu haben. Stattdessen muss Ihre Mutter bereuen, sich Ihnen versagt zu haben."

D: „Ja, da ist mein Ansatz, mir in meiner Vorstellung ihre Zuwendung zu erzwingen und sie für ihre Lieblosigkeit zu bestrafen.

Eine offene Revolte, so wie sie mein Bruder sich traute, war außerhalb meiner Möglichkeiten. Ich blieb in meiner Hilflosigkeit stecken, meine Wut war wie gelähmt, vielleicht, weil ich noch zu sehr Mitleid mit meiner Mutter hatte.

Aber aus dieser Zeit ist mir das Gefühl bis heute vertraut, mich vergebens angestrengt zu haben, nichts wert zu sein und verlassen zu werden."

T: „Kommt Ihnen zu diesen Gefühlen, die Sie jetzt schildern, auch ein Bild?"

D: „Ich sehe ein Loch in der Wiese, darin einen schwarzen Strudel, der mich einsaugt, wie der Strudel der Badewanne eine ertrunkene Fliege in das Abflussrohr hineinzieht."

T: „Jetzt erkennen Sie die Entscheidungssituation wieder. Sie haben die Wahl: sich wie ein erschöpftes Insekt dem Strudel zu überlassen – oder sich umzudrehen: Was sehen Sie, wenn Sie sich umdrehen?"

D: (erstaunt, mit allmählich aufgehelltem Gesichtsausdruck): „Wenn ich mich umdrehe, dann sehe ich eine schöne Hügellandschaft mit Buckelwiesen und so saftigen Moosen, wie im Karwendel. Dort haben wir oft Urlaub gemacht. Es überkommt mich jetzt eine Ferienstimmung, ich fühle mich frei und unternehmungsdurstig."

Nachbemerkung

In dieser Sitzung werden zwei Geschichten einander gegenübergestellt:

Zum einen erscheint die Erzählung eines noch kleinen, auf ihre Mutter angewiesenen Mädchens. Dieses erklärt sich die Zurückweisung ihrer Mutter infolge eigener Wertlosigkeit. Die depressive Stimmung, der Gestaltung ihres Lebens abgewandten und stets überforderten Mutter bezieht sie auf sich, interpretiert als Ungenügen ihrer Bemühungen um Kontakt. Sie verfällt in die Empfindung des Verlassenseins und erlebt eine abgrundtiefe Einsamkeit, die ihre Handlungsmöglichkeiten lähmt. Indem sie fantasiert, nicht mehr zu sein, kann sie diesem unerträglichen Gefühl entkommen und sich Ruhe vorstellen.

Zum anderen wird die Erzählung einer frustrierten Erwachsenen geschildert. Diese fühlt sich einsam, da prägende Zuschreibungen, unwert zu sein, sich anderen nicht zumuten zu dürfen, sie daran hindern, mit anderen in Kontakt zu kommen.

Sie versteht bei der genaueren Betrachtung der Funktion ihrer parasuizidalen Fantasien, dass es nicht um die Selbsttötung, sondern das „freiwillige Ja zum Leben" und das Wiedererlangen ihrer Entscheidungs- und Handlungsfähigkeit geht.

Entsprechend kann sie der Erzählung vom sie einsaugenden Strudel (Opfer-Skript) die Geschichte gegenüberstellen von sich selbst als der Frau, die sich am Rande des Strudels *abwendet* und die Schönheit der alpinen Landschaft in sich *aufnimmt* und so ihren Lebensmut stärkt (Handlungs-Skript).

Damit ist in der betreffenden Stunde schon viel erreicht.

Nachdem die existenzielle Frage zugunsten des Seins entschieden wurde, wendet sich die Betrachtung den Handlungsmöglichkeiten erfüllter Gestaltung zu.

Aufbauend muss nun untersucht werden, wie sich Doris gegenwärtig daran hindert, sich ihre Kontaktwünsche zu erfüllen. Aktuell hindert sie nicht mehr ihre Mutter.

Aufrechterhalten werden die Hemmungen der Initiative jedoch noch von Vorstellungen, dass Kontakte mit dem Risiko der Zurückweisung und mit der Vorstellung überfordernder Mühewaltung verbunden sind. Es erscheint ermüdend, dafür sorgen zu müssen, dass ihr jeweiliges Gegenüber mit der Begegnung auch genügend zufriedengestellt ist.

Damit erzeugt Doris sich einen Teufelskreis der wechselseitigen Verstärkung von Bedingungsfaktoren: Da Anstrengung zumeist die Kommunikation belastet, sind Frustrationen oder zumindest ein Ermüden in der Begegnung unvermeidlich, solange der Selbstanspruch darin besteht, die Wünsche der jeweiligen Kommunikationspartner (möglichst

gedankenlesend zu erfassen) zu erfüllen. Den so zwangsläufig erlebten Misserfolg in der jeweiligen Begegnung führt Doris jedoch auf den mangelnden
Wert ihrer Person zurück – leider noch nicht auf ihr vergebliches, weil para-
doxes Bemühen, sich als „perfekte Talkmasterin" zu bewähren.

Zu beiden Aspekten folgten einige Sitzungen, zunächst, um zu erarbeiten,
dass eine Zurückweisung eines Kommunikationsangebotes nicht die
Bestätigung des Unwertes der eigenen Person bedeutet. Viel wahrschein-
licher sind andere Gründe seitens der eingeladenen Person. Sollte aber tatsächlich eine Antipathie die Ursache einer Ablehnung sein, könnte Doris,
als eine fähige erwachsene Person, die Betreffende mit Gewinn an Zeit und
Energie von der Liste ihrer Bekannten streichen.

Deutlich schwieriger ist es jedoch für Doris, der Überzeugung bei-
zukommen, dass alle Kontakte ab einer bestimmten Intensität einfach
zu mühevoll für sie werden, da sie sich in einem Dienstleistungsmodus
bemühen muss, ihr Gegenüber (analog zur Mutter in ihrer Kindheit)
zufriedenzustellen.

Nun ist geduldige Kleinarbeit herausgefordert, um die Waagschale
mit den belastenden Kommunikationserfahrungen durch Ausgleich mit
inspirierenden (aber bisher weniger beachteten) Erfahrungen auf der
anderen Seite der Waage auszutarieren. In dieser Phase der Auseinandersetzung entdeckte Doris in der Schatztruhe ihrer Erinnerungen eine Menge
von Beziehungsepisoden. In diesen Begebenheiten erlebte sie unbeschwerte
spontane Präsenz ohne Mühe. Sie führten mit „erstaunlicher Resonanz (ihrer
Kommunikationspartner) zu guten Gefühlen".

2.20 Metapher: Geschichten in der Geschichte als Impulse zur Änderung von Narrativen

In den vorangegangenen Beispielen wurden solche Geschichten untersucht, die sich die Patienten von ihrem Leben erzählen. Diese bringen sie als
Selbsterklärungen ihrer Ausgangssituation in die Therapie ein. Die Ablösung
dieser – von Patienten in ihren Biografien eingeprägten – Erzählungen
durch hilfreiche Narrative gelingt im Ergebnis einer konstruktiven Aufbau-
arbeit. Damit aus *ihren* alten Geschichte *ihre* neuen werden können, bedarf
es korrigierender emotionaler Erfahrungen, welche meist erst im Ergebnis
eines längeren Therapieprozesses gesammelt werden können. Dessen Ergebnisse werden dann wie Teile eines Puzzles zum neuen Narrativ zusammen-
gefügt.

Dieser Prozess (s. Einleitung Punkt 2.19.) kann oftmals ergänzend durch Auseinandersetzung mit Geschichten, die von der Therapeutin eingestreut werden, angereichert und nachhaltig unterstützt werden.

Deren Wirksamkeit ist abhängig zum einen vom *Vorstellungsvermögen* der Patienten, sich durch die Metapher oder Kurzgeschichten in ihren bisherigen Erzählungen bezüglich der „vorgeprägten Bilder" irritieren (d. h. vom bisherigen Narrativ abbringen) und dadurch emotional anregen zu lassen.

Zum anderen ist der *Zeitpunkt* der Konfrontation mit den therapeutisch eingestreuten Beiträgen für deren Aufnahme entscheidend. Solche Geschichten und Metaphern wirken meist dann besonders, wenn Patienten gerade „Anlauf genommen" haben, sich ihre alten Geschichten (z. B. als Opfer der Umstände) zu erzählen. Subversive Geschichten als Querverweise, wie nachfolgend beschrieben, stoppen sie darin und bringen den jeweils gewohnten Handlungsstrang durcheinander. Das regt zum Nachspüren, Nachdenken und schließlich Neuordnen an.

In diesem Abschnitt werden solche Einstreu-„Geschichtchen" oder Sprachbilder aufgezeigt, die oftmals Veränderungsprozesse anstoßen konnten oder Auswege aus hemmenden Narrativen bzw. Selbsterklärungen aufzeigten. In meinen Berufsjahren sammelten sich einige dieser Metaphern aus unterschiedlichsten Quellen zur Verdeutlichung von Problemen an, die sich als zielführende Änderungsimpulse bewährten.

Oftmals erwähnten Patienten bei rückblickenden Bilanzen ihrer Therapieerfolge, dass sie, angeregt von einer dieser jetzt folgenden Geschichten, „einen Schalter umgelegt" hätten. Wirksame Metaphern aus Therapie-Prozessen werden für die Betroffenen zu geläufigen Redewendungen ihres inneren Sprechens bzw. ihrer handlungsbegleitenden mentalen Kommentare.

In diesem Rahmen kann nur eine kleine Auswahl solcher Signal- oder Schaltererzählungen vorgestellt werden, die, zum rechten Zeitpunkt angeboten, „Aha-Erlebnisse" vermitteln können. Leser, die speziell an diesem Vorgehen interessiert sind, seien beispielsweise auf die Arbeiten des Altmeisters therapeutischen Erzählens (Erickson, 1999, 2013) verwiesen.

Metaphern, die kritische Situationen im Therapieverlauf verdeutlichen
Rückfall oder Vorfall

Therapie ist ein Prozess, bei dem es darauf ankommt, als Forscher seiner selbst zwischen den „alten" – früher notwendigen und nun nicht mehr passenden – und den aktuell zielführenden Verhaltensweisen zu unterscheiden. Dies geschieht immer mit dem Ziel, das neue, erwünschte

Verhalten zu stärken und bereits die bewusste Gestaltung als Erfolg anzuerkennen, denn wir lernen am Erfolg.

Aber nichts ist schwerer zu ändern als alte Gewohnheiten. Wenn diese sich trotz besten Mühen einmal wieder durchsetzen, erzählen sich die Betroffenen oft zerknirscht: „Ich habe wieder einen Rückfall erlitten." Damit verstärken sie nur Selbstzweifel und Entmutigung. Ihr bisher erarbeitetes Bewusstsein eigener Ziele, die bisher unternommenen Anstrengungen zur Veränderung und die kleinen, erfolgreichen Schritte in diese Richtung werden durch das Narrativ „Rückfall" pauschal entwertet und für ungültig erklärt. Hierzu fand mein geschätzter Kollege Gunter Schmidt (2005), Experte des Reframing, einen einfachen und wirksamen Lösungsimpuls.

Alle im Rahmen des Begriffes „Rückfall" assoziierten negativen Gefühle, werden übersprungen, indem als neuer Rahmen der Begriff „Vorfall" angeboten wird. Dieser anerkennt, dass ein Bewusstsein für ein Problem schon aufgebaut wurde. „Vorfall" orientiert emotional wie kognitiv auf die vorhandenen Problemlösungsfähigkeiten und öffnet den Blick für die neuen Chancen der aktuellen Krise.

Beispiel: Adolar hatte sich nach der Trennung seiner Frau angewöhnt, ihm unerträgliche Gefühle abendlicher Erschöpfung, Einsamkeit und Mutlosigkeit mit einer halben Flasche Weißwein zu betäuben. In der Therapie hat er sich zum Ziel gesetzt, statt des „Ersäufens seines Kummers" Meditation und Kommunikation mit Freunden auf den Plan zu setzten. Dies gelang ihm bereits drei Wochen, in der vierten erzählt er sich die Geschichte vom „Rückfall".

Die therapeutische Umdeutung als „Vorfall", erleichtert und ermutigt: Vorfälle sind unvermeidlich. Wer abrutscht, darf es nochmal versuchen. Wenn man feststellt, dass man vom Weg abgekommen ist, kann die Korrektur beginnen.

Weitere Beispiele für als hilfreich bewährte Methapern sind:

„Grüße oder Einladungen aus der Vergangenheit"

Hedwig ließ sich wieder von ihrem pubertierenden Sohn provozieren. Wieder hat sie ihn nach dem Vorbild ihrer eigenen Mutter angeschrien und ihm Sanktionen angedroht. Das berichtet sie enttäuscht, sich selbst anklagend. Zwischen den Zeilen schwingt das Narrativ mit: „So bin ich eben, nicht anders als meine Mutter, ein hoffnungsloser Fall."

Hilfreich ist hier ein Kommentar dieser Art: „Mögen Sie mir berichten, wie es kam, dass Sie *diesmal noch* diese *Grüße (oder Einladungen) aus Ihrer Vergangenheit* angenommen haben?"

Der Rahmen der Betrachtung wird von den Selbstvorwürfen entlastet und der Identifikation mit den *Fehlern* der Mutter zugeschrieben. *Die Person* Hedwigs ist in Ordnung, auch wenn ihr Verhalten dieses Mal nicht angemessen war. Sie erhält Verständnis für die Wirkmacht der kindlichen Prägungen und wird eingeladen, ihre eigenen Möglichkeiten zu schätzen. Sie hat beim nächsten Vorfall dieser Art die Wahl, die „Grüße aus der Vergangenheit" zurückzuweisen und auf andere Weise auf den Protest ihres Sohns zu reagieren.

Der Vergleich von Marathonläufern mit Sprintern

Oftmals werten sich selbst Patienten wegen ihrer Probleme ab, indem sie sich zu ihrem Nachteil mit anderen vergleichen, die müheloser viel mehr erreicht hätten. In solchen Momenten ist es hilfreich, das Bezugssystem zu ändern und die Auswirkungen von Verletzungen in der Kindheit oder Schicksalsschlägen und krankheitsbedingten Einschränkungen im eigenen Lebensverlauf anzuerkennen. Unter dieser Voraussetzung wird die Wertschätzung dessen wieder möglich, was gerade *trotz* ungünstiger Entwicklungsfaktoren geleistet wurde. Der therapeutische Impuls hierzu: „Wenn Sie einen Marathonläufer mit einem Sprinter vor dem jeweiligen Ziel vergleichen, wer gewinnt Ihren Respekt, wenn Sie a) die zurückgelegte Strecke in 30 Sekunden oder b) die vom Ausgangspunkt zurückgelegte Strecke zugrunde legen?

Die Sanduhr

Die Sanduhr ist eine wirkungsvolle Metapher, ungeduldige Patienten zu trösten, die meinen, zu langsam vorwärts zu kommen, Wunder erwarten oder mit ihren großen Selbstansprüchen hadern. Das Gleichnis hilft, auch kleine Schritte auf dem Wege zum Ziel anzuerkennen.

Isolde hält inne und beginnt sich anzuklagen: „Ich kann es schon selbst nicht mehr ertragen, dass ich schon wieder von meinen Abhängigkeiten von meinen Eltern berichte. Ich sollte mir auch keine Gedanken machen, was andere von mir denken. Trotzdem denke ich gerade wieder, wie Sie sich langweilen müssen, wenn ich immer wieder mit denselben Problemen komme."

T: „Isolde, kennen Sie eine Sanduhr?"

I: „Ja, natürlich, aber was hat das mit mir zu tun?"

T: „Welche Ihnen vertraute Sanduhr sehen Sie gerade in Ihrer Vorstellung? Eine Eieruhr vielleicht?"

I: „Die Sanduhr in der Sauna!"

T: „Erzählen Sie mir von Ihren Beobachtungen mit dieser Uhr und den Sie dabei bewegenden Gefühlen."

I: „Also, ich nehme mir vor, zu schwitzen und liegen zu bleiben, bis der Sand vom oberen Behälter ganz nach unten gerieselt ist. Ich schaue auf das Glas. Körnchen für Körnchen rieselt im dünnen Strom vom oberen in den unteren Behälter. Das scheint so ewig zu gehen, das Schwitzen wird heftiger, und ich möchte aus dem Schwitzraum flüchten, aber der Blick auf die Uhr und mein Vorsatz, das letzte Sandkörnchen in den unteren Behälter fallen zu sehen, halten mich zurück. Ich atme gleichmäßig und wische den Schweiß von der Haut, vergesse dabei die Uhr, lasse meine Gedanken schweifen. *Plötzlich*, wenn ich wieder zur Sanduhr blicke, ist das obere Glas dann auf einmal ganz leer.“

T: „Was hat diese Erfahrung gemeinsam mit Ihrer eingangs erwähnten Plage mit den Wiederholungen und dem Zwang, fremden Erwartungen zu genügen?“

I (lächelnd): „Ach so. Therapie läuft wie die Sanduhr in der Sauna... Die Sandkörner stehen für die Wiederholungen. Sie müssen schon wieder und wieder passieren. Ein Korn nach dem anderen fällt nach unten, bis ich eines Tages, *plötzlich* feststelle, dass alles herausgeschwitzt ist...“

In Momenten der *Verzagtheit, des Zweifels am Therapiefortschritt* ist diese Geschichte sehr ermutigend:

Das Loch in der Straße Autobiografie in fünf Kapiteln
1.Kapitel
Ich gehe die Straße entlang.
Da ist ein tiefes Loch im Gehsteig.
Ich falle hinein.
Ich bin verloren ... Ich bin ohne Hoffnung.
Es ist nicht meine Schuld.
Es dauert endlos, wieder herauszukommen.
2. Kapitel
Ich gehe dieselbe Straße entlang.
Da ist ein tiefes Loch im Gehsteig.
Ich tue so, als sähe ich es nicht.
Ich falle wieder hinein.
Ich kann es nicht glauben, schon wieder am gleichen Ort zu sein.
Aber es ist nicht meine Schuld.
Immer noch dauert es sehr lange, herauszukommen.
3. Kapitel
Ich gehe dieselbe Straße entlang.
Da ist ein tiefes Loch im Gehsteig.
Dieses Mal sehe ich es.
Ich falle hinein ... aus Gewohnheit.
Meine Augen sind offen.

Ich weiß, wo ich bin.
Es ist meine Schuld.
Ich komme sofort heraus.
4. Kapitel
Ich gehe dieselbe Straße entlang.
Da ist ein tiefes Loch im Gehsteig.
Ich gehe darum herum.
5. Kapitel
Ich gehe auf einer anderen Straße!
(aus buddhistischer Tradition).

Audiophilen erschließt sich dieses Prinzip der Anhäufung von Quantitäten bis zum Umschlag in eine neue Qualität (als eines der Grundgesetze der Dialektik beschrieben), das Therapieprozessen innewohnt, in Kompositionen minimaler Veränderungen von Tonfolgen, die auf einmal ein neues Klangbild ergeben z. B. Steve Reich,

Clapping Music – YouTube Music

Music for Pieces of Wood – YouTube Music

Personen, die besonders intensiv ihre Körperempfindungen wahrnehmen, sollten hingegen eher eingeladen werden, sich vorzustellen, ihre Füße an einen Sandstrand neben der Wasserlinie abzulegen und zu spüren, wie jede Welle etwas Sand herantransportiert, bis der Moment erreicht ist, da die Füße völlig vom Sand verschüttet sind.

Impulse zu Einstellungsveränderung
Gelber Frosch – eine Geschichte zur Verdeutlichung von *Abhängigkeiten von Definitionen anderer*

Britta ist in der Tradition ihrer Herkunftsfamilie stets bemüht, nach außen einen guten Eindruck zu machen. Sie beginnt die Therapiestunde mit der Beschreibung eines ihr höchst peinlichen Vorfalls:

B: „Also, ich bin völlig in Gedanken, wie ich der Chefin das Problem mit der Hausinstallation erläutern soll, einfach in ihr Zimmer hineingegangen. Ich habe vergessen zu klopfen! Die Chefin hat mich ganz erschrocken angesehen und mich gefragt, warum ich nicht mehr anklopfe. Ich bin rot geworden und habe ihr die Sache erklärt. Sie hat dann genickt und war wohl sogar mit der Sache schon fertig. Ich habe aber den ganzen Tag darüber nachdenken müssen, was wohl die Chefin von mir denken könnte. Sie denkt vielleicht, ich bin aus prekärem Hause, distanzlos, unerzogen. Oder sie denkt, ich nehme sie als meine Vorgesetzte nicht ernst. Was meinen Sie, was ich noch tun könnte, um die Sache wieder ins Reine zu bringen?"

T: „Was wäre, wenn ich Ihnen jetzt offenbarte: Ich denke jetzt gerade, Sie sind ein kleiner gelber Frosch?"

B (irritiert): „Meine Sie etwa, weil ich die gelbe Bluse anhabe?"

T: „Nehmen wir an, ich würde Sie in diesem Moment als kleinen gelben Frosch wahrnehmen, deshalb als solchen definieren und Ihnen das sagen. Wie würden Sie reagieren?"

B: „Das würde mich schwer beleidigen."

T: „Weshalb müssten Sie denn meine – wie Sie sicher sofort bemerkten – unrealistische Wahrnehmung auf sich beziehen? Weshalb sollten Sie sich denn von mir definieren lassen?"

B: „Sie meinen also, ich definiere mich über Ihre Wahrnehmung?"

T: „Wenn Sie meine Verkennung auf sich beziehen und deswegen beleidigt sind, schon. Bei mir lag eine Fehlwahrnehmung oder ein skurriler Einfall zugrunde und glücklicherweise keine Wahnvorstellung. Bei Ihrer Chefin gingen Sie noch einen Schritt weiter als ich eben: Sie selbst konstruierten sich eine Geschichte, in der die Chefin Ihre gesamte Person wegen eines Momentes Ihrer Zerstreutheit abwertet. Sie gingen davon aus, von ihr als ‚Zumutung' definiert zu sein. Wenn Sie die Gedanken Ihrer Chefin erraten, begeben Sie sich noch zusätzlich in einen Nebel von Spekulationen zu Ihrem Nachteil.

Mein Vorschlag, Sie definieren sich selbst, statt das Ihrer Chefin zu überlassen. Wenn Sie sich selbst definitiv Ihr Vertrauen aussprechen, zu sich sagen, dass Sie in Ordnung und rechtschaffen sind, sparen Sie sich den Umweg über die mutmaßlichen Bewertungen Ihrer Chefin.

Übrigens, nehmen wir an, ich würde darauf beharren, Sie weiter als gelben Frosch wahrzunehmen. Die Sache mit der Farbe haben Sie schon geklärt, nur Ihre Bluse ist gelb, Sie selbst sind es nicht. Was würden Sie noch tun, mir zu beweisen, dass Sie *kein* Frosch sind?"

B (lächelt): „Wer kann schon seine Unschuld beweisen?

Ich würde prüfen, woran ich bei Ihnen bin. Ich würde fragen, ob das ein Scherz sein soll, oder ob Sie gleichnishaft etwas veranschaulichen wollen – oder ob es sich um Ihre tatsächliche Überzeugung handeln würde. Im letzten Falle würde ich Ihnen dringend einen Psychiater empfehlen und die Sitzung mit Ihnen abbrechen."

Die Vögel, die am Morgen singen

Karla ist einer Glücks-Pech-Magie verhaftet. Deshalb mag sie eher einen eintönigen Tagesverlauf als freudvolle Empfindungen oder gar Lust. Glückliche Momente, meint sie, müssen mit Unglück und Leid beim Schicksal erkauft oder abgezahlt werden.

K: „Heute Morgen war ich an der Kreuzung einen Moment unachtsam. Das Fahrzeug, das Vorfahrt hatte, konnte noch rechtzeitig bremsen. ‚Nochmal Glück gehabt', musste ich denken. Siedend heiß fiel mir dann gleich ein, dass ich das noch werde büßen müssen. Seitdem geht mir der Gedanke nicht mehr aus dem Sinn, dass mir noch ein ganz schlimmer Unfall bevorsteht. Ich mag schon gar nicht mehr Auto fahren."

T: „Haben Sie heute Morgen auch gesungen?"

K (irritiert): „Warum sollte ich denn?"

T: „Um das Sprichwort zu bestätigen: ‚Die Vögel, die am Morgen singen, die frisst am Abend die Katz'."

K: „Das bringt meine Befürchtung auf den Punkt."

T: „Die Katze frisst jene Vögel, die zu langsam davonfliegen, egal, ob sie am Morgen gesungen haben oder nicht. Aber, wenn ein Vogel abends wegen seiner Langsamkeit von der Katze geschnappt wird, kann er sich vor seinem Tod noch trösten, wenn er zuvor wenigstens noch froh gesungen hat."

K: „Sie meinen, das größte Pech ist, aus Feigheit vor den Risiken auf's Leben zu verzichten?"

T: „Sie haben es mit dieser knackigen Formulierung auf den Punkt gebracht!"

Anmerkung:

Gelingt es, in der ersten Annäherung an die Problemerzählung (hier: „Ich habe Glück gehabt. Das muss nun zwingend ein schlimmeres Unglück nach sich ziehen.") die damit verknüpften Gefühle zu irritieren, dann ist die Weiche zu einer Veränderung des belastenden Narrativs gestellt. Die Motivation ist angeregt. Die eigentliche Arbeit kann nun beginnen. Je nach Therapieform bedarf es weiterer Stunden für Untersuchungen zur Entstehung der irrationalen Überzeugung und Verhaltensexperimente zur Veränderung des selbstbeschränkenden Musters.

Der Tausendfüßler

Diese Geschichte ermutigt zum Unterbrechen störender Automatismen.

Jan, der an einer hypochondrischen Störung leidet, berichtet zu Beginn seiner Therapiestunden zumeist von seinen Beobachtungen körperlicher Symptome. Jedes Mal finden sich körperliche Auffälligkeiten, die zum Fokus seiner Beobachtungen werden, sich verstärken und dann vorauseilende Erwartungen fürchterlicher Krankheitsfolgen bestätigen.

J: „Vor dem Meeting war ich sehr aufgeregt, denn es könnte schon sein, dass der Chef meine Präsentation beanstanden würde. Aber dann ging alles bestens über die Bühne. Aber meine Erleichterung hielt nicht lange an. Nach dem Meeting begann plötzlich mein Oberbauch zu krampfen und meine Speiseröhre zu brennen. Der Magenkrebs bei meinem Onkel hat genauso angefangen. Ich ließ mir zwar sofort einen Termin für eine Magenspiegelung geben, aber bis ich das Ergebnis habe, kann ich an nichts anderes mehr denken. Ich muss herausfinden, was mit mir los ist, weshalb ich nicht mehr anders funktioniere."

T: „Diese Geschichte erinnert mich an die Korinthenkacker-Ameise, die den Tausendfüßler zu Fall brachte…"

J (irritiert): „Wie kommen Sie jetzt auf so etwas?

T: „Kennen Sie die Geschichte?"

J: „Nö, ich bin gespannt."

T: „Der Tausendfüßler war unter den Insekten wegen seiner äußerst eleganten Fortbewegung sehr berühmt. Eines Tages floss er in seiner sanft gleitenden, wellenartigen Fortbewegungsform an zwei Ameisen vorbei.

Die erste Ameise, eher schöngeistig, sagte zu ihrer Kollegin: Schau, welch wunderbares Tier, welch' faszinierende Art, sich fortzubewegen und dies auf tausend Füßen!

Die zweite Ameise, eher kritisch, erwiderte: Es ist umstritten, ob er wirklich 1000 Beine hat, ich schätze mal, höchstens die Hälfte. Und dann schau mal genau hin und frage dich: Wie setzt der Kerl wohl sein 346. vor das 347. Bein?"

Der Tausendfüßler, der beim ersten Kommentar voller Stolz zur Hochform aufgelaufen war, dachte nun zum ersten Mal über die Zahl seiner Beine nach, insbesondere darüber, wie er wohl sein 346. vor das 347. Bein setzt. Dabei stolperte er und fiel kläglich auf den Rücken."

J: „Was hat das mit mir zu tun?"

T: „Ihre Gedanken, Ihren Körper aus dem Rhythmus seiner autonomen Selbstregulation durch angespannte Aufmerksamkeitsfokussierung zu bringen, entspricht der Störung des Tausendfüßlers durch die Korinthenkacker-Ameise. Sie bringt ihn damit zu Fall, dass er seine ganze Aufmerksamkeit auf sonst automatische Vorgänge lenkt. Bei Ihnen kommt noch die Katastrophenerwartung hinzu. Wie kann unter solchem Stress Ihr Magen sich denn entspannen oder Ihre Speiseröhre sich wieder beruhigen und zur fließenden peristaltischen Bewegung zurückfinden?"

J: „Sie meinen, wenn ich meinen Körper besorgt beobachte, dann rufe ich erst die Symptome hervor und mache es dann noch schlimmer?"

T: „Wäre es nicht befreiend, wenn Sie Ihren Körper vertrauensvoll seiner Automatik und dem autonomen Nervensystem überlassen, statt sich immer wieder gedanklich in seine Regulation einzumischen?

Nach der heutigen Präsentation könnten Sie beispielsweise damit auf-hören, deren Gelingen zu bezweifeln und das dabei aufkommende Ungemach in Verbindung mit dem Tod Ihres Onkels körperlich zu katastrophisieren. Wie wär es, wenn Sie Ihre Gedanken auf Ideen Ihrer Selbstbelohnung zum Feierabend richten würden?"

J lächelt.

Die Eichhörnchen-Methode

Die Eichhörnchen-Methode wird in der kürzesten Geschichte folgendermaßen erzählt: *„Das Eichhörnchen kommt durch den größten Wald, von einem Ende zum anderen. Aber es springt nie über den ganzen Wald. Es kommt voran, indem es von Ast zu Ast springt."*

Fallbeispiel Ella

Ella ist bei einer Versicherung als Sachbearbeiterin tätig. Sie schildert: „Der Druck auf uns Sachbearbeiter wird immer größer. Jetzt ist auch noch meine Kollegin in den Urlaub gegangen. Ich sehe auf meinem Schreibtisch, wie sich nicht nur die Akten mit Problemfällen häufen, sondern sehe auch täg-lich den Stapel, den ich noch für die Kollegin abarbeiten soll, also insgesamt ein nicht zu bewältigender Aktenberg. Schon der Anblick macht mir Übel-keit und Kopfschmerz."

T: „So ging es dem Eichhörnchen, als es mal über den Wald springen wollte."

E (schaut fragend) „Waaas?"

T: „Ein Eichhörnchen kommt nie *über* den Wald. Es kommt *durch* den Wald, indem es von Ast zu Ast springt."

E: „Was hat das mit mir zu tun?"

T: „Sie schauen auf einen riesigen Aktenstapel, als wären Sie das Eich-hörn-chen, das über den Wald springen müsste. Das Tier beruhigte sich sofort, als ihm einfiel, doch lieber von Ast zu Ast durch den Wald zu kommen.

Sie orientieren sich daran, was Sie von sich erwarten, oder Ihr Arbeit-geber von Ihnen im Idealfall erwarten könnte. Alle Akten abzuarbeiten, die sich auf Ihrem Schreibtisch ansammelten, entspräche in der Eichhörn-chen-Umgebung dem Sprung über den Wald. Stattdessen könnten Sie sich jeweils zu Arbeitsbeginn überlegen, wie viele Akten Sie in guter Qualität in Anbetracht Ihrer Tagesform und zwischenzeitlichen Erholungspausen bearbeiten können. Dann bilden Sie Akte für Akte oder ‚Ast für Ast' einen neuen Stapel, der *bewältigten* Aufgaben und beschließen dann Ihren Arbeits-tag, wenn Ihre eigene Zielvorgabe erreicht ist, um mit gutem Gewissen in einen erholsamen Feierabend zu gehen. Denn auch das Eichhorn springt nicht von Ast zu Ast um des Springens willen, sondern wegen der schmackhaften Tannenzapfen, die es unterwegs findet."

E (seufzt erleichtert und lächelt ein wenig): „Dann rechne ich meine Tagesleistung nicht nach dem ab, was *noch zu tun* ist, sondern erkenne das an, was ich an diesem Tag schon an Akten bearbeitet oder an Ästen zurückgelegt habe."

Fallbeispiel Beata

Beata neigt zu vorauseilenden Befürchtungen. Obwohl sie sehr auf Sicherheit bedacht ist, hat sie sich von ihrem Partner „mitreißen lassen", ein eigenes Geschäft aufzubauen.

Seither leidet sie an Ein- und Durchschlafstörungen.

In ihrem Kopf laufen Zukunftsfilme mit jeweils katastrophalen Ausgängen ab.

Was ist, wenn unser Angebot von den Kunden nicht angenommen wird? Was wird sein, wenn die Konkurrenz desaströse Gerüchte über uns in Umlauf bringt? Wenn die Buchhaltung nicht korrekt geführt wird? Wenn wir noch eine weitere Kraft anstellen müssen und dann das Geld aber nicht zur Bezahlung ausreicht? Was wird nur, wenn mein Partner sich trennt und wir das Geschäft abwickeln müssen?

T: „Ihre gedankliche Beschäftigung hält Sie recht effektiv davon ab, erholsam zu schlafen. Auf diese Weise zermürbt, sind Sie emotional verwundbarer und werden daher noch anfälliger für Ängste. Welchen Nutzen haben diese Überlegungen?"

B: „Ich weiß, dass solches Grübeln eigentlich zu nichts führt, aber wenn ich mir eine Katastrophe vorstelle, dann muss ich sie auch bedenken. Wenn ich sie mir dann bildhaft ausgemalt habe, fühlt es sich genauso an, als wäre die Befürchtung bereits eingetreten."

T: „Sie pflegen also, sich möglichst schlimme Zukunftsvisionen zu suggerieren. Warum wählen Sie keine ermutigenden? Weshalb haben Sie sich überhaupt dazu bewegen lassen, Ihr Geschäft aufzubauen?"

B: „Stimmt, am Anfang denke ich immer positiv, fast euphorisch. No risk, no fun! Sobald ich die Weichen gestellt und konkret entschieden habe, dann denke ich aber, dass ich was falsch gemacht habe und ein Fiasko anrichten werde."

T: „In Bayern nennt man das Problem ‚Fierefürcht'n', d. h. sich vorauseilenden Befürchtungen hingeben."

B: „Wie komme ich davon weg?"

T: „Ich empfehle Ihnen die Eichhörnchentechnik."

B: „Wie geht das?"

T: „Nun, so ein Eichhörnchen ist ein sprungfreudiges Tier. Aber haben Sie schon mal ein Eichhörnchen über den Wald springen sehen?"

B: „Ach so: Das Eichhörnchen kommt durch den Wald, indem es von Ast zu Ast springt."

T: „Bisher haben Sie folgende Äste besucht: Entscheidung für die Freiberuflichkeit – Geschäftsplanung dem Kreditgeber vorgelegt – Räume angemietet – technische Ausrüstung angeschafft.
Was wäre jetzt der Sprung auf den nächsten Ast?"

B: „Ja, ich verstehe, wenn ich konsequent Lösungen für das unmittelbar bevorstehende Problem finde, dann sind auch die folgenden Teilziele erreichbar, die Katastrophen erscheinen gar nicht erst, und ich kann die Ruhe bewahren. Verlasse ich die Systematik, dann versuche ich ‚über den Wald zu springen', und bekomme natürlich Zweifel, ob ich einen so großen Sprung hätte wagen sollen, und Angst, dass der Schwung nicht reicht und ich hart landen werde."

Der Axt-Brei

Fallbeispiel karen

Karen fällt es noch schwer, ihre eigenen Fähigkeiten und Erfolge anzuerkennen und zu würdigen.

Wenn ihr etwas misslingt, dann sucht sie grundsätzlich den Fehler bei ihrer Person, statt problembezogen in einzelnen Entscheidungen über Handlungsmöglichkeiten. Folglich fühlt sie sich dann unfähig.

Glücken ihre Unternehmungen aber, dann führt sie ihre Erfolge auf günstige Umstände oder Fähigkeiten ihrer Unterstützer zurück.

Hier ein Ausschnitt *aus einem Gespräch zu diesem Thema:*

K: „Wenn die Referendarin nicht so gut motiviert gewesen wäre und die Fachberaterin nicht so wohlwollend, dann hätte ich mich mal wieder tüchtig blamiert."

T: „Da haben Sie also wieder mal einen ‚Axt-Brei' gekocht?"

K: (verblüfft) „Wie meinen Sie denn das?"

T: „Nun, das erinnert mich an dieses russische Märchen:

Der Zar hatte wieder einen seiner Kriege verloren, die Überlebenden seiner Soldaten waren verarmt. Sie mussten sich aus der Fremde in die Heimat durchschlagen. Einer von ihnen suchte hungrig nach den Resten von Wegzehrung in seinem Tornister. Darin fand er aber nichts als eine rostige Axt ohne Stiel. Er überlegte noch, sie wegzuwerfen, um seinen Rücken zu entlasten. Seine innere Stimme riet ihm jedoch, sie zu behalten. ‚Nun habe ich sie schon tausend Werst mit mir getragen, da kommt es auf den Heimweg auch nicht mehr an. Man weiß ja nie, wozu man das Ding mal brauchen kann.'

Sein Weg führte durch einen schier endlosen Wald. Die Nacht kam heran und mit ihr die Kälte. Da erschien, Rettung verheißend, ein Lichtschimmer in der Ferne. Mit letzter Kraft erreichte der Soldat schließlich die Hütte und bat um Einlass. Eine alte Frau erschien im Türspalt, um ihn barsch abzuweisen. Der Soldat antwortete: Mütterchen, lasst mich herein! Es soll nicht zu Eurem Schaden sein! Ich habe im Tornister ein Wunderding, das wird uns einen köstlichen Brei zu Abend zaubern. Die Alte wurde neugierig und drängte den Soldaten, sofort das Wunder zu wirken. Dieser erbat einen großen Kessel mit Wasser, legte seine verrostete Axt hinein und murmelte eindrückliche Sprüche, auf die seine Axt zu antworten schien. ,Die Axt verlangt nun nach etwas Salz, Mütterchen. Jetzt will sie noch etwas Fett, noch eine Hand voll Hafer und noch etwas vom Maismehl.' Zum Erstaunen des Mütterchens quoll tatsächlich bald ein schmackhafter Brei aus dem Kessel. Die Axt hatte das Wunder gewirkt, den Geiz der Alten zu besiegen, die in kleinen Mengen alle Zutaten aus ihrer Speisekammer herbeibrachte, und die sich dann an der entstandenen Fülle freute. Schließlich verhandelte sie um den Preis des Wunderdings, das nur so aussah, als wäre es eine rostige Axt."

K: „Meinen Sie, ich sollte wie der Soldat darauf vertrauen, dass mir in der Not schon etwas einfällt. Ich sollte meinen Ressourcen trauen, mich den Anforderungen ohne Bedenken stellen und etwas daraus improvisieren, also ‚zaubern wie der Soldat'?"

T: „Mit dieser Ermutigung – statt vorauseilend Herausforderungen zu dramatisieren – in Lösungen zu denken, haben Sie genau ins Schwarze getroffen. Wenn es um die Durchführung von Aufgaben geht, haben sie allerdings *bisher noch zu oft* etwas vom Muster des wundergläubigen Mütterchens."

K: „Sie meinen, ich öffne meine Vorratsschränke bzw. das Schatzkästchen meiner Möglichkeiten nur, wenn ich andere für meinen Erfolg verantwortlich machen kann?"

T (lächelt): „Bingo! Sie selbst können mit Ihren Ressourcen die zur Aufgabenlösung erforderlichen Kräfte freisetzen. Dann dürfen Sie sich auch die Erfolge als Konsequenzen Ihrer Mühe und Ihrer Entscheidungen sich selbst zuschreiben und so Ihr Selbstbewusstsein stärken."

Der alte Herr und die Tauben

Diese metaphorische Geschichte, deren Ursprung unklar bleibt, kann Situationen eines zu ungeduldigen Drängens auf Erfolg veranschaulichen. Wollen wir etwas unbedingt, sofort und ausschließlichkei erreichen, dann verspannen wir und engen uns ein, in einem solchen Maße, dass wir uns an der Wunscherfüllung hindern. Das betrifft besonders Ziele, von denen „alternativlos" ein erfüllendes Leben abhängig gemacht wird, z. B. den Wünschen nach Partnerschaft oder Mutterschaft.

Fallbeispiel Rebekka

Rebekka, 34 Jahre, hat sich alles aufgebaut, was sie für die ersehnte Gründung einer Familie zu brauchen meinte. Sie hat erfolgreich studiert, ihre Praxis läuft bestens. Seit zwei Jahren ist sie glücklich verheiratet. Nun ist die Familiengründung an der Reihe. Aber Rebekka wird nicht schwanger, obwohl sie sich so sehr danach sehnt und so sehr dafür anstrengt. Sie geht mit dem Fieberthermometer ins Bett, um keinen Eisprung zu verpassen. Was sie damit bisher erreichte, ist eine „gewisse Lustlosigkeit" des Partners.

Ein reichliches Jahr nach einem Beratungsgespräch sandte mir Rebekka eine Mail, in der sie glücklich von der Geburt ihrer Tochter berichtete. Unser damaliges Gespräch beinhaltete die Themen der möglichen medizinischen Unterstützung, des emotionalen Loslassens und andere Wege eines erfüllenden Lebens als *Alternativen* zum Kinderwunsch. In ihrer Mail erwähnt Rebekka, dass ihr die folgende, beiläufig eingestreute Geschichte geholfen habe, „körperlich einen Schalter umzulegen":

An einem sonnigen Frühlingstag verweilte der alte, verwitwete Herr auf der Parkbank, betrachtete das sprießende Grün, die Knospen und Blüten und hörte den Insekten zu. Schräg gegenüber bemerkte er auf einer Bank ein junges Paar sitzend, einander innig umarmend und küssend. Er erinnerte sich des Beginns der Liebe seines Lebens. Schmerzlich wurde er sich bewusst, wie lange er schon jegliche Zärtlichkeit und Berührung vermisste.

Nun bemerkte er in der Nähe die Tauben. Er fütterte sie mit Krumen seines Brötchens an. Wie gern hätte er eine Taube mit ihrem glitzernden Federkleid berührt und gestreichelt! Aber immer, wenn er die Hand nach einer der Tauben ausstreckte, wich gerade diese ihm aus.

Frustriert schlief er darüber ein. Als er aufwachte, bemerkte er, dass sich auf seiner Schulter eine Taube niedergelassen hatte und ihn zutraulich betrachtete.

Metapher des vergeblichen Bemühens

Vergebliches Bemühen zeigt sich in Wiederholungen derselben Kategorie von Anstrengungen mit dem einzigen Effekt zunehmender Erschöpfung. Das Muster findet sich als Mehr-Desselben-Eskalation, beschrieben von Watzlawick (2017).

Zum Spiegeln vergeblichen Bemühens (sei es, um Uneinsichtige zu bekehren, grundsätzlich destruktive Bemühungen aufrechtzuerhalten oder des Abarbeitens endloser Kaskaden von Verpflichtungen als nie erreichbare Vorbedingungen für Lebensgenuss) eignen sich folgende Sprach-Bild-Geschichten:

Esel und Möhre

Quelle:https://de.wikipedia.org/wiki/Karotten-Prinzip

Sand schaufeln im Trichter

Als therapeutische Bemerkung wirkt gelegentlich eine Anspielung auf Abe Kobo (2018), etwa in dieser Art: Wenn ich Ihnen so zuhöre und Ihre jahrelangen Bemühungen zusammenfasse, dann sehe ich Sie in meiner Vorstellung auf dem Grunde eines Sandtrichters. Es ist, als würden Sie versuchen, sich freizuschaufeln. Aber je emsiger Sie schaufeln, desto mehr Sand rinnt nach. Alles, was Sie um den Preis Ihrer Erschöpfung aufrechterhalten können, ist, dass der Trichter Ihnen noch weiterhin als Wirkungsstätte erhalten bleibt.

Sand schaufeln im Trichter. Quelle: Zeichnung Clara Alrun Schubert 2022

Trommeln in Alaska
Diese Geschichte eignet sich zum Spiegeln des Festhaltens an widersinnigen Anstrengungen.

Fallbeispiel Egon
Egon ist verheiratet, Vater dreier Kinder und als Projektingenieur tätig. Er fühlt sich nach konventionellem Familienbild als Ernährer und Versorger. Ein berufliches Scheitern bewertet er als persönliches Versagen. In Anbetracht seines fortgeschrittenen Lebensalters und der konjunkturellen Lage, erwartet er, dass eine berufliche Veränderung eine gehaltliche Verschlechterung zur Folge haben wird. Seit mehr als zwei Jahren beobachtet Egon, dass seine Firma zunehmend strukturelle Probleme hat. Auch habe sich das Betriebsklima verschlechtert, und die Arbeitsinhalte frustrieren ihn zunehmend.

   E: „Ich bin einer Zwickmühle gefangen: Wenn die Entwicklungen im Unternehmen so weiterlaufen, wie ich es Ihnen beschrieben habe, wird sich meine Firma mich nicht mehr länger leisten und mich kündigen. Dem könnte ich zuvorkommen, indem ich mir eine neue Stelle suche. Aber das schiebe ich auf. Denn die Idee, mich beruflich zu verändern, ist für mich der

Horror. Erstens die Bewerbungsgespräche. Sie wissen doch, dass ich mich nur sehr schlecht selbst anpreisen kann. Ich erwarte schon wegen meines Alters, entweder nicht genommen oder gehaltlich so gedrückt zu werden, dass ich meinen familiären Verpflichtungen nicht mehr nachkommen kann. Ich war schon mal vor 20 Jahren ein halbes Jahr arbeitslos. Das war für mich furchtbar."

T: „Wie lange sind Sie schon in Ihrer Zwickmühle?"

E: „Es beginnt das dritte Jahr."

T: „Welche lösenden Gedanken konnten Sie bisher finden?"

E: „Das ist ja das Problem. Da gibt's keine befriedigende Lösung: Ich muss da 'raus, denke ich. Aber es bringt doch keinen Nutzen. Ich male mir die Schwierigkeiten aus und bin wie gelähmt."

T: „Was tun Sie, um das Problem zu lösen?"

E: „Ich warte ab, denn es könnte ja besser kommen, als ich erwarte. Ich mache mir Vorwürfe wegen meiner Unentschlossenheit, beklage mich bei meiner Frau. Sie ermutigt mich zu anderweitiger Bewerbung. Dann komme ich abends nicht zur Ruhe und wache nachts auf, um mit dem Grübeln zu beginnen."

T: „Ich verstehe, dass Sie das Trommeln in Alaska nicht zur Ruhe kommen lässt."

E: (irritiert) „Was bedeutet ‚Trommeln in Alaska'?"

T: „Dazu diese Geschichte:

Eine Gruppe schwäbischer Hausfrauen, denen nachgesagt wird, dass sie die schottischen an Sparsamkeit weit übertreffen, reiste nach Alaska, in der Hoffnung, durch Reklamation Hotelkosten zu sparen. Das Hotel versprach nämlich, jedem den Übernachtungspreis zu erstatten, der von einem Lärm belästigt würde, der nicht zu den Geräuschen der Natur gehörte. Tagelang waren die Damen auf Lärmsuche, vergebens. Erst am vierten Tag meinte eine von ihnen in der Ferne ein Wummern zu vernehmen. Von der Aussicht auf ein ‚Schnäppchen' angespornt, erreichten die Damen schließlich eine Lichtung.

Dort sahen sie, wie ein Mann hemdsärmelig vehement und rhythmisch auf eine senegalesische Elefantentrommel einschlug. Eine der Damen fragte ihn, weshalb er denn so trommle. ‚Wegen der Elefanten!' antwortete der Trommler gequält.

‚Aber hier in Alaska gibt es doch keine Elefanten, wir sind doch nicht im Senegal', erwiderte die Sprecherin prompt. —

‚Eben, eben', entgegnete der Trommler: ‚Hier gibt es keine Elefanten, weil ich trommle.'"

E (nach Überlegungspause) „Erst wenn ich aufhöre, die Veränderung zu vermeiden, habe ich eine Chance zu sehen, ob es tatsächlich so schlimm kommt, wie ich befürchte.

Sollten tatsächlich Elefanten auf die Lichtung kommen, können Trommler und Damen auf die Bäume fliehen. Wenn ich das Problem löse, mit vermindertem Gehalt zu leben, dann kann ich vielleicht wieder gern arbeiten, leben und vor allem erholsam schlafen. Natürlich versuche ich vorher, erfolgreich zu verhandeln."

Gedankenexperimente

Können auf eine besonders aktive und einprägsame Weise zum Erzählen therapeutisch wirkender Episoden anregen.

Der berühmte **rosa Elefant** ist gern zu Diensten, wenn sich Ratsuchende vergeblich abmühen, *Gedanken* an etwas klar Definiertes, ein Familiengeheimnis oder eine Schwierigkeit, *zu vermeiden*.

Ein Anwendungsbeispiel bei Panikattacken wird in Abschn. 2.16 im Fallbeispiel Cordula dargestellt.

Schottisch Pokern

Schottisch Pokern ist ein Verhaltensexperiment, mit dem man destruktive Manipulationen verdeutlichen kann, wie sie beispielsweise beim Bossing, Mobbing oder in „giftigen Beziehungen" angewandt werden.

Fallbeispiel Sybille Sie berichtet, wie ihr pedantischer Chef sie immer wieder anspornt, genau zu arbeiten, um dann enttäuscht einen Fehler zu finden, den er dann zwar mit Bedauern, aber ebenso mit Nachdruck kritisieren muss. Zwar räumt er Sybille dann meinst die Möglichkeit ein, ihren Fehler durch Nacharbeit zu verbessern, aber „so richtig zufriedenstellend ist das auf Dauer nicht", meint Sybille.

Hier wieder ein Auszug aus der zugehörigen Besprechung:

T: „Ja, das mit Ihrem Chef ist wirklich verdrießlich. Ich bewundere Ihre Geduld mit ihm beziehungsweise seine Fähigkeit, Ihre Geduld so lange aufrechtzuhalten. – Darf ich Sie zu einer kurzen Abwechslung auf eine Partie *Schottisch Pokern* einladen?"

S (verwundert): „Irgendwie schon mal gehört, aber ich erinnere mich nicht mehr genau.

Wie geht das denn?"

T: „Ganz einfach (nimmt eine 100er-Banknote aus dem Geldbeutel und legt den Schein auf den Tisch): Hier ist zu Ihrer Motivation zunächst mein Einsatz. Für den ersten Versuch reicht es, wenn Sie einen virtuellen Zehner setzen. Und jetzt die kritische Frage: Nennen Sie eine Zahl zwischen Eins und Neun. Haben Sie die richtige Zahl, also Ihre Glückszahl genannt, gehört Ihnen mein Einsatz, anderenfalls bekomme ich Ihre Einlage."

S: „Verstanden. Ich sage mal ‚Sieben'."

T: „Sie sind ganz nahe dran, aber leider hätten Sie bei ‚Acht' gewonnen."

S (überlegt): „Das ist ein Spiel, bei dem jeder verliert, der mitspielt. Was ich auch als Glückzahl anbiete, Sie können behaupten, es sei eine andere Zahl, und mein Geld einstreichen. Fair wäre es, wenn Sie einen Zettel hinterlegten, mit dem wir beide überprüfen können, ob die Glückszahl getroffen wurde oder nicht."

T: „Sie haben herausgefunden, dass es Spiele gibt, bei denen *man verlieren muss, wenn man mitspielt.* Was bedeutet das für die Einladungen Ihres Chefs zum Spiel?"

S: „Ich werde, wenn ich es so weiterlaufen lasse, immer verlieren. Eigentlich hilft nur noch, die Abteilung oder die Firma zu wechseln. Aber wenn ich nun schon nichts mehr zu verlieren habe, gebe ich der Idee mit dem Zettel noch eine Chance. Ich werde bei seiner nächsten Aufgabenzuweisung darauf bestehen, dass er Kriterien für die Erfüllung nennt, und diese notieren. Wenn er es wieder zum *Schottisch Pokern* dreht, ist das gleich mein Anlass zur Kündigung."

Beschuldigung

Manche Patienten wurden als Kinder auf Unterwerfung unter Autoritäten getrimmt, andere besonders darauf, immer einen „guten Eindruck" zu hinterlassen.

Die Betroffenen neigen dann dazu, sich zu rechtfertigen, selbst wenn sie angegriffen oder ungerecht beschuldigt werden.

Fallbeispiel Mark

Ich habe oft das Gefühl, dass ich, so sehr ich mich auch bemühe, es meiner Frau nicht recht machen kann. Beispielsweise kündigte ich ihr an, dass ich zu spät nach Hause komme, weil der Chef noch eine dringende Zuarbeit für ein „eiliges Projekt" braucht. Zu Hause angekommen unterstellt mir meine Frau, ich wolle mich nur davor drücken, die Kinder zu den Großeltern zu fahren. Wenn ich ihr dann erkläre, weshalb ich verhindert war, wie dringend das Projekt ist, wird alles noch schlimmer. Die Vorwürfe eskalieren dann ins Grundsätzliche. Etwa: „Dein Ansehen bei deinem Chef ist dir wichtiger als unsere Familie! Nie gehst du auf meine Interessen ein!" Sie sagt das, obwohl ich erst vorigen Sonntag die Kinder allein betreut habe, damit meine Frau mit ihrer Freundin nach Südtirol zum Wellness fahren konnte. Bringe ich ihr das in Erinnerung, kriege ich zu hören: „Wie lange willst du mich mit

Selbstverständlichkeiten nerven. Es ist doch schäbig, sich Banalitäten für gute Taten anrechnen zu lassen."

T: „Sie fühlen sich also in Ihrer Beziehung zu wenig wertgeschätzt?"

M: „Hm, könnte man so sagen. Aber zunächst ist das Problem bei mir. Warum verstricke ich mich immer in so einen unsinnigen Streit, der dazu führt, dass meine Frau sich besser fühlt, und ich mich schuldig und schlecht fühle. Zudem mache ich mir Selbstvorwürfe wegen verbaler Unterlegenheit und frage mich, warum ich nicht überzeugender argumentieren konnte."

T: „Sie meinen, dass Sie sich nicht auf eine Weise gerechtfertigt haben, die Ihre Frau anerkennen konnte?"

M: „Ja, genau, ich muss mit Ihnen trainieren, treffsicherer zu argumentieren, verbal schlagfertiger zu sein."

T: „OK, dann lade ich Sie zu einem Gedankenexperiment ein: Stellen Sie sich vor, ich hätte genau beobachtet, dass der Geldschein, den ich mir auf dem Schrank unter der Garderobe für den Paketdienst bereitlegte, verschwunden sei. Da Sie meiner Meinung nach der Einzige waren, der heute Morgen an der Garderobe im Flur vorbeiging, spreche ich Sie an: ‚Mark, kann es sein, dass Sie versehentlich den Schein auf dem Schrank an sich genommen haben, vielleicht im Glauben, er sei aus Ihrem Geldbeutel herausgefallen?'"

M: „Ich würde Sie erst fragen, ob nicht vielleicht ein voriger Besucher den Schein genommen haben könnte."

T: „Darauf würde ich sagen: Unterstellen Sie etwa, dass ich keinen Überblick über meine Besucher habe? Ich weiß ganz genau, dass nur Sie in der fraglichen Zeit an der Garderobe vorbeigingen."

M: „Diese Simulation ist meinen ehelichen Auseinandersetzungen schon recht ähnlich. Nun würde ich Ihnen meinen guten Willen zeigen und Ihnen vorschlagen, unter dem Schrank suchen zu helfen."

T: „Wie ginge es bei negativem Ergebnis weiter? Ich würde dann behaupten, Sie wollten mich mit der Sucherei nur von Ihrer Schuld ablenken."

M: „Ja – was soll ich denn jetzt sagen, um meine Unschuld zu beweisen?"

T: „Nicht Beschuldigte oder Verdächtige müssen ihre Unschuld beweisen, sondern die Strafverfolgungsbehörde muss die Schuld nachweisen.

Bitte stellen Sie sich dazu als außenstehender Beobachter einmal neben die Situation. Was passiert, wenn ich mein Gegenüber für verlorenes Geld beschuldige."

M: „Das Gegenüber wird eigentlich beschuldigt, Sie bestohlen zu haben."

T: „Die Behauptung, das Gegenüber sei für etwas Vermisstes verantwortlich, ist völlig unbewiesen, sofern man nicht der Wiederholung unbewiesener Behauptungen einen Wahrheitswert beimisst. Persönlich genommen wirkt die Behauptung als ungeheuerlicher Angriff auf die Würde."

M: „Ich verstehe, ich rechtfertige mich, ohne mir die Beweise zeigen zu lassen. Da hilft kein Argumentieren und kein Rechtfertigen. Sobald ich das erkannt habe, drehe ich den Spieß um: Wollen Sie mich ernsthaft des Diebstahls bezichtigen, oder soll das ein Scherz sein?

Dann sind Sie in Erklärungsnot und nicht ich.

Für die Dispute mit meiner Frau wäre dann auf deren Behauptung meine Antwort: Möchtest du mir jetzt tatsächlich unterstellen, dass ich dich nicht unterstützen will und dich deshalb einfach belüge? Warum bist du noch mit mir zusammen, wenn das tatsächlich deine Überzeugung sein sollte?"

Vom guten Geist der Flasche

Fallbeispiel Magdalena

Magdalena ist streng religiös aufgewachsen, die Betonung liegt auf der Strenge. Sie übernahm das Gottesbild ihres Vaters, der einen jede Verfehlung registrierenden, strafenden Gott ausmalte. In der Kindheit mag ihr Vater Magdalena als dessen Verkörperung erschienen sein. Sie schildert ihn als „stets argwöhnisch alles überwachend, dogmatisch an einem Prinzip orientiert – cholerisch und unerbittlich". Ihre Mutter ließ ihn gewähren, milderte hier und da seine Exzesse. Bei ihren Kindern warb sie um Verständnis für die krankheitsbedingte Unzufriedenheit des Vaters.

Als Journalistin bei einem geistlichen Verlag bekam Magdalena den Auftrag, den zugelieferten Rohstoff für einen Artikel zu überarbeiten, in welchem der führende Kleriker einer Kongregation das Oberhaupt einer anderen Gruppe auf sehr polemische Weise angreift und persönlich herabsetzt.

Magdalena berichtet in der Therapiesitzung:

„Ich habe wieder einen Rückfall meiner Panikattacke erlitten. Dieses Mal ist die Attacke sogar nachts aufgetreten, sodass ich aus dem Schlaf auffuhr."

T: „Können Sie sich erinnern, was Ihnen träumte?"

M: „Ich bin in einem Kloster, habe Novizinnentracht an, als mir plötzlich von überallher Feuer entgegen loht. Ich will fliehen, bleibe aber mit der Kutte irgendwie hängen, und die Feuerwalze kommt auf mich zu."

T: „Das Aufwachen ist dann eine gute Entscheidung, um der Gefahr zu entrinnen."

M (lächelt): „Ja, aber ich frage mich, welche Gefahr mir die Ruhe raubt, denn ich sehe da keinen Zusammenhang zu meinem Alltag."

T: „Darf ich Sie einladen, nochmal Ihren Traum wie einen Film anzuschauen und die Stopptaste zu drücken, wenn Ihr Stress am größten wird?"

M: „…Jetzt, das Feuer umzingelt mich und hat mich gleich erreicht, da ich hängenbleibe. Es ist ausweglos!"

T: „Bitten Sie jetzt einmal Ihre Traum-Regisseurin, dass Sie selbst für einen Moment die Gestalt des Feuers einnehmen, und schildern Sie, wie Sie dann als das Feuer agieren und wie dann der Film weiterläuft."

M: „Das Feuer sagt: ‚Purificare …ich reinige. Ich bin das Fegefeuer (Purgatorium) und reinige dich von deinen Sünden.'"

T: „Magdalena, welche Ihrer Sünden bedarf solcher Reinigung?"

M: „Jetzt kapiere ich, das hat was mit meinem Gewissenskonflikt zu tun: Ich soll einen Artikel schreiben, der die Ansichten des Predigers Soundso wiedergibt. Ich halte diese Ansichten für moralisch bedenklich und mit meiner Glaubensvorstellung unvereinbar. Wenn ich den Artikel schreibe, muss ich Ansichten ausformulieren und wiedergeben, hinter denen ich nicht stehen kann."

T: „Wieso ist das eine Sünde, wenn Sie eine Ansicht als die des Predigers Soundso zitieren?"

M: „Nun, es könnte die Leser dazu verführen, ebenso zu denken wie Soundso. Sie würden dann vom wahren Glauben abfallen, und ich wäre daran schuld. Diese Gewissenslast will ich mir nicht aufbürden!"

T: „Lassen Sie uns das Problem weiter untersuchen. Mir fällt hierzu spontan eine Geschichte ein – mögen Sie sie hören?"

M nickt.

T: „Es ist die *Geschichte vom Geist in der Flasche.*

Ein spiritueller Meister forderte seine Schüler auf: *Stellt euch eine Flasche vor, in welcher das Ei einer Gans brütet. Stellt euch weiter vor, dass der Flasche dank Gottes Gnade die wundersame Eigenschaft innewohnt, alles, was in ihr wächst, gedeihen zu lassen. Denkt euch, in der Flasche wird dem Gänslein ein kräftiges Wachstum zuteil. Denkt Euch weiter, die Gans wäre nun so weit herangewachsen, dass sie mit ihrem Kopf den Rand der Flasche erreichte und nun unter Druck geriete. Denkt euch nun die Lösung, ohne die wundersame Flasche als ein göttliches Gefäß zu zerstören und ohne das Wachstum der Gans zu unterbrechen.*

Lange Zeit verharrten die Eleven rätselnd."

T: „Können Sie, liebe Magdalena, sich die Lösung denken?"

M: „Nun, Gott selbst könnte das Problem in seiner Allmacht lösen."

T: „Wie?"

M: „Er fände einen Ratschluss, der uns unerforschlich bliebe."

T: „In der Geschichte fand ein pfiffiger Schüler die Lösung, ohne das Problem an den Herrgott zu delegieren. Ich gebe zu, ich wäre auch nicht auf die Lösung gekommen.

M: „Nun bin ich aber gespannt."

T: „Der Schüler sprach zum Meister: Ich **denke,** die Gans ist aus der Flasche. Ich **denke** die Flasche ist heil, und ich **denke** die Gans ist frei! Das bestätigte der Meister schmunzelnd: ‚Ja, auf ein gedachtes Problem kann es nur eine gedachte Lösung geben.'"

M: „Sie meinen, ich habe mir meinen Konflikt nur ausgedacht und kann ihn dann auch wegdenken?"

T: „Genau: Sie haben gedacht, dass Texte bei Lesern Überzeugungen mit fatalen Konsequenzen generieren *müssen.* Sie haben zusätzlich gedacht, dass Sie für die Textbewertungen Ihrer Leser *verantwortlich* seien."

M (verwirrt) „Das ist doch so. Oder meinen Sie, das ist falsch?"

T: „Nehmen wir das Beispiel eines anderen Textes, dessen Inhalt in jeder Hinsicht inhaltlich unakzeptabel ist und dessen Umsetzung sich als grausam erwies. Was würde beispielsweise passieren, wenn Sie das Werk *Der Hexenhammer* des Dominikaners Kramer aus dem 15. Jahrhundert lesen würden und seine Anleitung, Frauen zu Hexen zu erklären und zu foltern, zur Kenntnis nehmen würden?"

M: „Ich wäre angewidert und würde aufhören mit Weiterlesen."

T: „Sie würden also als denkende, kritische Leserin sich spontan Ihrer Meinung bewusst werden, provoziert von diesem ideologischen Text."

M: „Unbedingt."

T: „Warum trauen Sie diese Fähigkeit der kritischen Auseinandersetzung mit einer zu Ihrer Überzeugung kontroversen Meinung nicht auch den Lesern der zitierten Passagen in Ihrem Artikel zu?"

M: „Weil ich fühle, dass der Gedanke, der da geschrieben steht, Verführung zur Sünde ist."

T: „Nun, ich bin ein Laie, aber hier erkenne ich weniger die Sünde der Verführung anderer zum unrechten Glauben, sondern allenfalls – wenn schon Sünde, dann die der Hoffart – ja speziell in diesem Falle eines Anfluges von Hochmut... bei Ihnen."

M (aufgeregt): „Jetzt verwirren Sie mich."

T: „Nun, ist es nicht eine gewisse Selbstüberhebung, anzunehmen, dass Sie, indem Sie ein Zitat wiedergeben, damit eine solche Macht über alle Ihre Leser ausüben, mit der Sie alle ausnahmslos und ohne deren Mitwirkung vom rechten Glauben abfallen lassen können? Glauben Sie, dass, indem Sie

Passagen aus dem *Hexenhammer* zitieren würden, damit eine neue Welle der Hexenverfolgung auslösen könnten?

Oder nehmen wir ein aktuelleres Beispiel: Könnte ein Text, der Homosexualität befürwortet, bewirken, dass seine Leser davon schwul oder lesbisch würden?

Psychologisch betrachtet: Diese Vorstellung einer Bewirkungsmagie von Texten setzt die Fantasie einer Person voraus, die Lesern jegliches Mitdenken abspricht und sie für eine Herde dümmlicher Lemminge der jeweiligen Verfasser hält, damit sie alles, was sie zu lesen bekommen, auch zu ihren Überzeugungen machen müssten."

M (lächelt): „Jetzt denke ich mal, ich bin nicht verantwortlich für einen Text, den ich zitiere. Der Leser ist mündig und kann Bullshit, persönliche Beschuldigung und Dramatisierung erkennen und von fundierter Auseinandersetzung unterscheiden."

T: „Bingo, jetzt ist die Gans heraus aus der *gedachten* Flasche. Übrigens, was wäre, wenn Sie in Ihrem Konflikt Ihren Vater um Beistand ersucht hätten?"

M (lächelt): „Da hätte ich nicht erst fragen müssen, denn ich habe die Sache zunächst so gesehen, wie er sie sehen und beurteilen würde."

T: „Nun, ich bin kein Priester, der Sie von Ihren Sünden freisprechen könnte. Doch schließe ich Sie und Ihren Vater in mein laienhaftes Gebet an einen liebevollen Gott ein, der uns keine Fallen stellt, in die wir hineintappen müssen, damit er uns im Feuer reinigen kann. Wenn er uns mit Intellekt begabt hat, dann können wir unserem Kritikvermögen vertrauen und getrost anderen deren Entscheidungen überlassen. Wer welche Gedanken aufnimmt und welche er davon in Taten umsetzt, muss jeder vor *seinem* eigenen, nicht vor *Ihrem* Gewissen verantworten."

M (spontan) „Amen."

T: „So sei es. Ich freue mich auf Ihren nächsten Besuch."

3

Anregungen und Übungen zur Vorbereitung einer Psychotherapie

3.1 Von der Lebensgeschichte zum Lebensskript

Voraussetzung für eine erfolgreiche Behandlungsplanung ist zumeist das Erheben einer *biografischen Anamnese.* Diese ermöglicht, die Vorgeschichte der Erkrankung im Gesamtzusammenhang des Lebensverlaufs und der Entwicklung von Lebensumständen zu verstehen. Die Anamnese sollte auch die vorhandenen Ressourcen einbeziehen, die zur Überwindung der aktuellen Krise beziehungsweise zur Lösung des gegenwärtigen Problems verfügbar sind.

Im Unterschied zum umfassenden biografischen Überblick beschränkt sich die *Bedingungsanalyse* auf die Erfassung der Zusammenhänge der Entstehung und Aufrechterhaltung der Störung, welche zur Behandlung veranlasst.

Wem das Erstellen eines lebensgeschichtlichen Überblicks im Verhältnis zum Ziel zu aufwendig erscheint, möge diesen Abschnitt überspringen und sich auf die Vorgeschichte seiner Krankheit oder Störung (Krankheitsanamnese) beschränken. Hinweise hierzu finden sich im Abschn. 3.3.

Wer sich unabhängig vom Vorhaben einer Psychotherapie schreibend mit wichtigen Begebenheiten auseinandersetzen möchte, wird am Ende von Abschn. 3.6. unter der Überschrift „Spontanes Schreiben" fündig.

© Der/die Autor(en), exklusiv lizenziert an Springer-Verlag GmbH, DE, ein Teil von Springer Nature 2022
A. Schubert, *Warten auf die Psychotherapie?*, https://doi.org/10.1007/978-3-662-65246-6_3

An dieser Stelle folgen Anregungen zur Erarbeitung eines Überblicks über Ihre Biografie:

Variante: **Lebenslauftabelle**

Sie sind eingeladen, nach dem folgenden Muster eine Gesamtübersicht der Zusammenhänge wichtiger Aspekte Ihrer Biografie im zeitlichen Verlauf darzustellen:

1. *Spalte:* „Jahr": Die Zeitleiste in Jahren erfasst Ihre Lebensspanne bis heute, beginnend mit Ihrer Geburt.
2. *Spalte* „Biografie in Fakten": Die Spalte enthält die Einordnung wichtiger Lebensetappen mit Beginn bzw. Ende (Wohnorte, Ausbildungen, Abschlüsse, Beschäftigungsverhältnisse, Partnerschaften), Verluste von Bezugspersonen, Geburten usw.
3. *Spalte* „Prägende Erlebnisse":
   Lassen Sie Ihr Leben spontan als Folge bildhafter Erinnerungen an sich vorüberziehen und wählen Sie die zehn, emotional am meisten bewegenden (extrem angenehmen oder unangenehmen) Episoden aus. Finden Sie für jede Episode eine passende Überschrift. – Ordnen Sie die Kurztitel der Episoden in der zeitlichen Folge (abgestimmt auf Spalte 1).
4. *Spalte:* „Befindensskala":
   Tragen Sie entsprechend die Erlebnisqualität der jeweiligen Episode von Spalte 3 als Punkt auf der Skala ein (−3 bedeutet „extrem unangenehm"; +3 bedeutet „extrem angenehm") und verbinden Sie die Punkte der Höhen und Tiefen miteinander, sodass eine Grafik (s. Beispiel unten) entsteht.
5. *Spalte:* Tragen Sie gravierende „Krankheiten und psychische Krisen" in zeitlicher Orientierung (nach Jahreszahl entsprechend Zeitleiste, Spalte 1, geordnet) ein.

Beispiel (Modellfall) zur Veranschaulichung

1	2	3	4	5
Jahr	**Biografie in Fakten**	**Prägende Erlebnisse und Ereignisse**	**Befindens Skala** >,--,--,--,--,--,<	**Krankheiten und Krisen**
			-3 -2 -1 0 +1 +2 +3	
1960	Geburt			Zangen-Geburt
1963-1966	Kindergarten			
1965-1966				Nägel-knabbern
1966		Angst vor dem Heimweg		
1967	Einschulung			
		Anerkennung durch die Lehrerin		
		Sexuelle Belästigung durch den Nachbarn		nächtliche Alpträume
1972	Gymnasium	Clique von Tom und Jörg		
1973	Scheidung der Eltern			Beginn der Magersucht

Beantworten Sie sich nun aufgrund Ihrer eigenen Lebenslauftabelle folgende Fragen:

- Welche Zeiten waren besonders schwierig?
- Welche Ihrer Bedürfnisse sind derzeit nicht erfüllt?
- Welche Ihrer Kraftquellen und Gestaltungsmöglichkeiten bewährten sich bei der Überwindung bisheriger Lebenskrisen?
- Welche Ihrer Bedürfnisse waren in besonders glücklichen Zeiten erfüllt?
- Welche Ihrer Fähigkeiten und Erlebensmöglichkeiten bewährten sich beim Überwinden von Krisen?
- Welche Möglichkeiten fallen Ihnen ein, wieder glückliche Zeiten zu gestalten?
- Welche Verbesserungen erwarten Sie nach der Therapie?
- Nach welchem Drehbuch möchten Sie die Regie für einen günstigen zukünftigen Verlauf Ihrer Entwicklung führen?
- Benennen Sie Ihr bisheriges Lebensskript. Nehmen Sie an, aus dem Stoff Ihrer Biografie würde eine Erzählung: Unter welcher Überschrift würden Sie diese zusammenfassen?
- Benennen Sie das Lebensskript, nach dem Sie künftig leben wollen.

Variante: **Mein Lebensbericht in freier Form**
Wenn Sie sich Ihre Biografie lieber schreibend erarbeiten, sollte dem eine Gliederung in Etappen zugrunde liegen. Zu jeder Lebensphase können Sie sich dann einzelne Fragen stellen und diese erörtern. *Beispielsweise:*

- Bedingungen vor meiner Geburt: In welcher persönlichen Situation (emotional, wirtschaftlich) waren meine Mutter und Vater zu dem Zeitpunkt meiner Zeugung?
- Gibt es Tabus oder Familiengeheimnisse?
- Wurde jemand aus der Familie verstoßen, oder brachte sich jemand um?
- Gab es Schwangerschaftsabgänge, Totgeburten oder plötzliche Kindstode?
- Gibt es Familienschicksale, die in die Gegenwart hineinwirken?
- War meine Existenz von den Eltern erwünscht, zufällig oder ihnen sogar unpassend?
- Wie stellen Sie sich vor, dass Mutter/Vater auf die Nachricht der Schwangerschaft reagierten?
- Welche Wünsche oder Pläne löste sie bei Ihren Elternteilen aus?
- Was wurde Ihnen über Schwangerschaftsverlauf, Geburt und Kleinkinderzeit erzählt?
- Wie veränderte die Schwangerschaft mit Ihnen und Ihre Geburt die familiäre Situation für die älteren Geschwister oder die Beziehungen zwischen den Eltern?

- Wie gingen Ihre Eltern miteinander um? Wie wurden Auseinandersetzungen geführt, Konflikte gelöst?
- Welche Werte waren welchem Elternteil wichtig? Wofür wurde am meisten Zeit und Geld aufgewendet?
- Auf welche Episode geht Ihre erste eigene Erinnerung zurück – unabhängig von familiären Überlieferungen?
- Welche Begebenheiten aus Ihrer Kindheit wurden von den Eltern wiederholt erzählt?
- Erinnern Sie sich an den Verlauf einer Geburtstagsfeier. Was sagt diese Erinnerung über Ihre Entwicklungsbedingungen?
- Was mussten Sie als Kind tun, um besondere Aufmerksamkeit zu bekommen?
- Welche emotionalen Bedürfnisse konnten nicht im erforderlichen Maße erfüllt werden?
- Wer ist das glücklichste und wer das unglücklichste Mitglied Ihrer (erweiterten) Familie?
- Wovon träumten Sie als Kind am meisten?
- Wessen waren Sie überdrüssig?
- Welche Gefühle durften nicht gezeigt werden?
- Wie war Ihre Position unter Gleichaltrigen damals?
- Welche soziale Position haben Sie heute inne?
- Wie verliefen Freundschaften?
- Was war in der Kindheit Ihre Lieblingserzählung oder Ihr Lieblingsfilm?
- Mit welchen Heldinnen und Helden haben Sie sich identifiziert?
- Was ist in der Gegenwart Ihr Lieblingsbuch oder Ihr Lieblingsfilm?
- Gibt es etwas, was Sie in Ihrem Leben bis heute bereuen, seien es Taten oder Unterlassungen?
- Wie sehen Sie Ihre Beziehungen zu anderen?
  Zeichnen Sie Ihr soziales Netzwerk der Familie oder wichtiger Bezugsgruppen. Ordnen Sie sich selbst den Mittelpunkt zu. Zeichen Sie dann in Kreisen jeweils die Bahnen der Personen entsprechend Ihrer emotionalen Bedeutung für Sie ein.

Wer weitere Anregungen benötigt, seine Lebensgeschichte zu rekonstruieren, sei zu eigener Recherche zu diesem Thema ermutigt.

Hier einige Links dazu:

https://docplayer.org/50497777-Biografische-anamnese.html
http://www.wollbrink.com/bioAnamneseWWW.pdf
https://www.studocu.com/de/document/universitat-bielefeld/psychologie/
   klinische-psychologie-biographische-und-somatische-anamnese/22666116

Serge Sulz Verhaltensdiagnostik-System:

https://eupehs.org/wp-content/uploads/Vortrag-Sulz-Persoenlichkeit-und-
   Ueberlebensregel_1_Folie_pro_Seite.pdf

3.2 Mein Lebensskript: Übungen zu Auseinandersetzungen mit Narrativen

Diese Anregungen empfehlen sich, im Anschluss an die Erarbeitung des Überblicks Ihrer Lebensgeschichte (s. Abschn. 3.1) zu bearbeiten:

1. Übung
Notieren Sie spontan die zehn wichtigsten Episoden Ihres Lebens als Überschriften von Kurzgeschichten.

- Welche Aspekte dieser Geschichten sind entwicklungsfördernd / -hemmend
- Welche davon lassen sich nach den Skripten „Opfer" – „Retter" – „Handelnder" ordnen?
- Veranschaulichen Sie die Häufigkeit der drei Kategorien in einem Kreisdiagramm.

2. Übung
Selbstbezug zur *Geschichte des Weisen*

Von einem Eremiten in einer Felshöhle des Himalayas ging das Gerücht, dass dieser nach 50 Jahren der Meditation demnächst erleuchtet ins Nirwana eingehen würde. Ein Journalist ging dem Gerücht nach. Er fand tatsächlich die Höhle dieses Weisen. Er bat den Guru für seine Leser um die Essenz seiner Betrachtungen in drei Statements. Der Weise meditierte lange, ob er diesem Wunsch stattgeben sollte. Nach drei Tagen und drei Nächten, die der Journalist vor dem Eingang frierend abgewartet hatte, ertönten schließlich aus der Höhle diese Sätze:

- **Statement 1:**
  „Erfahrungen sind nicht übertragbar: Du musst Deine eigene Wahrheit finden."
- **Statement 2:**
  „Alternativen schließen einander aus."
- **Statement 3:**
  „Alles geht vorbei: Alles Leben findet nur im Hier und Jetzt statt."

Welche eigenen Erlebnisse fallen Ihnen zu welcher der drei Weisheiten ein?

Wählen Sie das Statement, das Sie am meisten herausfordert, und schreiben Sie eine Erörterung zu diesem Thema.

3. Übung

Finden Sie eine Überschrift, die Ihre bisherige Lebensgeschichte treffend zusammenfasst.

In welchen Punkten bewährte sich Ihr *bisheriges* Lebensskript?

In welcher Hinsicht werden Sie von (welchen) Bezugspersonen zu Änderungen dazu gedrängt?

In welcher Hinsicht ersehen Sie selbst Änderungen?

Entwerfen Sie Ihr Lebensskript bzw. die Regieanweisung, nach der Sie die Beziehung zu sich und anderen in Ihrer *Zukunft* gestalten *möchten*.

3.3 Hinweise zur Problemanalyse

Dieser Abschnitt vermittelt Anregungen, genauer zu untersuchen, wie die Störungen, die zur Behandlung veranlassen, entstanden sind und wodurch diese aufrechterhalten werden. Aufbauend können Sie Ansatzpunkte zur Veränderung daraus ableiten.

a) Freie Form

Wenn Sie darin geübt sind, Probleme schreibend zu klären, dann werden Sie wahrscheinlich bevorzugen, Ihre Gedanken zu diesem Thema lieber in freier Form zu entwickeln.

Geben Sie sich dazu einfach als Aufsatzthema vor:

„Mein Verständnis der Entstehung und Entwicklung meines Problems X bzw. meiner Störung Y in meinem Lebenszusammenhang."

Anregend hierzu sind folgende Punkte:

- Wann ist meine Störung zum ersten Mal aufgetreten?
- In welcher Lebenssituation befand ich mich?
- Gab es in weiter zurückliegenden Lebensabschnitten bereits ähnliche Störungen und Probleme, z. B. in der Kindheit oder in Schwellensituationen?
- Welche Konsequenzen hat das Problem/die Störung für mich und für andere?
- Waren mit den Problemen auch positive Aspekte verbunden, die zur Anpassung an damalige Gegebenheiten dienten oder zu Lösungen und Veränderungen beitrugen?
- Gegenwartsbezug: Welche Chancen kann ich aus heutiger Sicht rückblickend, trotz des bisherigen Leidensdruckes, in meiner aktuellen Krise erkennen?
- Welche Ziele stelle ich mir zur Überwindung der Störung?
- Auf welchem Wege kann ich meine Ziele umsetzen?

b) Strukturierte Form

Eine strukturierte Auseinandersetzung mit den Problemen ist das Kennzeichen verhaltenstherapeutischen Vorgehens. Hier zwei der Werkzeuge zur Problemanalyse:

Das **SORCK-Modell** von Kampfer (2012)

Stimulus (auslösende) Situation: In welcher Situation trat das Problem auf?

Beispiel: Eheliche Auseinandersetzung, als die Partnerin die Möglichkeit einer Scheidung ansprach.

Organismische Bedingungen: Körperliche und Verhaltenstendenzen.

Beispiel: Ich bin sehr impulsiv erregbar, durch Schlafstörungen erschöpft und habe schon lange Angst vor dem Verlassenwerden.

Reaktion: Verhaltensbezogene Verarbeitung in körperlicher, emotionaler und gedanklicher Hinsicht.

Beispiel:

Körperreaktion: Ich steigere mich in Aufregung, bekomme Herzrasen und Atemnot.

Emotion: Ich fühle mich ängstlich, hilflos.

Gedanken: „Jetzt den Überblick behalten!"

Verhalten: Ich lege mich erst mal hin, melde mich krank.

Contingenz: Abfolge des Auftretens der Reaktion.

Beispiel: Tritt meist nach Auseinandersetzungen mit der Partnerin auf.

Konsequenz:

Welche Folgen hat das Problemverhalten für den Betroffenen, für seine Bezugspersonen, kurzfristig, langfristig?

Beispiel: Kurzfristig Entlastung durch Meidungsverhalten – *langfristig* fühle ich mich im Dilemma zwischen Selbstanspruch und Verhalten gefangen, was meinen Selbstwert herabsetzt; Ich nehme der Ehefrau gegenüber die Kranken- rolle ein, bin besorgt, wie lange das noch so gut geht, bis sie es leid wird, mich zu unterstützen und aufzumuntern. Das löst wieder Trennungsangst aus.

Untersuchung der Bedingungsfaktoren des Problemverhaltens

Die multimodale Verhaltenstherapie (Lazarus, 1995) unterscheidet 7 Bedingungsfaktoren unter dem Akronym **BASIC-ID.**

Wenn Sie dieses Vorgehen anwenden, gehen Sie für jede Verhaltens- modalität in 2 Schritten vor:

1. Verdeutlichen Sie, angewandt auf Ihr Problem, die folgenden 7 Faktoren- gruppen und
2. leiten Sie Ihre Therapieziele daraus ab.

Am Beispiel mangelhafter Esskontrolle wird dies nachstehend aufgezeigt:
Darstellung des Problems
Uta, 16, übergewichtig, sitzt zu Hause und schaut fern, was die Eltern ständig kritisieren.

- **B – Behavior (Beschreibung des Verhaltens):**
  Bei mangelhafter Esskontrolle: wenig Bewegung, unkontrolliertes Essen und Trinken, keine Zeiteinteilung.
  Therapieziel: Mehr Bewegung, sich Zeit für das Essen nehmen, genießen und bezüglich erster Empfindung von Sättigung einteilen, gezieltes Abnehmen im Gruppenkontext.
- **A – Affect (emotionale Aspekte):**
  Fühlt sich oft angespannt, einsam, ekelt sich vor sich selbst; nach dem Essen ist sie ruhiger.
  Therapieziel: Entspannung auch ohne Essen, positive Selbst- kommentierung.
- **S – Sensation (sensorische Erfahrungen):**
  Empfindet hauptsächlich orale Stimulation, ansonsten Taubheit der Sinne, empfindet Stress und Angst vor Einsamkeit in der Zukunft.
  Therapieziel: *Erweitern der Genussfähigkeit auf Sinnesmodalitäten, Gespräche über die Gestaltung von möglichen Zukunftsperspektiven.*
- **I – Imagery (Vorstellungen, innere Bilder):**

Stellt sich vor, wegen Korpulenz abgewertet zu werden, fantasiert, wie andere hinter ihrem Rücken tuscheln und Witze machen; stellt sich vor, wie schwer ihr das Fasten fallen würde; wie sie vergeblich nach neuen Kleidern sucht.

Therapieziel: Realistische und positive Vorstellungen entwickeln.

- **C – Cognition (kognitive Überzeugungen):**
  Denkt: „Man gönnt sich ja sonst nichts" oder „TV schauen ist interessanter als eigenes Leben bzw. Erfahrungen selbst zu machen – so kann man nicht verletzt werden".
  Therapieziel: Ermutigende Selbstgespräche; Ziele finden, für die sich eine Belastung lohnt.
- **I – Interpersonal Relations (Beziehungen):**
  Die Beziehungen zu den Eltern sind geprägt durch Kritik an ihrem Übergewicht, Beziehungen zu Gleichaltrigen sind geprägt durch Spott und Ablehnung.
  Therapieziel: Beziehungen ohne Vorwürfe besprechen, selbst positive Rückmeldungen geben, Vertrauen der Eltern in Selbststeuerung erreichen.
- **D – Drugs (hier: stoffgebundene Abhängigkeiten,** liegen auch verhaltensbezogene Abhängigkeiten, z. B. Spielsucht, vor – dann ebenfalls hier berücksichtigen):
  Trinkt viel Kaffee, isst viel Chips und Süßes.
  Therapieziel: Verzicht auf orale Belohnungen, Ersatz durch anerkennende Selbstkommentare oder Erfolgsbilder

Quelle: https://www.repetico.de

3.4 Die „Schatztruhe": Selbsterfahrung von Ressourcen in wichtigen Lebensbereichen

Stellen Sie sich eine *„Schatztruhe dessen, was mir Wert und Lebensgenuss verleiht"* vor (und zeichnen Sie diese). Füllen Sie diese Schatztruhe mit Ihren Begabungen, Talenten, Fähigkeiten, Ideen und Interessen. Finden Sie dafür Symbole und zeichnen Sie diese symbolisch in Ihre Truhe ein.

Weitere Anwendungsübungen
Nehmen Sie sich Zeit. Stimmen Sie sich in eine akzeptierende und fürsorgliche Haltung zu sich ein. (Hierzu kann inspirierende Musik, zu der Sie tanzen oder malen mögen, hilfreich sein.)
Füllen Sie dann, Ihren ersten Eingebungen folgend, diese Lückentexte aus:

Natur, Umwelt
Ich empfange.................
Ich bringe ein.................
Partnerschaft
Ich empfange.................
Ich bringe ein.................
Elternschaft
Ich empfange.................
Ich bringe ein.................
Verwandtschaftliche Beziehungen
Ich empfange.................
Ich bringe ein.................
Freundschaften, soziale Beziehungen
Ich empfange...................
Ich bringe ein...................
Arbeit, Karriere
Ich empfange...................
Ich bringe ein...................
Persönliche Entwicklung
Ich stelle mich derzeit diesen Herausforderungen...........................
....
Das kostet mich ....
....
Dazu bringe ich ein..
....
Das bringt mir ....
....
Das bringt anderen..
....

- Definieren Sie zu folgenden Bereichen oder **Domänen** Ihre aktuellen Ziele.
- Skizzieren Sie dann, welche Ihrer Talente, Befähigungen, Neigungen, Eigenarten und Fähigkeiten zur Erreichung hilfreich sind.

Körperliches Wohlbefinden, Gesundheit
....
Selbstfürsorge
....

Musen, Freizeitaktivitäten

....

Spiritualität

....

Kreatives Tun

....

Gesellschaftliches   Engagement   (Freundeskreis,   Gemeinde, ggf. politische Mitwirkung)

....

....

*

Experimentieren Sie mit dem **Züricher Ressourcen-Modell** (Storch, 2017) (https://zrm.ch//_%20Online%20Tool.htm).

Dieser Link führt Sie, aufbauend auf Ihre Intuition und Emotionalität, zum Ausformen eines Haltungssatzes, der Sie beim Meistern Ihrer Vorhaben unterstützt.

Haltung meint hier eine Übereinstimmung von körperlicher und emotionaler Handlungs- und Begegnungsbereitschaft.

3.5   Video des Tages

Wir lernen an unseren Erfolgen bei der Annäherung an unsere Ziele.

Die nachfolgenden Übungen sollen Sie unterstützen, sich selbst in diesem Sinne Bestätigung zu vermitteln und gerade auch bei Misserfolgen Ihre Handlungsmöglichkeiten zu betonen (als Alternativen zu Ohnmachtsgefühlen und Frustration, Selbstvorwürfen, Gedankenkreisen und Grübeln).

Die Stichpunkte, die Sie nach der täglichen Übung notieren, ergeben ein *Selbstbeobachtungstagebuch,* welches Sie dann zur Auswahl Ihrer Therapiethemen und zur Erfolgsbilanz nutzen können.

Vorgehensweise:
Suchen Sie einen geborgenen Ort auf und nehmen Sie sich ca. eine Viertelstunde Zeit. Ermöglichen Sie sich aufgrund der nachfolgenden Schritte ein kontinuierliches Tagesritual:

1. Kommen Sie mit Ihrem Körper ganzheitlich in Kontakt (ggf. * s. u.).
2. Finden Sie (im schnellen „Rückwärtssuchlauf" Ihres Bildgedächtnisses der letzten 24 Stunden) *drei positive Erlebnisse* des Tages.
3. Stellen sie sich *jeweils eine Momentaufnahme* oder ein „Standbild" für jede Ihrer drei ausgewählten Episoden vor.
4. Kommentieren Sie zu jedem Bild, zu welchem Anteil Sie durch welches Verhalten (auch Aufmerksamkeitszuwendung oder durch emotionale Öffnung oder inneres Sprechen) zu diesen Erlebnissen jeweils beitrugen. Fragen Sie sich: Wie habe ich es mir ermöglicht?
5. Suchen Sie (im schnellen Rückwärtslauf Ihres Bildgedächtnisses der letzten 24 h) *ein emotional belastendes Erlebnis* des Tages.
6. Stellen Sie sich jeweils eine Momentaufnahme dieser Episode vor.
7. Erklären Sie für sich selbst, wie Sie das betreffende Problem konstruktiv nachbearbeiten können oder was Sie in Zukunft tun können, ähnliche Situationen befriedigender zu gestalten
8. Entwickeln Sie hierzu einen konkreten Plan: Gestalten Sie in Ihrer Vorstellung einen „Lösungsfilm", in dem Sie sich dabei zusehen, wie Sie das Problem auf befriedigendere Weise angehen.

Sollten Sie die Konzentration für das Video des Tages einmal nicht aufbringen können, beginnen Sie zunächst mit körperlicher Vorbereitung.

Hierzu diese Anregungen:

*Body Scan:
https://www.youtube.com/watch?v=W4PEcGzMq28

You Tube:
https://www.youtube.com/watch?v=ZwzdkKARWrw

3.6 Therapeutisches Schreiben zur Selbstverständigung

Briefschreiben
Oftmals lösen frustrierte Erwartungen, Kränkungen, intensive Gefühle und Erinnerungen an Verletzungen oder Abschiede nachhaltige Erregungszustände aus. Diese können uns manchmal stundenlang emotional überfluten und unproduktives Gedankenkreisen aufrechterhalten.

In solcher Situation kann das hier vorgestellte Schreiben eines Briefes zur Klärung und emotionalen Entspannung hilfreich sein. Die Übung besteht darin, sich schreibend mit jener wichtigen Bezugsperson auseinanderzusetzen, die Ihren inneren Konflikt auslöste.

Ein Brief *an sich selbst* hilft, wichtige oder wiederkehrende eigene Konflikte in der Auseinandersetzung mit einer Bezugsperson zu verarbeiten. Er dient dem *Selbstverständnis* zur Entlastung von Emotionen, zur Klärung von Bedürfnissen und Zielen. Schreibend können Sie sich beruhigen sowie von spontanen Handlungsimpulsen distanzieren, die oftmals nicht zielführend wären. Auf diese Weise vermitteln Sie sich die Möglichkeit zu prüfen, ob nach Klärung Ihrer inneren Konflikte überhaupt noch eine direkte *Auseinandersetzung* mit der betreffenden Bezugsperson sinnvoll ist. Falls das zutrifft, gehen Sie mit Ihrem Schreiben gut vorbereitet in den realen Kontakt. Sie können sachlich klar Ihr genaues Anliegen vortragen sowie *angemessene und konstruktive Lösungsbeiträge entwickeln,* was Schuldzuweisungen oder Rechtfertigungen erspart.

In Abhängigkeit von Bedeutsamkeit und emotionaler Intensität sollte genügend Zeit (mitunter mehrere Tage) verfügbar sein für den Verarbeitungsprozess zum Beruhigen und Verstehen Ihrer Emotionen. Vorbereitend sollten Sie sich auf Ihr *gegenwärtiges Anliegen* in Bezug auf die betreffende Person konzentrieren. Präzisieren Sie, *was Sie für sich* in Bezug auf die Person *erreichen wollen,* zunächst unabhängig von Ihren Erwartungen an diese.

Hier beispielhaft einige Vorschläge, sich für den Verarbeitungsprozess hilfreiche Fragen zu stellen und systematisch zu beantworten:

I. Phase: **Verstehen und Beruhigen eigener Gefühle und Gewinn von gedanklicher Klarheit:**
Beispielsweise *am ersten Tag:*
Stellen Sie sich vor, Sie säßen der Person, mit der Sie den Konflikt haben, gegenüber:

1. Schreiben Sie ganz spontan auf (und/oder zeichnen Sie), was Ihnen dazu in den Sinn kommt.

2. Lesen Sie Ihren Brief und nehmen Sie Ihre Gefühle dabei wahr. Schreiben Sie auf, welche Gefühle und Bedürfnisse Sie bewegen.

Versorgen Sie nacheinander jedes Gefühl in Ihrer Vorstellung (unabhängig von der mutmaßlichen Reaktion der Bezugsperson), sodass Sie sich selbst verstehen, stärken, trösten und beruhigen können. Hierzu ist oftmals der „Dialog Ihres heutigen Selbst mit dem inneren Kind" hilfreich.

Sollten zwischenzeitlich Emotionen so stark werden, dass Sie sich überflutet fühlen, unterbrechen Sie Ihr Schreiben und beruhigen sich mit körperlicher Aktivität oder anderen bewährten Techniken der Beruhigung:
https://stress-skills.de/wp-content/uploads/2019/02/Ultimative-Stress-Skills-Sammlung_Jan2019.pdf.
Fahren Sie mit dem Schreiben fort, wenn Sie Ihre Emotionen wieder klar überblicken und unterscheiden können.

II. Phase: **Verstehen der Bedeutung der Bezugsperson für Sie in Ihrer gemeinsamen Vergangenheit und in der Gegenwart**

Beispielsweise *zweiter Tag:*

Schreiben Sie auf, weshalb Ihnen die Person so wichtig ist, dass Sie Ihr die Bedeutung bzw. Macht gaben, so intensive Gefühle über längere Zeit bei Ihnen auszulösen. Ziehen Sie Bilanz:

Vergangenheit: Welche Aspekte der Person oder Ihres Verhaltens waren für Sie wichtig? Was an deren Verhalten oder Charakter war für Sie wertvoll?

Gegenwart: Welche Bedeutung hat die Bezugsperson jetzt für Sie? Überprüfen Sie, ob die gesprächsweise Auseinandersetzung sich überhaupt lohnen kann oder ob eher konsequentes Handeln zur Verbesserung der Situation nützlich ist.

Trennen Sie Ihr sachliches Anliegen von Ihrer Einstellung zu der betreffenden Person. Was wäre anders, wenn Sie sich in der kritischen Angelegenheit ein neutrales Gegenüber vorstellen?

III. Phase: **Klären Sie Ihre Anliegen an sich selbst, definieren Sie, was Sie bei der Bezugsperson erreichen wollen**

Beispielsweise *dritter Tag:*

1. Ihre Anliegen für Sie selbst bzw. Ihre persönliche Entwicklung:

Was von der Auseinandersetzung der letzten beiden Tage hat zu Ihrem Selbstverständnis beigetragen?

Welche Konsequenzen ergeben sich für Sie, unabhängig von der am Konflikt beteiligten Bezugsperson?

2. Welche Ziele in Bezug auf die Person, mit der Sie sich auseinandersetzten, wollen Sie erreichen?

Treffen Sie hierzu eine Auswahl: Welches Ihrer Anliegen hat Vorrang?

Wollen Sie Ihre **Meinung** oder Ihre **Entscheidung** mitteilen?

Wollen Sie um etwas **bitten?**

Möchten Sie eine **Forderung** stellen?

Wollen Sie bei Interessengegensatz zu Ihrem Vorteil **verhandeln?**

Nachdem Sie Ihr Ziel gesetzt haben: Schreiben Sie zunächst spontan auf, wie Sie die Person von Ihrem Anliegen informieren.

Überarbeiten Sie Ihren Entwurf und konzentrieren Sie sich auf das *Faktische:* Streichen Sie alle Spekulationen, Vorwürfe, Schuldzuweisungen und Drohungen. Prüfen Sie, ob Ihr Anliegen für Ihr Gegenüber nachvollziehbar und sachlich klar formuliert ist.

Ein vorgestellter Rollentausch hilft, herauszufinden, unter welchen Bedingungen die betreffende Person überhaupt gesprächsbereit ist.

Im besonderen Fall der **Verhandlung:** Was haben Sie denn zur Motivation anzubieten, um Ihr Ziel beim Gegenüber zu erreichen?

Ist der Preis, den Sie einsetzen, für Sie angemessen zur Erfolgserwartung?

Spontanes Schreiben

Das vorangehend beschriebene Briefeschreiben unterstützt die Klärung von Konflikten mit einem konkreten gedanklichen Gegenüber.

Beim spontanen Schreiben, dessen Nutzen zu Beginn des Kap. 2 dargestellt wurde, sind Sie selbst der Adressat. Es es um Ihren eigenen Bezug zu wichtigen, Sie bewegenden Ereignissen.

Dies können besonders bewegende Momente eines Tages sein oder auch emotional wichtige Episoden Ihres Lebenslaufes.

Wenn Sie Letzteres erproben mögen, dann können Sie beispielsweise auf die Spalte (3) der in Kap. 3.1. vorgestellten Lebenslauftabelle zurückgreifen und sich eine Episode daraus auswählen.

Die *Technik des spontanen Schreibens* besteht darin, zum ausgewählten Ereignis an fünf unterschiedlichen Tagen, begrenzt auf jeweils 20 Minuten- völlig spontan (also ohne vorherige Planung oder Vorgaben) einfach (d. h. einmal völlig ohne Rücksicht auf Ihre sonstigen Qualitätsansprüche) aufzuschreiben, was Ihnen dazu in den Sinn kommt.

3.7   Biofeedback

Biofeedback stellt aktuelle Stressmessungen (von Hautwiderstandswerten) an einem Monitor dar. Sie lernen, aufgrund der visuellen (Kurvenverlauf) und auditiven Rückmeldungen (Tonhöhe) Ihre Entspannung nachhaltig zu regulieren. Diese Fertigkeiten, Erregungen zu dämpfen, können schrittweise auf typische Schmerz- oder Stress-Situationen übertragen werden. Damit können Sie sich gegenüber spezifischen Stressoren immunisieren (Desensibilisieren) und Ihre emotionale Resilienz stärken.

Bezüglich der Einzelheiten des Verfahrens und des empirischen Wirksamkeitsnachweises bei Schmerzpatienten und stressbedingtem Versagen von Selbstkontrolle und Gedächtnisleistungen sei auf eine Fülle von Publikationen verwiesen, z. B. im Deutschen Ärzteblatt:

http://www.aerztezeitung.de/medizin/krankheiten/schmerz/article/379452/
biofeedback-therapie-chronischen-schmerzen-wirksam.html

Die Abrechnung ist in der privaten Krankenversicherung zumeist unter Naturheilverfahren geregelt.

http://www.pkv-private-krankenversicherung.net/naturheilverfahren-natur-
heilkunde/biofeedback

Beispiel eines Anwendungsfalls
Bei Frau Z. werden die Beschwerden durch sich wechselseitig verstärkende Faktoren aufrechterhalten: Schmerzerinnerungen – Depressivität – Erhöhung der schmerzbezogenen Wahrnehmung und schmerzfokussierten Aufmerksamkeit. Diesen Wirkungskreis zu durchbrechen, hat sich Biofeedback gegenüber anderen Entspannungsmethoden als besonders wirksam erwiesen. Übrigens wird Biofeedback auch beim Leistungssport (Biathlon) oder Training der Stressresistenz (militärische Sondereinheiten, Flugüberwachung) eingesetzt.

Anwendungsumfang:
In der Regel reichen 10–15 Anwendungen à 20 min für einen nachhaltigen Übungsgewinn. Die erste Hälfte der Übungsserie sollte in täglichen oder zumindest zweitägigen Abständen erfolgen. Die weiteren Übungen können mit abgestaffelter Frequenz erfolgen.
Sofern Ihre behandelnde Therapeutin in deren Praxis kein Biofeedback anbietet, können Sie sich zunächst zum Erproben an Bio- oder Neurofeedback-Praxen oder an gut ausgestattete Anbieter von Ergotherapie wenden. Sind Sie nach der Erprobung überzeugt, dass diese Methode Sie langfristig unterstützt, dann wäre der Erwerb eines Gerätes und einer App zu erwägen, welche Ihnen die Anwendung mit Ihrem Smartphone oder PC ermöglichen.
Zum Beispiel:

https://bio-medical.com/mindfield-esense-skin-response-gsr-sensor-for-
iphone-android.html.
http://www.mind-machines.de/thought-stream-usb-195.html.

Eine Neuerung zur Unterstützung von Selbstberuhigung, von der viele Betroffene profitieren, sind temperatursensible Punkte, „Biodots", die auf die Haut geklebt, Spannungszustände über Farbwechsel signalisieren:

https://www.stress-mess-punkte.de.

3.8 Depressive Stimmungen akzeptieren und lindern

Depressive Stimmungen zu überwinden erfordert intensive Selbstfürsorge.
Nehmen Sie sich täglich und regelmäßig Zeit und stellen Sie ein Selbsthilfeprogramm aus den folgenden Punkten zusammen:

1. *Überwinden sozialer Isolation* durch *soziale Aktivitäten,* z. B. Auffrischen von Kontakten.
2. *Körperliche Ausarbeitung, täglich mindestens 30 min:*
   Je nach Bedürfnissen: beispielsweise Gehen, Laufen, Schwimmen, Klettern, Kampfsport oder Workout,
   z. B. auf YouTube, Pilates:
   https://www.youtube.com/watch?v=uzxGKGoqAzA.
3. *Meditation und Achtsamkeitsübungen*
   Einführungen, beispielsweise:
   https://www.youtube.com/watch?v=yNi5m14QMFU.
   Geführte Meditationen, Chi Gong, Thai Chi; z. B.:
   https://www.youtube.com/watch?v=pvtgP48pWRQ,
   https://www.youtube.com/watch?v=TWg6yiP_Jbs.
4. *Psychoregulative Entspannungsverfahren*
   https://www.youtube.com/watch?v=72Afw30p0M0,
   https://www.youtube.com/watch?v=-tlo6lPYTFw.
   Progressive Muskelrelaxation:
   https://www.youtube.com/watch?v=c8NdFOXBgxE,
   Biofeedback (s. Abschn. 3.7),
   App e-Sense:
   https://www.youtube.com/watch?v=xBoCrEswHvQ.
5. *Kreativität fördern/Defokussieren, weg von belastenden Gedanken*
   https://www.youtube.com/watch?v=97UAqu8Q1Js.
   Malen, Musizieren, Singen, Trommeln, tänzerische Bewegungen: Hierbei geht es um den spontanen Ausdruck von Stimmungen, nicht darum, etwas zu leisten.

6. *Tagebuch der Selbstbelobigung für selbst gestaltete, gelungene Momente von teilnehmender Aufmerksamkeit und Selbstfürsorge,*
   z. B. Video des Tages (s. Abschn. 3.5); alternativ „Das 6-Minuten-Tagebuch" nach Dominik Spenst (2016).
7. *Selbsthilfegruppen (siehe Kontaktstellen der Landesregierungen).*
8. *Krisengespräche* mit Unterstützung regionaler Anbieter,
   z. B. Caritas, Diakonia – Krisengespräche Tel.: 0180/655 3000.
9. *Informationen für Angehörige:* https://www.patienteninformation.de/kurzinformationen/depression-ratgeber-fuer-angehoerige.
10. Sollte keine dieser Maßnahmen zu effektiven Verbesserungen beitragen, konsultieren sie einen Nervenarzt zur Frage medikamentöser Unterstützung.

3.9 Zur Bewältigung von Angst- und Panikstörungen

Die Wahrscheinlichkeit, im Leben von einer Panikstörung betroffen zu sein, wird je nach zugrunde liegender Statistik mit 2–5 % angegeben. Betroffen sind Menschen des impulsiv-nachhaltigen Erregungstyps (Menschen, die schnell und heftig erregbar sind, ihre Erregungen jedoch nur langsam dämpfen können), die langanhaltend psychosozialem Stress ausgesetzt sind. Letzterer ist meist mit Gefühlen der Hilflosigkeit und Bewertungen von Handlungsunfähigkeit oder Ausweglosigkeit verbunden (s. Fallbeispiel 2.16).

Die meisten Panikattacken verschwinden wieder, wenn die zugrunde liegende Belastungssituation vorüber ist. Bei etwa einem Fünftel der Betroffenen entwickelt sich eine chronische Angststörung, zu deren Behandlung eine Psychotherapie erforderlich wird. In besonders schweren Fällen ist zusätzlich eine medikamentöse Unterstützung notwendig.

Während körperliche Belastungen durch Panik nur in seltenen Ausnahmefällen bedrohliche Folgen haben, sollte den sekundären Folgen von Panikattacken unbedingt vorgebeugt werden: Vermeidungsverhalten – soziale Isolation – Depression – Entwicklung von Abhängigkeiten (von Medikamenten, insbesondere Benzodiazepinen und Alkohol).

Etwa 20 % der Klienten der Praxis des Autors suchen die Behandlung wegen Panikstörungen bzw. der sich oftmals daraus entwickelnden Generalisierung auf. Bei generalisierten Angststörungen wird die Erwartung von Angstreaktionen auf alle erdenklichen Situationen verallgemeinert.

Eine Panikstörung sollte im Ausschlussverfahren durch organmedizinische Diagnostik beim Herz- oder Lungenfacharzt diagnostiziert werden (hierzu dient das Konsiliarverfahren; s. Abschn. 1.12).

Symptomatik (entsprechend der Internationalen Klassifikation der Krankheiten, ICD-10)

„Das wesentliche Kennzeichen sind wiederkehrende, schwere Angstattacken (Panik), die sich nicht auf eine spezifische Situation oder besondere Umstände beschränken und deshalb auch nicht vorhersehbar sind. Wie bei anderen Angsterkrankungen zählen zu den wesentlichen Symptomen plötzlich auftretendes Herzklopfen, Brustschmerz, Erstickungsgefühle, Schwindel und Entfremdungsgefühle (Depersonalisation oder Derealisation). Oft entsteht sekundär auch die Furcht zu sterben, vor Kontrollverlust oder die Angst, wahnsinnig zu werden. Die Panikstörung soll nicht als Hauptdiagnose verwendet werden, wenn der Betroffene bei Beginn der Panikattacken an einer depressiven Störung leidet. Unter diesen Umständen sind die Panikattacken wahrscheinlich sekundäre Folge der Depression."

Als häufigstes klinisches Problem entsteht durch Panikanfälle eine **„Angst vor der Angst"**. Dadurch wird ein Alarmzustand vor der Wiederholung der Attacken aufrechterhalten.   Auf diese Warnungen wird jeweils mit Vermeidungsverhalten   zur   vermeintlichen   Abwendung   befürchteter Anfälle reagiert.

Da die Betroffen meist wegen der körperlichen Symptome ernsthaft um ihre Gesundheit besorgt sind, hilft ihnen oftmals ein orientierendes Gespräch über körperliche Vorgänge bei der Panikattacke.

Körperliche Vorgänge bei der Panikattacke

Es handelt sich um eine Fehlregulation der Atmung, bei der die Ausatmung eingeschränkt und die Einatmung überbetont wird. Ein durch Verspannung bedingtes „Korsett der Atemmuskulatur" behindert die aktive Atemphase der Ausatmung. Dadurch dominiert die eigentlich passive Einatmung (die natürlicherweise einer vollständigen Ausatmung folgt) über die Ausatmung. Ähnlich wie in einem Verkehrsmittel, in das viel mehr Leute ein- als aussteigen, entsteht Beklemmung. Bei Atemregulationsstörungen wird meist zuerst ein Druck unterhalb des Brustbeins spürbar. In den tieferen Lungenbereichen, in denen eigentlich der wesentliche Gasaustausch zum Blutkreislauf stattfinden sollte, kommt es zum Überdruck bzw. zur Anreicherung (infolge verbrauchter Atemluft) von CO_2 im Blut. Ausgleichend wird der Herzkreislauf beschleunigt, damit die Sauerstoffversorgung des Hirns trotzdem noch gewährleistet wird. Wenn die Unterversorgung länger anhält, schaltet (ähnlich einer Überlastungssicherung bei der Hauselektrik) das Gehirn nacheinander alle überflüssigen Verbraucher aus. Es folgen Gefühle der Unwirklichkeit, Sehfeldeinschränkung als „Tunnelblick", „Pfötchenstellung" und schließlich eine Ohnmacht.

Ohnmacht wird in unserer Kultur assoziiert mit Schlaganfall oder Herzinfarkt. Von diesen Vorstellungen getrieben wird versucht, die Eskalation der Störung zu vermeiden. Dies geschieht durch Hinsetzen, sich Hinlegen oder Festhalten.

Jemand, der eine Panikohnmacht durchlebt, fällt aber nicht wie ein Stein zu Boden, sondern, bedingt durch die Vorspannung der Muskulatur, sanft in sich zusammen. Daher sind in der Geschichte der Medizin keine ernsthaften Aufprallverletzungen durch Panikattacken bekannt. Es gab sogar eine Modeströmung (Biedermeier), in der die Damen der nicht körperlich arbeitenden Bevölkerungsschicht durch Schnürmieder eine Wespentaille erstrebten. Das führte durch Behinderung der Ausatmung oft zu Hyperventilationsohnmachten, die jedoch nicht als Panik, sondern als „standesgemäße" Reaktionen auf emotionale Erregung angesehen wurden.

Da im Inneren der Lunge kein Schmerz empfunden werden kann, ziehen die Symptome der Panik alle Aufmerksamkeit auf sich. Den Betroffenen kommt es so vor, als ob sie „plötzlich wie vom Blitz getroffen" von einer Attacke heimgesucht würden, aber:

„Es kommt kein Blitz aus heiterem Himmel, es sei denn, man versteht das Wetter nicht."

Ist das Verständnis für diese körperlichen Vorgänge aufgebaut, dann verliert das Phänomen „Panik" schon viel von seinem Schrecken. Zudem ist eine Motivation zum Training der Atemregulation geweckt.

Atemübungen zur Wiederherstellung der Balance zwischen Aus- und Einatmen:

Klassische Methoden sind Aufblasen einer Plastiktüte bzw. eines Luftballons zur Konzentration auf das Ausatmen oder Verzögerung der Einatmung durch die „Lippenbremse".

Wichtig ist die Betonung der Ausatmung gegenüber der Einatmung
Hierzu diese Übungen:

- Einatmen durch die Nase, Ausatmen durch den Mund mit der Vorstellung des Beugens einer Kerzenflamme
- Bewegung des Ausatmens in Verbindung mit der halb geöffnet vorgestreckten Hand beobachten
- Atem mit Handbewegung zur Betonung der Ausatmung zur Unterstützung der Bewegung des Zwerchfells beim Ausatmen

Besonders effektiv sind tönende, stimmbegleitete Ausatemübungen:

- Fokussieren Sie vorbereitend Ihre jeweilige Kontaktfläche zum Boden oder zur Sitz- bzw. Liegefläche, bis Sie sicheren, balancierten Kontakt zum jeweiligen Untergrund (der Füße im Stehen bzw. in sitzender Position der Sitzknochen sowie des Beckenbodens und liegend aller Muskeln der Rückseite Ihres Körpers) spüren.
- Konzentrieren Sie sich auf den Bodenkontakt (die Bodenhaftung Ihrer Füße) bzw. die Empfindung, in der sitzenden oder liegenden Position von der jeweiligen Unterlage getragen zu sein.
- Entspannen Sie aufsteigend Knie-, Hüft-, Rücken- und Schultermuskulatur mit spielerisch-lässigen, raumgreifenden Bewegungen.
- Begleiten Sie dann die nächste Ausatmung in Ihrem natürlichen Atemrhythmus (ohne vorher Luft einzusaugen bzw. sich „aufzupumpen") mit einem stimmhaften Ausatemton. Dieser ist als natürliches Biofeedback hilfreich, da er anzeigt, ob die Atmung fließt oder verpresst wird. Sollte der Ton durch Verspannung der Stimmritzen nicht mehr artikuliert werden können, ist der betreffende Übungsdurchgang abzubrechen. Nach erneuter Betonung der Stand- oder Sitzfläche sowie anschließender Lockerung der Muskulatur von Becken, Nacken und Schultern, kann mit der nächsten Ausatmung die Atemtonübung erneut begonnen und bis zur vollständigen Ausatmung fortgesetzt werden. Lassen Sie sich nach jeder „getönten Ausatmung" Zeit für mehrere spontane Atemzüge, um nun die spontane Bauchatmung und die Verlangsamung des Atemrhythmus anzuregen.

Ein weiterer nützlicher Effekt des Trainings von Muskelentspannung und Atemregulation ist der Aufbau von Sensibilität für *Vorwarnstufen* der Panik. Sensibilität für Atemveränderung, Druckaufbau und Beschleunigung der Pulswelle können jetzt als Vorzeichen einer sich sonst unbeachtet entwickelnden Panik erkannt werden (als Signale, entsprechend den Kontrollleuchten am Armaturenbrett eines Autos). Ein sofortiges und gleichzeitiges Reagieren mit Bodenorientierung und Ausatmung lindert prompt.

Nach einigem Training kann durch Atemübungen das Vermeidungsverhalten reduziert werden. Auch das Autofahren wird dann wieder möglich. Gedankliche Spekulationen über mögliche Panikattacken, die dabei vielleicht auftreten könnten, werden beobachtet, jedoch ohne sie weiter gedanklich zu verfolgen. Gehandelt wird, wenn sie tatsächlich auftreten sollten. Beim Auftreten der ersten körperlichen Warnzeichen sollte die Fahrt nicht gänzlich abgebrochen oder vermieden, sondern zugunsten von Selbstberuhigung und Atemübungen unterbrochen werden, um sie nach ausgiebigen Übungen der Wiederherstellung der regelmäßigen Atmung wieder fortzusetzen.

Hinweise zur gedanklichen Unterstützung – ein **Plan bei Atemnot oder Panik:**

Grundhaltung: Akzeptieren Sie die Panikbereitschaft als ein natürliches Körpersignal, als Reaktion auf eine überlastende Situation vor dem Hintergrund einer persönlichen Situation, die Ihre Handlungsmöglichkeiten im Widerspruch zu Ihren Bedürfnissen einschränkt. Es ist ein Körpersignal, das auf einen Veränderungsbedarf in ihrem Lebenszusammenhang drängt. Damit sollten Sie sich auseinandersetzen (s. a. Beispiel in Abschn. 2.16).

Zur unmittelbaren **Entlastung der körperlichen Symptome** Ihrer beklemmenden Situation bewährten sich die folgenden Empfehlungen:

- Selbsttröstung: „Ich hatte diese Gefühle schon früher und weiß, dass sie innerhalb von längstens 10 Minuten vorbeigehen."
- Kontaktaufnahme mit dem Boden: „Gründen" als Spüren des Kontaktes zum Untergrund der Füße im Stehen – oder im Sitzen: Spüren der Fußauflage und der Sitzfläche ggf. auch der Rückenlehne – im Bewusstwerden von Halt und Festigkeit bei gleichzeitiger Wahrnehmung von Elastizität durch muskuläre Lockerung.
- Entspannungsposition: „Ich nehme eine angenehme Körperhaltung ein, die mir schon früher geholfen hat." (beispielsweise an der Wand abstützen und die Brustmuskulatur entspannen)
- Unterstützen der Ausatmung: Atem-Ton-Übungen (z. B. Lippen-Bremse); hinsetzen und die Knie umfassen, während der Ausatmung nach vorn lehnen und beim Einatmen zurück)
- Gesichtskühlung: z. B. Erfrischungstücher, Fächer, Handventilator.
- Selbstberuhigung durch Anerkennung erster Verbesserungen: Ich merke, wie ich allmählich wieder Kontrolle über die Situation erlange und die Attacke vorbeigeht."

3.10 Auswirkungen der frühen Kindheit auf die Regulation von Gefühlen und Interaktionen

Einige Therapiesuchende zeigen Probleme der Regulation von Emotionen und der Gestaltung zwischenmenschlicher Probleme, obwohl sich aus deren biografischen Berichten keine nachvollziehbaren Ursachen ergeben.

Bei genauerer Nachforschung finden sich meist Hinweise auf Störungen der emotionalen Geborgenheit in der frühen Kindheit, oft bevor die Betreffenden sich sprachlich verständigen konnten. Einwirkende Ereignisse sind beispielsweise Trennungen von Bezugspersonen oder Kontaktabbrüche (oft nach der Geburt wegen lebensbedrohlicher Erkrankung oder postpartaler Depressionen der Mutter, vom Volksmund „Heultage" oder „Schwangerschaftsblues" genannt). In einigen Fällen finden sich Anhaltspunkte für emotionale Störungen der Mutter oder des Vaters. Diese äußern sich bei meist korrekter materieller Versorgung in emotionaler Ablehnung des Kindes oder in der Unfähigkeit wesentlicher Bezugspersonen zu angemessenem Verstehen der kindlichen Kommunikation.

Die Folgen für die kindliche Gefühlsentwicklung reichen von Abspaltung (plötzliche Ermüdung; Verlust körperlichen Präsenzerlebens, Dissoziation oder Desinteresse, sobald emotionale Spannungen thematisiert werden) bis hin zu sachlich völlig unangemessener Angst, wichtige Personen verletzt zu haben mit nachhaltigen Schuldgefühlen vor hintergründiger Trennungsangst. (s. Abschn. 2.3 und 2.4)

Welche dieser Fragen zu typischen Äußerungsformen von Bindungsstörungen würden Sie bejahen?

- *Haben Sie manchmal Schwierigkeiten, Ihre Gefühle zu zeigen?*
- *Fühlen Sie sich manchmal plötzlich wie emotional überwältigt oder leer und wie betäubt?*
- *Bekamen Sie wiederholt Rückmeldungen von vertrauten Personen, die Ihnen sagen, dass sie sich mehr emotionale Reaktionen von Ihnen wünschen?*
- *Gab es wiederholt Hinweise, dass Sie wie in einer Erregungsschleife gefangen, sich nur noch auf ein bedrohliches Thema konzentrieren?*
- *Gab es Emotionen, die in Ihrem Elternhaus nicht akzeptabel waren, als Sie ein Kind waren?*
- *Finden Sie es schwierig, die Bedürfnisse Ihres Kindes zu verstehen?*
- *Sind Sie oft so erschöpft oder vom Leben überwältigt, dass es Ihnen schwerfällt, zu lächeln oder mit anderen zu sprechen?*

(Frageliste nach: https://psychhelp.com.au/what-does-the-still-face-experiment-teach-us-about-connection/)

Treffen folgende *Defizite der primären Bezugspersonen*, die Sie als Kleinkind betreuten, zu?

- *Der Bezugsperson mangelt es an Empathie. Ihr fällt es schwer oder sie ist unfähig, die Emotionen ihres Kindes zu erkennen.*

- *Die Bezugsperson kann den Ausdruck der Emotionen des Kindes nicht nutzen, um Intimität und Geborgenheit zu vermitteln. Sie kann dem Kind nicht als Vorbild dienen, zu lernen, sich aus Anspannungen zu lösen.*
- *Die Bezugsperson ist unfähig, die kindliche Kommunikation zu verstehen oder zu bestätigen.*
- *Die Bezugsperson kann dem Kind nicht helfen, seine Gefühle in Worte zu fassen, emotionale Probleme zu lösen oder mit störenden Situationen angemessen umzugehen.*

(https://www.gottman.com/blog/research-still-face-experiment/)

Haben Sie mehrere dieser Fragen mit „Ja" beantwortet, liegt (sofern kein Autismus diagnostiziert wurde) die Vermutung nahe, dass die Störung in der frühen Kindheit (meist vor dem Spracherwerb) durch anhaltende Kommunikationsstörungen zwischen Kind und Bezugsperson geprägt wurde.

Unter diesen Umständen bilden sich Lebensskripte dieser Art häufiger heraus: „Ich bin anderen lästig." (Abschn. 2.3); „Ich bin ungenügend – ich wollte ich wäre nicht oder anders" (Abschn. 2.4); „Ich bin nicht liebenswert. – Mir darf es nicht gut gehen." (Abschn. 2.6); „Ich bin im falschen Leben" (Abschn. 2.8).

Das Still-Face-Experiment
In der Mitte der 1970er-Jahre erdachte das Team von Dr. Edward Tronic, Direktor der Abteilung zur Erforschung der Kindesentwicklung der Harvard-Universität, das „Still-Face-Experiment":
(https://youtu.be/apzXGEbZht0)

Zum *Ablauf des Experiments,* das im deutschen Sprachraum als *Fremde Situation* bekannt wurde:
Mütter, die sich durch eine sehr gute emotionale Kommunikationsfähigkeit mit ihren Kindern (im Alter bis zu zwei Jahren) auszeichneten, wurden gebeten, für die Dauer von 2 Minuten einen neutralen Ausdruck aufrechtzuerhalten bzw. ihr Kind mit einem ausdruckslosem „Poker-Gesicht" zu konfrontieren.

Ergebnis:
Die Kinder bemerken die Erstarrung der Gesichter ihrer Mütter sofort und versuchen aktiv, ihre Mütter wieder zur gewohnten Kommunikation aufzufordern:

Hierzu setzen sie zunächst freundliches Werben – dann Aufschreien – Weinen – und später trotzige Abwendung ein. Am Ende der Reaktionskaskade wären bei anhaltender Zurückweisung kindliche Resignation und Depressivität zu erwarten.

Schlussfolgerungen:

Werden die kindlichen Kommunikations- und Sicherheitsbedürfnisse in der frühen Kindheit durch längere Trennungen, Depressivität oder Unvermögen der nahen Bezugspersonen anhaltend frustriert, kommt es zu einer Bindungsstörung. Diese wirkt meist in das Erwachsenenalter hinein. Sie bedingt Fehlregulationen von Emotionen und zwischenmenschlicher Kommunikation, beispielsweise Verminderung oder Übermaß an *Empathie* (Konfluenz als Identifikationserleben mit einer Bezugsperson) oder Verminderung der Fähigkeit zu einem angemessenen Emotionsausdruck (reduzierte emotionale Schwingungsfähigkeit) oder Neigung zu paranoiden Reaktionen der nicht situationsgemäßen Erwartungen der Verfolgung oder Abwertung.

Eine weitere Folge ist die Tendenz, Aggressionen (primärer Bezugspersonen) zu verdrängen und im späteren Leben als *Schuldgefühle* gegen sich selbst zu wenden oder als verwahrloste Aggressivität nach außen abzureagieren.

Die Kommunikation mit emotional unterstützenden Menschen ist grundlegend für eine gesunde psychische Entwicklung (s. Objektbeziehungstheorie, z. B. Winnicott 2002).

Im frühen Kindesalter kann nicht zwischen eigener und mütterlicher Befindlichkeit differenziert werden. Kleinkinder müssen daher sensitiv und selbstbezüglich auf das Ausdrucksverhalten ihrer Bezugspersonen reagieren. Gestaltet sich die Interaktion mit der Mutter positiv, erlebt das Kind die Mutter als „gut", anderenfalls als „böse".

Da das Kind seiner Bezugsperson existenziell ausgeliefert ist, sieht es sich vor die Aufgabe gestellt, bei Störungen der Kommunikation, sich die eigentlich „gute" Mutter wieder zurückzuholen, um diese gegen die momentan abweisende „böse" Mutter einzutauschen. Wenn dies trotz aller Bemühungen dem Kind misslingt, dann interpretiert es die Situation in Richtung seiner Handlungsmöglichkeiten um. Damit vermeidet das Kind anderenfalls unerträgliche Hilflosigkeit. Sind die Möglichkeiten der Beziehungsgestaltung seitens des Kindes ausgeschöpft ohne die Beziehung verbessern zu können, erscheint es dem Kind, als würde die zurückweisende Mutter nur auf „etwas Böses" in seiner kindlichen Person regieren.

Daher kann das Kind um den Preis von Erleben von Unzulänglichkeit oder Schuld wieder Hoffnung schöpfen, dass die Kommunikation durch seine „Besserung" wieder gelingt. Da es dem Kind manchmal zu gelingen scheint, die Mutter in eine erwünschte oder zumindest weniger ablehnende Kommunikation zurückzuholen, festigt sich die erlernte Überzeugung, es sei selbst für den Zustand der Mutter verantwortlich. Die Verhaltenstherapie beschreibt diese Art eines besonders nachhaltigen Lernprozesses als ‚intermittierende Verstärkung'.

3.11 Leseempfehlungen

Die folgenden Leseempfehlungen beruhen auf den Rückmeldungen von Patienten. Mit dieser Zusammenstellung ist kein Anspruch verbunden, die informativsten Bücher zum jeweiligen Problem zu präsentieren, denn der Sachbuchmarkt ist kaum überschaubar, und die Bewertungskriterien sind subjektiv. Die folgenden Hinweise mögen Ihre eigene Recherchen anregen.

Themen	Literatur
Glück, Lebensfreude, Erfolg, Krisenfestigkeit	Brown, R. (2017) Laufen lernt man durch Hinfallen. Wie wir zu innerer Stärke finden. Kailash, München
	Fitzek, S. (2019) Fische, die auf Bäume klettern: Glück, Liebe, Erfolg – ein Kompass für das Abenteuer namens Leben. Knaur, München
	Hilbig, P. A. (2022) Glücklichsein selbstgemacht. Remote Verlag, Köln
	Kast, V. (2000) Aus Lebenskrisen werden Lebenschancen. Herder, Freiburg
	Strelecky, J. (2007) Das Café am Rande der Welt: eine Erzählung über den Sinn des Lebens. Deutsche Verlagsgesellschaft, München
	Strelecky, J. (2009) The Big Five for Life: Was wirklich zählt im Leben. Deutsche Verlagsgesellschaft, München
	Merkle, R. (2018) Endlich wieder Lebensfreude. mvg Verlag, München
	Willmann, H-G. (2021) Das Holiday-Prinzip. Eine Reise zu deinen persönlichen Zielen. Gabal-Verlag, Offenbach
	Wolf, D., Merkle, R. (2019) Wecke deine Lebensfreude: 90 Inspirationen und Impulse aus 30 Jahren Lebensfreude. PAL Verlag, München
Selbstmanagement	Heywinkel, K. (2016) Selbstorganisation: Die besten Werkzeuge im Alltag. Zeitkünstler, Köln
	Koenig, D., Roth, S., Seiwert, L. (2011) 30 Minuten Selbstorganisation, Gabal, Offenburg

Themen	Literatur
Selbstwert	Potreck-Rose, F., Jacob, G. (2019) Selbstzuwendung, Selbstakzeptanz, Selbstvertrauen: Psychotherapeutische Interventionen zum Aufbau von Selbstwertgefühl. Klett Cotta, Stuttgart
	Rubin, Y. (2015) Selbstbewusstsein: Mein Übungsbuch für mehr innere Stärke und Ausgeglichenheit (GU Übungsbuch). Gräfe und Unzer, München
Auswirkungen der Kindheit	Chopich, E. J. Paul, M (2009) Aussöhnung mit dem Inneren Kinde: Die Quelle der Lebensfreude in uns selbst. Ullstein, Berlin
	Stahl, S. (2017) Sonnenkind und Schattenkind. Kailash, München
Angststörungen	Blumerth, M. (2020) Die Angst vor der Angst – Panikattacken und Angst ganzheitlich in 3 Wochen loswerden: Das Arbeitsbuch zur Selbsthilfe bei Panik & Angst. Selbstverlag, Heidese
	Hoyer, J, Beesdo-Baum, K., Becker, E. S. (2016) Ratgeber Generalisierte Angststörung. Informationen für Betroffene und Angehörige. Reihe: Ratgeber zur Reihe Fortschritte der Psychotherapie – Band 15. Hogrefe, Göttingen
Zwänge	Hoffmann, N., Hofmann, B. (2011) Wenn Zwänge das Leben einengen: Der Klassiker für Betroffene – Zwangsgedanken und Zwangshandlungen. Springer, Berlin
Prokrastination	Höcker, A., Engberding, M. (2021) Heute fange ich wirklich an. Hogrefe, Göttingen
Müdigkeit, Erschöpfung, Schmerzsymptome	Keel, P. (2015) Müdigkeit, Erschöpfung, und Schmerzen ohne ersichtlichen Grund. Springer, Heidelberg
	Köhler, A. (2010) Ursachen und Therapie einer chronischen Schmerzerkrankung. Klett-Cotta, Stuttgart
	Pohl, H. (2010) Unerklärliche Beschwerden. Knaur, München
Bournout Depression	Hautzinger, M. (2016) Ratgeber Depression, Informationen für Betroffene und Angehörige. Hogrefe, Göttingen
	Richards, A. (2018) Burnout: Warum wir unsere Kraft verlieren und wie wir zu uns selbst zurückfinden! Erkennen, Verhindern und Überwinden Sie die Depressionen und den Burnout mit den neusten Strategien. Eigenverlag, Dortmund
Altern	Kast, V. (2016) Altern – Immer für eine Überraschung gut. Patmos, Ostfildern
Trauer	Kast, V. (2015) Trauer Phasen und Chancen des psychischen Prozesses. Kreuz, Freiburg
Posttraumatische Belastungsstörungen Dissoziation	Born, S; Steele, K; Vorsphol, E. (2013) Traumabedingte Dissoziationen bewältigen: Ein Skills-Training. Jungfermann, Paderborn
	Schwarz, A .(2021) Arbeitsbuch Komplexe PTBS. Probst, Villingen-Schwennigen
	Schmidt, D. (2019) Ein Tagebuch als Arbeitsbuch. Independly published

Themen	Literatur
Achtsamkeit, Imagination	Reedemann, L. (2020) Imagination als heilsame Kraft. Klett-Cotta, Stuttgart
	Krabbat-Zinn, J. (2019) Gesund durch Meditation. Knaur, München
	Weisser-Cornell, A. (1997) Focusing. Rowohlt, Reinbeck
Partnerschaft/Sexualität	Schnarch, D. (2011) Die Psychologie sexueller Leidenschaft. Piper München
	Langjährige Partnerschaft und sexuelle Leidenschaft schließen einander nicht aus, wenn sich beide miteinander entwickeln und authentisch bleiben. Anregungen und Übungen zur Verbesserung der Paarbeziehung.
	Willi, J. (2007) Koevolution – Die Kunst gemeinsamen Wachsens. Herder, Freiburg
Weiblichkeit	Hühn, S. (2018) Raum für deine innere Frau. Schirner. Darmstadt
	Wardezki, B (2012) Weiblicher Narzissmus: Der Hunger nach Anerkennung. Kösel, München
Männlichkeit	Bly, R. (2005) Eisenhans: Ein Buch über Männer. Rowohlt, Rheinbeck
	Sztenc, M. (2020) Klappt's vom Leistungssex zum Liebesspiel. Hirzel, Stuttgart
	Mantak C., Douglas, A. (2018) Öfter, länger, besser: Der multiorgastische Mann. MVG, München
	Moore, R. (1992) König, Krieger, Magier, Liebhaber. Kösel, München
	Zilbergeld, B. (1983) Männliche Sexualität. DGVT, Tübingen
	Der Autor zeigt Mythen auf, die Männer zu ihrer Sexualität entwickelt haben. Er vermittelt Verständnis für häufige sexuelle Probleme und Übungen zu ihrer Überwindung.
Borderline-Störungen	Kreisman, J., Straus, H. (2012) Ich hasse dich – verlass mich nicht: Die schwarzweiße Welt der Borderline-Persönlichkeit. Kösel, München
Missbrauch	Bass, E., Davis, L., Ayche, K. (1990) Wege zur Selbstheilung für sexuell missbrauchte Frauen. Orlanda Frauenverlag, Berlin
Giftige Beziehungen	Sissel, G. (2019) Ich verlasse dich, weil ich leben will: Frei werden von Schuldgefühlen. Herder, Freiburg
	Schüler-Lubinetzki, H., Lubinetzki, U. (2016) Schwierige Menschen am Arbeitsplatz. Springer, Heidelberg

3.12 Apps zur Unterstützung der Bewältigung psychischer Störungen

Zertifizierte digitale Gesundheitsanwendungen können seit 2020 verschrieben werden, um bei bestimmten Störungen die Selbsthilfe anzuregen und gezielt zu unterstützen.

Idealerweise sollten die durch Apps vermittelten Übungen in den Prozess einer ambulanten Therapie eingebunden werden. Sie sind auch vorbereitend zur Unterstützung der Auseinandersetzung mit der jeweiligen Störung geeignet. Hierzu sollten nach einem Orientierungsgespräch mit der Therapeutin, welche die geeignete App verordnen kann, Bilanzgespräche in längeren Abständen während der Wartezeit auf den Beginn einer regelmäßigen Gesprächsserie vereinbart werden.

Das aktuelle Verzeichnis verordnungsfähiger Apps finden Sie auf der Webseite des Bundesgesundheitsministeriums für Arzneimittel und Medizinprodukte (unter dem Stichwort „digitale Gesundheitsanwendungen"):

https://diga.bfarm.de/de/verzeichnis?category=%5B"77"%5D.

Die nachfolgende Übersicht informiert über das derzeitige Angebot:

Problem- bzw. Anwendungsbereich	Bezeichnung der zertifizierten App Bzw. digitalen Gesundheitsanwendung
Angststörungen	Invirto,
	Relibra,
	Mindable: Panikstörung und Agora- phobie
Depressive Störungen	Deprexis,
	Selfaply
Gelassenheit vs. Grübelzwänge	Getcalm-moveon.de
	(kostenfreies Programm, entwickelt von der Uni Lüneburg)
Nicht-organische Schlafstörungen	Somnio
Tinnitus	Kalmeda
Potenzprobleme	Kranus edera
Adipositas	Zanadio
Abhängigkeit von Alkohol	Vorvida
Abhängigkeit von Nikotin	Nichtraucher-Helden-App
Rücken-, Knie-, Hüftschmerz	Vivira
Migräne	M-sense Migräne
	SinCephaela
Nachsorge Schlaganfall	Rehappy
Indikationen der Onkologie, Hämato- logie	Mika

Der Spitzenverband Digitale Gesundheitsversorgung stellt ausführliche aktuelle Informationen zur Verfügung unter: www.digitalversorgt.info.

Anmerkung: Berufsverbände der Psychotherapeuten weisen darauf hin, dass der Nutzen einiger Apps für die Nutzer zweifelhaft ist. In einigen Fällen sind versicherungsrechtliche Fragen der Verordnungen ungeklärt. In anderen werden kommerzielle Interessen von Klinikkonzernen bedient, beispielsweise durch Aufbau einer Kundenbindung für nachfolgende Intervallbehandlungen in deren Einrichtungen.

Stellungnahme des Autors: Die Anwender mögen selbst entscheiden, ob sie hinsichtlich der Vorbereitung ihrer Therapie profitieren. Schon der Versuch ist besser als Untätigkeit. Jedoch ist allen Apps gemeinsam, dass sie bestenfalls Symptome lindern können. Sie sind kein Ersatz für eine nachfolgende ambulante Therapie, die den zugrunde liegenden Bedingungen der Störungen im Rahmen einer schützenden Beziehung auf den Grund gehen kann.

Literatur

Antonovsky, A., & Franke, A. (1997). *Salutogenese, zur Entmystifizierung der Gesundheit.* Dgvt.

Bartling, M.-H. (1994). *Epikur: Theorie der Lebenskunst.* Junghans.

Beck, A. T. (1999). *Kognitive Therapie der Depression.* Beltz.

Berne, E. (2008). *Spiele der Erwachsenen. Psychologie der menschlichen Beziehungen.* Rowohlt.

Bion, W. (1997). *Lernen durch Erfahrung.* Suhrkamp.

Bohne, M. (2010) Aktivierung von (neuronaler) Selbstorganisation und Verbesserung der Selbstbeziehung durch PEP). *Bohne, M.* DGSF-Tagung 6.-18.09.

Bohne, M. E. (2020). *Selbstwertgenerator.* Auer.

Bonelli, R. (2018). *Frauen brauchen Männer (und umgekehrt): Couchgeschichten eines Wiener Psychiaters.* Kösel.

Bosch, M. (1977). *Die entwicklungs-orientierte Familientherapie nach Virginia Satir In: Reihe innovative Psychotherapie und Humanwissenschaften.* Junfermann.

Budd, R., & Hughes, C. (2009). *The dodo bird verdict – controversial, inevitable and important: A commentary on 30 years of meta-analyses.* Clinical Psychology & Psychotherapy. 16 (6) (December 2009).

Cilligan, V. (Regisseur). (2008). https://de.wikipedia.org/wiki/Breaking_Bad#-Literatur [Kinofilm].

De Shazer, S. (1985). *Wege der erfolgreichen Kurzzeittherapie.* Klett-Cotta.

Erickson, M. H. (2013). *Lehrgeschichten* (10. Aufl.). Iskopress.

Eysenck, H. J. (1947). *Dimensions of personality.* Transaction Publishers.

Fiedler, P. (2013). *Dissoziative Störungen* (2. überarbeitete Aufl.). Hogrefe.

Freud, S. (1899/1900). *Die Traumdeutung: Leipzig/Wien 1899/1900, 386 S. (zit. n. Gesammelte Werke Bd. II/III).* Franz Deuticke.

A. Schubert, *Warten auf die Psychotherapie?*, https://doi.org/10.1007/978-3-662-65246-6

Freud, S. (1924). *Psychoanalysis: Exploring the hidden recesses of the mind. In these eventful years. The twentieth century in the making, as told by many of its makers* (Bd. 2, Bd. 13, S. 405 ff). Gesammelte Werke.

Frisch, M. (1998). *Unsere Gier nach Geschichten.* In M. Frisch (Hrsg.), *Gesammelte Werke in zeitlicher Folge. Vierter Band.* Suhrkamp.

Grawe, K. D. (2001). *Psychotherapie im Wandel – von der Konfession zur Profession* (5., unveränderte Aufl.). Hogrefe.

Maaz, H.-J. (2019). *Das falsche Leben. Ursachen und Folgen unserer normopathischen Gesellschaft.* Beck.

Hamilton, P. (2014). *Gaslicht.* Kiepenheuer-Bühnenvertrieb.

Hammel, S. (2009). *Handbuch des therapeutischen Erzählens.* Klett-Cotta.

Harari, Y. N. (2013). *Eine kurze Geschchte der Menschheit.* Deutsche Verlags-Anstalt (Penguin Press).

Hay, L. (2016) *Spiegelarbeit.* LEO-Verlag, München.

Hesse, H. (1919). *Demian. Die Geschichte einer Jugend.* Fischer.

Hopf, H. (2020). *Abgründe.* Klett-Cotta.

Hüther. (2018). *Würde: Was uns stark macht – Als Einzelne und als Gesellschaft.* Knaus.

Lambert, M. J. (2013). *The efficacy and effectivness.* In M. J. Lambert (Hrsg.), *Bergin and Garfield's handbook of psychotherapy and behavior change* (6. Aufl., S. 169–218). Hoboken.

Kanfer, F. (2012). *Selbstmanagement-Therapie: Ein Lehrbuch für die klinische Praxis* (5., korr. und durchges. Aufl.). Springer.

Karpman, S. B. (1948). Fary tales and script drama analysis. *Transactiona, Analysis Bulletin, 7*(26), 39–43.

Lazarus, A. A. (1995). *Praxis der multimodalen Therapie.* Dgvt.

Lieb, K. H. (2020). *50 Fälle Psychiatrie und Psychotherapie* (6. Aufl). Elsevier – Urban & Fischer.

Maerker, A., & Forstmeier, S. (2013). *Der Lebensrückblick in Beratung und Therapie.* Springer.

Margraf, J. (2009). *Kosten und Nutzen der Psychotherapie. Eine kritische Literaturaus-wertung.* Springer.

Maslow A. H. (1981). *Motivation und Persönlichkeit.* (Originaltitel: Motivation and Personality; Erstausgabe 1954, übersetzt von Paul Kruntorad) (12. Aufl). Rowohlt.

Maurach, G. (1987). *Seneca als Philosoph* (2. Aufl.). Wissenschftliche Verlagsgesell-schaft.

Maaz, H. J. (2020) *Das falsche Leben.* Verlag C. H. Beck, München

Molière, J. P. (1986). *Der eingebildete Kranke. Komödie in 3 Aufzügen (Original-titel: Le malade imaginaire, übersetzt und Nachwort von Doris Distelmaier-Haas).* Reclams Universal-Bibliothek 1177.

Nietzsche, F. (1886). *Jenseits von Gut und Böse.* C. G. Naumann.

Pennebaker, J. W. (1999). *Forming a story: The health bennefits of narrative. Journal of Clinical Psychology, 55,* 1243–1254.

Perls, F. (1976). *Grundlagen der Gestalttherapie. Einführung und Sitzungsprotokolle.* Pfeiffer.

Petzold, H. (1982). *Dramatische Therapie.* Hippokrates.

Reinick, R. (1948). *Was gehn den Spitz die Gänse an? Alte liebe Kindergedichte.* Düsseldorf-Kaiserswerth.

Rescher, N. (1968). *The Journal of Symbolic Logic, Volume 32, Issue 4, February 1968* (S. 545–546). University Press.

Rödinger, E. (2010). *Raus aus den Lebensfallen! Das Schematherapie-Patientenbuch.* Jungfermann.

Rosenthal, R. J. (1976). *Pygmalion im Klassenzimmer.* Belz.

Rudolf, R. (2005). *Platons Höhlengleichnis. Das Siebte Buch der Politeia.* Dieterich'sche Verlagsbuchhandlung.

Sacks, O. (2017). *Der Strom des Bewusstseins. Übersetzt von Hainer Kober. Rowohlt, Reinbek bei Hamburg 2017.* Reinbeck.

Schmucker, M. K. (2016). *IRRT zur Behandlung anhaltender Trauer – Imagery Rescripting & Reprocessing Therapy in der Praxis.* Klett-Cotta.

Schubert, A. (2009). *Das Körperbild.* Klett-Cotta.

Shapiro, F. (2020). *EDMR Grundlagen und Praxis.* Jungfermann.

Siefer, W. (2015). *Der Erzählinstinkt. Warum das Gehirn in Geschichten denkt.* Hanser.

Spenst, D. (2016). *Das 6-Minuten-tagebuch.* UrbestSelf, Eigen.

Storch, M. K. (2017). *Selbstmanagement – ressourcenorientiert.* Hogrefe.

Strotzka, H. (1955). *Psychotherapie, Grundlagen, Verfahren, Indikationen.* Urban und Schwarzenberg.

Temkine, P. (2008) *„Warten auf Godot". Das Absurde und die Geschichte.* Matthes & Seitz, Berlin. 2008

Tholey, P. U. (2017). *„Schöpferisch träumen".* Klotz.

von Foerster, H. (1993). *Wissen und Gewissen.* Suhrkamp.

Wardezki, B. (2012). *Weiblicher Narzissmus: Der Hunger nach Anerkennung.* Kösel.

Watzlawick, P. (2009). *Anleitung zum Unglücklichsein* (15. Aufl.). Piper-TB 4938.

Watzlawick, P. B. (2017). *Menschliche Kommunikation.* Hogrefe.

Winnicott, D. W. (o. J.). *Reifungsprozesse und fördernde Umwelt. Studien zur Theorie der emotionalen Entwicklung.* Psychosozial.

Winterhoff, M. (1919). *Deutschland verdummt: Wie das Bildungssystem die Zukunft unserer Kinder verbaut.* Gütersloher Verlagshaus.

Winterhoff, M. T. (2009). *Warum unsere Kinder Tyrannen werden: Oder: Die Abschaffung der Kindheit.* Goldmann, Random House.

Wöller, W. (2019). *Therapeutische Beziehung in der Behandlung komplex traumatisierter Patienten.* Thieme.

Yalom, I. D. (1990). *Die Liebe und ihr Henker und andere Geschichten aus der Psychotherapie. Übersetzt von Hans J. Heckler.* Knaus, München.

Young, J. E. (2008). *Schematherapie. Ein praxisorientiertes Handbuch.* Jungfermann.